江西财经大学九银票据研究院“十三五”时期票据优秀论文集

江西财经大学九银票据研究院　编著

中国金融出版社

责任编辑：曹亚豪
责任校对：刘　明
责任印制：陈晓川

图书在版编目（CIP）数据

江西财经大学九银票据研究院“十三五”时期票据优秀论文集／江西财经大学九银票据研究院编著．—北京：中国金融出版社，2021.10
ISBN 978-7-5220-1370-1

Ⅰ.①江…　Ⅱ.①江…　Ⅲ.①票据—文集　Ⅳ.①F830.46-53

中国版本图书馆CIP数据核字（2021）第220884号

江西财经大学九银票据研究院“十三五”时期票据优秀论文集
JIANGXI CAIJING DAXUE JIUYIN PIAOJU YANJIUYUAN “SHISANWU” SHIQI PIAOJU YOUXIU LUNWENJI

出版
发行　中国金融出版社

社址　北京市丰台区益泽路2号
市场开发部　（010）66024766，63805472，63439533（传真）
网 上 书 店　www.cfph.cn
（010）66024766，63372837（传真）
读者服务部　（010）66070833，62568380
邮编　100071
经销　新华书店
印刷　保利达印务有限公司
尺寸　169毫米×239毫米
印张　28
字数　472千
版次　2021年12月第1版
印次　2021年12月第1次印刷
定价　70.00元
ISBN 978-7-5220-1370-1

如出现印装错误本社负责调换　联系电话（010）63263947

编委会

前 言

2021年正值建党百年，也是“十四五”开局之年！中国票据市场已经进入了“十四五”发展新阶段，预计“十四五”时期票据市场将会在服务双循环格局、服务高质量经济发展，特别是服务中小微企业发展方面做出更大贡献。回顾“十三五”时期票据市场发展，随着上海票据交易所成立，中国人民银行出台一系列票据发展、创新制度，以及上海票据交易所相关配套规则落地，中国票据市场迎来了助力实体经济发展的新变化。

在“十三五”初期，国内首家票据研究院——江西财经大学九银票据研究院正式成立！江西财经大学九银票据研究院（以下简称研究院）是由江西财经大学和九江银行联合建设的一家非营利票据研究机构，成立于2016年11月6日，恰逢票据市场蓬勃发展、票据风险事件频发、上海票据交易所成立的特殊历史时期，代表着理论界与业界的首次深层次合作，对于推动中国票据市场发展具有积极意义。研究院的设立旨在引导票据市场规范有序发展，推进票据与实体经济融合，打造高端票据领域智库和面向全国的交流合作平台。

自成立以来，研究院坚持以引导票据市场规范有序发展，推进票据与实体经济融合为宗旨，以着力打造高端票据领域智库和面向全国的交流合作平台为目标，服务票据市场发展，在江西财经大学和九江银行的指导下，在研究院所有专家学者、秘书处工作人员的共同努力下，在社会各界的共同支持下，取得了一定的成绩。

一、打造核心团队，做实票据业务新研究

江西财经大学九银票据研究院作为国内首家票据研究院，不断扩充研究团队，打造高端票据领域智库。自成立以来，研究院持续聘请国内知名金融界学者，中国社会科学院、中国人民大学、同济大学、华东政法大学、上海财经大学、江西财经大学、江西师范大学等高校专家教授，国有银行、股份制银行、城商行、农商行等总行机构票据负责人及业务骨干为智库专家。目前研究院聘任资深研究员3人、高级研究员40人、研究员22人、研究专家1人。研究院设院长、执行院长各1名，顾问3名，副院长2名，秘书长1名。研究院本着应用理论研究的原则，不断加大研究力度，力求研究内容变丰富、研究成果提质量、研究水平上台阶。在所有研究员的共同努力下，研究院的学术成果势头向好。其中，累计通过微信公众号推送研究文章300余篇。《建设中国票据市场框架体系的研究》《发挥票据价格指数作用正确引导票据市场发展》《以科技为抓手建设上海国际票据交易中心》《红色票据发展的六大启示》等近百篇研究成果在《上海证券报》《中国证券报》《当代银行家》《中国货币市场》《国际金融报》、中国金融信息网、中国经济网等国家和省部级报刊、媒体上发表，部分研究成果的点击率达百万以上。在自主研究的同时，研究院也积极参与业内其他研究活动。2018年在上海票据交易所主办的“中国票据市场改革与发展”征文活动中，研究院同时斩获一等奖与三等奖；同年，在中国银行业协会主办的“中国票据市场与小微企业融资”主题征文活动中再获殊荣；2019年在中国票据研究中心主办的“票据市场高质量发展”主题征文活动以及江西省金融学会主办的“票据市场发展与创新”征文活动中，研究院均同时斩获一、二、三等奖；2020年在中国票据研究中心与江西省金融学会的征文活动中，研究院再获佳绩。充分发挥智库力量，积极参与票据书籍编著及课题研究。2018年参与编写由上海票据交易所

主导的《中国票据市场：历史回顾与未来展望》一书；同年，研究院出版了国内首部票据研究生教材《票据基础理论与业务创新》；2019 年部分研究员又编写了《中国票据市场创新研究》一书；2020 年，研究院出版第一部票据历史著作《票据史》，完整勾勒了中外票据历史轮廓；2021 年出版《票据学》一书，对票据基础理论与知识、票据运作与机理、票据发展与规律进行了探讨。其中，由研究院编著的《票据史》入选“2020 年度经济学图书（100 种）”。2019 年研究院部分研究员参与研究的“依托科技中心在上海建设国际票据交易中心”重大课题已经正式通过由复旦大学、上海财经大学和上海交通大学共同建设的高水平学术机构和高端智库论证结项。

二、搭建学术平台，促进票据市场新发展

自成立以来，研究院有针对、有目标、有层次地举办了多次学术会议，围绕票据市场的新变化、新趋势，分享对票据市场发展的新思考。研究院联合江西省金融学会在南昌举办了中国票据市场“票据业务服务高质量经济发展”学术交流会、票据服务产业链供应链发展研讨会；联合上海金融与发展实验室在上海举办了商业汇票发展与创新研讨会；联合江西省高级人民法院民二庭分别在南昌、共青城举办了“中国票据市场与票据纠纷案件裁判规则”专题研讨会、《票据纠纷案件裁判规则（初稿）》修改研讨会；联合华东政法大学、江西财经大学等高校分别于上海、南昌等地举办了中国票据论坛—票据法律法规研讨会、“标准化票据与后疫情时代票据市场发展研讨会暨《票据史》首发式”等会议；联合邮储银行、浙商银行、九江银行、汉口银行、郑州银行、柳州银行、厦门农村商业银行等分别于北京、杭州、武汉、郑州、柳州、厦门等地举办了“新时代票据业务发展与创新”研讨会、中国票据论坛暨“改革开放四十年票据市场回顾与再出发”研讨会、票据市场“高质量发展与经营转型”研讨会、中国中小银行

票据协同发展论坛“不忘初心　牢记使命　中小银行票据服务实体经济发展”会议、中国中小银行票据协同发展论坛“中小银行票据经营转型与风险管理”会议、中国中小银行票据协同发展论坛“纸电融合后中小银行票据业务的机遇与挑战”会议等。论坛现场气氛活跃，交锋激烈，干货满满，论坛形成的会议材料得到各家媒体的转载，在社会上形成了广泛影响力。

三、服务票据市场，助力实体经济新局面

研究院不仅专注于学术研究，也注重服务票据市场、服务实体经济。成立“中国票据论坛”，从市场热点出发，为票据市场准确把脉，共同联合学界、业界的力量与智慧，建立广泛的合作交流机制，为推动票据市场创新转型聚集高端人才，为推动票据市场高质量发展贡献智慧，为推动票据市场更好地服务实体经济贡献力量。2020 年 8 月 29 日，研究院在中国金融信息中心（上海）挂牌成立中国商票研究中心，旨在广泛集结各方力量和智慧，积极开展研究与讨论，充分发挥票据智库的作用，加快研究成果产出，培养专业人才，进一步加强票据市场服务实体经济的广度与深度。研究院针对中小银行发起“中国中小银行票据协同发展论坛”，该论坛以“资源共享、发展共赢”为宗旨，倡导各成员单位达成《中小银行票据经营自律宣言》，共同推进票据业务发展。研究院坚持推动产学研一体化，优先为中小银行成员单位提供智库支持，把研究成果优先应用于中小银行，各成员单位间主动优先开展票据同业授信工作，通过论坛平台加强沟通协作，建立信息互通与共享机制，互帮互助，合作共赢。

四、站稳三尺讲台，培育票据市场新人才

研究院与江西财经大学、九江银行共同建设全国首个票据方向研究生点，依托江西财经大学的金融教学实力，通过理论课程的学习，并聘请票据专家作为校外导师，借助研究院作为实战基

地，目前已合作培养4批共32名票据方向研究生，致力于票据领域专业化人才的培养，为票据市场创新和发展提供源源不断的新生力量。现在第一批票据方向研究生已经在中国人民银行、商业银行、财务公司工作，第二批、第三批票据方向研究生走上了银行、大学等工作岗位，第四批票据方向研究生正在进行票据理论学习。在注重培养高校学生的同时，研究院也在培养社会专业人才方面积极作为。研究院分别于2018年11月和2020年11月举办两期金融机构票据业务经营与管理研修班，邀请多位国内知名专家授课，通过专题讲座、参观游学、互动交流等多种方式带领全国近140名高级管理人员、票据业务人员开展多角度、全方位的学习。

五、举办征文活动，动员业界开展票据研究

研究院定期面向社会举办票据征文活动，自成立以来，共进行了五期征文活动，获得了社会各界人士的关注和热烈响应。自2016年11月6日首次登出征文启事到2021年7月15日商票征文活动截止，总共收到了380余篇投稿。文章作者们来自大专院校、银行和非银行金融机构等社会各界。根据研究院的征文要求，作者们结合自身工作经验，基于对当下票据市场的认识，展示了对票据行业的憧憬和期待。在对所有来稿进行集中整理的基础上，研究院邀请来自中国人民银行、商业银行、高校的专家和教授组成评委团，以匿名打分的方式对稿件进行评审，按照综合分数高低，前四期征文活动共评选出特等奖5名，一等奖9名，二等奖21名，三等奖40名，鼓励奖55名。

为感谢社会各界对江西财经大学九银票据研究院的关注和支持，值研究院成立五周年之际，我们将前四期征文活动中的特等奖、一等奖、二等奖作品整理出版。本书论文结构完整，思路清晰，观点鲜明，内容丰富，整体质量较高。本书共包括五个部分，第一部分为票据发展，第二部分为票据与实体经济，第三部分为

票据创新，第四部分为票据利率，第五部分为历年征文活动三等奖获奖名录。本书适用对象主要包括票据监管者、金融机构票据条线管理层及从业人员、企业财务人员、专业研究人员、大专院校师生等，也可供其他对票据感兴趣的读者学习使用。

本书正式出版得到了九江银行、中国金融出版社的大力支持，特表示感谢！今后，研究院将按照《中华人民共和国国民经济和社会发展第十四个五年规划和2035年远景目标纲要》继续推动和践行票据研究工作，继续开展征文等活动，以落实研究院成立宗旨，助力票据市场规范发展，为更好地服务实体经济发挥智库作用。

江西财经大学九银票据研究院

2021年7月

目 录

第一部分 票据发展

第二部分 票据与实体经济

第三部分 票据创新

第四部分 票据利率

第五部分 历年征文活动三等奖获奖名录

第一部分

票据发展

票交所时代票据市场发展研究和展望[①]

江西财经大学九银票据研究院票据课题组

2016年12月8日，上海票据交易所（以下简称票交所）正式挂牌成立，中国票据市场发展翻开了新的一页。近年来，我国票据市场持续发展，规模快速扩大，但票据市场在快速发展过程中也存在市场透明度低、交易效率不高、基础设施发展滞后、部分金融机构内控薄弱以及票据中介风险累积等问题。票交所的成立，也是中国票据市场从“乱”走向“治”的标志性事件。

本文围绕票交所的成立这一主题，立足当前、面向未来，简要介绍了票交所的基本情况，对票交所成立后对票据市场的现实影响进行了梳理，重点就后票交所时代票交所自身发展和功能定位、商业银行票据经营管理转型、科技金融实践和发展、票据市场体系建设、票据市场产品创新的未来、票据市场法制建设和监管完善以及票据产业链发展模式七个方面进行了论述。

一、票交所的基本情况

（一）什么是票交所

票交所是经金融管理部门批准的、全国统一的票据市场交易平台。未来票交所将建设成为全国票据市场的交易中心、风险防控中心、数据信息中心、登记托管中心以及创新研发中心，并发展成为我国货币市场的重要组成部分。

---

① 本文写于2017年。

（二）票交所的特点

1. 票交所是重要的金融基础设施

票交所成立之前，我国的票据市场基础设施处于割裂与滞后状态，票据交易方式落后、交易信息不透明、地区间及金融机构之间信息不对称、票据真实性风险及操作风险较高，影响了票据市场的整体资源配置。票交所通过建立中国票据交易系统，并制定纸质票据的电子化转化、交易准入、登记托管及 DVP（票款对付）清算等机制，有效降低票据市场交易风险，提升了票据的“可交易”属性，消除了票据市场信息不对称，改变了票据市场割裂的格局，建成全国统一的电子化票据交易市场，进一步完善了我国货币市场的基础设施。

2. 票交所是货币政策的传导平台

票交所的成立为中央银行货币政策执行提供了公开、透明、便捷的渠道，可以通过票交所平台进行票据再贴现交易，通过对再贴现市场的直接操作来调节货币供应，引导票据市场价格走势，并影响票据市场参与者的行为，使票交所真正成为货币政策的传导平台，进一步增强货币政策工具选择的灵活性、针对性、有效性和主动性，以有效落实国家相关经济金融及产业政策。

3. 票交所是票据创新的孵化基地

票交所为票据市场搭建了前所未有的集中交易平台，为票据创新提供了广阔的想象空间。未来一方面可通过票交所平台加强票据市场与货币市场其他子市场，以及与资本市场之间的互动与融合，创新发展出各类票据衍生产品；另一方面可利用票交所交易主体覆盖面广、交易体量大、业务数据全等独特优势设立票据业务指数体系，并依托业务指数批量开发创新型票据业务产品，引导和推动中国货币市场指数的建立，为货币政策、货币市场定价、债券市场定价以及中国“利率走廊”提供参考依据。

（三）票交所的规则

1. 信用主体规则

为改变票据市场中信用主体没有认定标准，“过桥行”大行其道的混乱局面，票交所明确了票据市场信用主体规则，将承兑行、贴现行及保证增信行纳入信用主体的范畴，票交所内的其他交易主体将不再承担被追索清偿的责任。信用主体的明确有利于还原交易票据的真实信用状况，引导商业银行调整票据业务授信政策，保障持票人的票据权利，有利于将票据打造成交易性强的标准化产品。

2. DVP 实时清算规则

票交所对票据交易、提示付款、追索等涉及资金的业务均采用了“一点接入、一点清算”的 DVP 清算模式，银行类金融机构通过法人备付金账户、非银行金融机构通过缴存在票交所内的资金账户进行实时清算，确保票据权属与资金划付同步进行，保障了票据交易双方的权益，对活跃票据市场、提升票据交易效率起到了关键作用。

3. 纸质票据电子化规则

纸质票据存在伪造变造、流通效率低、操作风险高等缺陷，无法满足票据市场的可交易、标准化及高效率发展要求。票交所通过借鉴电子商业汇票的运行模式，创造性地提出了纸质票据电子化规则，通过对纸质票据信息登记、权属登记、权属托管、资金清算的电子化处理，实现了纸质票据的电子化交易，并极大地简化了纸质票据在背书流转、实物传递方面的要求，降低了纸质票据交易风险，提升纸质票据交易及清算效率。

4. 电子协议规则

票交所成立之前，票据交易无论是纸质票据还是电子票据均需要线下签署交易协议，以保证交易双方的权利和义务，但线下签署交易协议降低了票据交易效率。票交所充分借鉴了债券市场的交易规则，对于在票交所内交易的票据采用了“交易主协议+电子成交单”模式，即交易双方均需事先与票交所签署交易主协议，约定以交易成交单作为交易双方的法律凭证，并约定了与交易相关的登记、托管、清算、结算等要求，电子协议极大地提高了票据交易效率。

（四）票交所的管理模式

票交所对市场参与者采用会员制管理模式，包括银行类会员、非银类会员和资产管理类会员三类。银行类会员特指商业银行及农村信用社；非银类会员包括财务公司、证券公司、基金公司、保险公司、期货公司、资产管理公司等，银行类及非银类会员必须以自有资金参与票据市场交易；资产管理类会员特指以资产管理人方式加入票交所的金融机构。

二、票交所成立对票据市场的现实影响

（一）票据市场参与主体大幅扩充，呈现多元化发展态势

票交所对于整体票据市场的贡献十分显著，大幅扩充了市场的参与主

体，使票据市场对金融市场影响的深度与广度产生了质的飞跃。一方面，票交所引入了证券、基金、保险、信托、期货等非银行金融机构以及非法人产品，为非银行金融机构提供了资金使用渠道，增加了票据市场的活跃度；另一方面，通过引入资管计划、理财计划等非法人产品，拓展了票据市场的广度，为票据市场后续产品创新奠定了基础。同时，票交所将票据打造成“标准化”的交易产品，打通了票据市场与货币市场其他子市场之间的通道，完善了票据资产与资金市场之间的流通渠道，在总量上将再上一个台阶。另外，配合中国人民银行《关于规范和促进电子商业汇票业务发展的通知》（银发〔2016〕224 号）对电子票据的政策支持，票据市场结构将逐步由目前的以纸质商业汇票为主，转变为以电子商业汇票为主，各商业银行的票据经营思路也将随之调整。

（二）票据无纸化进程大幅提速，电子票据成为市场主导

票据承兑业务是票据业务的起始与源头，目前票据承兑市场在格局上仍以纸质票据为主。电子票据自诞生之日起就对传统的法律和产品模式带来了挑战，也成为票据市场创新探索最重要的载体。票交所对纸质票据电子化做了一揽子承兑登记、贴现登记、初始权属登记等安排，以及电子票据的配合推广，在市场参与主体多元化的背景下，票据交易的电子化以及票据清算的便捷化，使得电子票据的优势更为凸显，纸质票据的数量将会逐步萎缩，电子票据将填补纸质票据留下的空白，未来的票据市场将是以电子票据为主的交易市场。

（三）票据业务办理流程简化，提升票据流动性

在票交所筹备期间，中国人民银行先后下发了《中国人民银行办公厅关于做好票据交易平台接入准备工作的通知》（银办发〔2016〕224 号）、《票据交易管理办法》（中国人民银行公告〔2016〕第 29 号）等文件，对票据真实贸易背景问题做出明确阐释，即票据贴现可不审查贸易背景。这是因为票据尤其是银行承兑汇票在办理票据承兑时，商业银行已对双方的贸易背景进行过审核，后续贴现、转贴现等流转环节的贸易背景审查显得重复。商业银行对于此项规定期待已久。该项规定落地后将简化商业银行办理票据贴现业务的手续，改善票据贴现业务开展的环境，大幅提高票据资产的流动性，对票据市场将产生深远的影响。

（四）票据中介机构的转型发展迫在眉睫

长期以来，票据中介游走在企业与银行、银行与银行之间，渗透至票

据的全生命周期，利用交易主体之间的信息不对称，通过代打保证金、自营票据、经纪撮合以及“互联网+票据”等模式运营票据业务。由于现行票据融资主体结构的发展变化与滞后的票据贴现监管政策不适应，产生了上万家民间票据经纪（中介）机构，票据中介的野蛮生长导致其良莠不齐，成为2016年以来票据大额案件多发、频发的直接或间接关联者，严重影响了正常的经济金融秩序。

票交所成立后，票据市场参与者在票交所平台统一进行报价询价和交易撮合，一站式完成票据交易的登记托管和清算结算，极大地压缩了票据中介在票据产品链中的生存空间。资金掮客、赚取差价类的票据中介将不复存在，票据中介的业务转型已经迫在眉睫。

（五）票交所成立对市场利率的影响

票交所的成立，有助于为形成准确有效的全国统一的价格体系奠定基础，有利于形成完备的市场价格指数机制，并借助其长期市场敏感性强的发展经验为利率市场化、利率走廊等提供借鉴，创造更加健康有序的市场发展环境，避免价格剧烈波动，理顺票据融资业务利率体系。票交所设立的信用主体规则使得票据定价更加透明、公允，承兑人、贴现人、保证增信人资质的优劣将通过市场价格予以反映，票据市场价格发现机制开始启动，票据市场原有的过桥增信等交易模式将逐步消亡。商业银行的票据定价机制等发生了根本性的变化，需要研究信用风险溢价性质的市场化承兑费率、不同贷款期限合理定价的贴现利率、资金业务性质和与货币市场利率挂钩的转贴现利率，以及反映实体经济融资需求和货币市场资金供给状况的再贴现利率等。同时，商业银行对价格的把控将更多地依赖金融工程量化分析工具，对宏观政策、市场趋势及自身情况进行综合分析以提升市场预判能力。

（六）票据市场风险控制能力得到强化

在票交所成立之前，各商业银行对票据的市场风险、信用风险、操作风险、道德风险、合规风险等有不同的侧重和偏好，更多地取决于自身票据业务的定位和利润预期。票交所成立后，会员制的建立明确了票据交易的准入要求，杜绝了不正规机构或个人对票据市场的干扰，降低了票据业务的操作风险及道德风险。票据业务的风险管控重点将转向市场风险和信用风险。商业银行需要转变票据业务风险管理思路，借鉴债券业务的风险防控手段，针对不同的信用主体建立起与风险定价、风险监控、风险缓释相关的模型与制度，并设立相关资产估值模型，通过创新交易产品将信用风险从票据交易中剥离，科学识别与监测相关票据业务风险，保障票据市场有序发展。但是，在大量非银行金融机构及非法人产品加入票交所后，票据风险的防控已不再局限于商业银行自身，也考验着非银行金融机构的风险防控能力，票据风险的溢出效应、交叉共振对全市场的影响还需进一步观察分析。

三、后票交所时代的发展展望

（一）科技金融的发展将得到更广泛的验证

1. 科技在票据发展中的作用得到进一步发挥

票交所作为互联网+票据的高级产物，其发展必然由科技的进步与应用来主导，通过不断与科技融合发展，形成新的业务操作形态和产品模式。一是数据的作用将会被进一步激发。票交所的集中模式将会沉淀大量有价值的历史数据，而数据本身将成为最重要的生产资料。票交所将面临海量数据分类整理并商业化的过程，对数据的使用有助于形成准确有效的全国统一的价格体系、资源共享的风险评价和信用管理体系、量化可依的研究评估体系和全程可控的数据全生命周期管理体系，使票交所成为重要的票据市场软载体。二是票据市场的信息化水平将进一步提升。票交所提供直连和终端两种模式，并提供多种标准化的接口供市场参与者调用，对于研发能力强的参与者会更多地采用直连模式，通过系统的直接对接和数据接口的交互实现全流程自动化，采用终端模式的也将直接采用票交所提供的业务流程标准，实现电子化流转。

2. 电子票据得到前所未有的发展机遇

一是后期票交所将实现与电子商业汇票系统（ECDS）的全方位联动和信息互换，电子票据作为标准化程度和安全性级别更高的票据形态，势必在票交所中得到更广泛的应用和接受。二是可以利用自贸区金融创新平台把电子票据与国际贸易融资项下的信用证、保函等电子支付系统相连接，便于开展国际信用证（保函）担保电子银行承兑汇票业务，拓宽票据参与跨境人民币支付的融资途径，易于推动人民币国际化的发展，并可响应国家政策向“一带一路”沿线国家率先推广使用电子票据进行贸易结算，为电子票据的发展带来新的生命力。

3. 基于区块链的数字票据有望落地

根据中国人民银行发布的消息，基于区块链的数字票据交易平台和数字货币应用已在紧锣密鼓地研究和开发。一是数字票据有望在票交所中实现应用。从区块链技术的角度看，可以将票交所设置为数字票据链条上的一个节点，事先制定买卖交易代码的匹配规则，待买卖双方的代码通过匹配规则达成共识并得到双方确认后，进入指定目标交易的票据流转环节。二是数字票据有望为监管操作带来更多便利。一方面，可以将监管部门设置为数字票据链中的一个普通节点，通过前后相连构成的不可篡改的时间戳，以及完全透明的数据管理体系所提供的可信任的追溯途径，来实现对监管信息的无成本调阅；另一方面，也可以将监管方设置为具有一定角色的节点，通过在链条中发布智能合约，应用可编程性来建立市场统一的规则和秩序。既可以控制价格和限定流转方向，也可以实现监管政策的全覆盖和硬控制。三是可以将出票人、期限、承兑行、金额等要素预先写入代码并加载为智能合约，将数字票据定义为自带智能合约限制的数字货币，为尽早发行数字货币提供试验田。纸质票据、电子票据和数字票据三种票据形态在一段时间内同时存在具有可能性。如果数字票据在实践中被证明是更加安全、可靠、便捷和低成本的，甚至不排除利用其取代现行电子票据模式的可能。

（二）票交所的自身发展和功能定位将得到进一步升级

1. 票据交易主体范围将逐步扩大

由于监管政策的约束，银行间的票据交易主体仅限于银行类机构（含信用社）和财务公司，当市场流动性宽松或者趋紧时，各参与方的需求方向一致，使得票据交易形成同质性、同向性特点，容易出现单边市场强势、价格不稳定的情况。但随着票交所引入多元化的交易主体，作为银行间债券市场交易主体的银行机构和非银行金融机构均可成为票交所的直接参与者，票交所不仅能提供非法人类资管产品，还可以根据《关于规范和促进电子商业汇票业务发展的通知》（银发〔2016〕224 号）中关于“代理加入电票系统开展电票转贴现（含买断式和回购式）等规定业务”的要求进行场内电票交易，并将其纳入监管的可操控范围。未来，开放企业加入票交所直接开展贴现业务具有高可行性，企业通过票交所平台可以获得更具成本优势的资金，更直观地体现出票据市场服务实体经济发展的作用。

2. 票交所的交易范围和行业地位将持续提升

随着人民币利率市场化进程加快，商业银行会增加对主动负债工具的使用，同时也会对长期负债与长期资产的期限匹配进行主动管理。一是票交所未来不仅可以实现票据类产品的全覆盖，还可以将信用证、保理、大额存单等利用票交所电子化交易平台进行挂牌交易，有条件的话可以逐步将票交所扩展成为货币市场交易所，甚至成为资产类商品挂牌交易所。二是随着京津冀协同票据交易中心、前海票据交易所、武汉票据交易所等区域性票据交易中心的陆续推出，其与票交所之间的关系和互相影响也将日益显现，虽然究竟是互补关系还是恶性竞争还有待观察，但具有中国人民银行背景的票交所的权威和龙头地位是无法撼动的。此外，由中介创办的电票通、汇票栈等交易平台日趋火热，其本质是借助银行进行第三方资金监管实现交易闭环，再加上金银猫等互联网票据理财平台获得了1.5亿元融资，这些原有的互联网票据平台的操作模式随着票交所的深入发展会成功转型还是逐步消失，将考验各方智慧。相信经过一个阶段的市场磨合，票交所的作用和影响进一步提升是发展的必然。

3. 货币市场的供给侧结构性改革在票据领域实现突破

现行票据转贴现是一对一的交易模式，交易标的由票据的卖出方决定，买入方只能在已确定的交易标的中根据自己的交易需求、风险把控需要、授信限制进行挑选，受供给侧卖出方的影响较大。在票交所运营后，则可以根据市场需要建立以单张票据为交易标的的需求侧买票交易机制，即交易标的票据将由买入方提出要求，票交所交易系统将根据所需标的票据的具体要素和量化模型信息，在愿意单张票据成交的卖出票据资产包中自动匹配，实现一对多的交易模式，以此实现票据的供给侧结构性改革。此种模式可进一步演化为可定制的票据平准基金，一方面，通过票据平准基金的运作实现的收益可高于货币基金或同档期的债券基金，且流动性将好于债券基金；另一方面，可平抑票据或资金市场的剧烈波动，避免产生类似于股灾的单边市现象，提高中央银行对货币政策的调控能力，增强中国货币市场的稳定性，达到做市商的目的。

（三）商业银行的票据经营和管理方式将面临转型

1. 商业银行的票据业务组织架构面临调整

目前，商业银行对票据业务有着多种管理模式，既有全票据业务链的集中式管理，也有多条线管理、分散经营，即将票据业务分割在不同的专业条线，如承兑环节归口信贷，贴现环节归口资负或者公司业务，转贴现环节归口同业或者金融市场等。在经营上，考虑到现有操作模式下纸质票据需现场交割，大多数商业银行还是将经营权散落在各家分行。但是在票交所模式下，由于转贴现交易将完全实现电子化交割，因此，成立集中性的票据经营机构将逐步成为主流，代表各商业银行在票交所中进行业务吞吐，并且集中化的经营模式会逐步带来专业管理的统一归口，对加强票据业务管理提供便捷。对于大型和股份制商业银行，将逐步形成分行贴现、总行集中到票交所交易的模式，并且贴现后的纸票登记、保管等将成为重要的风险把控点，中小银行将更侧重于形成垂直化的票据经营体系。

2. 商业银行的票据盈利模式面临改变

一是从交易端来看，将更加依赖交易、投资和主动经营风险获利，如主动开展错配和杠杆交易等。由于票据市场的资金供给和需求都随着参与主体的多元化而增加，成交量和透明的市场价格对利率的波动影响比以往要小，产生时点波动的可能性也会降低。如果能够准确判断利率上行或者下行的趋势，踏准交易节奏，利用错配或者杠杆资金赚取更多收益的可能性将会加大。二是从产品端来看，由于贴现行将承担更多的信用风险，综合性的贴现业务定价将成为主流，对贴现保证等中间业务收入也将被各家商业银行重点研究并纳入重要的利润增长点，对信用风险的主动经营将考验商业银行的经营能力。三是商业银行的综合化经营将受到考验，更多类似票据咨询、票据资讯、投顾委外、信息产品等将逐步推出，商业银行将更加注重自身的多元化价值挖掘渠道，精细化管理、专业化经营的优势地位将更加突出。

3. 票据市场将形成较为统一的风险认知和防控机制

在后票交所时代，一是透明的市场信息将使得市场风险降低，各商业银行对市场风险的把控和研究将逐步过渡到对资金量的把握和趋势性的研判上，以往的单点控制或者防御式的加高自身门槛式的市场风险防范方法将逐步被取代。二是由于直贴行承担着更多信用风险和操作风险，各商业银行的授信体系将会发生系列变化，将更侧重于对纸票实物的保管和流转监督、交易员道德风险和操作风险的把控等。三是中国人民银行及票交所各类票据相关制度、交易和操作规程的全面出台，有助于形成行业业务执行标准，进一步有效规范市场经营行为。商业银行通过遵照票交所发布的风险动态和固化的票据监管规定，将逐步提升自身对票据规章制度、风险防控、合规操作的认识和理解，提高行为的合规性。四是随着票据承兑和贴现增信保证类业务的逐步展开和普及，商业银行自身信用的价值及市场定位将从隐性转向显性、从定性走向定量。信用评级的作用和地位将不断受到重视和提升，票据市场违约成本将大幅提高，中小银行对自身的信用将倍加珍惜。而大型银行将通过市场兑现其信用的内在价值，将原有表现为利差收益的部分转到表外，原有市场中部分因增信而“过桥”的交易行为将消失，增信业务逐步稳定成为中间业务收入的利润增长点。

（四）票据市场体系建设将进一步完善

1. 票据市场体系的统一归口管理有了落脚点

完整的票据市场体系包含承兑、直贴、转贴现、再贴现、经纪人、评级和衍生品七个子市场，它们相互关联，不可分割。但从当前的实际情况来看，票据的多重属性使得各个子市场独立发展，并且往往归口不同的部门来管理。而票交所的成立将票据业务各个环节衔接成为统一的有机整体，从完整的产品线和生命周期的角度来推动整个市场体系的发展，尤其有利于引导商业银行专业化经营票据业务，建立更多类型的票据经营机构，构建多元化票据市场参与主体体系。推动企业票据金融服务体系的发展，逐步形成以银行业金融机构和非银行金融机构提升票据金融综合服务为支柱，加快发展地方性和区域性直贴票据协同中心、规范引导民间票据金融中介服务机构和互联网票据平台为补充的票据体系格局，从而为建立起更为完善、更有竞争力的金融机构参与体系打下良好的基础。

2. 传统的贴现业务结构面临挑战

在后票交所时代，贴现行在承兑行不能到期付款的情况下具有直接垫款的职责，这对直贴行的经营和风险把控都提出了更高的要求。此外，随着电子票据的普及和发展，企业间的电子票据流转将更加普遍，在企业之间，电子票据作为支付结算工具的作用将更加突出。在以往纸质票据居多的情况下，很多企业不接受纸质票据作为支付工具，但是在电子票据居主导地位的时代，企业持有的现金与电子票据更像是支付宝与余额宝的关系，更具安全性、便捷性，因此会有越来越多的企业将持有的电子票据支付给上下游企业，同时避免了向票据中介或者商业银行贴现而损失利息，票据的支付功能更加凸显。所以，尽管《关于规范和促进电子商业汇票业务发展的通知》（银发〔2016〕224 号）已经明确了电票贴现环节可以不审查增值税发票等，但如何保持企业的贴现意愿并确保贴现市场不萎缩成为票交所及商业银行需要重点考虑的问题。

3. 票据中介和经纪将开启规范发展的新旅程

一是可以参照 2005 年 8 月银监会出台的《货币经纪公司试点管理办法》，由相关部门向符合资质要求的票据中介和经纪颁发许可证，促使其取得合法的市场地位，由灰色走向正轨。二是设立统一的票据经纪机构准入门槛，如最低注册资本金、股东合法性、公司治理结构等，并由相关部门对其进行监管，可借鉴中国人民银行对第三方支付公司的监管方法，形成归口管理。三是明确票据经纪机构的经营和许可范围，鼓励其在合法的范围内参与信用评级、软件开发、信息库建设等，为整个票据市场体系的发展贡献力量。四是规范票据经纪的法制建设，建立完整的退出制度、信息披露制度等，并通过成立票据登记服务中心等形成其组织保障和行业规则。

（五）票据产品创新进入快车道

以往票据市场的很多产品和交易模式创新的目的是削减信贷规模、减少风险计提等，而实质性的产品创新相对较少，与资本市场的融合也进展缓慢。票交所的成立为票据产品创新提供了一个全新的平台，其创新和应用将更加透明化、公开化和市场化，更符合监管的发展趋势。

1. 票据的作用将被重新定位

票据的传统作用包括支付清算、融资、规模调控等，但随着票交所的发展，票据将趋近于债券等标准化产品，其融资属性和资金化属性将进一步扩展。一是当纸质票据在直贴行保存并上传信息后，就变为电子票据，票据实物即退出流通领域，不再具有支付功能，转化为类似短融或者超短融的投资性债券，票据在金融机构之间的流转性质将发生改变，至于票据转贴现卖出后是否还需要计提风险资产则有待讨论。二是在后票交所时代，每张票据都将在票交所实现登记，资信程度高的出票人可以将登记后的票据作为预付款工具，从而实现零成本融资，应收款方通过签发票据并在票交所登记后，向资信程度高的买方申请承兑，凭借承兑人的高资信度和票交所的第三方登记权威，持票人可以以货币的形式直接转让支付，从而降低整个融资链的成本。三是顺应票据资金化发展趋势，一方面，要充实票据资产交易经营内涵，提高资金的运作回报率；另一方面，打通同业投资渠道，打造新型理财产品和工具吸引客户投资，以获得更加广泛的资金来源。

2. 产品创新的内涵将得到升级

一是可以借助票交所实现票据与信用证（银行保理等）的组合国际结算业务和“1+N”商业承兑汇票贸易融资组合业务，扩大票据的应用领域，并可以贴现电子票据集合资产为依托，设立特殊目的机构（SPV）发行资产支持票据（ABCP），扩大银行票据融通资金来源。二是借助票交所推动多元化票据衍生产品发展和试点，包括远期票据贴现和转贴现、票据贴现期权和转贴现期权、票据转贴现利率互换和转贴现期限互换（掉期）等，还可通过银行业金融机构集约化管理已贴现票据，实现票据资产证券化等创新。三是规范互联网创新票据业务的应用，借助票据交易所成立的契机，鼓励互联网金融为符合国家产业导向的中小微企业和家庭居民提供多样、灵活的票据融资、票据理财等金融服务，支持互联网金融与电子商务、现代物流、信息服务、跨境贸易等加强票据融资业务领域的融合发展，以提供更有效率的票据融资服务方式，促进相关行业转型升级。

3. 与互联网金融的跨界融合有望实现突破

随着互联网金融的深入发展，互联网企业开始掌握越来越多的金融经营权，并获得相对宽松的监管空间。一是互联网信息的公开透明和技术接口的标准化，使得互联网企业和票交所系统应用对接越来越容易，应用范围也越来越广泛，这对发挥双方优势，实现跨领域的业务合作提供了良好的基础。二是当前市场上主打互联网金融的阿里巴巴、腾讯、百度等互联网企业在不断寻求与票据专营机构合作的机会，试图在 P2P、P2B 票据理财领域寻求新的业务机会和利润增长点。双方可通过系统接口的建立，实现网络资源和信息存储的共享。三是充分利用互联网企业公开透明的特点，以系统的信息共享和快速传播来加快实现资产负债与客户需求的双对接，实现票据资产管理业务的落脚点由让客户“看得见”向“看得清”转变，推进票据资产类业务的转型，提高其在全市场的接受度。

（六）票据产业链发展模式逐步形成

1. 票据产业链发展将成为主流

虽然目前票交所更多的是从风险把控的角度出发，涉及票据全产业链，并关注票据进入银行体系后的交易和创新，但源于票据业务发展的本源，其溢出效应必将对上下游市场的变化带来深远的影响。预计未来票交所也会立足转贴现市场，通过交易的活跃度和产品创新来带动承兑、贴现市场的发展，并反过来推动融资性票据的发展甚至《票据法》的修改。未来票据业务的发展，将更多地从全生命周期产业链出发，而不是单独通过发展某一个环节来达到繁荣市场、服务经济的目的，越来越多的参与机构也将从上下游产业链出发，形成立体的解决方案，以此服务长三角一体化、京津冀一体化、“一带一路”等国家级战略。

2. 票据产业链的功能有望进一步完善

随着票交所的进一步运营，票据在上下游关联企业、特定行业、重大工程项目中的作用会被进一步激发，尤其在贸易供应链、军工、“一带一路”“铁公基”等基础设施建设中的衔接和润滑作用会更加突出。一方面，可以用作便捷的支付和结算工具，加速资金流转，促进贸易往来，减少对现金流的依赖；另一方面，可通过相互授信和共识，利用商票的流转减少融资成本，促进关联企业间的往来，进而为经济下行期的制造业寻求更多出路，并以此服务与带动经济转型发展。

（七）票据法制建设和监管环境成为关注的焦点

1. 在票交所模式下完善票据相关法制配套

一是在短期内从法制层面推进票据法规制度建设完善，在我国现有法律体系框架内形成一些针对特殊应用场景的指导意见和细则，如电子背书的法律效力、融资性票据在一定范围内的法律许可、资产支持票据的法律要求等。二是从远期来看应大胆引进其他法律部门的理论，通过完善票据法律制度创造有利于票据市场创新发展的制度环境。推动《票据法》的修订完善，确立融资性票据、电子票据、票据衍生产品（票据资产证券化等）以及其他创新产品（如基于区块链构造的数字票据等）的法律地位，构建更有利于科技应用下的新型票据场景法律体系。三是针对票交所的交易、追索等流程，探索《票据法》在实际场景中的应用空间、举证要求等，尽快形成相应的案例分析手段和流程。

2. 加快后票交所时代符合票据全新特征的监管体系建设

一是构建后票交所时代票据市场监管协调机制，推动货币政策部门、监管部门和金融机构在业务监管方面开展协作，推进相关票据市场监管规则的修订完善。二是结合科技发展和应用带来的票据市场创新发展实际和未来趋势，消除不同部门法规制定实施中的抵触和矛盾现象，使票交所、各商业银行的各类票据系统在更为合理完善的监管法律框架下健康发展，尽早实现标准化。三是随着票交所的深入发展，其为市场参与主体提供了更多主动适应监管要求变化的机会，甚至可以借鉴发达国家金融监管的沙盒机制，利用票交所对新型的创新技术和产品进行试验，一旦证明有效，监管可随之进行调整，避免了监管要求和业务发展节奏不一致的情形。

我国商业票据市场发展方向研究[①]

——基于中美两国的对比分析

汪文翔

摘　要：相对于美国发达的票据市场而言，我国的票据市场并不发达，只是处于初级阶段。近期我国推出了相关有利于票据市场发展的政策，相信未来票据市场会有更长远的发展。因此，我国有必要学习美国发达票据市场的经验，从而完善本国的票据市场。本文通过对中美两国商业票据市场的对比和研究，提出可以通过引入评级机构、完善电子票据市场、加强立法等方法来促进我国商业票据市场的发展。

关键词：商业票据　评级系统　电子票据　法律法规

一、引言

在完善成熟的金融市场中，商业票据是一种十分成熟的金融工具，不仅是投资者短期投资的重要工具，还是企业进行短期融资、流动性管理的重要手段，可以用来支付、贴现、背书转让等。以美国为例，其商业票据市场容量巨大，票据资产的流动性很高，并且直接服务于实体经济，具有很大的发展前景。我国商业票据市场的发展，还处在一个不是很成熟的阶段，各项机制都有待完善。笔者通过对比分析美国的商业票据市场和国内的票据市场，研究发现美国的票据市场参与主体广泛、票据品种丰富、政府支持力度大、有严格的信用评级体系、融资性票据占比高。基于上述分析结论，笔者认为未来随着我国票据市场的不断发展壮大，在第三方评级系统的建立、加快电子票据的发展、完善相关法律法规的建设等方面将有

① 本文写于2017年，感谢胡军老师的指导。

巨大的发展空间。

二、文献综述

目前，我国对商业票据的研究主要集中在以下几个方面。一是票据电子化。同发达的商业票据市场相比，我国票据电子化的程度还不够。徐婷婷（2008）指出，发达国家的商业票据市场呈金融创新和电子化的趋势，我国在这方面应当有所加强。当然票据电子化不是一蹴而就的，既需要国家尽快完善统一的票据交易平台（郜友会，2016），又需要技术上的支持，加快相关技术开发的进程（王茜，2016）。冯晓和褚红梅（2015）还提出了票据电子化系统建设的具体思路。

二是评级体系的建立。周荣芳（2005）很早就指出我国的票据市场要引入好的评级机构，对公开发行的商业票据进行信用评级；并且在准入上应减少管制，由市场评判商业票据的优劣。此后姜淮（2008）也提出应通过加强资信评级、商业银行积极参与、监管不断完善等措施，来推进我国商业票据市场的健康发展。我国的学者也对建立评级体系进行了思考。比如上海金融学会票据专业委员会、上海资信公司联合课题组（2016）提出我国的票据信用评级体系可以从指标体系、数据库和评级机构三方面内容入手，构建以数据库为核心的评级体系。

三是《票据法》。我国《票据法》是 1996 年正式实施的。刘心稳（1998）认为“保障票据使用的便捷、安全”是票据立法的宗旨，但我国注重票据安全而对票据使用便捷性规定不到位。《票据法》自实施后就很少修改，董慧江（2010）指出《票据法》很少修改的首要原因是经济上的，与商事部门法的投资者营利目的的强大内因不同，票据的使用过程本身并不产生盈利效果，作为一种金融工具，其规则只需能够被普通人接受并应用于运算，便很少有改良的必要，频繁改动反倒会增加使用成本。而显然现行的《票据法》在很大程度上已经不符合经济运行发展的规律了，比如殷志刚（2013）认为《票据法》第十条的规定限制了融资性票据的发展。王一轲（2009）也指出该条款与《票据法》助长票据流通的目标相悖。

四是电子票据的引入对《票据法》的影响。我国现行的《票据法》针对的是纸质票据，因而电子票据能否纳入现行的《票据法》还存在很大的争议。陈红（2010）从电子票据的特性和交易方式两个方面阐述了电子票据的出现对我国《票据法》的冲击。王峙焯（2014）则从契约说解释了电子票据行为的合理性，认为其与当下法律并不冲突。

五是票据资产证券化。刘传哲和史国庆（2006）认为我国的资产支持商业票据（ABCP）可以为中小企业提供一个新的融资渠道，并且该融资方式有很强大的市场内在动力。因为我国的企业有大量的融资需求，尤其是短期融资方面（刘东鑫，2010），而 ABCP 无疑为企业提供了一个股市、债市外的选择。魏玮（2011）也认为我国对 ABCP 的需求度很高，但发行的效果会受到基础资产单一和相关法律限制的影响。魏玮（2011）和袁敏（2016）都强调评级技术的完善对于 ABCP 的发展至关重要。

六是商业票据风险管理。近年来，随着票据业务的快速发展，出现了不少票据案件，尤其是 2016 年上半年，爆发了许多票据大案，因此越来越多的人开始关注商业票据风险管理，并给出了相关的建议。李伟和李海霞（2016）针对商业票据的信用风险、利率风险、合规和操作风险提出了差异化服务策略、紧跟货币政策导向和主动接受监督等建议。刘明勇（2016）则提出严格票据经办机构的资质管理；规范票据业务处理模式；强化票据业务真实性审核；推进银行承兑汇票业务系统改造。

七是票据市场制度及监管。曾涛（2010）认为，对于我国的票据市场，路径依赖、次级行动团体的行为影响和制度环境不完善是票据市场制度约束形成的主要原因。而胡松（2007）对比了国际商业票据市场的监管方式，认为我国应当在大力发展评级事业、充分发挥商业银行的作用、加强投资者保护、强化投资行为约束和以提高市场透明度为核心完善市场运行规则五个方面加强监管。牛艳飞（2016）提到，在后危机时代，美国还加强了对评级机构的监管。

由以上研究方向我们可以看出，无论是从风险防范的角度还是推进票据市场发展的角度来看，评级机构的建立对于票据市场而言均是至关重要的。这是票据市场完善的重要环节。上海票据交易所的成立，将大幅推进票据电子化的进程，而票据电子化对《票据法》会产生一定的影响。现有的《票据法》久未更新，一些条款可能已经不适用于当下的市场，甚至某些条款还阻碍了票据市场的发展。因此，本文试着通过对比中美两国的票据市场，从评级机构的建立、票据电子化的推进、相关法律的完善三个方面提出相关的建议。

三、美国的商业票据市场

美国的商业票据市场自 20 世纪 60 年代以来，经过不断的发展形成了一个比较成熟的市场。在美国，商业票据市场已成为美国货币市场的第二大子市场，其本身也是全球最主要、最成熟的票据市场，规模庞大。美国的票据市场快速发展，主要有以下几个原因。

（1）商业票据的发行成本很低。一般情况下，其利率低于同期的贷款利率；同时，商业票据的灵活性很高，是一种很自由的融资手段。

（2）监管方面的限制，尤其是 20 世纪出台 Q 条例，大大限制了银行吸收存款的能力，从而也影响了银行发放贷款的能力，企业难以通过贷款渠道获得资金，因此商业票据便成为另一个融集资金的方法。

（3）政府对商业票据的大力支持。根据美国《证券法》的相关要求，只有发行期限在 270 天以上的商业票据才需要向美国证券交易委员会进行注册；而 90 天以下的商业票据还可作为向美联储进行抵押的凭证。这一点大大推动了美国商业票据的发展。

（4）在美国，商业银行和大型机构企业参与商业票据发行的意愿非常强烈，票据的发行主体通常是信誉高的大公司，因此在美国发行商业票据甚至是公司有良好信誉的象征。在早期，有些公司即使不需要进行融资，也会出于对自身信誉的考量而发行商业票据，从而体现本公司良好的资信状况。

也正是由于这些原因，美国的商业票据市场才得以如此繁荣。作为一个成熟的商业票据市场，其有以下特点。

（1）参与主体广泛，除了商业银行和发行公司外，还有许多养老基金、货币市场基金、非金融类企业、ABS 发起人等参与。

（2）融资性票据业务占比高，已经占到了美国票据业务的 70%~80%。

（3）票据种类齐全，产品丰富。

（4）已经形成成熟的评级系统，有专业的评级机构对票据发行主体进行评级。

四、我国商业票据市场的现状

我国的商业票据市场从 20 世纪 80 年代才开始发展，真正的快速发展期是从 21 世纪初开始的。同发达国家相比，我国票据市场的历史并不算长，因此票据市场的各项运作机制都还不是很成熟。

目前，国内票据市场的参与主体并不多，主要是商业银行和一些作为发行方的公司，而非银行金融机构很少参与。并且可交易的票据品种并不多，在交易的票据中，主要以银行承兑汇票为主，出于对其发行人信用风险的考虑，商业承兑汇票在市面上并不常见。虽然近年来票据贴现、承兑数量呈上升趋势，但在银行的对公业务中，票据业务的占比并不高。也就是说，商业银行自身对票据业务的参与程度不是很高。

目前在我国流通的票据以纸质票据为主，较少使用电子票据。纸质票据是一种需要进行实物交割的标的，因此存在验票、送票、核点库存等环节。而纸质票据存在很多缺点，比如容易出现票据造假，影响交易的速度。此外，期末银行对一张一张票据的核点库存、票据人线下送票等环节，还会增加交易的成本。

目前，在国内的票据评级领域，还没有出现得到广泛认可的权威的第三方评级机构。虽然每家商业银行都有自己的评级系统，针对其客户进行内部评级，但是这些评级指标往往未考虑票据流转性强等特殊属性，仅按照基本的信贷要求进行评级。且商业银行的内部评级不对外发布；第三方评级机构对票据发行主体的了解又很有限，因此很难有公开的、客观的评级体系。

此外，我国商业票据领域的相关法律法规还相当薄弱，且很少修改，其中的一些内容已经与现行的市场经济体制不大符合了，现有的《票据法》甚至在一定程度上制约了票据市场的发展。比如说，根据我国《票据法》第十条的规定，商业票据的发行采用“真实票据理论”，需要有真实的交易背景，但是在成熟的票据市场中，以商业信用为背景发行的融资性票据才是主流，承兑汇票市场正日益萎缩。而该项条款的规定，却在很大程度上限制了融资性票据的发展。再比如《票据法》第三十六条，“汇票被拒绝承兑、被拒绝付款或者超过付款提示期限的，不得背书转让；背书转让的，背书人应当承担汇票责任”。该条前半段否定了期后背书的票据效力，但同时该条后半段却又出现了肯定期后背书会产生票据上的责任这一互相矛盾的表述。

综上所述，中美两国票据市场的主要差异在于评级体系，票据品种，票据参与主体，票据发行主体，相关法律，票据取得、签发、转让是否要具有真实的交易背景等。汇总对比情况见表 1。

表 1　中美两国票据市场主要特征的对比

内容	美国	中国
评级体系	有权威的第三方评级机构	还没有权威的评级机构
票据品种	票据种类丰富，融资性票据占主体	票据品种单一，以银行承兑汇票为主

续表

内容	美国	中国
票据参与主体	银行、非金融企业、投资公司、中央或地方政府、货币市场基金、养老基金和个人	主要是商业银行和票据发行方的公司
票据发行主体	主要为信誉卓著的金融公司、非金融公司和银行控股公司	不同规模的公司都有
相关法律	美国《证券法》	《票据法》
票据取得、签发、转让是否要具有真实的交易背景	否	是

五、对我国票据市场发展的建议

基于以上分析，我们发现美国成熟的票据市场，有权威的评级体系，票据品种丰富，参与主体广泛，发行主体多为大型公司，票据签发、转让并不需要具有真实交易背景，而中国目前缺乏权威的第三方评级体系，票据品种单一，参与主体较少，发行主体复杂，票据签发、转让都需具有真实的交易背景等。因此笔者有以下建议。

（一）建立票据评级系统

美国的票据市场不仅有成熟的评级体系，还有专门的监管部门监督评级体系。统一的评级体系的建立，可以提高人们对票据风险的识别能力，并且进一步提高票据市场的运作水平，还能完善社会征信体制（张雯，2016）。而目前我国连成熟的评级体系都尚未建立（上海金融学会票据专业委员会、上海资信公司联合课题组，2016）。一个完善的票据市场，评级体系必不可少。目前，我国的商业银行大多有一套内部的评级系统，虽然商业银行有必要设立自己的一套评级体系，但是市场需要的是一个公开透明、公正有效的第三方票据评级系统。而目前我国的金融类机构还比较缺乏这方面的专业团队，因此这也要求我们尽快建立起专业的票据评级人才队伍。

建立一个授信对象覆盖出票人（企业主体）、承兑人及票据专项等的评级系统，可以使市场参与主体更加明确受信方的信用状况、资金偿付能力等，可以防范信用风险。当然，评级系统的建立一定要确保评级机构的独立性，即评级机构作为一个第三方机构，不应该受到其他市场参与者的影响，要避免“以价定级”的现象。

上海票据交易所的成立将大大提高对各种票据有效信息的整合，减少信息不对称，降低违约风险，而这种高效率的信息整合，也有利于我国评级系统的建立。

（二）完善电子票据市场

中国人民银行《关于规范和促进电子商业汇票业务发展的通知》（银发〔2016〕224号）对电子票据的发展问题及推广策略做了详细的说明。该通知明确，自2017年1月1日起，单张出票金额在300万元以上的商业汇票必须全部通过电票系统办理；自2018年1月1日起，原则上单张出票金额在100万元以上的商业汇票必须全部通过电票办理。这意味着我国的票据市场将迎来重大转折。目前我国的电子票据交易笔数和金额逐年上升，有关部门应该乘着市场的势头，及时推出更多的相关法律法规和优惠政策，支持电子票据的发展。此外，随着上海票据交易所的成立，已经实现了纸质票据的统一托管，未来将会实现电子票据的统一托管，这将大幅提高票据电子化水平。而标准化票据的推出，还将提高票据的交易速度。电子票据的广泛应用，还可以减少送票和核点库存的成本，降低送票的风险。尤其在当前纸质票据风险频发的背景下，电子商业汇票可有效解决票据安全问题并提高支付效率。

（三）完善相关法律法规

随着市场的发展，我们应该考虑对《票据法》进行完善和修改。比如，关于最具争议性的第十条，当初制定《票据法》第十条，主要是为了防止票据信贷泡沫、遏制通货膨胀、防止票据诈骗犯罪，而事实上因为发行票据而造成的信贷井喷从未有过（王一轲，2009）。随着上海票据交易所的成立，票据交易越来越规范化，可以在一定程度上降低票据违约风险。有关部门或许可以考虑重新制定第十条。再比如，“参加承兑”和“参加付款”是国际票据法上通用的条款，大多使用日内瓦法系的国家票据法上均有该条款，其保证了持票人的权利，使得持票人在承兑困难时可以收到付款。但我国因为“国情不需要”而未将其列入其中（刘心稳，1998）。现在已经出现了许多票据违约案件，使票据债权人的权益受损，因此，我国应该考虑在《票据法》中加入该条款从而保护票据债权人的权益。此外，票据电子化也会对《票据法》造成一定影响，我国《票据法》在电子票据这一领域还处于空白状态，随着电子票据的普及，我国应当加快相关法律的出台。

参考文献

[1] 陈海涛．商业票据市场的利率风险管理［D］．上海：华东师范大学，2005.

[2] 陈红．电子票据对我国票据法的冲击和影响［J］．广东省社会主义学院学报，2010（4）：100-107.

[3] 陈红．电子票据法律规则研究［D］．长春：吉林大学，2013.

[4] 崔卫红．我国票据市场发展现状、问题及对策建议［J］．华北金融，2016（9）：22-23.

[5] 邓盛怡．规范发展商业汇票业务 加强票据风险防范［J］．福建金融，2004（12）：30-32.

[6] 董惠江．票据法的坚守与发展［J］．中国法学，2010（3）：145-157.

[7] 冯晓，褚红梅．实现票据电子化的技术研究分析［J］．软件产业与工程，2015（2）：39-42，56.

[8] 胡松．国际商业票据市场的最新发展及其启示［J］．湖北社会科学，2008（1）：107-110.

[9] 胡松．国际商业票据市场监管方式最新变化及启示［J］．证券市场导报，2007（11）：55-60.

[10] 姜淮．我国商业票据市场研究［J］．中国市场，2008（39）：46-47.

[11] 李伟，李海霞．新常态下加强商业银行票据风险管理的思考［J］．宏观经济研究，2016（12）：145-150.

[12] 刘传哲，史国庆．资产支持商业票据：中小企业融资新渠道［J］．证券市场导报，2006（7）：69-73.

[13] 刘春志．商业票据业务发展［J］．中南财经政法大学学报，2003（6）：38-43.

[14] 刘东鑫．美国商业票据市场的发展特点及启示［J］．中国货币市场，2010（10）：46-49.

[15] 刘明勇．商业银行如何防控票据风险？［J］．金融市场研究，2016（6）：82-88.

[16] 刘心稳．我国票据法立法宗旨的研究［J］．政法论坛，1998（3）：52-56.

[17] 牛艳飞．后危机时代美国商业票据市场的发展和监管变革［J］．吉林省经济管理干部学院学报，2016（5）：8-12，180.

[18] 上海金融学会票据专业委员会、上海资信公司联合课题组．建设票据信用评级体系发挥票据市场服务作用［N］．上海证券报，2016-07-16（006）．

[19] 施俊兴，曾一村，吴晓均．利率市场化背景下商业银行票据业务的变革［J］．

上海金融，2013（6）：85-87，118.

［20］乔云云．中国电子商业票据的发展现状分析［J］．经济研究导刊，2011（8）：87-88.

［21］王茜．我国票据业务电子化发展研究［J］．上海金融学院学报，2016（6）：86-94.

［22］王峙焯．电子票据行为的正当性研究［J］．北方法学，2014（3）：35-40.

［23］王雄元，张春强．声誉机制、信用评级与中期票据融资成本［J］．金融研究，2013（8）：150-164.

［24］王一轲．从金融法视角论“票据真实交易背景原则”的存废与变革［D］．北京：中国政法大学，2009.

［25］汪办兴．商业银行票据贴现利率的市场化转型——以 Shibor 为基准的定价模型研究［J］．金融论坛，2010（12）：24-29.

［26］魏玮．国际资产支持商业票据的发展状况及国内推出的几点设想［J］．金融纵横，2011（2）：37-40，47.

［27］徐婷婷．票据市场的比较研究及对中国的启示［D］．苏州：苏州大学，2008.

［28］严长松，田湘龙．进一步深化票据利率市场化的思考和建议［J］．中国货币市场，2009（7）：27-31.

［29］杨俊龙．美国商业票据市场发展给我们的启示［J］．预测，2007（4）：29-33.

［30］郇友会．电子商业汇票业务发展的观察、分析与思考［J］．金融会计，2016（10）：52-56.

［31］殷志刚．《中华人民共和国票据法》第 10 条存废之探讨——以公法规范的公法、私法效力区隔为视角［J］．法商研究，2013（2）：131-137.

［32］袁敏．国际商业票据市场的发展与借鉴［J］．证券市场导报，2005（12）：67-73.

［33］袁敏．资产支持商业票据的理论与实务初探［J］．证券市场导报，2006（10）：62-71.

［34］曾涛．中国票据市场制度约束与制度创新研究［D］．长沙：湖南大学，2011.

［35］张凯政，段清古．商业银行票据业务操作风险管理研究——以日照银行为例［J］．中国商论，2016（25）：63-65.

［36］张雯．加快票据信用评级体系建设的几点思考［J］．上海金融学院学报，2016（5）：73-81.

［37］周荣芳．美国票据市场发展对中国的借鉴作用［N］．上海证券报，2005-04-21.

［38］周荣芳．美国商业票据市场的实践及其启示［J］．南方金融，2005（5）：53-55.

［39］C. A. Stone，A. Zissu. Asset Backed Commercial Paper：Get With the Program［J］. Journal of Applied Corporate Finance，2005，10（1）：72-78.

［40］C. W. Calomiris，C. P. Himmelberg，P. Wachtel. Commercial Paper，Corporate Finance，and the Business Cycle：A Microeconomic Perspective［J］．Carnegie-Rochester Conference Series on Pubulie Policy, 1994, 42 (1): 203-250.

[41] E. Gatev, P. E. Strahan. Bank' s Advantage in Hedging Liquidity Risk: Theory and Evidence from the Commercial Paper Market [J]. The Journal of Finance, 2006, 61 (2): 867-892.

[42] M. Kozubovska. The Effect of US Bank Holding Companies' Exposure to Asset-backed Commercial Paper Conduits on the Information Opacity and Systemic Risk [J]. Research in International Business and Finance, 2017 (39): 530-545.

金融严监管与票据业务经营转型方向思考[①]

秦书卷[②]

导　读：本文认为，经济向高质量发展，不出现重大系统性金融风险是必要条件，金融回归服务实体经济本源是充分条件，在这一背景下金融严监管是可以被理解的。在金融严监管时代，票据业务是面临收缩压力，还是因其具备支持实体经济功能更加受到重视？同时，票据经营环境出现重大变化，作为目前票据市场的主要参与主体，商业银行该如何转型？传统票据中介又该何去何从？本文提出票据经营机构不应彷徨，而应充分认识形势，积极主动朝正确方向实现转型发展！

自改革开放以来，我国经济一直保持高速增长，党的十九大提出，我国经济已由高速增长阶段转向高质量发展阶段；但我国经济金融体系存在着诸多问题，近年来中央提出以防范化解重大风险为首的三大攻坚战，而防范化解重大风险重点是防控金融风险，因此可以说，金融机构展业已面临严监管环境，金融业务将面临回归本源。在这一波金融严监管的冲击下，兼具信贷和资金业务属性的票据业务发展是面临收缩压力，还是因其支持实体经济功能而受到重视？商业银行和其他经营机构的票据业务又应如何转型以配合当前经济发展转型和金融监管变化？

一、金融进入严监管时代

近五年来，我国金融领域发生了很多事，如 2013 年资金市场波动，余

---

① 本文写于 2018 年。

② 秦书卷，江西财经大学九银票据研究院高级研究员，九江银行票据中心负责人。

额宝异军突起，互联网金融的兴起与湮灭，2015 年的股市大波动，2016 年的票据案件集中爆发，“宝万之争”，安邦问题，外汇储备波动，比特币的疯狂，银行外派机构回撤、银监会与保监会合并等，这些都是从各个层面呈现给我们的点，其背后是否具有内在联系？笔者认为，这些都是在经济高速增长背景下金融过度或金融过度创新导致的，易引发系统性金融风险，因此金融严监管成为金融热词并被引起重视。

（一）为什么说金融进入了严监管时代

1. 高层频频释放严监管信号

近年来，最高层已多次释放信号，要密切关注金融风险，其中最有代表性的，一是 2017 年中央经济工作会议提出“今后 3 年要重点抓好决胜全面建成小康社会的防范化解重大风险、精准脱贫、污染防治三大攻坚战”“打好防范化解重大风险攻坚战，重点是防控金融风险，要服务于供给侧结构性改革这条主线，促进形成金融和实体经济、金融和房地产、金融体系内部的良性循环，做好重点领域风险防范和处置，坚决打击违法违规金融活动，加强薄弱环节监管制度建设”；二是自 2016 年以来，中国人民银行每年提出的“十大工作任务”中关于防范和化解金融风险的工作任务排名不断前移，从 2016 年的第五位到 2017 年的第三位，2018 年直接升为第二位，可见金融风险问题越来越受到重视。

2. 近年来我国经济金融不容忽视的问题

在过去的一个很长时期里，我国经济高速增长，但过度依靠金融投入，长期信贷和信用货币的巨额投放，导致了严重的经济货币化，2012 年以来，M_2 与 GDP 之比由 2007 年的 1.51 快速上升到 2017 年末的 2.02，其中 2016 年末最高，达到 2.08，而美国则不到 1，说明信用货币的投放效益呈边际递减，在货币供应量快速增长的同时，经济却未出现同步上升的势头，而是相反，物价没有伴随货币的快速增长出现通货膨胀的势头，融资难、融资贵问题没有因货币投放增加出现缓解的势头，中小微企业贷款增速下降，融资的风险溢价上升。

资金去哪儿了呢？一般认为主要流向房地产市场、政府或政府融资平台的债务、影子银行、虚拟经济，而实体经济、小微企业则像嗷嗷待哺的小羊，得不到及时的营养。

一是房地产泡沫隐忧加剧。2008 年国际金融危机后，房地产贷款大幅增长，其中以 2009—2010 年和 2015—2016 年两个阶段最为突出，前者每年新增 2 万亿元以上，后者分别新增 3.6 万亿元和 5.7 万亿元，占当年新增贷款总额的比重分别为20.9%和25.3%、31.9%和45.8%，如此高的占比表明房地产泡沫隐忧进一步加剧。

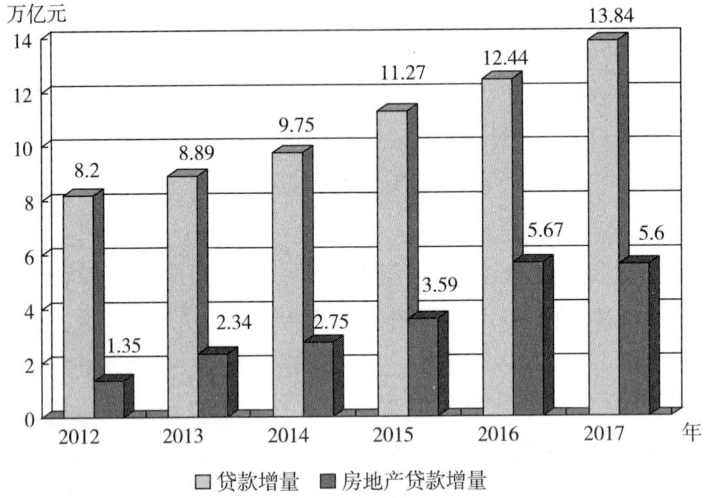

图1　中国贷款增量及房地产贷款增量趋势

二是地方政府债务率水平快速上升。2016年末，中国政府债务总额为27.33万亿元，其中地方政府债务为15.32万亿元，中国政府负债率（债务余额/GDP）为36.7%，低于主要市场经济国家和新兴市场国家水平，风险总体可控；过去长时间的货币信用及盲目的地方政绩观，导致债务率水平快速上升，成为金融风险的一个重要隐忧，国内外普遍担忧的是地方政府负债率高企的问题。

三是影子银行大资管业务迅猛发展。2011—2016年，大资管业务一直保持高速增长，年均复合增长率达到45%左右；2017年，大资管业务遇到政策调整，增速有所放缓，截至2017年6月末，中国大资管业务规模达到241.15万亿元，不剔除重复计算，中国AUM为120.75万亿元。这些游离在监管之外的表外融资，缺乏必要的风控措施，就像一颗定时炸弹。

四是社会资金脱实向虚加剧。一方面，社会资金大量流向房地产等领域，导致资产价格上涨，造成房地产泡沫，制造业等实体部门经营困难、盈利水平下降，融资难、融资贵问题长期得不到根本解决；另一方面，部分金融机构热衷通道、同业、交易类业务，脱离真实需求进行自我创新、体内循环，容易形成金融泡沫，金融系统自身风险上升。

3. 金融严监管成为必然选择

上述现象表明资金在过去的一段时期内加速在向房地产等领域不断集

中。不但通过政府、企业、家庭和居民主体各种杠杆堆积泡沫，还通过各种金融创新交叉嵌套规避和消耗监管，大量社会资金空转消耗资金；不但致使宏观调控源头的信用货币供应量很难流入真正的实体经济当中，而且加剧了各种金融市场的交叉联动风险，极易发生系统性风险，如再不加以厘清监管，几十年来的改革开放成果将毁于一旦。因此，此时提出金融严监管有其必然性和无奈性，并且可以预见本轮监管是在变革组织架构和监管模式下，实现“货币政策+宏观审慎”双支柱框架下金融监管长效机制的建立，实现穿透式监管，从机构监管向功能监管、行为监管转变。

（二）当前金融监管措施和成效

自 2017 年以来，很多监管意见讨论、监管政策和监管处罚单陆续出台或曝光，经过近一年的整顿，部分“金融创新”有所降温、银行业乱象有所遏制、跨市场监管套利业务明显收敛，取得了一定的成效，可以预见随着未来监管政策的陆续出台和执行，金融业务监管环境还将进一步严格。

1. 银监会“三三四十”监管及整治银行业乱象

为进一步防控金融风险，治理金融乱象，扎紧“制度笼子”，坚决打击各类违法违规违章行为，2017 年 3 月以来，银监会连续出台 5 号、45 号、46 号及 53 号等系列文件，开展了轰轰烈烈的“三违反、三套利、四不当、十乱象”专项治理，俗称“三三四十”，2018 年初还下发了《关于进一步深化整治银行业市场乱象的通知》。“三违反”是指违反金融法律、违反监管规则、违反内部规章；“三套利”是指监管套利、空转套利、关联套利；“四不当”是指不当创新、不当交易、不当激励、不当收费；“十乱象”是指股权和对外投资、机构及高管、规章制度、业务、产品、人员、廉政风险、监管行为、内外勾结违法、非法金融活动。

经过近一年的治理，整治金融乱象取得了初步的成效。自 2017 年 3 月末以来，共查出问题 5.97 万个，涉及金额 17.65 万亿元；共做出行政处罚决定 3452 件，罚没 29.32 亿元。2017 年，在新增贷款增长 12.6%的情况下，银行业总资产只增长了 8.7%，较上年下降了 7.82 个百分点。

2. 其他相关文件陆续出台

2017 年 11 月至 2018 年 4 月之间，各监管及职能机构下发了一系列关于金融市场的文件，如《关于规范金融机构资产管理业务的指导意见（征求意见稿）》《商业银行流动性风险管理办法（修订征求意见稿）》《关于规范债券市场参与者债券交易业务的通知》《关于规范金融企业对地方政府和国有企业投融资行为有关问题的通知》以及有关委托贷款、银信合作、“现金贷"等的文件。

其中影响面大、受市场持续关注的《关于规范金融机构资产管理业务的指导意见》在2018年4月27日正式由中国人民银行、银保监会、证监会、国家外汇管理局联合发布。该文的发布，旨在让资产管理业务回归资产管理本源，将打破一直以来的跨市场监管套利行为，规范表外融资行为，主要在打破刚性兑付、严格期限匹配、限制多层嵌套等方面给予明确规范。该文的发布，对存量表外融资及金融机构未来展业带来巨大影响。

另外，财政部于2018年3月30日下发《关于规范金融企业对地方政府和国有企业投融资行为有关问题的通知》，严格规范金融企业对地方政府和国有企业的投融资行为，除购买地方政府债券外，不得直接或通过地方国有企事业单位等间接渠道为地方政府及其部门提供任何形式的融资；不得违规新增地方政府融资平台公司贷款；不得要求地方政府违法违规提供担保或承担偿债责任；不得提供债务性资金作为地方建设项目、政府投资基金或政府和社会资本合作（PPP）项目资本金。该文的发布，从资金端规范了金融机构盲目对地方政府融资的迷恋投放，防止地方债务堆积和金融机构的风险集中度过高，可以预见，金融机构的资产结构将面临重大调整。

3. 相关机构配套改革

近一年来，防范和化解金融风险的相关配套机构改革也在同步进行，2017年7月在北京召开的全国金融工作会议宣布设立国务院金融稳定发展委员会，旨在加强金融监管协调、补齐监管短板。其主要职责：一是落实党中央、国务院关于金融工作的决策部署；二是审议金融业改革发展重大规划；三是统筹金融改革发展与监管，协调货币政策与金融监管相关事项，统筹协调金融监管重大事项，协调金融政策与相关财政政策、产业政策等；四是分析研判国际国内金融形势，做好国际金融风险应对，研究系统性金融风险防范处置和维护金融稳定重大政策；五是指导地方金融改革发展与监管，对金融管理部门和地方政府进行业务监督和履职问责等。未来其将重点关注四方面问题，即影子银行、资产管理行业、互联网金融、金融控股公司。

2018年3月，根据第十三届全国人民代表大会第一次会议批准的国务院机构改革方案，将中国保险监督管理委员会的职责整合，组建中国银行保险监督管理委员会；将中国保险监督管理委员会审慎监管基本制度的职责划入中国人民银行；不再保留中国保险监督管理委员会。银保监会的合并成立，旨在为深化金融监管体制改革，解决现行体制存在的监管职责不清晰、交叉监管和监管空白等问题，强化综合监管，优化监管资源配置，更好统筹系统重要性金融机构监管，逐步建立符合现代金融特点、统筹协调监管、有力有效的现代金融监管框架，守住不发生系统性金融风险的底线。其主要职责是，依照法律法规统一监督管理银行业和保险业，维护银行业和保险业合法、稳健运行，防范和化解金融风险，保护金融消费者合法权益，维护金融稳定。

山雨欲来风满楼。因此可以说，我国金融业进入了严监管的时代！

二、新时期票据业务转型发展思考

票据的源头是企业签发，连接着实体经济，同时又通过货币市场连接着亿万资金，票据业务兼具传统与创新。在金融严监管环境下，票据业务、票据市场是面临着压力，还是因其具有支持实体经济的基础属性而能更好发展？商业银行作为票据市场的主角又该如何契合各种环境变化而转型发展？方向在哪儿？

（一）新时期票据业务发展环境面临重大变化

票据市场自2000年以来，和我国经济整体发展一样，呈现出蓬勃发展态势，商业银行和票据经纪公司创新非常活跃，在源头上支撑了实体企业融资。作为票据市场的分水岭，2016年以来，票据业务发展环境面临重大变化，除了上述监管环境出现的重大变化外，还有电票大发展、上海票据交易所（以下简称票交所）的成立、票据相关税制改革，这些将奠定票据业务转型发展的基础。

1. 电票大发展取代纸票黄金时代

票据起始于纸票，直至2016年纸票还在各领域被使用，在此之前的近10年可以被看作是纸票发展的黄金时代。近年来，电子商业汇票呈现出强劲的发展态势，始终保持快速增长，尤其是2016年9月7日中国人民银行《关于规范和促进电子商业汇票业务发展的通知》发布以来，电子商业汇票无论是承兑金额还是交易额都有了大幅增长。近5年来，电子商业汇票承兑金额逐年攀升，由2013年的1.63万亿元上涨至2017年的13.02万亿元（见图2）；电票贴现金额与转贴金额呈爆发式增长，2016年电票转贴金额是2012年的45倍，2016年电票贴现金额是2012年的14倍，电票时代已全面到来（见图3）。

图 2　银行承兑汇票承兑发生额与电子商业汇票承兑金额比较（单位：亿元）

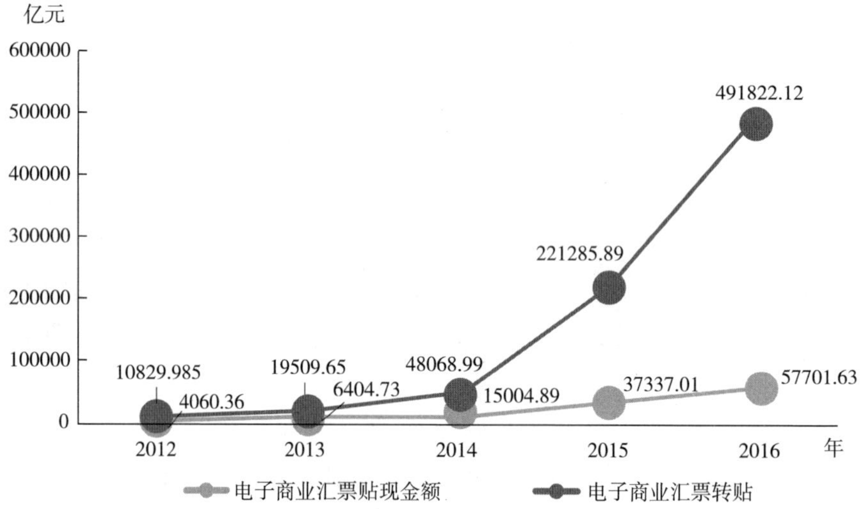

图 3　电子商业汇票贴现与转贴金额趋势

2. 票交所的成立打破既定市场模式

2016 年 12 月 8 日，票交所正式开业运营，全国统一的票据交易平台正式建立，标志着全国统一、信息透明、以电子化方式进行业务处理的现代票据市场框架初步建立。作为票据市场基础设施，票交所是中国人民银行指定的提供票据交易、登记托管、清算结算和信息服务的机构，同时承担着中央银行货币政策再贴现操作等政策职能。根据票据市场发展的需要，票交所制定了规范化的业务模式，并在体制机制建设上开展了不少创新。

票交所的成立打破原有票据 OTC 市场交易模式，为未来票据交易带来无限想象。一是电子化交易取代纸质票据线下流转，二是线上统一交易模式取代线下分散交易模式，三是票据交易主体由单一性转为多元化，四是交易信息分散化转为集中透明化。尤其是其清算逻辑、参与主体系统直连的变化，将给商业银行票据同业授信管理、票据业务经营、票据中介业务开展带来颠覆性的影响。

3. 票据相关税制改革带来的影响

2017 年 7 月 11 日，财政部发布《关于建筑服务等营改增试点政策的通知》（财税〔2017〕58 号），自 2018 年 1 月 1 日起，金融机构开展贴现、转贴现业务，以其实际持有票据期间取得的利息收入作为贷款服务销售额计算缴纳增值税。统一了直贴和转贴作为贷款服务的征税原则，即均以提供贷款服务取得的全部利息及利息性质的收入为销售额。这一调整把原来直贴行全额承担的增值税，按照持有期间分摊到了转贴行。对于直贴行而言，此前需以贴现收入全额缴纳增值税，而此次调整为按持有期间，将大幅减少直贴行的应交增值税，合理反映税负情况，促进票据交易。

（二）新时期票据业务转型发展的必要

如果把上述票据经营环境的重大变化放到我国经济新时代发展的背景下来看，票据业务的转型发展就更显得尤为重要。党的十九大指出，我国经济发展的基本特征就是由高速增长阶段转向高质量发展阶段，这个基本特征是我们抓经济工作必须把握的大前提、大逻辑。

经济向高质量发展映射到金融，包括具体票据业务来看，主要是金融和金融工具要服务实体经济，票据是企业签发的，其在源头上就是解决实体企业融资或支付需求，企业进入门槛低，目前我国用票基础环境已相当成熟，因此大力发展票据业务符合我国经济向高质量发展的基本要求，现阶段发展票据业务需把其放到经济向高质量发展、金融支持实体经济的背景下审视。而且，电票大发展和票交所的成立使得票据在流转上更加方便和高效，原有纸票的一些弊端已得到解决，其服务实体经济更高效，以前商业银行简单粗暴的票据经营模式必将终结，票据中介野蛮生长也将一去不复返，因此原有基于纸票的那一套经营模式必须摒弃，应该拥抱电票和票交所时代的思维方式。在当前去杠杆、去影子银行的严监管下，商业银行金融市场业务面临重新定位和重大调整，同业业务将会有一定幅度的压缩，此时票据业务或将被重新重视，成为原同业业务的短期替补，这或许也是解决商业银行内部业务结构调整的选择。

（三）新时期票据业务转型发展的方向思考

作为目前票据市场的主要参与主体，商业银行该如何在现行环境大变化的情况下转型？传统票据中介又该何去何从？笔者认为有以下几个方面的问题值得我们思考。

1. 票据经营应回归服务实体经济，更多创新应结合供应链金融

当前各项金融严监管都指向金融回归服务实体经济主题，票据业务经营转型应围绕该主题，在源头上应该为实体企业创新出更多的产品组合和模式，而不能只专注后端的交易创新。

2017 年 10 月 5 日，《国务院办公厅关于积极推进供应链创新与应用的指导意见》正式发布，在国家层面提出要积极推进供应链创新和应用，其中特别提出“积极稳妥发展供应链金融”“鼓励商业银行、供应链核心企业等建立供应链金融服务平台，为供应链上下游中小微企业提供高效便捷的融资渠道。鼓励供应链核心企业、金融机构与人民银行征信中心建设的应收账款融资服务平台对接，发展线上应收账款融资等供应链金融模式”。票据作为贸易项下的支付、信用工具，在电票大发展的背景下，注定大有作为。因此，无论是企业、商业银行还是金融公司，都应把票据业务经营转型方向重点放在供应链金融上。

2. 商业银行应向票据全产品链经营转型，打造一体化专业经营

目前国内商业银行票据业务经营基本上是割裂的，承兑和质押一般由商业银行的公司部门或授信审批部门负责，贴现业务一般在公司部门或专门的票据部门集中办理，转贴现、回购、再贴现业务多集中在分行级专门的票据部门办理，票据投资业务多是在分行级以上金融同业部门或专门的票据部门办理，面向客户的产品整合显得异常艰难，不利于维护客户；而在票交所时代，市场交易的充分性，使得商业银行的价值创造必须前移，因此有必要统筹全产品链经营。

在横向上，不但要经营银票，还要统筹推动商票、财票全面经营。商票和财票的发展前景广阔，是经济向高质量发展的重要基础金融工具，也是电票大发展和票交所间接驱动所致，电票的防伪跟法律确权、票交所的清算逻辑变化等相关，同时也是商业银行向轻资产业务转变的要求。在纵向上，不但要直贴、转贴并重，还要统筹承兑、贴现前质押、票据资产投资等业务。随着票交所把电票纳入交易平台，票据二级市场变得更加高效，各交易主体手中的资源和交易能力更加重要，对资金大行而言，没有票源就像搁滩的鲸鱼一样将变得被动，对资金优势不明显的中小银行而言，有直贴票源但不能很好地在二级市场中交易也是徒劳的，要在未来市场中占有一席之地，需要直贴和转贴并重。有条件的商业银行甚至可以统筹承兑、质押等业务，完全一体化服务客户，专营机构、票据子公司和票据子银行将成为商业银行的可能选择。

3. 商业银行应主动提升直贴业务的体验感，提升转贴交易的投研能力

由于电票的发展是必然趋势，电票的贴现“去合同”和快捷性，使得各家银行做票据直贴已无制度性和专业性差异，票源的竞争更加激烈，必须主动提升企业客户的直贴体验，目前多家大型股份制商业银行在网银方面已实现客户自助贴现通道。随着票交所全面业务的到来，总行级交易能力是未来银行盈利重点，转贴现考验团队对市场的研究和精准判断能力以及票据资产的配置能力。以前票据交易赚取的信息价差是很多商业银行票据利润的重要组成部分，随着票据电子化、平台统一化、交易集中化、信息透明化，票据业务利润的重要方向是精准的票据资产配置及票据交易时点判断所带来的投资收益，因此，总行级交易能力是影响票据利润的重要因素，而这又是由总行转贴现交易团队对市场的研判能力决定的，可以预见，如若没有很好的投研团队，未来有一大批中小金融机构将止步于贴现业务。

4. 票据中介应向信息咨询、规范经纪和平台化转型发展

一是运用新技术，打造票据经纪平台。2018 年初，为推动票据市场健康发展，发挥票据经纪活跃市场的积极作用，规范金融机构和票据经纪公司的合作，促进票据经纪公司阳光化运作，中国人民银行在某地区就相关问题进行摸底调查，并有试点发展的含义，因此乐观地说，现行票据中介应提前主动向正规票据经纪平台发展。二是做深做透实体企业客户的信息咨询类服务。可为企业提供非票据类经纪服务，如债券发行与承销、投资与融资咨询、企业财税筹划咨询，为企业提供票据管理软件、金融财务管家、CRM 客户运营管理系统等。三是加强票据投研判断能力。增加对票据研究领域的投入或与研究机构合作，加大票据产品投研力度，为企业和银行机构提供票据经营管理方案及票据运营策略。

5. 票据经营合规风险将变得更加重要，应加强信用风险的过程控制

金融严监管背景下，违规成本变得异常高，不但面临行政和经济上的处罚，还可能带来声誉上的影响。经过多年粗放式发展，各种真伪创新混杂，也有些完全是规避监管、削弱监管，但其带来的收益远大于监管成本，因此合规经营意识一度未引起重视；正如前文所述，金融严监管已被提升到国家“防范化解重大风险”的高度，并成为整治各种金融乱象的重要手段，因此，严监管没有退路，金融机构合规经营票据变得更加重要。同时，随着金融严监管的持续深入，影子银行、政府融资平台、企业套利领域和行为等面临重组消化，这一过程中有可能面临资金配置重构、商业银行断

贷等，可以判断将会产生阶段性、结构性的信用风险事件，票据经营机构尤其是商业银行应做好信用风险的过程控制，防止造成重大损失。

总之，经济向高质量发展，不出现重大系统性金融风险是必要条件，金融回归服务实体经济本源是充分条件，在这一背景下金融严监管是可以理解的。在这一新环境下，结合近年电票大发展、票交所的稳步推进，票据经营机构应充分认识形势，积极主动朝正确方向实现转型发展！

构建上海国际票据交易中心①

江西财经大学九银票据研究院课题组

上海要打造国际经济、金融、贸易、航运和科技中心，这是国家赋予上海的历史使命。在上海，以科技为抓手，建设上海国际票据交易中心对建设上海国际金融中心具有必要性、可行性和实践性。

一、进一步发挥科技在票据市场中的作用

（一）进一步推行科技系统的标准化建设

1. 科学规划应用架构，坚持设计原则。一是科学的应用架构设计通常体现了最佳实践，是对各种需求、约束、质量的折衷体现，能够实现可传递和重用。二是系统架构设计中要实现低耦合依赖关系，坚持独立演化、隔离变更，能独立适应业务需求的变化，减少对其他应用的影响。三是科技应用内部的设计要支持程序的重用性，要支持应用的高可用性，能够进行错误检测、错误的恢复及错误预防。

2. 借助科技应用推进票据发展是一项长期行为。科技应用的建设有着周期长、见效慢、易变更的问题。所以，积极借助科技应用，必须与积极推动票据业务发展放在同等重要的位置并排考虑，票据业务在拥有巨大市场发展空间的同时，已经必须依靠科技应用来帮助其实现量变到质变的转化，两者相互促进、相互融合、互为推动。

（二）进一步通过新技术推进票据业务创新

1. 加快基于互联网的新技术使用。一是人工智能在 Web 服务和大数据

① 本文写于 2019 年。

领域的应用将促使票据市场的智能化程度更加提升，未来依托互联网的票据业务模式将占主流；二是物联网技术的快速发展给纸质票据的电子化提供了新的探索渠道；三是要加快基于智能穿戴设备、VR 场景体验设备等新型电子平台的票据相关应用建设。

2. 规范发展科技金融跨界创新票据业务的应用。根据国家促进互联网金融产业健康发展若干意见的精神，鼓励互联网金融为符合国家产业导向领域的中小微企业和家庭居民提供多样、灵活的票据融资、票据理财等金融服务，支持互联网金融与电子商务、现代物流、信息服务、跨境贸易等加强票据融资业务领域的融合发展。

3. 加快数字票据的应用范围。一是要借鉴国际上 R3 联盟银行间票据交易测试、意大利集中票据托管中心、美国存管信托与结算公司（DTCC）使用区块链来跟踪回购业务等实践经验，通过选取部分业务场景或恰当的交易频次，确定其最佳的应用领域。二是要综合考量国内外票据产品的差异，西方国家的票据大多是具备直接融资功能的本票或者是商业票据，与我们使用的有真实贸易背景、产生在支付结算领域的汇票有本质区别，需要在业务场景设计上着重考虑。

（三）进一步完善法律建设和制度监管

1. 在科技应用下完善票据相关法制配套。一是在短期内从法制层面推进票据法规制度建设完善，在我国现有法律体系框架内形成一些针对特殊应用场景的指导意见和细则，如电子背书的法律效力等。二是从远期来看应通过完善票据法律制度创造有利于票据市场创新发展的制度环境。推动《票据法》的修订完善，确立融资性票据、电子票据以及其他创新产品（如数字票据等）的法律地位，构建更有利于科技应用下的新型票据场景法律体系。

2. 在监管层面加强票据与科技应用相融合的合规管理。一是要加强对建设科技类票据应用系统合规意识的引导，提升系统建设期间的风险评估水平。二是人民银行或者银监部门要尽快明确科技类票据应用系统监管对口部门，加强监管的针对性和有效性，并尽快出台对应的监管办法、实施准则、安全要求和评审制度等。三是要加大对科技类票据应用系统的监督检查，督促问题整改，建立长效机制。

3. 加快科技应用下符合票据全新特征的监管体系建设。一是构建后票交所时代票据市场监管协调机制，加强货币政策部门、监管部门和金融机构在业务监管方面的协作。二是结合科技发展带来的票据市场创新发展实际，消除不同部门之间法规制定实施中的抵触和矛盾现象，使科技类票据应用在更为合理完善的监管框架下健康发展。

（四）进一步推进科技与票据的跨界融合

随着互联网金融的深入发展，互联网企业掌握了越来越多的金融经营权，并获得了相对宽松的监管空间。一是互联网信息的公开透明和技术接口的标准化，让互联网企业和金融机构的科技类系统应用对接越来越容易，应用范围也越来越广泛。二是在市场上主打互联网金融的企业不断寻求新的业务机会和增长点的过程中，双方可通过系统接口的建立实现网络资源和信息存储的共享。三是充分利用互联网企业公开透明的特点，以系统的信息共享和快速传播来加快实现资产负债与客户需求的双对接，推进票据资产类业务的转型。

二、进一步发挥科技在上海票据交易所中的作用

（一）进一步发挥科技对票交所发展的作用

票交所作为传统+票据的最高产物，其发展必然由科技的进步与应用来主导，通过不断与科技融合发展，形成新的业务操作形态和产品模式。一是数据的作用将会被进一步激发。票交所的集中模式将会沉淀大量有价值的历史数据，而数据本身将成为最重要的生产资料。通过对数据的使用有助于形成准确有效的全国统一的价格体系、资源共享的风险评价和信用管理体系、量化可依的研究评估体系和全程可控的数据全生命周期管理体系，使票交所成为重要的票据市场软载体。二是票据市场的信息化水平将进一步提升。票交所提供直连和终端两种模式，并提供多种标准化的接口供市场参与者调用，对于研发能力强的参与者会更多地采用直连模式，通过系统的直接对接和数据接口的交互实现全流程自动化，采用终端模式的也将直接采用票交所提供的业务流程标准，实现电子化流转。三是电子票据将得到飞速发展。票据电子化交易的优势将逐步深入人心，加上电票直贴的非真实贸易背景审查，电票将迎来市场自发行为的选择性发展，逐步成为重要的融资工具。

（二）进一步发挥区块链技术的作用

我国对区块链技术的发展一直十分重视，2016 年将其列入了国务院印发的《“十三五”国家信息化规划》。区块链技术的主要特点是分布式账本、

去中心化、去信任、集体维护、公开透明、不间断的时间戳、交易可追溯以及非对称加密技术等。从未来看，除扩大应用范围外，其在以下几个方面仍具有进一步提升的空间。

1. 从技术角度分析，区块链技术自身的去信任、不间断的时间戳、交易可追溯等特点与票据应用场景十分相近。在一定范围使用时，可以建立起数字票据的联盟链，将票据市场各方参与者在联盟链中进行定义。例如，可以将票交所设置为数字票据链条上的一个节点，事先制定买卖交易代码的匹配规则，待买卖双方的代码通过匹配规则达成共识并得到双方确认后，进入指定目标交易的票据流转环节。

2. 从监管部门角度分析，数字票据有望为监管操作带来更多便利，一方面，可以将监管部门设置为数字票据链中的一个普通节点，通过前后相连构成的不可篡改的时间戳，以及完全透明的数据管理体系所提供的可信任的追溯途径，来实现对监管信息的无成本调阅；另一方面，也可以将监管方设置为具有一定角色的节点，通过在链条中发布智能合约，应用可编程性来建立市场统一的规则和秩序。既可以控制价格和限定流转方向，也可以实现监管政策的全覆盖和硬控制。

3. 从市场参与者角度分析，对于商业银行等市场参与者，可以将出票人、期限、金额、承兑行、保证增信行、贴现行等要素预先写入代码并加载为智能合约，将数字票据定义为自带智能合约限制的数字货币。数字票据交易平台的上线将为我国探索发行国家法定数字货币提供重要的经验参考。

4. 从金融战略角度分析，数字票据将为发行数字货币打好基础，由于区块链最核心和最本质的应用在于改变现有中心化的国家信用主权货币模式，考虑到票据这一产品在承兑阶段属于支付工具，一方面，可以将出票人、期限、承兑行、金额等要素预先写入代码并加载为智能合约，将数字票据定义为自带智能合约限制的数字货币；另一方面，可以尽早在数字票据交易链中引入数字货币进行实时清算，对数字货币的应用在实际的业务场景中做进一步验证，为尽早发行数字货币提供试验田。

（三）进一步加强大数据技术的应用

1. 票交所的大数据应用前景广阔。目前，中国人民银行已完成电子商业汇票系统 ECDS 的移交迁移，并完成纸电交易票融合等工作，后续所有的票据相关信息都将纳入票交所来统一把控和运营。未来，票交所将成为全国票据市场最完整的数据拥有者，这些数据包括全市场的票据承兑、贴现、转交易、回购、再贴现、第三方非法人产品的全部明细数据。随着线下票据业务逐步迁移至网上以及票交所自身建设的进一步完善，数据采集面和数据量将进一步丰富和提升，票交所将成为最大最全的票据市场数据提供商。票交所通过系统实现数据采集只是大数据应用的第一步，让数据说话并对外提供数据服务则是一项系统工程，涉及数据清洗、数据整理和应用规划等基础任务。同时，当需要对外提供的数据涉及各参与会员的商业秘密时，在采用数据变形等技术的基础上，其应用还有一个达成市场共识的过程。值得期待的是，票交所未来可能还将把贴现业务纳入其中，众多企业加入后其数据量可能成为我国经济活动中有史以来最全最大的，海量的数据将为各行各业提供重要的经营决策支撑，潜在的应用和商机充满着无尽的想象。

2. 票交所的大数据应用路径。票交所层面的数据应用除了面向政府层面的采集，还包括公共服务和商业化运用两大类，公共服务和商业化运用可以根据需要互相转换。一是从公共服务看，可以包括指数类、余额类、信息类数据的实时发布，如票据市场贴现指数、转贴现指数、回购业务指数等。指数类数据的发布有利于促进我国统一的票据市场价格体系的形成，应成为票交所数据应用的重点和首选；余额类数据包括全市场承兑余额、贴现余额、回购余额，甚至全市场的法人备付金账户总余额等；信息类数据包括中央银行政策、公示催告、黑名单、信用评级信息，以及承兑人、保证增信人、贴现人的兑付履约行为信息披露。票交所还应建立一整套自身的信息发布机制以引导市场行为，如对违反市场交易规则、扰乱市场交易秩序行为的处罚信息等。二是商业化运用，包括基础数据服务与数据增值服务。基础数据服务以与会员单位的接口或客户端形式提供各参与机构自身的基础业务数据。商业化大数据增值服务的应用前景广阔，如分地区、分产业、分交易品种、分银行性质、分银行信用等级的分类数据；再如，票交所依自身大数据模型分析得出的票据市场利率预测、各银行或非银行金融机构的风险偏好、风险点预判、主动/被动买卖盘，以及各类非结构化数据积累后，通过数据分析产生的咨询、信息类服务产品集等。

3. 大数据可为票据监管部门提供实时监管手段。过去几年票据市场大案频发，监管滞后一直为人诟病，由于没有可供实时调阅和分析的数据平台，非现场监管信息滞后，而在票交所时代这一局面将彻底扭转。一是可以与票交所合作建立实时监管平台，运用大数据技术，实时监控甚至拦截可疑报价和交易，把系统性风险控制关口前移。二是可以对各类可能存在的违规操作建立起监控模型，实现类 T+0 的事后分析处理以维护金融秩序。三是在 DVP 模式下，对于银行流动性管理、资本充足率管理等可以将结构化和非结构化数据结合起来进行逐日监测，实时发现问题所在。四是可以通过票交所采集一手数据来替代现行的各商业银行的票据业务监管报表报送，提高监管效率并降低社会成本。五是票交所可利用大数据为中央银行货币政策制定和实施提供实时依据，类似“钱荒”或“资产荒”引发的市场波动将减少，在票交所发展到一定阶段后，再贴现工具进一步发展成为宏观货币政策的重要工具之一是应有之义。

4. 大数据可为银行及非银行金融机构创造新的利润增长点。一是依赖大数据的市场利率走势预测方式逐步普及。基于票据市场数据市场化的有利条件，在票交所时代价格透明、公允的市场中，交易获利将更为考验商业银行利用大数据技术进行分析的手段和能力。二是跨市场套利更为便利。可以利用大数据的预测分析能力，对两个或者两个以上的市场进行监测并同时建立方向相反的头寸，以利用不同市场上资产价格的变化差异来赚取低风险利润。三是助力商业银行自身授信评级体系从定性分析迈向定量分析。在前票交所市场中，票据周转率指标一方面反映了票据市场的价格波动及各自的资产配置情况，另一方面也隐含着商业银行承兑和贴现票据增信的过程，通过票交所大数据分析，相信各参与方都将从多因素理论视角找出市场报价中的“信用变现”因素，在修正报价的过程中引导对自身信用的重视。四是助力商业信用的市场化。从《票据交易管理办法》可以看出，票据承兑贴现保证业务直接提供了银行间买卖信用的市场，通过票交所的海量交易和数据沉淀，更多的基于大数据分析的信用评估将体现出信用的价值，信用交易将从概念走入市场。

5. 大数据为第三方信用评级等带来了新机遇。一是第三方票据市场数据公司获得新的发展机遇。在票据市场数据集中后，相信一批先知先觉的大数据公司将瓜分这一新市场，利用先进的数据挖掘分析工具，为市场提供数据增值服务和定制服务。二是掌握大数据技术并拥有多类数据库的社会信用评级机构将获得巨大商机，其建立在大数据基础上的量化评级将率先得到市场的认可，并可能直接影响市场报价。当然，票交所也可以利用自身掌握的第一手信息，采用类似淘宝、蚂蚁金服的新型评级方法自成一体或作为信用参考。三是票交所的集中模式将在票据业务链中积累起全市场完整的明细数据，数据本身将成为最重要的资源，使票交所成为重要的票据市场数据载体，数据的价值将被大力挖掘，助推我国经济金融的大数据应用步伐。

（四）进一步加强人工智能技术的应用

新建总比重建来得容易，票交所对人工智能的应用可谓生逢其时，其前景同样十分广阔。一是票交所设立人工智能客服。在票交所上线并达到一定交易量后将面对各方参与者的咨询，设立人工智能客服将有效节约人力投入和管理成本，对后期信息的汇总分析同样带来益处。二是商业银行可以在大数据应用的基础上，进一步涉足人工智能领域开展多市场的套利交易、高频交易等，在快速变化的多个市场间实时捕捉交易机会，为参与者带来更大的交易利润。三是利用生物智能识别技术、虚拟现实技术等实现远程交易员身份识别，以及远程商务沟通谈判等。

三、上海国际票据交易中心的建设目标和定位

（一）基本情况介绍

上海国际票据交易中心是一个综合性、国际化票据资产交易平台，受我国金融监管部门监督与管理，交易产品为票据，会员类别包括交易类会员、央行会员、非法人类会员、经纪类会员和评级类会员五大类。

其主要职能：提供票据资产交易的场所、设施和服务；制定和修改上海国际票据交易中心业务规则；电子化审核、登记、托管票据资产；安排票据产品上市交易；提供票据资产交易国际清算服务；组织和监督市场交易及信用评级；组织和评审创新业务品种；对市场评级机构、经纪机构进行审查；对国内及国际会员进行监管；对相关信息披露义务人进行监管；管理和公布市场信息；开展投资者教育和保护等。

（二）建设目标

上海国际票据交易中心的总体目标为，在上海建设全球性的国际票据交易中心。具体可分为三个建设阶段：第一阶段需吸纳“一带一路”沿线国家加入上海国际票据交易中心，推动并拓宽“一带一路”沿线国家当地企业的间接融资渠道，促进区域内金融合作，加快区域内票据资产的流动与积聚；第二阶段应吸纳发达国家加入上海国际票据交易中心，进一步推动境内外货币市场开放，推进上海国际金融中心建设；第三阶段应向全球开放，以中国为核心推动全球开放金融体系建设，实现资本的全球有效配置，推动全球经济与金融合作不断加深，为实现全球经济相互开放与包容

性发展提供全方位的资金融通平台，为更大规模全球资本流动与聚集创造更规范的市场条件。

（三）建设定位

上海国际票据交易中心依据国家总体经济战略安排，服务实体经济，制定交易中心会员、经纪、交易、托管、清算等业务规则及监管规则，推进国内金融票据市场发展；不断推动国际票据市场活跃与繁荣，打造上海在国际票据交易市场的核心地位。

（四）建设原则

1. 求同存异、互惠互利

交易中心会员来自不同国家或地区，考虑到各国（地区）经济发展水平、市场交易习惯存在差异，上海国际票据交易中心应聚焦业务规则，一方面，应参考国际通行交易规则，最大限度地满足各国（地区）会员交易需求，避免因规则问题引起纠纷；另一方面，应坚持票据的独特性，对于一些特殊的业务规则应加强对会员的培训，尽可能减少分歧，实现互惠。

2. 风险自担，市场定价

交易中心应提供完善的交易场所及交易规则，实现市场化定价，市场交易应考虑采取交易保证金等制度规则，确保交易效率及可靠性。交易策略及业务风险容忍度由会员自行决定，交易中产生的市场风险应由会员自行承担。

3. 平等交易，央行协调

交易中心应按照会员制度要求，严格审核会员资格，并确保同类会员间地位、权利及义务完全对等。央行类会员可通过交易中心使用再贴现工具，规范票据融资投向，推动票据市场长期、协调、稳定发展。

四、建设上海国际票据交易中心的计划

（一）组织形式

建议明确上海国际票据交易中心由中国人民银行牵头建设，总体协调各项工作，推进顶层设计，制订建设计划，协调境外中央银行，统筹规划相关筹备事项。

上海国际票据交易中心的业务模式、业务规则及系统建设等工作可考虑由上海票据交易所负责，可授权上海票据交易所在现行模式下，先行小

范围拓展国际会员试点推广，不断根据试点情况优化业务方案。

（二）发展规划

在会员方面，可考虑以上海票据交易所为基础，先引入“一带一路”沿线国家的金融机构作为会员单位，再开放符合条件国家的金融机构参与交易，最后对全球开放上海国际票据交易中心。

在交易产品方面，初期以我国电子商业汇票为交易标的，后期可以我国及参与国家票据、信用证及其他“票据类”金融资产为交易标的，以推进商业汇票及人民币国际化进程。

（三）发展要求

在发展路径方面，建议采用小步快走的策略，首先，加快完善上海票据交易所各项功能，做好跨境电子票据的相关规则及基础设施建设，鼓励商业银行办理跨境电子票据业务，为商业汇票国际化及引入国际金融资产交易做准备；其次，引入“一带一路”沿线国家的金融机构，推进电子商业汇票在相关国家发展，补充国内信用证、国内保理等国内资产交易标的；最后，引入其他国家的金融机构，并将上述国家的“票据类”资产标的引入上海国际票据交易中心上市交易，实现全球“票据类”交易资产及资金配置。

推动票据供给侧结构性改革
更好服务高质量经济发展[①]

肖小和[②]　金　睿[③]

一、金融供给侧结构性改革包括票据供给侧结构性改革

我国的资金融通市场包括间接融资市场和直接融资市场。间接融资市场有众多商业银行、信托公司、小贷公司参与；直接融资市场有证券公司、基金公司、保险公司、部分商业银行参与。金融供给侧结构性改革涉及融资体系、金融风险管理体系和金融创新体系等方方面面，其中金融供给侧结构性改革最重要的是优化融资结构，即改善资金供给的方式以及预防系统性、区域性金融风险，同时金融创新务必以服务实体经济为前提。

表 1　2019 年第一季度社会融资规模　　单位：万亿元，%

社会融资类别	存量	增量	同比增速
人民币贷款	140.98	1.96	13.8
外币贷款	2.18	0.0003	-11.3
委托贷款	12.15	-0.11	-11
信托贷款	7.88	0.05	-7.9
未贴现银行承兑汇票	4.01	0.13	-12.1
企业债券	20.79	0.35	10.5
地方政府专项债券	7.81	0.25	40.4
非金融企业境内股票	7.06	0.0122	4.2
合计	208.41	2.86	10.7

资料来源：中国人民银行官方网站，http：//www.pbc.gov.cn/diaochatongjisi/116219/116319/3750274/3750282/index.html。

① 本文写于 2019 年。

② 肖小和，江西财经大学九银票据研究院执行院长。

③ 金睿，江西财经大学九银票据研究院研究员。

从表 1 的统计数据可以看出，社会融资规模总量已经是 GDP 的数倍，增速也不低，但是结构性矛盾比较突出，截至 2019 年第一季度末，由银行信贷、委托贷款、信托贷款、未贴现银行承兑汇票构成的间接融资总量达 167.2 万亿元，占社会融资总规模的 80%；由债券和股票构成的直接融资合计 35.66 万亿元，只占社会融资总规模的 20%；另外，在直接融资的构成中，债券存量为 28.6 万亿元，股票只有 7.06 万亿元，由此可以看出，实体经济想要从金融市场获得权益性资本金非常困难，整个金融体系只给实体经济供给了 3.38%的资本，剩余 96.62%的金融供给都是需要还本付息的债务资金。这就导致了我国企业宏观杠杆率过高，债务风险过分集中于银行体系，无法通过资本市场分散风险；金融供给扭曲的现状也造成了实体经济尤其是缺乏押品的创新型、科技型企业融资难、融资贵，整个金融市场过度依赖某些特定资产的抵押、质押也容易滋生系统性风险。

票据市场作为我国金融体系内的一个特殊子市场，可以直接连接货币市场和实体经济，企业签发的市场认可度高的银行承兑汇票可以作为企业间接融资工具，企业自身作为承兑人签发的商业承兑汇票可以作为企业直接融资工具。我国票据市场的现状如表 2 所示。

表 2　2019 年 3 月末商业汇票业务余额数据　　单位：亿元

统计项目		未到期余额
承兑	银行承兑汇票	105121.62
	商业承兑汇票	16291.26
	小计	121412.88
贴现	银行承兑汇票	71891.63
	商业承兑汇票	6257.51
	小计	78149.14

资料来源：上海票据交易所官方网站，http：//www.shcpe.com.cn/info_18_itemid_1419.html。

统计数据显示，在总量方面，未到期的票据承兑余额占社会融资规模的 6%左右，未到期的票据贴现余额占社会融资规模的 3.8%左右。从结构上看，在票据的签发承兑环节，未到期的商业承兑汇票余额只占 13.4%；在票据贴现余额中，商业承兑汇票贴现余额只占总贴现余额的 8%。由此可以推断，我国票据市场的发展任重道远，票据市场也亟须供给侧结构性改革，金融体系的供给侧结构性改革理应包括票据供给侧结构性改革。

改革开放 40 年来，票据市场的发展取得了可喜的成绩，上海票据交易所的建立具有里程碑式的意义。市场总体规模不断扩大，1995 年，全国商业汇票承兑发生额为 2424 亿元，商业汇票贴现发生额为 1412 亿元。2018 年，全国商业汇票承兑发生额为 18.27 万亿元，商业汇票贴现发生额为 10.22 万亿元，分别是 1995 年的 75.4 倍和 72.4 倍；其中 2018 年全年电子票据承兑发生额为 17.19 万亿元，占比为 94.09%；电子票据贴现发生额为 9.73 万亿元，占比为 97.86%，总体上，纸质票据逐步退出市场，逐渐被电子票据替代。票据市场已经成为我国金融市场中成长最快的子市场之一。同时，市场活跃程度不断提高。随着票据市场规模的不断扩大，票据市场的活跃程度也日益提高，主要表现为参与主体数量和种类迅速增加，截至 2019 年 5 月末，有 2785 家商业银行和非银行金融机构成为上海票据交易所的会员，中小商业银行和一些非银行金融机构积极参与票据承兑、贴现、转贴现、回购等票据市场的各个环节，票据二级市场流动性提高，票据周转次数增加，进而吸引更多的资金进入票据市场。2018 年全年转贴现和回购交易总量达 41.75 万亿元，贴现后的票据在上海票据交易所内平均被继续使用 4.1 次。

但是票据的经营发展理念、产品结构、发展机制、服务水平、创新能力、制度规定等还适应不了经济高质量发展对票据类金融服务的需求。具体表现为银行承兑汇票比重过大、商业承兑汇票发展缓慢；供应链应收账款票据化比率有待提高，商业承兑汇票贴现、融资困难；票据直贴功能受信贷规模制约，贴现后的票据又被认定为非标资产，票据资管、票据资产证券化等创新类票据产品还处于起步摸索阶段；票据评级评估机制有待建立，统计信息割裂，市场参与主体风险管理水平参差不齐；票据 IT 系统等基础设施建设还有待完善；票据法律法规建设滞后于票据市场发展需要，在一定程度上制约了票据服务实体经济、“三农”企业、中小微企业的能力。

二、票据市场发展中产生的问题及原因分析

（一）票据市场结构和发展理念的问题

我国商业信用体系尚不健全，银行承兑汇票市场占比比较大，商业承兑汇票交易量小，并局限在少数大中城市的少数国有大中型企业。目前，商业承兑汇票的使用领域主要集中在石油、石化、电力、钢铁等国家重点发展的交通、能源等垄断性行业的国有大型企业和信誉度较高的大中型企

业以及大型跨国公司，或者在一些关联企业，或者产业链上下游关系紧密的企业之间使用。从商业银行的角度看，金融机构对商票融资的积极性普遍不高，因为商业承兑汇票以企业信用为基础，商业银行普遍担心商业承兑汇票到期后不能兑付而形成的新的不良资产。同时，大型企业集团通过签发商业承兑汇票可以减少对银行流动资金贷款的需要，基于银行自身利益和风险的考虑，银行对商业承兑汇票贴现等融资行为存在短视现象，缺乏主动办理业务的积极性。商票贴现业务在银行办理的准入门槛较高，受商票承兑人在银行的信用等级、授信额度、审批流程、银行可贴现资金等因素限制，一般银行仅认可在自己银行系统内建立了信贷关系、信用评级较高的企业，并有限度地给予商票贴现额度。以上实际情况均导致了商业承兑汇票流通转让困难、融资困难，商业信用难以快速发展。银行票据信用的过度发展在一定程度上使承兑风险集中在银行体系内，无法做到有效分散，易滋生系统性风险，同时制约了商业票据信用的发展。

（二）票据制度体系方面的问题

1. 融资性票据和票据无因性

融资性票据面临法律障碍，《票据法》第十条第一款规定：“票据的签发、取得和转让，应当遵循诚实信用的原则，具有真实的交易关系和债权债务关系。”《票据法》的出台有着当时的时代背景，立法者担心在票据承兑签发环节若无对真实贸易背景的要求，则会导致套利活动猖獗和信用投放失序，进而影响金融系统稳定。但票据市场经过20多年的发展洗礼，当前融资性票据客观存在，而且数量巨大，贸易背景的相关规定已严重影响了票据市场进一步创新与发展。对于融资性票据的讨论重点，不再是承认不承认的问题，而是在商业汇票当中应该占多大比重的问题，是如何设计制度使得融资性票据能够良性发展的问题。正是由于我国票据制度过分注重票据基础关系，因此在实务运作上不具有无因性。在司法及监管实践中，常常会碰到基层法院裁定“票据的签发、取得、转让具有真实的交易关系和债权债务关系”是出票行为、票据权利转让行为有效的要件，而这显然违背了国际通行的票据法原理。从法理角度看，票据的无因性必然要求票据关系同票据的签发及取得的原因相分离，不能以票据基础关系对抗基于票据关系而产生的票据权利或义务，否则会极大地阻碍票据的正常流通和转让。

2. 市场参与主体单一，贴现受信贷规模约束，过度计提资本

票据市场的参与主体范围相对较窄。上海票据交易所成立后，虽然名

义上将票据市场的参与主体扩充至非银行金融机构，并且中国人民银行在《关于规范和促进电子商业汇票业务发展的通知》（银发〔2016〕224 号）中明确“作为银行间债券市场交易主体的其他金融机构可以通过银行业金融机构代理加入电票系统，开展电票转贴现（含买断式和回购式）、提示付款等规定业务”。但从票据转贴现市场的实际运作来看，仍未有非银行金融机构参与市场，处于放而未开的状态；尤其是对评级评估机构、保险机构以及票据经纪（中介）公司等机构仍未有明确定位和规范，制约了票据市场和货币市场其他子市场之间的互联互通，不利于票据市场健康高效发展。

目前各大商业银行并没有将票据贴现余额单独管理，票据贴现余额跟其他存量贷款共享信贷额度，共占信贷规模。在商业银行的日常经营中，票据业务仅是银行众多信贷产品中的一个较小的分支，导致银行，尤其是国有大中型银行对票据业务的重视程度和资源投入力度往往不足，在月末、季末、年末等监管考核时点会大幅压降票据规模；而在实体经济下行、信贷需求不足时也会增配票据资产。因此，信贷的周期性和各家银行操作的同质性非常强，不仅不利于保障实体经济融资需求的稳定性，同时也加大了票据市场价格的波动性和不确定性，带来潜在的市场风险。从 2016 年起中国人民银行将现有的“差别准备金动态调整和合意贷款管理机制”升级为“宏观审慎评估体系（MPA）”，这种考核广义信贷的规则，使得各大银行无法通过各种通道削减票据信贷规模，间接使得票据市场的交易活跃度和交易量出现了下滑。同时，票据的转贴现交易，是一手交钱一手交票的资金市场行为，不应被当成贷款来看待，转贴现交易的资金融出方发生额不应被纳入贷款规模的统计。

商业银行配置票据资产时的风险资本计提不尽合理，尤其是票据转贴现业务。目前票据转贴现业务风险资本计提是按照新资本管理办法进行，即“由于票据是通过背书转让的，所有背书人都有被追索的可能性，因此其风险未完全转让，所以卖断票据后，卖断行还需计提与买入时相同的风险资产，即风险权重为 20%或 25%”，导致交易的所有经手行累计计提的加权风险资产远远超过该笔资产本身的风险水平。

3. 票据被认定为非标资产

票据的承兑主体可以是银行、财务公司、企业，市场对不同的银行、不同的财务公司、不同的企业作为承兑人的票据接受程度不同。票据资产的流动性和价格因承兑人不同而出现差别，在实务操作中，银行会在给定相应承兑人的授信额度内开展票据业务。中国人民银行 1996 年下发的《贷款通则》第九条第六款规定："票据贴现，系指贷款人以购买借款人未到期商业票据的方式发放的贷款。"中国人民银行 1997 年下发的《商业汇票承兑、贴现与再贴现管理暂行办法》（银发〔1997〕216 号）第二十二条规定："贴现人应将贴现、转贴现纳入其信贷总量，并在存贷比例内考核。"票据业务的贴现与转贴现被法规赋予了信贷属性，一直没能够独立成为标准化的资产。2018 年 4 月 27 日，经国务院同意，中国人民银行、中国银行保险监督管理委员会、中国证券监督管理委员会、国家外汇管理局联合印发了《关于规范金融机构资产管理业务的指导意见》（银发〔2018〕106 号），明确了标准化资产的认定标准，并规定"金融机构不得将资产管理产品资金直接投资于商业银行信贷资产"，但对于票据资产是否属于标准化资产，以及是否属于信贷资产仍存在争议。

4. 监管不统一，统计信息割裂

我国现行金融监管为多头监管模式，且表现为行业监管而非功能监管，造成不同的机构办理相同业务的监管标准和政策尺度不同，不同监管主体和监管政策之间的不同步性可能导致票据业务存在制度障碍和政策壁垒。目前，中国人民银行和银保监会对票据市场都承担管理责任，但存在具体分工不明晰并且双方缺乏有效沟通，部分政策存在矛盾等情况，导致商业银行票据业务处理无所适从，难以同时满足两个监管主体的要求。比如，2016 年中国人民银行出台的《票据交易管理办法》明确规定，电子银行承兑汇票贴现业务不再审核贸易背景，但在实施的过程中，一些监管机构对该项规定并不认可，部分监管例行检查时仍然要求商业银行提供票据贴现业务的合同和发票，否则将对商业银行进行处罚，导致部分商业银行在办理票据直贴业务时不敢依照中国人民银行的规定执行，企业办理贴现的流程依旧烦琐，政策落地难。

目前关于票据市场的统计数据散布于中国人民银行、银保监会、商业银行、财务公司、票据经纪、企业、工商行政管理部门及司法机关的各层级单位中，由于缺乏综合的票据评级体系和信息整合的牵头部门，海量的票据信用信息未能得到有效的整合与利用，在一定程度上延缓了票据市场的统一和票据标准化产品的推进，阻碍了票据信用风险的整体防范与创新型票据业务的发展并最终影响了票据市场的高效健康发展。

（三）票据信用环境问题

1. 票据市场参与主体和经济结构影响票据信用发展

我国经济体系由少数大型国有企业和多数中小微企业组成，大型银行出于自身的风险和经营目标考虑，开展票据承兑信用业务时对中小微企业存在选择性，往往要求其缴纳全额保证金才能签发票据，众多中小微企业无法得到大型银行的信用担保，只能和农村信用社、农村商业银行合作签发票据。但市场从安全性角度考虑，对此类票据的认可度远低于大型银行签发的票据，影响了票据的流通并提高了融资成本，制约了中小微企业通过票据进行融资，影响了票据信用发展。另外，虽然上海票据交易所成立后，名义上非银行金融机构可以找银行做代理参与票据二级市场的交易，但是在实践中，目前尚未有非银行金融机构参与市场，票据市场的参与主体一直局限在企业与银行之间、银行与银行之间。这就导致票据市场一直处于跟货币市场其他子市场割裂的状态，不利于我国统一货币市场的形成，也间接影响了票据信用发展。

2. 信息披露体系影响了票据信用发展

作为我国货币市场重要的细分领域，商业银行及第三方评级机构对票据市场的出票人、承兑人的流动性、短期偿债能力、盈利能力等评级指标、评级体系研究不够深入。目前票据的信用信息散布于中国人民银行、银保监会、商业银行、财务公司、票据经纪、企业、工商行政管理部门及司法机关的各层级单位中，由于缺乏综合的票据评级体系和信息整合的牵头部门，海量的票据信用信息未能得到有效的整合与利用，在一定程度上延缓了票据市场的统一和票据标准化产品的推进，阻碍了票据信用风险的整体防范与创新型票据业务的发展，并影响了票据信用的普及与发展，最终影响了实体经济尤其是中小企业的发展。

（四）票据评级评估问题

当前对票据的信用评级主要依赖商业银行内部信贷评级体系，对票据流通、企业短期盈利能力、偿债能力和流动性研究不足，第三方评级公司对票据市场的了解有限，未开发出相关的评级产品，导致票据市场出现了以下问题：一是评级资源的重复与浪费。二是票据市场无法形成真正全生命周期的标准化的市场。三是影响了票据市场的量化定价。一方面，这表现为商业承兑汇票的贴现利率是在银行承兑汇票的贴现利率基础上直接“跳升”，对主体评级的缺位导致贴现利率不连续并难以形成收益率曲线；另一方面，长期以来，市场普遍认为商业银行都是政府兜底的，存在“刚兑”信仰，导致市场上国有及股份制商业银行、大型城市商业银行、小型城市商业银行、农村商业银行、农村信用社承兑的票据贴现利率差异很小，信用溢价长期得不到尊重和体现。但是在包商银行被接管后，“刚兑”信仰被打破，市场又走向另一个极端，以致转贴现市场上小型城市商业银行和农村商业银行承兑的票据无人问津，流动性几近枯竭。

（五）票据基础设施不完善的问题

上海票据交易所成立后，通过对票据业务链条的全面系统梳理，按照“集中登记、独立托管、场外交易、票款对付”的业务逻辑，发布数十项业务规程，实现信用主体唯一化、交易主体多元化、交易标的标准化、票款结算同步化、合同文本统一化、票据托收无纸化等制度创新，建立起了电子化业务处理模式。目前还有一些功能有待改进，一是实现所有交易品种的报价、询价、议价等功能，通过信息的发布、展示和整合，对报价的真实性和有效性进行跟踪审核，确保市场情况的真实反映，同时对撮合交易清单有严格的规定和分级加密保护措施，既避免了恶意挂单，也保护了客户的隐私。二是实现交易的撮合，通过对票据交易各要素的标准化建模、交易倾向的罗列分析、客户业务管理限制的筛选等，完成对市场交易撮合信息的匹配，进而实现业务的达成。三是与产品功能的互通，对每一个产品都可以实现业务操作和数据资源的共享，从而使得平台上的产品不单单只具有展示功能，还能直接提供给客户使用。

另外，上海票据交易所目前只是已贴现票据流转的平台，缺乏企业申请贴现的直贴平台，即使推出了“贴现通”，也是经纪业务银行带企业上平台，企业仍属间接。众多中小企业和银行之间存在信息不对称，并且每家银行办理票据贴现业务时对承兑人的涵盖范围不同，企业所持有票据的承兑人不一定在其开户行的贴现白名单内；同时，中小企业经营很难完全规范，跟上下游开展贸易往来时常常不开立增值税发票，这就导致了票据的取得有着实质的贸易背景却没有形式上的贸易背景，去银行申请贴现时往往因为没有对应的增值税发票而被拒绝办理。另外，企业开户行客户经理对贴现业务办理流程不熟悉从而拒绝企业办理贴现的情况也时有发生，这就导致了众多中小企业贴现难的问题，某些企业被逼无奈寻找票据中介进行民间贴现（企业之间的商业汇票买卖），但这不仅违法违规，还存在“背飞”的欺诈风险。在中小企业申请贴现仍然比较困难的情况下，票据管理部门有必要牵头成立工作小组破解中小企业申请贴现难、贴现贵的问题，以更好地服务民营、中小微企业和实体经济发展。

（六）信息科技发展滞后的问题

1. 缺乏对票据 IT 体系建设的关注和认识

从当前的情况来看，绝大多数票据从业机构已经摆脱了纯粹手工的操作模式，或多或少地辅以 IT 系统来协助业务拓展，但是却往往停留在关注系统本身，而忽略了 IT 体系的打造，导致产生了各种使用问题，甚至还不如没有 IT 系统时的工作效率高。一是 IT 架构不清晰，导致系统的后续功能完善滞后，系统的运行效率逐步下降，系统的功能跟不上业务发展的速度；二是 IT 制度和流程配套不完备，除了系统的刚性控制，在系统能实现的功能以外，制度在管理上的要求也是确保业务健康发展的保障，更可以通过流程来规范系统和业务操作；三是 IT 团队不稳定，很多机构认为 IT 系统一旦建设完毕，IT 团队就不需要了，其实在系统运行维护和不断升级的过程中，更需要足够的人手和完整的团队来辅助。以上虽然是 IT 体系各个要素建设中存在的问题，看似与 IT 系统的建设无关，其实这些问题的存在都将导致 IT 体系建设的不完善，进而影响 IT 系统的方方面面。

2. 缺少统一的票据 IT 架构标准

票据 IT 架构，由于是完全为系统建设服务的，也可以称为票据 IT 系统架构，从业务的角度说，其包含了系统功能设计的完备性、独立性和不重复性，从技术的角度说，其是指系统开发和运行所采用技术平台的统一性。当前我国票据市场的主要参与方是企业和金融机构，由于缺少独立的第三方来牵头，各个参与方往往根据自己的需要和理解来满足自身当下的 IT 需求，这使得当前市面上的票据系统多种多样，缺少统一的规范和整合。由于各家机构的风险偏好不同，业务体量不同，科技实力不同，机构设置和人员特点也不同，其对票据业务的管理要求也不同，因此各家机构在进行配套的票据业务系统设计时，往往从自身的实际出发，在系统功能设计上以单纯地满足自身需求为主，自成体系。比如，有些科技实力较强的商业银行有着完整的全流程票据管理系统，有些则只包含信息登记和查询，差别较大。

3. 缺少统一的电票直贴交易平台

电票直贴交易平台是指集票据信息交流、报价、撮合、交易、业务处理于一体的系统，其核心功能是匹配交易双方需求并实现自动撮合和交易，进而简化票据交易环节，提高交易效率，为实现票据的投融资多项功能奠定基础。但是当前市场上的票据平台以信息集中的票据信息交流和报价为主，并没有撮合交易和业务处理功能，更没有用户注册和第三方公证等功能。

4. 票据 IT 系统的管理缺少统一的牵头方

对于业务系统来说，其功能是降低手工操作强度，但是其代表的是业务管理思想。每一个业务系统代表的是这一个业务产品自身的管理和运作方式，对具有多重业务属性的票据来说，其每个业务属性所对应的业务系统，就反映了相应的业务管理思想，这对票据的核心参与者之一商业银行来说感受更是明显。比如，票据自身的信贷属性受信贷管理部门约束，支付功能受结算与现金管理部门约束，资金和调节货币市场属性又受资金管理部门约束，电子票据对口人民银行的支付结算受运行管理部门约束，当前流行的票据资管业务受资产管理部门约束，所以，每个业务属性对应的业务产品和相应的 IT 系统会受不同条线部门的管理，导致整个票据业务的管理缺少统一的牵头方，对信息传导和数据共享不利，也给票据业务的整体发展增加了沟通协调成本和系统整合代价。

5. 票据参与主体管理问题

一是经济增速下行导致企业违约向银行传染。近年来，在去产能、去库存、去杠杆、贸易摩擦的过程中，产能过剩行业以及部分中小企业遭遇经营困难，企业亏损、资金链断裂、跑路逃债等现象频频曝光，一些区域性系统性融资风险逐渐暴露，很多大型民营企业集团出现债务违约，某些财务公司超越自身承兑能力过度签发银行承兑汇票套取他行贴现资金到期后无法兑付，这些企业、财务公司的票据流入银行体系后，企业的信用风险也传染给了银行。

二是票据中介挪用资金的风险向银行转嫁。前几年票据融资需求大幅增加以及票据交易量迅猛增长，票据中介大规模参与票据市场，且逐渐渗透到票据链条的全过程，起初以撮合民间交易为主，后来一些不规范的票据中介直接参与到票据业务交易，从租借金融机构账户、开设虚假同业账户、“消规模”等，发展到严重期限错配投资、一票多用甚至套取资金另作高风险投资。随着近年来经济增速趋缓、股市快速下行、房市僵持，票据中介的很多高风险投资失败，无力填补资金窟窿，原票据业务到期无法偿还，风险事件爆发，并转嫁至银行。

三是票据经营机构迫于利润考核压力不审慎经营。随着经济下行、金融改革深化，“金融脱媒”加剧，银行资金成本不断抬高，利差收窄，利润增速趋于放缓，而竞争更趋激烈，不良“双升”持续发酵，迫于业绩考核压力和急于求成，银行出现抢客户、抢票源、争资金、争规模等现象，风险意识淡化，未经风险评估和充分论证即尝试各种新产品、新模式，制度执行变形走样，业务流程违规现象增多，监督检查力度下降，放松了对风险的防范和把控。

四是商业银行内控管理不到位诱发操作风险和道德风险。票据业务通常办理流程长、环节多、专业性较强、涉及人员多，风险防控难度大。一些银行对票据业务的操作和管理缺乏一系列行之有效的管理制度，没有建立起完善的风险防控体系；还有一些机构内控薄弱、有章不循、制度形同虚设。特别是存在票据保管出入库被挪用，票据交易中资金划付与票据交割不同步，流转过程中票据或资金被挪用，非法机构冒用银行的名义以同业账户开展票据业务等情况。同时，对员工的道德风险缺乏有效的控制手段，违规办理票据业务，为票据中介等提供便利，个人从中牟取利益。

三、改革票据市场供给侧结构服务经济高质量发展的设想

票据市场供给侧结构性改革可以从票据参与主体体系、票据供给体系、票据交易体系、票据价格体系、票据风险管理体系、票据创新体系、票据信息系统与基础设施、票据制度与监管体系等方面入手，以票据市场的顶层设计、规范发展、效率提升、改革创新为抓手，逐步根除阻碍票据服务实体经济的不良因素，力争建立一条高效良性运转的现代票据生态链，为我国未来经济高质量发展贡献一份力量。

（一）转变票据发展理念，优化票据市场结构

商业承兑汇票具有支付结算和投融资功能的双重属性，具有很多天然的优点。一是作为最直接的信用工具，对解决当前企业融资难问题具有得天独厚的优势。商业承兑汇票签发流程简单，使用方便，不需要向银行交纳保证金和承兑手续费，企业可以根据生产经营的实际需要，在承兑能力范围内进行自主签发，避免银行贷款审批限制，拓宽了企业的融资渠道；同时，由于商业承兑汇票可以背书转让，在一定程度上遏制了货款拖欠等挂账行为，增强了应收账款的流动性，降低了企业融资成本。二是商业承兑汇票可以改善企业对银行信用过度依赖的现状。目前银行承兑汇票保证金比例总体维持在40%左右，这意味着对银行而言有60%的信用敞口，多使用商业承兑汇票可以防止信用风险过分集中在银行体系内，可以优化票据市场结构。

商业银行可以对在本行有授信余额的商业承兑汇票进行贴现和托收，与一些信誉等级高、发展前景好、产供销比较稳定的大中型企业建立保贴、

保证等长期合作关系，提高这些企业签发的商业承兑汇票的市场认可度。中国人民银行要积极运用再贴现政策，优先定向支持商业承兑汇票业务发展，对符合条件的商业承兑汇票进行再贴现，增加再贴现总量，给予再贴现率的优惠，营造使用商业承兑汇票的良好氛围。因此，需要大力宣传商业承兑汇票有关知识，转变观念，使整个社会都充分认识到使用商业承兑汇票的优越性并积极签发和使用商业承兑汇票。

（二）增加票据供给总量，有序发展融资性银票、电子商票

目前票据供给总量不足社会融资总规模的10%，有一定的提升空间，应在风险可控的基础上继续挖掘票据的信用功能，适时适度发展融资性银行承兑汇票和电子商业承兑汇票。在政府鼓励金融机构支持民营、中小微企业发展的大背景下，当前正是试行融资性银行承兑汇票的最佳机遇期。当然，对于融资性银票的签发量多大，占比多高，应由中国人民银行、银保监会和商业银行共同推进试点。商业银行要坚持审核第一还款来源，把主业突出、财务稳健、大股东及实际控制人信用等作为授信的主要依据，合理降低保证金比重，减轻对抵押担保的过度依赖。争取在融资性银票的承兑环节通过调整承兑费率，依托产业链、供应链核心企业信用，深度挖掘物流、信息流、资金流等数据，为上下游企业提供无须抵押担保的融资性银行承兑汇票，真正实现风险定价，使业务收益覆盖潜在坏账损失，让商业银行主动管理、经营风险，进而走上良性、可持续的支持中小微企业发展的道路。另外，2019年1月22日，国务院办公厅签发了《关于有效发挥政府性融资担保基金作用切实支持小微企业和“三农”发展的指导意见》（国办发〔2019〕6号），明确商业银行在融资性银行承兑汇票的签发环节也可以寻求政府性融资担保基金的帮助，在符合政策框架要求的前提下与不同层级的政府性融资担保基金共同承担风险敞口，最大限度地支持优质民营、中小微企业融资，以促进实体经济繁荣发展。

就企业自身而言，需要根据自身经营管理实际情况来签发票据、使用票据，充分利用核心供应链上下游关系获得票据资源融资，发挥票据融资的功能作用，需要按照电子票据规定完善系统、完备条件，建立健全发展票据融资及防范风险等相关机制。与此同时，商业银行等金融机构需要在防范风险的前提下，以把握实质风险为主，尽可能简化流程，减少不必要的审查审批环节，提高办理速度和效率，增加受理网点，有针对性地适当下放审批权限，增加票据融资额度。发挥科技的作用，并完善相关规定办法，建立尽职免责及考核机制。

同时，应选择重点突破，大力推广商业承兑汇票应用。充分利用商业承兑汇票的优势，拓宽企业融资渠道，支持实体经济发展，回归金融支持实体经济本源。可选择大中型企业集团或重点行业为突破口，以供应链核心企业为中心，对上下游的中小企业使用商业承兑汇票，以点带面，逐步推进商业承兑汇票发展。

第一，选择综合实力强、规模较大、在行业内具有重大影响力的大中型企业集团或产业化龙头企业为突破口，先在集团企业中推广使用商业承兑汇票，随后以点带面，逐步带动上下游企业使用商业承兑汇票。

第二，围绕“十三五”规划，紧跟“一带一路”建设、长江经济带、京津冀协同发展等国家重大经济发展战略，选择国家重点支持的战略性新兴产业、先进装备制造业等行业开展商业承兑汇票业务。

第三，选择供应链核心企业。对于大型集团客户来说，其上下游的中小企业客户可能多达几百户，甚至上千户，其支付结算业务量相对较大，以商业承兑汇票作为媒介，就可以使得供应链核心企业与商业银行、上下游企业等开展合作。一方面，使用商业承兑汇票结算更便捷、接受度高，可以加速资金流转，促进贸易往来，减轻客户现金支付压力，节约财务成本，增强企业之间的互相信任；另一方面，在需要现金时，也可通过商业承兑汇票的贴现实现货款快速回笼，为供应链中小企业提供成本相对较低、高效快捷的金融服务。

（三）调整票据市场供给结构，继续做大承兑、直贴、转贴，增加再贴，发展交易投资

需要鼓励企业多用票据进行结算，在增加票据一级市场票源的同时减少货币发行量；商业银行可以加大对网上银行、手机银行等领域的科技投入，进一步简化企业申请票据贴现的流程；在转贴领域，需要尽快解决商业银行之间转贴现重复计提风险资本的问题，提高转贴现市场活跃度，最大限度地发挥票据的固定收益属性。近年来，中国人民银行把增加再贴现额度作为传导货币政策、支持小微企业的工具之一。2019 年 6 月 14 日，中国人民银行再次增加了再贴现额度 2000 亿元，发挥了再贴现货币政策工具支持小微企业、绿色企业发展的功能；但是，直贴市场每年的贴现总额在 10 万亿元左右，建议中国人民银行可以继续定向给予票据市场更多的再贴现额度，降低相关企业的融资成本，更好地为实体经济服务。在票据的交易投资方面，应尽快明确“贴现后票据”不再被视为信贷资产，而是标准

化的投资品，鼓励非银行金融机构的资管产品成为上海票据交易所会员，参与票据二级市场的投资和交易，活跃市场，增加市场的流动性。

（四）票据创新供给能力

票据市场一直面临的问题之一就是被商业银行视为信贷业务、被投资机构视为非标债权，导致票据市场的发展受到商业银行整体的资本金实力、风险计提权重、信贷规模管控等因素干扰。积极探索票据资产管理、票据资产证券化及票据衍生产品可以帮助票据市场开辟一条新的发展道路。

1. 票据资管业务

2016年12月5日，中国人民银行颁布《票据交易管理办法》（中国人民银行公告〔2016〕第29号），明确允许资管产品作为"非法人类参与者"在上海票据交易所开立产品账户参与票据交易，包括转贴现、质押式回购和买断式回购等。基于上海票据交易所场内交易，商业银行与资管产品在上海票据交易所场内进行票据转贴现交易，由于场内转贴现互免追索，因此商业银行转贴现卖断票据可以实现收益和风险的整体转移，即实现真正的"出表"（会计出表、资本出表），从而可以更加合规地缓释商业银行受信贷规模制约这一痛点。电子商业汇票系统已于2018年10月并入上海票据交易所，未来场内票据资管产品有潜力成为票据市场的重要参与者。因此，票据资管能不能做，很大程度上取决于各监管部门能否协调统一监管标准和尺度，毕竟根据《关于规范金融机构资产管理业务的指导意见（征求意见稿）》，"商业银行信贷资产受（收）益权的投资限制由人民银行、金融监督管理部门另行制定"，但是其允许的前提将是通过上海票据交易所进行"场内"交易。

如果票据资管可以做，则亟须厘清票据资产是标准债权还是非标债权，根据资管新规对于"标准债权"的定义，标准化债权须"在银行间市场、证券交易所市场等国务院和金融监督管理部门批准的交易市场交易的具有合理公允价值和较高流动性的债权性资产"，且"具体认定规则由人民银行会同金融监督管理部门另行制定"。票据是否非标，直接关系到银行理财资金的成本与规模。随着非标认定标准的趋严，可以预期银行理财的非标可用额度将更为紧张，只有出价高的非标资产才能拿到投资额度。对此，鉴于上海票据交易所是中国人民银行指定的提供票据交易、登记托管、清算结算和信息服务的机构，票据也具有公允价值和较高的流动性，因此从形式上符合《关于规范金融机构资产管理业务的指导意见（征求意见稿）》的要求。但是票据资管界定问题尚未清晰，其在上海票据交易所场内交易中处境尴尬。从目前签署的主协议看，在 2700 多家签署主协议的机构中资管产品只占 1%左右，且由于票据能否纳入集合资管计划的投资范围也不明确，资管产品类型全部为券商定向资管和基金子公司一对一专项计划。此处同样涉及中国人民银行、银保监会的尺度。总体看来，票据资管未来能否进一步发展在很大程度上取决于中国人民银行、银保监会管理口径的统一，而在此过程中，上海票据交易所需发挥积极的顶层协调作用。

2. 票据证券化

《关于开展银行业“监管套利、空转套利、关联套利”专项治理工作的通知》（银监办发〔2017〕46 号）明确在票据业务展业过程中，不能以投资替代贴现和转贴现，不能用理财资金投资票据；随后，证监会也首提全面禁止通道业务。监管力度不仅超预期，而且多方管控效应叠加。

在此背景下，既然票据资产进入银行资产负债表后再出表变得烦琐困难，那么就在票据贴现资产进表之前以表外轻资产化形式运作，即收票人收票之后的贴现并不由银行直贴完成，而是在满足银行票据贴现业务要求的基础上，通过资产证券化（ABS），以票据收益权或票据结算应收债权转让的形式嫁接行内金融市场资金或第三方资金，在满足客户资金融通需求的同时，实现降低银行资本占用及交易税负的目的，即以“投资银行的思路做商业银行业务”。

目前，票据资产证券化业务有两大子模式可借鉴，分别为票据收益权资产证券化模式和票据结算应收债权资产证券化模式。就产品架构而言，票据收益权资产证券化项目和票据结算应收债权资产证券化项目的差别仅在于基础资产的“形式”，前者是原始权益人合法持有的未到期商票的票据收益权，后者是其持有的以商业汇票结算的应收账款。“形式”上的差别源于我国《票据法》等立法要求落后于市场创新需要，不同法律流派对于法律的认识存在差别。上海证券交易所认可票据收益权资产证券化模式，而深圳证券交易所认可票据结算应收债权资产证券化模式。

票据资产证券化的优点表现在以下几个方面。

（1）大幅降低银行办理商票业务的资本消耗

考虑到市场接受度和认可度，建议由 ABS 主办行对基础资产中的商业承兑汇票进行票据保证或者出具商业承兑汇票保贴函，以银行信用对商业信用进行增级。以商票保贴为例，在资产端，商业承兑汇票保贴是商业银行承诺类业务，根据《商业银行资本管理办法（试行）》，其资本占用参照 1 年期以内贷款承诺函执行，按 20%计提风险资产。在资金端，按照《商业银行资本管理办法（试行）》，商业银行以自有资金投资信用评级 AA-以上的 ABS 证券按照 20%计提风险资产；若以理财资金投资标准化 ABS 证券，则无资本耗用。因此，相较于商票直贴 100%的风险权重，通过资产证券化可大幅降低银行资本占用。

（2）明显降低融资环节税负成本

“营改增”之后，票据贴现须对贴现利息收入全额计提增值税，且不能抵扣，当前市场环境下，该税负成本为 30～42 个基点；通过票据 ABS，则可变全额征税为价差部分（企业融资成本-含通道资金成本）差额征税，合理降低税负 25 个基点以上。

（3）缓解表内信贷规模压力

2016 年下半年以来，银行信贷规模控制趋紧，表内吞吐能力有限。通过 ABS 方式将原本进入表内信贷科目的票据，或转至投资科目（本行投资）或卖断给其他机构，从而缓释表内信贷规模控制压力，有利于银行优化资金配置，支持战略投放。

（4）非标转标

通过资产证券化（ABS）将票据这一原本的非标债权资产转化为标准化债权资产后，其将不再受《关于规范商业银行理财业务投资运作有关问题的通知》（银监发〔2013〕8 号）关于商业银行表外理财资金投资非标资产余额比例的限制。由于理财资金多为配置型需求，因此其资金价格相对于“一紧都紧”的同业资金更为稳定，在同业资金市场出现时点性紧张从而严重影响传统业务出账时，可以提供有效的补充出账方式，保持银企合作的稳定性。

（5）切实支持实体经济发展

通过票据资产证券化，企业直接从市场融得资金，不仅杜绝了票据空转，而且通过票据 ABS 带来的资本节约和税负节省空间为 100 个基点以上，因此可以在适当提升银行收益的同时进一步降低企业融资成本，扩大银企双方共赢空间，对于部分对融资价格要求敏感、原有贴现模式无法满足的优质客户的融资需求也可通过票据 ABS 进行维护。

3. 票据衍生产品

发展票据衍生产品可以帮助经营票据业务的机构规避利率波动的风险和信贷规模管控带来的不确定性，可以发掘票据业务新的利润增长点，提高票据业务整体收益水平。票据市场已基本实现市场化定价，票据业务兼具信贷属性和资金属性，票据定价不受法定利率的约束，但和银行间市场的拆借、回购利率相比，票据价格还受信贷规模管控的影响。因此，票据市场利率波动较大，票据经营机构需要利用票据远期等衍生工具来锁定利率，规避价格大幅波动的风险。面对某些特殊时点的信贷规模管控，如果能利用票据期权等衍生工具，则可以通过支付期权费的方式用较低的成本换取票据贴现规模调节的主动权，从而消除政策不确定性带来的风险。一般情况下，票据贴现的收益率低于普通贷款的收益率，这在一定程度上影响了商业银行开展票据业务的积极性。开展票据衍生产品交易，可以捕捉票据价格波动产生的交易收益，提高票据业务整体收益水平，大型票据专营机构还可以扮演票据衍生品市场的中介角色，在活跃市场的同时拓宽票据业务盈利渠道。

4. 跨市场创新

上海票据交易所成立后，为了促进票据市场参与主体多元化发展，允许证券、基金、期货、信托、保险等非银行金融机构找银行做代理参与票据二级市场的交易，但是在实践中，目前尚未有非银行金融机构参与票据市场的交易，票据市场的参与主体局限在企业跟银行申请贴现、银行与银行之间的票据转贴现、质押回购等。这就导致票据市场一直处于跟货币市场其他子市场割裂的状态，不利于我国统一货币市场的形成。另外，非法人主体资格的资管产品、自然人如何正常参与票据市场交易值得研究商榷。作为流动性高、风险低的货币市场工具，票据是金融机构进行流动性管理和资产配置的重要手段；而投资者种类、数量又在很大程度上决定着票据市场的承载能力和市场深度。当前，票据市场投资者种类单一、同质化的现状制约了市场流动性，影响了价格发现功能的实现，也直接制约了市场深度。证券公司、基金管理公司、证券投资基金、资产管理计划等非银行金融机构和非法人集合性资金进入票据市场，可以进一步增强市场承载能力，促进需求的差异化和多元性，提升市场流动性，拓展市场深度。应该选择时机引入票据做市商制度，整合当前所有市场主体的资源和自身优势，自主经营、自负盈亏、自求发展，适应市场发展需要，提升经营管理效率，走专业化、集约化、规范化的发展之路。加大跨业、跨界创新的力度，探索与货币市场其他子市场、保险投资市场、信托证券基金市场、票据 ABS 市场融合的可能性，促进票据市场不断涌现更多的跨市场的组合产品，以及与资产业务和中间业务相融合的综合服务产品。

（五）提升票据服务实体经济、“三农”、中小微、民营企业的水平

1. 结合供应链拓展票据融资功能

可以考虑在供应链场景下，通过将票据服务嵌入供应链交易中，尽快大幅度实现企业之间应收账款的票据化。同时，扩大票据支付应用场景，盘活票据存量，利用票据特有的信用传递作用，将核心企业的优质信用传递至外围小微企业供应商，打通供应链上下游，满足供应链上“三农”企业、民营企业、小微企业的融资需求。

2. 发挥未贴现票据的资产抵押品功能，创新直接融资工具

可以考虑借鉴国外金融市场证券化产品的做法，利用资产证券化技术设计，叠加内部增信和外部增信措施，以“三农”企业、民营企业、小微企业持有的，中小银行承兑的，金额偏小、剩余期限偏短的无法获得贴现的未到期票据作为基础资产发行更具流动性、标准化的直接融资工具。这不仅可以有效盘活沉淀票据，拓宽“三农”企业、民营企业、小微企业融资渠道，降低融资成本，而且同时也可以为票据市场投资者提供增量标准化固定收益产品，丰富投资人的选择。

3. 试点发展融资性票据

《票据法》规定票据的签发应当具有真实的交易关系和债权债务关系，“真实的交易关系和债权债务关系”不仅包括传统的商品贸易关系，也可以包括借贷融资等金融交易关系，因此，可以考虑在推动商业信用体系建设的同时，在《票据法》商业汇票业务框架下引入融资性商业汇票。出于防范风险的考虑，可以对融资性商业汇票和交易性票据进行分类监管，如对真实性票据签发不进行任何限制，而对融资性票据的签发主体、签发规模等进行适当限制。在此基础上，考虑适时引入商业本票、商业票据等融资性票据，进一步完善票据融资工具体系。

4. 发挥政府各层级担保基金的作用，实现票据融资的普惠性

2018 年 7 月，国家融资担保基金有限责任公司成立，各省也都有相应的政府类融资担保基金组织。各地商业银行在支持“三农”企业、民营企业、中小微企业发展时，可以积极与政府类融资担保基金合作，根据当地企业实际情况约定各自承担风险的比例，共同做好票据承兑环节的风险敞口管理，对上述企业签发承兑、贴现保证以及中小银行签发承兑的票据实

现风险定价，逐步培育商业银行主动经营风险的氛围，最大限度地调动商业银行支持“三农”企业、民营企业、中小微企业发展的积极性和可持续性。

5. 发挥再贴现政策对“三农”、民营企业、中小微企业的“精准滴灌”作用

再贴现是中央银行货币政策工具箱中为数不多的结构性调节工具之一，可以发挥定向精准滴灌的功能，优化资金投向和结构，有针对性地解决经济运行中的突出问题。2017 年 9 月，上海票据交易所推出的再贴现业务系统上线运行后，大大提高了再贴现业务的办理效率和灵活性，也为中央银行更精准、高效地发挥再贴现政策引导市场利率和优化资源配置创造了条件。可以考虑进一步扩大再贴现操作规模，创新再贴现操作手段，引入券款对付结算方式，适时推出再贴现买断业务，增强再贴现操作工具的灵活性，进一步发挥再贴现在引导和改善民营企业、小微企业融资方面的作用。

（六）建设票据防风险新机制

1. 完善上海票据交易所功能，建立票据风险信息平台

票据业务具有流动性强、区域跨度大、时效性突出的特点，信息不对称是票据风险频发的主要成因。一是建设标准化、覆盖面广的信息采集录入平台。信息采集录入平台应来源广泛，实现各数据源平台数据的接入汇总，并拥有海量相关非结构化信息，可按“科学规划、统一标准、规范流程”原则，统一采集归口，利用数据信息技术建立索引，实现信息资料管理的科学化、规范化，实现信息集中管理，并建立数据质量控制机制，提高分类数据的准确性。二是打造模型化、手段先进的信息分析预测平台。运用科学模型建立宏观经济预警、区域监测评价等系统，从而对票据信息数据进行多角度、多层次、精细化、准确系统的分析，并展示出区域市场主体的发展情况。同时，能对机构交易行为和合规信息进行动态分析，并提供个性化、可定制的直观展示功能。三是实现智能化、时效性强的信息资讯发布平台。信息资讯发布平台要实现智能分类、科学发布，高效共享，建立业务库、案例库、营销库、经验库、文化库、知识库，实现集中展现各类报表、信息的功能。应尽快将票据全生命周期的各项信息纳入统一信用信息平台，建立完善的信用登记、咨询体系和严格的监督、执行体系，实现票据信息共享、透明，减少信息不对称，有效消除交易风险，降低交易成本，提高交易效率，进一步促进全国统一票据市场的形成。

2. 推进银票、商票的信用评级、授信、风险敞口管理

根据独立、公正、客观、科学的原则设定票据信用评级、授信体系，采用宏观与微观、动态与静态、定量与定性相结合的科学分析方法，确定评级对象的信用等级。票据评级对象包括出票人、承兑主体。一是对企业主体（出票人）信用评级，可借鉴现有成熟的对企业主体评级方法，按企业所处行业的不同分别制定细分评级指标体系，每个行业所选取的指标项及指标权重均有所区别。最终评级结果由评级得分、所对应的级别符号和评级报告组成，评级得分由定性指标和定量指标得分加总得出。定性指标涵盖经营环境、企业自身股东背景、信用记录、票据签发记录以及发展前景等方面。定量评价体现为企业财务分析，从财务结构、偿债能力、运营能力和盈利能力四个方面考量。二是对承兑主体信用评级，票据承兑主体的当期信用直接决定了票据的到期偿付与票据交易、流通的顺畅程度，因此，对承兑主体进行信用评级是票据评级的重要环节。承兑主体根据票据种类不同分为银行与企业。最终评级结果由评级得分、所对应的级别符号和评级报告组成，评级得分由定性指标和定量指标得分加总得出。评价商业银行的定性指标涵盖经营环境、基本素质、风险控制、票据交易记录等方面；定量指标体现为对商业银行的财务分析，主要包括银行资本充足率、资产质量、流动性、盈利能力等方面。评价承兑企业的定性指标应参照企业主体（出票人）信用评级，考虑到票据交易期限较短，定量指标的评价方法与企业主体（出票人）信用评级应有所区别，企业短期偿债能力和盈利能力应是考察承兑主体的重点，因此在上述两部分指标的选项设置及评分权重上应给予一定倾斜。做好了票据评级这项基础工作，可以建立交易对手白名单数据库，进一步确定对某个特定银行或企业的授信额度，并在票据管理系统中实时显示剩余额度，进而有效地控制最大风险敞口。

3. 建立票据市场参与主体风险考核机制

各持牌金融机构是票据市场最重要的参与主体和资金、信用提供方，银保监会和中国人民银行可以建立一套科学评估票据风险的考核办法，通过管理好参与票据市场的持牌金融机构来防范票据市场风险事件的发生。一是建立票据风险指标，可从票据承兑垫款率、票据贴现逾期率、票据案件发生率、票据资金损失率等维度进行评估，定期发布和监测被管辖机构的总体风险情况。二是建立风险管理体系，要求各持牌金融机构的内控合规部从票据风险评估、提示、预警到风险监测、分析、评价等搭建全面风险管理框架，实现对票据业务风险控制的全流程覆盖，银保监会根据落实

情况予以考核。三是建立监管机构与市场主体之间的信息共享和良性互动机制，完善审慎监管、机构内控和市场约束“三位一体”的票据业务风险管理模式，促进票据市场可持续发展。

4. 坚持加强对员工的教育

盈利是票据经营机构生存和发展的第一目标，但是片面追求经济利益而忽视对员工精神层面的教育往往会酿成道德风险。尤其是在行业众多机构都“重业绩、轻风险”“重指标、轻管理”的氛围下，久而久之，从业人员会过度看重个人物质利益得失，向所服务机构索取的心态日渐加重，加上金融风险的暴露往往滞后于当期业绩的形成，更助长了某些员工利用机构资金为个人牟利的投机心态。所以要加强新员工上岗前的职业道德培训，并关心其成长成才；对于老员工也要定期做思想上沟通，建立科学的考核激励制度和内部控制制度，形成一个员工不想动歪脑筋、不敢动歪脑筋、不能动歪脑筋的体制机制。

（七）完善票据基础设施

1. 完善上海票据交易所的功能

上海票据交易所具有全面、实时的海量数据，需要对这些交易数据进行监测，制订应急预案，一旦出现异常情况应及时采取措施，保障市场稳健运行。一是搜集整合票据风险信息，包括公示催告、挂失止付、风险票据、票据案件或事件以及可能产生票据风险的其他信息，也要建立黑白名单制度，对具有欺诈、恶意拖欠票款等票据不良行为的客户进行黑名单管理，而对信誉良好、交易活跃、推动票据市场创新发展的客户予以升级，鼓励商业信用发展。二是通过预测市场变动趋势和分析参与主体的风险偏好，借助数据模型建立以情景分析、压力测试为手段的前瞻性风险管理模式，合理地为参与主体推荐交易对手，匹配其风险收益，并通过专业队伍的打造，加强对业务和产品模块中各个环节的风险管理和控制，促进客户提高合规经营意识，推动监管要求在整个市场的传导。三是借助大数据分析完善风险计量和内控评价模型，不断推动完善风险的量化管理体系，通过嵌入业务和产品模块推动量化监测风险的尝试，并对合规操作和管理进行全方位分析，提升会员的风险防范水平和合规管理能力。四是提供应对票据风险场景和具体问题的咨询，处置票据风险资产的介绍、案例和相关办法等功能。

2. 建设票据一级市场直贴平台

可以由地方政府、财务公司和规范公正的民间票据经纪机构等牵头成立区域性、行业性的票据直贴平台，使票据的融资属性得到有效发挥。建设票据直贴平台可以把区域内各家商业银行、企业都吸引到平台上注册成为相应的银行会员、企业会员，企业会员把贴现需求发布在平台上，由银行会员报价，贴现价格低者可对接办理业务。平台只负责信息的采集和发布，不参与票据和资金的流转交易。模式运行成熟后可以考虑申请监管牌照成立直贴交易中心，进一步完善票据市场体系，服务实体经济。

目前上海票据交易所主导开发的“贴现通”产品是一个有益的尝试。该产品的核心是让工商银行、招商银行、浦发银行、浙商银行、江苏银行作为票据经纪行，企业会员通过票据经纪行把需要贴现的票据登记到上海票据交易所平台上，由其他银行会员酌情接单，价低者得。但是该产品还处于初级阶段，亟须解决两个问题：一是票据贴现行在贴现申请人不开立该银行结算账户的情况下实现放款；二是异地户贴现的问题，同一个省份各家商业银行对于贴现的报价差别不大，如果异地的银行不能跨省接单，则“贴现通”产品面临着很大的局限性，影响企业入驻平台的积极性。

（八）廓清票据法律与金融管理及实务执行的关系

要在制度性改革上下功夫，研究解决票据基础关系与票据关系相分离的问题，研究解决票据无因性与实际执行有因性不一致的问题，解决票据制度与票据规定之间的一些不相吻合问题。票据基础关系是指票据当事人在票据关系以外所产生和形成的民事权利义务关系。票据基础关系包括三种：（1）票据预约。即授受票据的当事人就可以签发和使用的票据所需记载的内容所做的事先的合意约定。（2）票据原因。即票据当事人授受票据的实质关系或基本关系，如因买卖、借贷、赠与而授受票据，在这些票据原因中，既有对价的，又有无对价的。（3）票据资金。即汇票或支票的出票人与付款人之间、出票人与承兑人或保付人之间的资金关系。票据关系都是基于一定的原因关系而发生的，但票据关系成立后，即与原因关系相分离，票据关系和票据原因关系是两种不同的法律关系，应由不同的法律进行调整和规范。只要票据符合法定要式，并且依法取得，持票人就享有票据权利，在行使票据权利时，不需要向债务人证明其取得票据的原因。因此，签发票据是否有商品交易背景或者交易是否合法，不属于《票据法》规定的内容，应由其他有关的法律加以规范。

《票据法》的立法思路与定位是与当时计划经济向市场经济转轨的特殊历史背景以及商业信用体系不发达的客观现实相适应的。随着经济金融体制改革的深入，社会信用体系环境已经得到极大改善，市场主体的风险意识显著增强，社会主义市场经济体制初步建立，我国经济已经步入高质量发展的新时代，《票据法》及其配套制度、法规体系也应与时俱进进行修订，不宜再强调票据签发的真实交易基础，而应充分考虑票据市场发展的客观规律以及我国经济发展的实际需要，遵循票据业务发展的内在逻辑，以促进票据流通和保护票据权利为核心，取消真实贸易背景限制，赋予融资性票据以合法地位，建立符合国际惯例的以无因性为基础的票据法律制度。另外，考虑到贴现、转贴现的资金属性与贷款的经济含义迥然不同，应适时取消将贴现、转贴现纳入信贷总量的规定，这不仅有助于增强银行体系对民营企业、小微企业的资金供给意愿和能力，提高票据资产的流动性，也会有效增强统计报表对经济运行反映的准确性。

特别要解决纸票相关制度与电票相关制度，早期票据制度与当前相关票据制度有些不一致和不协调的地方，尽快明确电子票据背书转让的法律地位，研究票据监管统一性协调性、提高效率性问题。同时，要根据票据市场的新变化，包括机构、职能、经营模式、科技系统、管理方式等的变化，衔接好、协调好票据法规、管理办法、流程等方面的磨合，防止相关制度执行缺位，防范合规、操作、市场、道德等风险。

（九）进一步利用金融科技服务票据市场

金融科技可以规范业务操作标准，票据系统的开发势必是在将票据业务执行和操作抽象化、标准化、合规化之后，而这对市场飞速发展 20 多年的票据业务来说，是非常好的探索行业业务执行标准、规范经营行为的工具。

金融科技有助于推动票据市场快速发展，提升票据市场体量规模和交易活跃度。IT 系统和互联网在信息传导上的独特优势，会让越来越多的机构和企业尤其是中小企业意识到票据在支付结算和融资方面的优势进而涉足票据业务，有利于票据在全社会的普及，可促进票据市场体量规模的提高。电子票据进一步提升了业务办理速度，进而会提升持票人的交易意愿，提高票据的流转速度。

金融科技有助于加强对风险的刚性控制。借助计算机系统可以将原本手工干预和人脑判断的环节按照一定的规则固化，将人为因素可能产生的风险通过系统来严格控制，极大地降低风险隐患。

金融科技有助于健全市场信用环境。传统的手工方式不利于信息的传递和共享，使得涵盖整个市场的信用评级、登记、查询、评价、连通体制未能建立起来，一些中小企业更是苦于缺少信用记录无法有效融资。IT 系统所具备的信息储存、查询、处理、更新和共享能力，消除了时间、地域和行业的限制，适合建立统一的信用基础平台。对于票据业务来说，完善的信用系统将使得承兑人或行为发起方承担更大的违约成本，因此受到很大制约，有利于健全市场经济良好的信用环境。

金融科技有助于推动票据市场的精准营销和开拓。传统的市场营销和业务信息传播方式，更多的是单对单传播，信息流转速度慢，信息真实性在过多的流转环节中失真较多，使得在进行市场开拓时，往往很难第一时间准确地匹配到需求方，这对业务时点要求较高的票据业务来说尤其关键：一是借助 IT 系统，市场信息的传播速度更快、效率更高，可以在第一时间传送至供需双方，更加直接快速地判断出时点的业务机会；二是借助 IT 系统，可实现多对多的信息传播方式，省去了信息流转中的损耗，提高了市场信息的真实性和有效性，有助于加快市场开拓和推广的速度；三是借助计算机在数据处理上的独特优势，可更加快速准确地针对市场的变化和走势得到相应的结论，并依据结论寻找可行的办法和方案，有利于引导建立更加健康的市场竞争环境。

票据供给侧结构性改革应在科技和信息系统上下功夫，完善上海票据交易所、ECDS、企业网银、票据融资系统等票据市场的 IT 基础设施。适应票据供给侧结构性改革的需要，加快对票据信息系统的整合、统一和规范，真正在供给侧结构性改革中发挥参谋、咨询和决策作用。

（十）建立票据发展监管协调机制

习近平总书记在第五次全国金融工作会议上强调，“要加强金融监管协调、补齐监管短板。坚持问题导向，针对突出问题加强协调，强化综合监管，突出功能监管和行为监管”。随着票据市场不断创新发展，银行、财务公司、证券、信托、保险等金融机构均将参与到市场，而这些参与主体分别接受中国人民银行、银保监会、证监会的多头监管，监管主体的不统一，将造成不同机构办理相同业务的监管标准和政策尺度不同，不同监管主体和监管政策之间的不同步性可能导致票据业务存在制度障碍和政策壁垒，对票据市场的发展带来诸多不确定性。

因此，需要建立符合票据全新特征的监管体系，构建“一行二会”票据市场监管协调机制，加强货币政策部门、监管部门、上海票据交易所和金融机构的监管协作，结合票据市场创新发展实际和未来趋势，消除不同部门在法规制定实施中的有些不一致现象，使票据市场在更为合理完善的监管法律框架下健康发展。同时，上海票据交易所应及时了解票据市场状况与创新需求，充当货币政策部门、监管部门和市场参与者之间的沟通桥梁，推进相关票据市场监管规则的修订完善，促进票据业务有序开展。建议在中国金融学会成立票据专业委员会，以研讨和调研票据市场包括制度法规与执行方面等问题为导向，形成意见由决策层决策。最后，要为市场参与主体提供更多主动适应监管要求变化的机会，借鉴发达国家金融监管的沙盒机制，对新型的创新技术和产品进行试验，一旦证明有效，监管可随之进行调整，避免监管要求和业务发展节奏不一致的情形。

建立多层次多元化票据交易市场体系的构想

——兼议电子商业本票创新的必要性①②

赵慈拉③

摘　要：随着电子票据业务的快速发展，电子票据的支付流通功能正在体现，成为实体经济中的大额电子货币，降低了供应链上下游企业的融资成本，加速了中小企业应收账款的周转，同时也产生了电子票据新的应用功能与交易需求，因此需要建立多层次多元化的票据交易市场体系，创新融资性票据。电子票据将发展成为标准化的固定收益类投融资工具，中国票据市场利率指数将成为中央银行货币政策的操作目标。

关键词：OTC 市场　智能化交易　中国票据市场利率指数　利率锚　电子商业本票

金融“十三五”专项规划的目标之一是加强金融市场建设，健全多层次、多元化、互补型、功能齐全和富有弹性的金融市场体系，发挥金融资源市场化配置在提高直接融资、降低杠杆率、降低实体经济融资成本进程中的积极作用。上海票据交易所作为票据市场基础设施，在完成纸票电子化交易的一期项目后，2018 年实现纸票与电票融合交易的二期项目，之后将规划电子化票据发展的三期项目。票据市场的发展需要制度创新，也需要票据工具的创新。现行的电子商业承兑汇票具有支付功能，但却不具备征信环境；短期融资券具备征信环境，但却不具有支付功能，如何将两者的优势结合起来，创建既具备智能化的市场征信环境，又具有支付功能的

---

① 本文刊载于《上海金融》2018 年第 11 期，并获上海票据交易所、中国票据研究中心“票据市场高质量发展”主题征文二等奖。

② 本文仅系作者个人观点，与所在机构无关。

③ 赵慈拉，中信银行上海分行金融同业部顾问。

电子商业本票，使资信良好的大中小微企业都能充分凭借自身的信用价值，实现低成本乃至零成本的融资？本文拟对此做一探讨。

一、上海票据交易所应构建一体化的贴现报价、转贴交易功能

（一）现行 OTC 票据交易模式无法形成有效的市场机制

在中国人民银行《关于规范和促进电子商业汇票业务发展的通知》（银发〔2016〕224 号）关于发挥电子商业汇票支付功能的政策指引下，电子商业汇票在供应链、产业链中的运用正在普及，平均票面金额快速下降，如表 1 所示。

表 1 2017 年第一季度至 2019 年第二季度平均票面金额 单位：万元

时期序列	2017 年第一季度	2017 年第二季度	2017 年第三季度	2017 年第四季度	2018 年第一季度	2018 年第二季度
平均票面金额	299	221	170	152	134	119

资料来源：上海票据交易所网站“票据市场运行分析报告”。

支付流通功能正在提升。最终持票人大多为供应链后端的中小微企业，其因发薪、纳税、还贷、购汇或货币资金采购而需要向银行申请贴现，取得货币资金。目前电票贴现尚为 OTC 交易模式，即由持票人分别向其若干家开户银行询价比较后完成贴现交易。但 OTC 交易模式存在以下几个问题：（1）因中小微企业的贴现额相对较小，在与银行的融资询价中处于弱势地位，民间票据中介公司以此介入，收购众多中小微企业的票据后打包向银行机构申请贴现，赚取利差。虽然对中小微企业来说，价格有所优惠，但却引发了众多无照经营金融套利业务的行为。（2）OTC 交易价格不具有透明性，无法形成具有市场公允价值的“中国票据市场利率指数”。上海票据交易所统计显示[①]，2017 年度电票承兑发生额为 13.02 万亿元，电票贴现发生额为 6.95 万亿元，电票转贴现发生额为 44.48 万亿元（不含质押式回购）；全年电票贴现加权平均利率为 4.89%，转贴现加权平均利率为 4.28%，扣除 30 个基点的税负外，两者利差为 31 个基点；该组数据反映的市场信息为，占票面金额 53.3%的票据需要货币资金支付而贴现，平均每笔贴现发生后会发生 6.4 次转贴现；而代表 4.89%贴现利率的资金成本是在

① 详见上海票据交易所网站《2017 年票据市场运行分析报告》。

经过6.4次转贴现后最终由4.28%转贴现利率的银行机构所提供；信息不对称使电票贴现市场成为非有效市场。（3）OTC交易模式效率低下，交易双方产生了大量的人工操作成本，无法实现普惠金融的政策要求。

（二）建立票据交易主报告行制度，形成智能化的全市场监管体系

长期以来，监管部门始终以强化银行审核交易合同、发票的做法来杜绝票据业务中存在的出票人循环开立银票、套取银行信用、无贸易背景贴现、套取信贷资金的违规行为，实际结果却是收效甚微，禁而不止。其实，银行承兑汇票用于支付时，贸易项下受让票据的交易与该企业的会计核算具有相应的勾稽关系。企业票据项下的支付一般涉及生产性支付和固定资产购置等，贸易项下受让的票据则来自销售款的回笼；据此，企业申请银票承兑的最大值理应不超过该企业会计报告中的销售成本+固定资产购置支付（进项发票的最大值），申请票据贴现的最大值理应不超过该企业会计报告中的销售总额（销项发票的最大值）。目前，在一些已实现电票智能化贴现系统的银行已引入该模式作为持票企业申请贴现的最大值；随着电子商票业务的快速发展，对商票承兑人主动授信项下的保贴业务将成为趋势，各家银行对主动授信的承兑人的保贴额度也必然限于其销售成本额以内。虽然从单一银行看似乎可确保贴现总额限于其贸易总额项下或承兑总额限于采购支付总额项下，但从多家银行乃至整个银行业来看则是无效的。因此，在现行所有银行承兑与贴现的交易信息都已归集上海票据交易所系统后，亟须建立银行业统一的票据交易主报告行制度，即银票出票人和票据贴现人每年须委托一家银行为其票据交易的主报告行，向其申报当年度的销售成本+固定资产购置支付的总额，作为向所有银行申请银票承兑的最高额；申报当年度的销售总额，作为向所有银行申请票据贴现的最高额，并提交上一年度的会计报告和本年度的增长计划（对新开业的票据行为人可按其实交资本金的一定比例申报）。主报告行结合其进项销项发票额进行审核后，将该票据行为人的组织机构代码、申请银票承兑的最高额、申请票据贴现的最高额三个要素录入上海票据交易所的票据交易监管系统内，上海票据交易所系统据此对所有票据行为人的银行承兑或票据贴现形成框架性总额约束，该年度内任何一家银行机构与其进行银行承兑或票据贴现交易时须在其剩余额度的条件下才可完成并相应扣减（电子商票贴现时则分别扣减出票人和贴现申请人的额度），以智能化监管方式来有效杜绝出票人

循环开立银票套取银行信用、无贸易背景贴现或民间票据中介贴现套取信贷资金的违规行为，并为票据交易全程智能化创造基础条件。

（三）建设全国一体化票据交易平台，创建中央银行货币政策操作利率锚——中国票据市场利率指数

互联网金融具有便捷迅速，提升交易效率，降低融资成本的特点，而电子商业汇票作为互联网电子金融工具，由电子商业汇票系统（ECDS）集中托管，具有唯一性、真实性和规范性，电子签名及数据传输与交换过程的不可抵赖性和完整性，票据交易采用票款对付（DVP）自动清算，交易对手涵盖所有系统参与者而无须审核对手身份真实性等特点，中央银行对电子商业汇票交易具有监管的透明性和主动性，完全具备建设全国一体化票据交易平台的基础条件。电子商业汇票因不存在非主观性的转让行为，排除了持票人以非真实交易取得票据的可能（法律上将以拾遗、盗窃、欺诈、胁迫等方式取得票据定义为非真实交易关系所取得），杜绝了此类操作性风险和假票、变造票风险，因人工书写与判读而产生的瑕疵票据也不复存在，因此，电子票据智能化交易将成为必然趋势。目前银行机构已相继推出电子银票智能化贴现交易，持票人在其网银电票账户上向贴现银行发起贴现申请，贴现银行在后台设置可买入票据的条件参数，系统对符合条件的票据自动买入、自动清算，大大提升交易效率和降低交易双方的操作成本。

上海票据交易所可在智能化票据全市场监管系统的基础上，建设全国一体化的贴现、转贴现交易平台，参与者分为非金融机构（企业机构）、银行机构、非银行金融机构三类主体。非金融机构只有定点或全市场报价的选择权，其在电票网银端输入户名、账号、行号及可接受的最高贴现利率四个要素，选择定价成交或即时成交、是否免追索等要约条件；银行机构则可进行最低直贴买入报价和转贴现双向报价，既可录入买入票据的条件参数，由系统撮合自动成交，也可选择人工点击成交；非银行金融机构则被约束在合格票据池范围内与所有持票人进行贴现或转贴现交易。一体化票据交易平台将生成全国唯一的时点成交价，实现持票企业最低利率贴出，银行最高利率贴入的最优化的市场公允价格。大中小微企业在一体化票据交易平台的贴现交易中一视同仁，充分体现普惠金融原则；一体化交易系统还将促进金融机构交易的智能化，贴现交易满仓后即自动在转贴现市场卖出平盘；做市商则可运用高频交易进行套利，将有助于平抑票据市场利

率的波幅，全市场聚焦后的票据利率，更可成为中央银行货币政策的操作目标。

"十二五"规划提出，要构建目标利率和利率走廊机制，推动货币政策由数量型调控为主向价格型调控为主转变。中央银行货币政策操作的目标利率，也称为"利率锚"，其应能：（1）体现货币市场对资金的定价；（2）中央银行可通过市场性操作引导货币市场利率水平；（3）对其他金融市场利率具有传导作用。显然，利率锚的属性需具备市场机制。中国人民银行曾分别尝试以银行间市场 7 天回购利率（R007）、常设借贷便利（SLF）利率、中期借贷便利（MLF）利率、公开市场回购和逆回购操作利率、公开市场短期流动性调节工具（SLO）利率、贷款基础利率集中报价和发布机制（LPR）作为货币市场的利率锚，但从实际应用来看，都因非市场定价和对其他金融市场利率的传导作用不强而未能发挥利率锚的作用。现在年交易额达 59.34 万亿元[①]的票据市场利率已全面实现市场化，票据贴现利率，反映实体经济的融资成本；票据转贴现利率，反映银行间市场的资金价格；票据资管计划利率，反映社会理财资金的投资收益率；票据市场利率将伴随融资工具票据化的发展趋势，逐步成为资金市场的利率中枢。因此，建立全国一体化票据交易平台后，持票企业可实现贴现融资，银行机构可实现贴现、转贴现交易，非银行金融机构可在合格票据池内买入票据创设票据 ABS，由此可产生集实体经济的融资利率、银行机构的同业利率于一体的"中国票据市场利率指数"，以此作为中国货币市场的利率锚——利率中枢，并建立以中央银行再贴现利率为上限，超额存款准备金利率为下限的票据市场利率走廊。票据资产成为流动性最强的固定收益类金融资产，一体化票据交易平台的两端直连实体经济与所有金融机构，充分体现市场竞争性，具有最敏感的市场价格发现机制，并可形成 1～12 个月的票据市场利率曲线，在此基础上产生的中国票据市场利率指数和低风险的票据 SPV 价格指数，反映投融资市场的公允价格，能充分体现期限风险溢价和信用风险溢价，为银行贷款利率、社会融资利率提供利率基准依据，并向贷款市场、债券市场、资金拆借市场、外汇市场、期货市场、衍生品市场等金融市场传导，中央银行也可以市场参与者身份，进行公开市场常规操作买卖票据来实施对利率锚的调控。

---

① 详见上海票据交易所官网《2017 年票据市场运行分析报告》。票据融资包括贴现、转贴现和质押式回购。

（四）引入多元化市场参与者，创新票据资产证券化

中国人民银行、银保监会、证监会、国家外汇管理局联合发布的《关于规范金融机构资产管理业务的指导意见》将资产管理产品按照投资性质的不同，分为固定收益类产品、权益类产品、商品及金融衍生品类产品和混合类产品四大类。其中规定固定收益类产品只能投资于标准化债权类资产，并对标准化债权类资产做了明确定义：（1）等分化，可交易；（2）信息披露充分；（3）集中登记，独立托管；（4）公允定价，流动性机制完善；（5）在银行间市场、证券交易所市场等经国务院同意设立的交易市场交易。中国人民银行《关于规范和促进电子商业汇票业务发展的通知》（银发〔2016〕224号）已允许非银行金融机构进入票据市场与银行机构叙做票据转贴现业务，但不可与非金融机构发生票据贴现交易。其原因在于银行机构是基于对票据承兑人或持票人的授信而买入，对参差不齐的商业汇票信用具有风险辨识能力，而非银行金融机构对众多的商业汇票债务人并不具备授信机制，一旦放开，势必会发生信贷市场风险外溢；但若不放开，非银行金融机构买入的都是经银行增信后的票据，其实质属于同业拆借交易，无法享有商业信用的风险溢价收益。同时，由于无法形成票据资产证券化（ABS）交易模式，商业票据的所有信用风险仍集聚于银行业。因此，电子商业汇票要成为标准化债权类资产或票据资产证券化（ABS），尚需顶层设计，制度创新。

电子商业汇票作为可流通转让的金融工具，已具备ECDS集中登记，独立托管，可在银行间票据市场的上海票据交易所交易的基础条件，但还缺乏等分化、信息披露充分、公允定价三个条件，其中信息披露充分又是公允定价的基础条件。在中国人民银行《关于规范和促进电子商业汇票业务发展的通知》（银发〔2016〕224号）的指引下，电子商业汇票的支付功能日趋凸显，其平均票面金额已由2016年度的361.8万元快速下降至2018年第三季度的86万元。若今后各家银行统一在电票出票界面设置10万元、20万元、50万元、100万元及自定额五个面额选项按钮，既可满足市场对小面额票据更易支付流通的需要，也可实现电票资产以100万元/手的等分化条件。

ECDS归集了所有票据债务人、被追索人的信用大数据，上海票据交易所应运用数据挖掘，以多维度、客观性、量化形式对票据债务人实施票据债项评级，体现票据债务人的信用价值。票据具有流通性和票据债权人不确定性的特点，因此，票据债务人负有向所有票据市场参与者公开其债项

评级的义务，以实现票据信用信息充分披露。上海票据交易所可依据票据债项评级，建立合格票据（如设定入池票据的债务人信用须达 A 级及以上）池，形成风险票据“防火墙”隔离机制，增强票据受让人的风险辨识能力，降低票据受让人的授信风险和授信成本。非银行金融机构则被约束在合格票据池的范围内与所有持票人进行贴现或转贴现交易，而银行机构则不受合格票据池的限制，在本行授信项下进行贴现或转贴现交易。如此，将实现票据 ABS 真实出表，打破刚兑依赖，符合信贷资产洁净转让原则；实现票据资产的真实转让，以及风险的真实转移；非银行金融机构也可以获取电子商票的风险溢价，避免信贷市场适当开放后的跨市场风险溢出。

现行银行业转贴现交易是以转出方的卖出清单为基础，转入方剔除无授信额度的票据后予以买入。为适应标准化债权类资产或票据 ABS 交易的等分化，上海票据交易所应实行既可以卖出方提出要约的供给侧交易，也可以买入方提出要约的需求侧交易；既可以转贴现的整包票据交易，也可以债权类的单张票据交易，即所有金融机构均可以票据 ABS 在一体化票据交易平台上发出买入要约，平台交易系统按照买入方提出的票据具体要素，在愿意单张票据成交的所有（含贴现、转贴现）卖出方的票据包中自动检索抽取，以形成 100 万元/手的等分化资产单位的交易模式。

（五）降低交易成本，在供应链或跨境电子商务平台引入电票支付宝模式

2017 年国务院提出关于加快供应链创新与应用的决策，2018 年商务部、中国人民银行、银保监会等八部门联合下发《关于开展供应链创新与应用试点的通知》，旨在完善产业供应链体系，高效整合各类资源和要素，推动经济高质量发展。供应链平台是整个供应链体系中商品信息流、物流、资金流汇聚的中枢，而其中的资金流需要同时具备支付、融资功能，并能以电子化方式嵌入供应链平台的金融工具，非电子商业汇票莫属。因此，可在供应链平台界面植入电子商业汇票支付工具，商业银行作为收单行，上海票据交易所作为电票托管和清算机构，根据供应链平台的交易指令，对贸易双方认可的电票在后台做冻结处理，待采购方发出商品已收货指令后，由上海票据交易所为相关电票完成交割，此类电票支付宝模式可以为不信任的贸易双方提供交易保障机制，降低交易风险和节省现金货币资金。

在中央关于进一步扩大进口，促进对外贸易平衡发展，推动经济高质量发展的决策部署下，中国国际进口博览会于 2018 年 11 月在上海虹桥举

办。同时，国务院分别批准杭州、上海、北京、义乌等35个城市设立跨境电子商务综合试验区，涵盖了一线、二线、三线大部分城市，并要求重点发展企业对企业的B2B跨境电商交易。可以预期，随着物联网、RFID电子标签、物流、仓储、EDI海关报关系统、电子口岸的发展，以及通关手续的简化，各类B2B跨境贸易电子商务平台将进入快速发展时期。

人民币国际化是国家的战略决策，国家大力支持在进出口贸易中采用人民币计价和结算，中国人民银行《关于进一步完善人民币跨境业务政策促进贸易投资便利化的通知》（银发〔2018〕3号）规定，凡依法可以使用外汇结算的跨境交易，企业都可以使用人民币结算。环球银行金融电信协会（SWIFT）统计，2018年6月，人民币在全球支付货币中的使用量占比为1.81%；中国人民银行统计，2018年上半年货物贸易中人民币跨境收付金额为1.65万亿元，占同期进出口贸易总额8.32万亿元的19.8%。商业汇票、银行信用证和银行保函同为国际贸易中的信用工具，但信用证或保函均为银行信用，是有条件付款，费用成本高，且不具有可转让性，市场使用率相对较低；而商业汇票因具有标准化、无条件付款、可流通转让、法律约束性强等特点，更可凭借承兑人（企业）的自身信用而成为国际贸易中的主流支付工具。2015年电子商业汇票在上海自贸区跨境人民币业务应用试点成功，其集融资与支付功能于一体，且具互联网应用的优势，使其成为今后跨境电子商务平台中人民币结算项下的必备工具。按照现行政策规定，境内交易商可在任何一家银行的电票账户进行跨境电子商业汇票交易，境外交易商只需在上海自贸区开立FTN（人民币自由贸易账户）及FTN电票账户即可进行电子商业汇票交易。若再引入电票支付宝模式，更可为互不熟悉交易对手资信状况的境内外双方提供交易保障机制，较银行信用证、保函工具具有更便捷、更经济的优势。境内进口商使用电子商业汇票可降低以现金货币结算的融资成本，境外出口商可将受让的电子商业汇票用于向境内机构的采购支付或与其他FTN账户在资本项目、经常项目下的自由转让支付，或向上海自贸区FTU（境内外银行机构人民币自由贸易账户）银行申请贴现后取得离岸人民币资金。

二、建设多层次多元化的票据交易市场，充分发挥票据流通功能

电子商业汇票的日益普及，使电子银票充分体现了大额电子货币的安全、便捷、较银行贷款更低成本获取的优势，许多企业也愿意接受电子银

票的支付以替代原有的应收账款挂账信用，电子商票的快速发展也产生了对其投资的价值；而一些持票企业因发薪、还贷、纳税或现金货币采购需要将电子商业汇票变现；因此，市场上自然产生了电票有偿转让交易的需求。京津冀协同票据交易中心、深度票据网、同城票据网等数十个电票有偿转让交易平台应运而生，因此亟须在满足市场需求的同时做好前瞻性管理。

电票有偿转让交易中，出让方的交易动机为取得现金货币，受让方的交易动机为：（1）票据中介机构买入电子票据后向银行机构申请贴现或质押贷款，通过套取银行信贷资金，进行利差牟利。（2）企业买入电子银票，用于生产性对外支付。此类交易的电子银票面额通常在 100 万元以下，由于存在约 3%的贴现折价，当后手供应商愿意接受时，可大大节约采购方以现金货币支付的成本，因此，许多小企业甚至一些上市公司的子公司也纷纷购买电子银票替代货币资金的支付。（3）电子商票的市场贴现折价为 6%～9%，一些私募基金买入电子商票做阶段性持有，用于流动性管理或做固定收益投资。

票据中介机构买入电子票据套取银行信用，进行利差牟利的做法，增加了融资贵的矛盾，有悖信贷政策，应予杜绝；企业买入电子银票用于生产性支付，在政策层面并不涉及银行信贷交易，微观上可以加快企业资金周转速度，降低小企业的采购成本，宏观上可减少实体经济的应收应付款，减少货币供应量 M_2 的投放；私募基金买入电子商票的投资行为，客观上起到了促进企业应用电子商票直接融资的积极作用。因此，非套取银行信贷资金的电子票据有偿转让交易属于市场的合理行为，应该在规范化的前提下予以支持。

可以预期，当电票平均票面金额下降至 100 万元以下且企业电票账户普及后，电子票据在实体经济中的支付功能将得到充分体现并成为趋势，届时电票有偿转让交易需求也将大幅增长。针对实体经济发展的客观需求和电子票据由 ECDS 集中托管的特点，有必要创建多层次多元化的票据交易市场，作为金融市场基础设施的补充，以充分发挥票据的支付流通功能，满足不同持票人的需求。现行各类电票有偿转让交易平台，多是在交易平台或第三方托管机构的主账户下，借助银行机构提供的电子化子账户模式，由交易双方自行开立电子化子账户，由交易平台或第三方托管机构承担受让方的保证金托管及支付，以实现转让双方的给付对价。规范化的电票有偿转让交易平台，其交易对象应严格限于企业买入票据用于生产性支付或自身投资；交易方式上，须做到票款同时交割；资金清算方式上，由于电子化子账户不受银行监管，原本仅适用于同一法人机构下的分支公司间的资金结算，并不适合不同法人间的电票有偿转让交易，因此，电票有偿转让交易平台必须具备客户资金第三方存管机制，由第三方支付机构托管交易保证金，或引入清算银行模式，在电票受让方签收票据的同时实施票款对付（DVP）；票据中介机构可在交易平台上承担做市商的角色，以增强交易的流动性，但须杜绝买入电子票据套取银行信贷资金，进行利差牟利的行为。

三、发展直接融资工具，创建融资性票据——电子商业本票

目前国内对融资性票据的基本定义为，出票人凭借自身的信用向债权人进行融资或支付的远期票据，票据可支付转让或可在票据市场进行交易。目前国内典型的融资性票据主要为短期融资券（短融券）和超短期融资券（超短融券）、电子商业承兑汇票。两者均为商业信用，且期限最长均为一年，但又具有各自的特点与弱点，短融券和超短融券具有征信环境的特点，可消除投资者与债务人的信用信息不对称性而便于交易流通，但其不具有支付功能，需要通过发债形式取得货币资金后对外支付，因此须有一定的发行成本；电子商业承兑汇票因同时具备信用和支付流通功能，一旦收款人愿意接受此项支付，即形成信用创造，且出票人在票据期限内无须任何融资成本。在一定条件下，债务人乃至其后手都可实现零成本融资，但因其不具有征信环境，存在其后手因难以辨识风险而较难转让的障碍。对此不妨集两者的长处，即将短融券与超短融券的征信环境和电子商业承兑汇票的支付转让功能融为一体，以数字票据为载体，创建融资性票据——电子商业本票。

商业本票作为典型的融资性票据，其票面仅有出票人、收款人两个关系人，这是因为出票人自身具有较高的资信度，无须他人为之增信，所以国外的商业本票多用于融资项下的债权凭证。现行《票据法》规定：“本票是出票人签发的，承诺自己在见票时无条件支付确定的金额给收款人或者持票人的票据。本法所称本票，是指银行本票。”但中国人民银行颁发的《电子商业汇票业务管理办法》规定，电子商业汇票的付款人（承兑人）和出票人可以为同一人，收款人为其相对人；或出票人和收款人可以为同一人，付款人（承兑人）为其相对人。在这两种出票方式下，仅有出票人

（付款人）、收款人两个关系人，已具备商业本票的形式要件。因此，本文探讨的电子商业本票也可定义为数字商业汇票。

商业本票多为附息票据，即票面上可以附有利率，付款人在票据到期兑付本金时还须向持票人支付相应利息，体现不同债务人的风险溢价和票据每日净值。附有利息收益的商业本票能使持票人更易接受，在流通的同时兼有投资价值，成为固定收益类的投资工具，例如，出票人需向债权人（银行或放贷机构）融资时，只需签发以债权人为收款人的商业本票，债权人在其授信额度内以贴现方式受让此票据，债权人既可持有票据到期收款，也可将此票据在票据市场上进行转让；商业本票因具有标准化特点，受相关法律和规范化制度约束，国内银行业可借助融资工具票据化——票据资产证券化路径，实现信贷资产证券化的目标。从发展商业信用，提升直接融资比重，减少货币投放，推进票据资产证券化的改革方向，亟须创建集支付、融资、投资功能于一体的商业本票这一融资性票据工具。

为了实现融资性票据同时具备征信环境和支付转让功能这两个条件，数字票据技术是最理想的选择。设想由中国人民银行或上海票据交易所以其权威性，运用中心化账本技术创设电子商业本票；或以若干家商业银行组成联盟链，运用区块链分布式账本技术，以各家商业银行分行为高信用记账节点，商业银行网银企业终端为普通节点创设电子商业本票。

融资性票据具有远期信用，可流通转让的货币属性，且票据受让人具有不确定性，因此，出票人在使用电子商业本票时应负有向社会公开其票据信用状况的义务和到期无条件兑付的责任。电子商业本票可将商业信用项下的传统支票和商业本票融为一体，运用数字票据平权化功能构建其征信机制，出票人一经签发电子商业本票（或支票）对外支付或履约兑付、违约拒付时，即形成全网广播效应，并供他人日后随时查询；发生违约拒付行为时，系统自动向持有该出票人签发的其他尚未到期的电子商业本票的持票人发出风险预警提示。通过运用数字票据的智能合约功能，电子商业本票系统可自动执行交票通知、收票（可设置）自动签收、到期前自动提醒付款人、到期自动发起提示付款、兑付自动清算，若被拒付则自动发起追索、再追索，附息票据自动计息并显示净值，自动结算保证等约定费用，对发生连续三笔拒付的出票人，系统将自动关闭其所有电票账户的出票签发功能，直至履约后再行恢复，在此期间只可受让票据，连同该出票人持有的所有未到期的票据债权自动进入保全状态，到期收款后优先用于对其名下的违约票据进行偿付。

公开透明的数字票据，本身就是一个汇集各票据行为人的征信系统，可突破短期融资券发行中存在的高门槛（债务人需达到一定资产规模）、高成本（债务人需承担评级、发行等较高费用）障碍，形成客观的票据债项信用自动评级，履约兑付的出票人和依法承担被追索责任的背书人将充分体现其信用价值，如AAA级、AA级、A级、BBB级、BB级、B级等不同信用级别，并导入统一社会信用代码系统；持票人借助征信系统能穿透性了解票据上相关行为人（出票人、保证人、直接前手等）的资信状况。因此，数字票据能使信用良好的中小微企业和大企业处于完全同等的信用初始状态和票据信用评级，差异仅在于票据偿债额的不同，如将票据偿债能力分为500万元以下、500万~1000万元、1000万~5000万元、5000万元以上等不同档次，信用良好的出票人（包括中小微企业）将通过数字票据凸显其信用价值，提升直接融资能力，从而减少对银行信用的依赖。资信度稍低的出票人可借助电子商业本票的附息功能，为持票人提供风险溢价补偿。背书人则可借助出票人的资信度，通过受让前手和支付后手的票据行为来削减自身的应收应付款。保险公司可借助电子商业本票开展信用险业务——为出票人或持票人提供信用保证。数字票据为电子化介质，可嵌入企业ERP电子商务系统，为供应链交易提供低成本的电子化融资工具。

上海票据交易所可依据数字票据系统形成的多维度征信信息，建立票据债务人黑白名单制度，将拒付笔数少、拒付金额违约率不大于1%的电子商业本票债务人（含已履行被追索责任的背书人、保证人）列入白名单并对外公布（债务人可申请不对外公布），彰显其商业信用价值，以支持其签发的电子商业本票在市场上流通；将拒付笔数多、拒付金额违约率均不小于3%的电子商业本票债务人列入黑名单并强制公布，对其票据违约风险向全社会予以警示，将其逐出票据市场；对信用大数据显示其故意欺诈的票据债务人，上海票据交易所应启动刑事追究程序，移送司法机关调查处理。如此，将使电子商业本票债务人对票据信用怀有敬畏之心，自律之行，体现信用价值，崇尚商业信用品牌，以此构建全社会票据信用生态环境，约束商业信用过度膨胀。

商业本票+数字票据+附息功能+智能合约，已覆盖了大额可转让存款凭证（CD）的所有功能，因此，银行和非银行金融机构可借助数字票据这一模式，在电子商业本票系统上发行大额可转让存款凭证（CD），作为银行和非银行金融机构的主动负债工具。利率可采取招标或固定的方式，实行全市场报价、定向报价，或单点报价方式，企业机构可在电子商业本票系统上进行买入、转让、质押、到期兑付等交易，并实行 DVP 票款对付模式进行相关资金清算。

四、创建中央对手方清算模式，增强电子票据流通机制

中央对手方清算机制是指独立的第三方机构，在金融市场交易过程中，以中央对手方身份介入交易结算，充当原买方的卖方和原卖方的买方，并保证交易执行的多边清算机制。国内证券市场、债券市场、外汇市场、期货市场、金融衍生品市场，乃至银行卡清算都已实行中央对手方清算制度。上海票据交易所已为全国银行机构及企业集团财务公司提供了统一的电票交易平台，其中 2600 多家城市商业银行、民营银行、农村商业银行、农村合作银行、农村信用社、企业集团财务公司的信贷对象主要是中小微企业和“三农”企业，它们更需要银行机构为其提供银票承兑和贴现的融资服务，但因市场缺乏对商业汇票的专业评级而影响了这些非全国性银行机构承兑的电子银票在市场上的流通性，全国性银行机构也不可能对这些银行机构逐一进行授信，因此亟须在电票兑付中引入中央对手方清算机制。

电子商业汇票由 ECDS 托管，具有唯一性、真实性和规范性，电子签名及数据传输与交换过程的不可抵赖性和完整性等特点，可由上海票据交易所或上海清算所发起成立具有独立法人资格、自担风险的中央对手方清算机构，并申请成为 ECDS 和大额支付系统的特许参与者，对其会员——中小银行机构进行评级授信，收取一定比例的保证金，并设立清算保证基金，对会员机构承兑的电子银票的持票人承担中央对手方的兑付责任，赋予信用增级。中央对手方清算机构将可主动借记承兑银行在大额支付系统的账户资金；当承兑银行保证金或其大额支付系统账户资金不足以清算时，中央对手方清算机构则动用清算保证基金进行偿付。在中央对手方清算机制下，中小银行承兑的电子银票，将享有全国性银行机构同等的资信度和流通性，将大大提升其为中小微企业、“三农”企业提供信用融资的能力。当持票行和承兑行均为清算会员时，中央对手方清算机构可实施 T+0 的多边净额轧差清算模式，提高清算效率，降低资金成本，增强承兑银行流动性。

五、结论

1. 现行企业与银行机构的贴现交易为 OTC 交易模式，由于其价格不具

有透明性，无法形成市场公允价值；OTC 交易效率低下，交易双方产生了大量的人工操作成本；因此，对中小微企业未能体现普惠金融原则。对此，上海票据交易所应搭建全国一体化的贴现、转贴现交易平台，引入持票企业可在一体化平台报价的机制，全国银行机构可在一体化平台上直贴买入，生成全国唯一的时点成交价，实现持票企业最低利率贴出，银行最高利率贴入的最优化的市场公允价格。

2. 针对银行承兑汇票出票人循环开立银票、套取银行信用、无贸易背景贴现、套取信贷资金的违规行为，在所有银行承兑与贴现的交易信息都已归集上海票据交易所系统后，应建立票据交易主报告行制度，由银票出票人和票据贴现人委托一家银行为主报告行，向上海票据交易所申报其当年度申请银票承兑的最高额和申请票据贴现的最高额，上海票据交易所系统据此对每个票据行为人的银行承兑或票据贴现形成框架性总额约束，以智能化监管方式来有效杜绝银行承兑循环开票，无贸易背景贴现的违规行为，并为票据交易全程智能化创造基础条件。

3. 现在年交易额达 59.34 万亿元的票据市场利率已全面实现市场化，票据贴现利率，反映实体经济的融资成本；票据转贴现利率，反映银行间市场的资金价格；票据资管计划利率，反映社会理财资金的投资收益率。因此在全国一体化票据交易平台上，可产生集实体经济的融资利率、银行机构的同业利率于一体的“中国票据市场利率指数”，以此作为中国货币市场的利率锚，并建立以中央银行再贴现利率为上限，超额存款准备金利率为下限的票据市场利率走廊。中央银行可以市场参与者身份，进行公开市场操作买卖票据来实施对利率锚的调控。

4. 电子商业汇票的日益普及，使电子银票充分体现了大额电子货币的安全、便捷、较银行贷款更低成本获取的优势，并成为实体经济应收账款的支付工具，电子商票的快速发展也产生了对其投资的价值，因此，市场上自然产生了电票有偿转让交易的需求。企业买入电子银票用于生产性支付，在政策层面并不涉及银行信贷交易，微观上可以加快企业资金周转速度，节省小企业的采购成本，宏观上可减少实体经济的应收应付款，减少货币供应量 M_2 的投放；私募基金买入电子商票的投资行为，客观上起到促进企业应用电子商票直接融资的积极作用。因此，非套取银行信贷资金的电子票据有偿转让交易属于市场的合理行为，需要监管部门在满足市场需求的同时做好前瞻性管理。

5. 为发展直接融资，需要创新融资性票据及交易机制。设想由中国人民银行或上海票据交易运用中心化账本技术创设数字票据——电子商业本票；或以若干家商业银行组成联盟链，运用区块链分布式账本技术创设电子商业本票。利用其平权化、智能合约功能特点，使信用良好的出票人（包括中小微企业）通过数字票据凸显其信用价值，引导企业重视并提升自身信用价值，推动融资性票据作为应收应付款工具，以此减少对银行信用的依赖，降低实体经济的融资成本。上海票据交易所将依据数字票据系统形成的多维度征信信息，构建全社会票据信用生态环境，约束商业信用过度膨胀。

票据的真实贸易背景与融资性票据问题研究[①]

秦书卷[②]　彭歆怡[③]

本文通过勾勒相关制度的时间逻辑，阐述了《票据法》并不是真实贸易背景要求的源头文件，因此得出在给付对价的基础上，如果将广义的远期偿还债务扩大到基础关系的范围内，《票据法》不构成融资性票据签发的法理障碍。在此前提下，本文通过回溯票据市场起步之初国内的经济形势，针对目前的票据市场现状和票据中介情况，借鉴国内外的票据发展经验，对贸易背景的取消进行了可行性研究，从而对融资性票据的实施路径给出了几点建议。

一、我国票据的真实贸易背景背后的制度逻辑

（一）背后的制度逻辑

票据的真实贸易背景要求主要是指票据的产生和企业间转让必须以真实的贸易交易为基础。商业银行票据业务的真实贸易背景要求现阶段主要表现在承兑和贴现环节，往往要求相关企业提供“购销合同”和“增值税发票”。笔者发现，商业银行开展承兑和贴现业务要审查贸易背景并不是《票据法》规定的，而是反映在职能部门的各项规定、制度和通知中，如《商业汇票承兑、贴现与再贴现管理暂行办法》中规定提供“增值税发票”，《支付结算办法》中提出审核“购销合同”等跟单资料。背后的制度演变或发展过程如下。

---

① 本文写于2019年。

② 秦书卷，九江银行票据中心负责人。

③ 彭歆怡，江西财经大学金融学院票据经营与管理方向硕士研究生。

1.《银行结算办法》(1988 年 12 月中国人民银行发布，1997 年 9 月废止)

第十四条第二款规定“在银行开立账户的法人之间根据购销合同进行商品交易，均可使用商业汇票。商业汇票在同城和异地均可使用”，第三款规定“签发商业汇票必须以合法的商品交易为基础，禁止签发无商品交易的汇票”。

该办法是 1997 年《支付结算办法》的前身，虽然在《支付结算办法》发布的时候已经废止，但它是在我国最早提出商品交易背景的文件，通过它可以观察商业汇票为什么而生，为什么要以商品交易为基础，即“为了加速资金周转和商品流通，促进我国社会主义商品经济的健康发展”，这一要求与当时我国银行为企业提供结算的手段和产品极其缺乏有关。

2.《票据法》(1995 年 5 月颁布，2004 年 8 月修正)

《票据法》对票据基础关系的描述有以下几点。

第十条规定“票据的签发、取得和转让，应当遵循诚实信用的原则，具有真实的交易关系和债权债务关系。票据的取得，必须给付对价，即应当给付票据双方当事人认可的相对应的代价”；第十一条规定“因税收、继承、赠与可以依法无偿取得票据的，不受给付对价的限制”，可以认为基础关系的内涵大于上述《银行结算办法》规定的范畴。

由此，票据的取得分为双方有对价的和没有对价的两种。那么什么是对价？对价（consideration）原本是英美合同法中的重要概念，其内涵是一方为换取另一方做某事的承诺而向另一方支付的金钱代价或得到该种承诺的代价；是指当事人一方在获得某种利益时，必须给付对方相应的代价；是一方被赋予的某种权利、利益、好处或利润，或是另一方承担的容忍、损害、损失或责任。交易关系没有明确的定义，此处根据上下文理解应是给付对价的行为，给付对价必然有一方产生金钱代价（票据转让），也就有了债权债务关系，因此我们理解《票据法》上的交易关系和债权债务关系在这里是一个事件的两方面，是统一的；而且交易关系和债权债务关系是以对价为基础的，“偿还债务、口头承诺、提供劳务服务”等都属于经济活动中的对价，因此《票据法》中关于票据的签发、取得和转让并没有要求真实贸易关系，但排除了无基础关系的以融资为目的的票据（笔者定义为融资性票据）签发。当然，如果再广义地定义“远期偿还债务”也属于对价的范畴，也属于基础关系的范畴，那么我们还可以大胆地说《票据法》不排斥以融资为目的的票据签发，即融资性票据也属于《票据法》的范畴。

但目前没有相关权威法律解释，受其他职能部门的规定和制度逆向影响，业界常把票据的真实贸易背景要求归结于《票据法》的交易关系导致，笔者认为实在有些冤枉。

3.《商业汇票承兑、贴现与再贴现管理暂行办法》（银发〔1997〕216号，1997年5月发布）

第三条规定“承兑、贴现、转贴现、再贴现的商业汇票，应以真实、合法的商品交易为基础”。

第十八条第二款规定“出票人或其前手之间具有真实的商品交易关系”。

第十九条规定“持票人申请贴现时，须提交贴现申请书，经其背书的未到期商业汇票，持票人与出票人或其前手之间的增值税发票和商品交易合同复印件”。

第二十八条规定“持票人申请再贴现时，须提交贴现申请人与出票人或其前手之间的增值税发票”。

第三十一条规定“承兑、贴现申请人有下列情形之一，承兑人和贴现人暂停对其办理商业汇票承兑和贴现”，其中第二款规定“未以商品交易为基础签发商业汇票的”。

第三十五条规定“对未以商品交易为基础的商业汇票办理承兑、贴现、再贴现，并造成信贷资金损失的，分别由中国人民银行上级行、有关商业银行上级行对有关责任人给予纪律处分，情节严重并构成犯罪的，由司法机关依法追究其刑事责任”。

由此可知，一是该办法在现存制度里最早提出票据要有商品交易背景的要求；二是商品交易背景不但对承兑和贴现提出审查要求，而且还对转贴现和再贴现提出审查要求；三是虽然该办法开篇说是根据《票据法》制定，但其有明显的降阶或偏向，这是否跟当时的经济金融发展水平偏低而需要用票据解决商品交易结算有关，原因不得而知。

4.《票据管理实施办法》（1997年6月国务院批准，1997年8月中国人民银行令第2号发布，2011年国务院令第588号修订发布）

第十条规定“向银行申请办理票据贴现的商业汇票的持票人，必须具备下列条件：（一）在银行开立存款账户；（二）与出票人、前手之间具有真实的交易关系和债权债务关系”。该办法只根据《票据法》制定，从内容上看就是《票据法》的解释条款，虽然发布时间晚于《商业汇票承兑、贴现与再贴现管理暂行办法》，但该办法对票据贴现的基础关系的要求与《票据法》一致，没有提出商品贸易背景要求。

5.《支付结算办法》（银发〔1997〕393 号，1997 年 9 月发布）

第二十二条基本援引《票据法》第十条和第十一条内容。

第七十四条规定“在银行开立存款账户的法人以及其他组织之间，必须具有真实的交易关系或债权债务关系，才能使用商业汇票”。

第八十三条规定“银行承兑汇票的出票人或持票人向银行提示承兑时，银行的信贷部门负责按照有关规定和审批程序，对出票人的资格、资信、购销合同和汇票记载的内容进行认真审查，必要时可由出票人提供担保”。

第九十二条规定“商业汇票的持票人向银行办理贴现必须具备下列条件：……（二）与出票人或者直接前手之间具有真实的商品交易关系；（三）提供与其直接前手之间的增值税发票和商品发运单据复印件”。

第九十三条规定“……贴现、转贴现、再贴现时，应作成转让背书，并提供贴现申请人与其直接前手之间的增值税发票和商品发运单据复印件”。

该办法主要根据《票据法》和《票据管理实施办法》制定，其中在票据章节中对银行汇票和商业汇票做了详尽的规定，对票据的承兑、背书、贴现、转贴现和再贴现都提出了商品交易背景的要求，在具体操作中提出需提供增值税发票、购销合同或商品发运单的要求。《支付结算办法》旨在解决企业商品贸易结算，详尽规定操作流程和规范。

6.《中国人民银行关于切实加强商业汇票承兑贴现和再贴现业务管理的通知》（银发〔2001〕236 号，2001 年 7 月发布）

其中规定“严禁承兑、贴现不具有贸易背景的商业汇票。商业汇票是交易性票据，必须具有真实贸易背景。企业签发、承兑商业汇票和商业银行承兑、贴现商业汇票，都必须依法、合规，严禁签发、承兑、贴现不具有贸易背景的商业汇票。各商业银行要进一步完善承兑授权制度和承兑授信业务管理。要在出票环节严格把关，切实加强承兑业务审查，办理承兑业务时，必须审查承兑申请人与票据收款人是否具有真实的贸易关系，对不具有贸易背景的商业汇票或不能确认具有贸易背景的商业汇票，不得办理承兑。各金融机构必须严格按照规定条件办理贴现业务。所办理的每笔票据贴现，必须要求贴现申请人提交增值税发票、贸易合同复印件等足以证明该票据具有真实贸易背景的书面材料，必要时，贴现银行要查验贴现申请人的增值税发票原件。对不具有贸易背景的商业汇票，不得办理贴现”。此通知提出的“真实贸易背景”说法被一直沿用至今，提出严禁承兑、贴现不具有贸易背景的商业汇票；对于票据贴现与再贴现环节，要求申请人提交增值税发票和贸易合同复印件。该通知跟当时出现的众多诈骗案件不无关系，当时提真实贸易背景合情合理。

7.《中国人民银行关于完善票据业务制度有关问题的通知》（银发〔2005〕235 号，2005 年 9 月）

其中规定“关于商业汇票真实交易关系的审查。根据《中华人民共和国票据法》的规定，商业汇票的签发、取得和转让应具有真实的交易关系和债权债务关系。出票人（持票人）向银行申请办理承兑或贴现时，承兑行和贴现行应按照支付结算制度的相关规定，对商业汇票的真实交易关系和债权债务关系进行审核。银行承兑汇票的承兑行负责对出票人的资格、资信、交易合同和汇票记载的内容等进行审查。商业汇票的持票人向银行申请贴现时，贴现申请人应向银行提供交易合同原件、贴现申请人与其直接前手之间根据税收制度有关规定开具的增值税发票或普通发票。贴现银行向其他银行转贴现或向人民银行申请再贴现时，不再提供贴现申请人与其直接前手之间的交易合同、增值税发票或普通发票，但需对票据的要式性和文义性是否符合有关法律、法规和规章制度的规定承担审核责任”。该通知，一是规定办理转贴现和再贴现无须再提供合同和发票，说明票据的交易和融资属性已得到发展和认同；二是根据描述逻辑试图把《支付结算办法》中的审查贸易背景要求和《票据法》第十条中的真实交易关系等同起来，坐实交易关系和债权债务关系即为真实贸易关系，像是“强行法律释义”，可以看作为支付结算派和法学市场派之间的矛盾定调。

8.《电子商业汇票业务管理办法》（中国人民银行令〔2009〕第 2 号，2009 年 10 月发布）

第三十五条规定“电子银行承兑汇票的出票人应向承兑金融机构提交真实、有效、用以证实真实交易关系或债权债务关系的交易合同或其他证明材料，并在电子商业汇票上作相应记录，承兑金融机构应负责审核”。

第四十条规定“转让背书应当基于真实、合法的交易关系和债权债务关系，或以税收、继承、捐赠、股利分配等合法行为为基础”。

第四十六条规定“持票人申请贴现时，应向贴入人提供用以证明其与直接前手间真实交易关系或债权债务关系的合同、发票等其他材料，并在电子商业汇票上作相应记录，贴入人应负责审查”。

该办法基本还是遵循此阶段公认的真实贸易背景要求，但提法上较以前更宽松，“真实交易关系或债权债务关系”中的“或”字似乎是尝试把独立的债权债务关系也作为签发和贴现的基础关系之一，但笔者认为意义不大。

9.《中国银监会办公厅关于票据业务风险提示的通知》（银监办发〔2015〕203 号，2015 年 12 月发布）

其中要求“要全面加强票据业务风险管理，不得办理无真实贸易背景的票据业务。对已办理票据承兑、贴现的发票、单据等凭证，经办行应在原件正面注明承兑（贴现）的银行名称、日期、金额等相关信息，防止虚假交易及发票重复使用”；同时，《中国银行业监督管理委员会关于加强票据业务监管　促进票据市场健康发展的通知》（银发〔2016〕126 号，2016 年 4 月发布）提出要“坚持贸易背景真实性要求，严禁资金空转”。正值大量风险事件暴露时期，矛盾仍聚焦在真实贸易背景上已不合时宜，此类监管文件未打要害，纸票交易和贸易背景要求可能是阻碍操作风险和道德风险出清的关键因素，但这没有引起重视，或与监管目的相悖。

10.《中国人民银行关于规范和促进电子商业汇票业务发展的通知》（银发〔2016〕224 号，2016 年 8 月发布）

其中规定“对资信良好的企业申请电票承兑的，金融机构可通过审查合同、发票等材料的影印件，企业电子签名的方式，对电票的真实交易关系和债权债务关系进行在线审核。对电子商务企业申请电票承兑的，金融机构可通过审查电子订单或电子发票的方式，对电票的真实交易关系和债权债务关系进行在线审核。企业申请电票贴现的，无须向金融机构提供合同、发票等资料”。该通知的出台具有历史支撑意义，一是引领市场走进电票时代；二是打破 1997 年以来企业贴现需向银行提供证明交易背景的资料的做法；三是引进非银行金融机构，为票据二级市场构建打基础。

11.《票据交易管理办法》（中国人民银行公告〔2016〕第 29 号，2016 年 12 月发布）

其中第十七条规定“贴现人办理纸质票据贴现时，应当通过票据市场基础设施查询票据承兑信息，并在确认纸质票据必须记载事项与已登记承兑信息一致后，为贴现申请人办理贴现，贴现申请人无需提供合同、发票等资料；信息不存在或者纸质票据必须记载事项与已登记承兑信息不一致的，不得办理贴现”。进一步明确纸质票据贴现申请人不必向贴现人提供合同、发票等资料，至此，票据贴现申请人向金融机构申请贴现时都不必提供合同和发票等资料，但未提及金融机构在办理贴现时不必审查真实贸易背景，可能是有无法突破的东西存在。

综上所述，笔者关于票据的贸易背景要求这一问题有以下观点。一是存在法学市场派和支付结算派两个流派，《票据法》《票据管理实施办法》《中国人民银行关于规范和促进电子商业汇票业务发展的通知》和《票据交易管理办法》属于法学市场派，没有提及或弱化票据贸易背景要求；其他文件则可以看作支付结算派，即票据的产生和流转就是解决商品交易结算，提出的思想正是基于商品交易结算，必须要有真实贸易背景。二是存在制度打架现象，没有做到立新废旧，如除了《票据法》和《票据管理实施办法》，其他皆以中国人民银行或监管机构文件的形式出现，就是在中国人民银行口径的系列文件中，新的相关电子票据、票据交易文件出台的同时，没有废止或修改老文件或是明确文件间的关系，造成市场主体和监管机构执行困惑。三是现存最早提出票据商品交易背景的是《商业汇票承兑、贴现与再贴现管理暂行办法》《中国人民银行关于切实加强商业汇票承兑贴现和再贴现业务管理的通知》等，这些文件的出台符合当时的经济金融需要，只是明确操作流程，属操作规范，这表明奠定真实贸易背景要求的源头文件并非《票据法》。四是类似 2005 年的《中国人民银行关于完善票据业务制度有关问题的通知》等文件，其试图表述把《票据法》中的“交易关系和债权债务关系”解读为“真实贸易关系”，有些牵强，在我国有权对基本法做出解释的只有全国人大及其常委会（立法解释）、最高人民法院和最高人民检察院（司法解释）。

（二）产生的原因及历史贡献

《票据法》中关于票据基础关系的提出承继了此前《银行结算办法》（现已废止）中提出的规定“签发商业汇票必须以合法的商品交易为基础”，并且 1995 年 5 月 5 日提出的《票据法（草案）》出于防范“利用票据进行欺骗活动”的考虑上，把第十条提出的“合法的商品交易”要求扩展到了“真实的交易关系和债权债务关系”，可以看出从“商品交易”到“交易关系”，原因关系的范围被扩大了，但未被放大关注；而后中国人民银行的一系列文件都提出票据“商品交易”或“真实贸易背景”的要求，都是基于当时的经济金融状况和票据的支付结算功能。

1979 年中国人民银行批准部分企业签发商业承兑汇票，由此宣告了我国现代票据市场的开端，随后在 1981 年开展了第一笔商业承兑汇票和银行承兑汇票业务。截至 1999 年，票据市场累计贴现量接近 2500 亿元，比 1995 年增长 77%，年均增长率为 15. 34%；累计承兑量为 5076 亿元，比 1995 年增长 109%，年均增长率为 20. 29%，票据承兑量远远大于贴现量。

那么彼时的经济状况是怎样的呢？在20世纪70年代，中国长期处于计划经济体制下，我国经济建设进入了新的发展时期，重工业商品贸易发展迅速，工业总产值每年保持10%以上的增速，同时开始探索经济体制改革之路。而后，90年代初期，我国处于社会主义市场经济发展起步阶段，随着商品的扩大再生产和加速流通的进程加快，生产与销售不同步、商品销售和资金流转不同步的情况越来越多，企业投资计划安排不当和自筹资金未能如期落实并存，赊销和预售等交易方式开始盛行，于是采用“应收账款”和“应付账款”核算，但这一落后的挂账信用形式滋生了“三角债”问题。仅1991—1992年，“三角债”的规模已经占据银行信贷总额的1/3。1993—1995年，通货膨胀急剧发展，经济发展不稳，社会信用迅速膨胀。为缓解当时通货膨胀的经济形势，理顺多个企业之间交错的债务链，票据当时作为商品交易结算的重要工具，成为解决“三角债”的主要手段。

因此，职能部门提出商业汇票需以“商品交易”为基础符合当时的情况，旨在明确商业银行商业汇票业务操作细节。这一规定在当时的特定时期内维护了金融秩序的稳定，以票据信用取代商业信用，缓解了不可控的信用扩张，促进了以实体货物交易为核心的票据流通，规避了金融乱象和票据诈骗，进而促进了当时经济贸易的发展。同时，商业银行在承兑和贴现环节对发运单据、出入库单据和税务发票等资料的严格审核，要求企业按税收规定大量开出发票，保障了国家税收收入，促进了国家税收的大发展。

二、我国票据的真实贸易背景要求带来的现实问题

（一）票据被越来越多地运用到非贸易场景

经过40年来的探索与发展，特别是在上海票据交易所成立之后，逐渐形成的统一的场内票据交易市场，已然成为金融市场的重要组成部分，票据的承兑量和贴现量都有了大幅增长。2018年全国累计承兑银票18.27万亿元，累计贴现商业汇票9.94万亿元，承兑发生额占GDP的比重为20.19%，贴现发生额占GDP的比重为11.04%。2018年末，票据承兑余额为9.4万亿元，贴现余额为5.8万亿元。票据承兑余额增长迅速，其中60%以上的银行承兑汇票由中小企业签发，由此可知中小微企业大量以票据作为支付价金的媒介。在表内融资方面，2018年票据融资保持稳步增长，与年初相比，年末余额增加1.9万亿元。票据融资余额占各项贷款的比重为

4.2%，同比上升1%。但在实际的市场经营中，票据被越来越多地运用到非贸易场景，这与票据市场大发展互为促进。

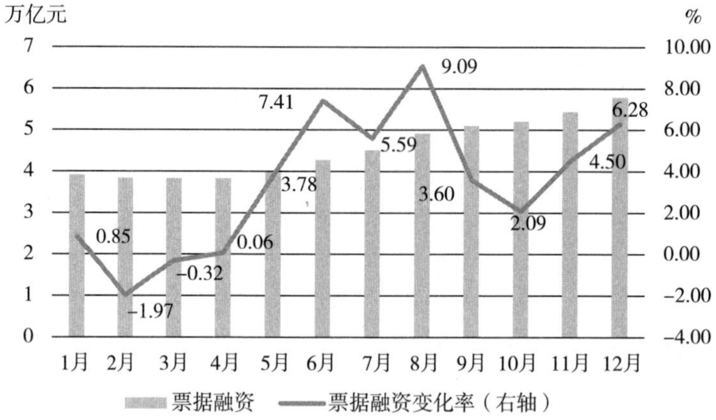

图1　2018年票据融资存量及变化率

（资料来源：中国人民银行）

一方面，在实务中，票据纯粹的支付结算功能得到充分发挥，作为应收应付结算工具的票据逐渐在非贸易场景下被普遍使用，例如，通过供应链上下游的结算链条，核心企业向上游企业通过票据背书偿还债务、支付预付款、支付工程款、供应服务、提供劳务、资金流转等。这些都是立足于非商品交易基础的票据应用，也称为债权债务结算或者无形贸易结算。另一方面，票据作为企业信贷的主要基础产品，其信用融资功能被深入挖掘，以关联户贴现为目的的融资性票据签发占比不断提高，这是因为票据其有特有的高流动性的优势，越来越多的企业通过开票并贴现来降低融资成本。

正常情况下，票据贴现利率加上银行承兑手续费，比一般贷款利率低2%~3%；同时承兑和贴现环节对企业而言业务简单、门槛低，企业从降低自身融资成本和业务体验两方面出发都宁愿包装贸易背景、“舍贷取票”，获取银行贴现资金。

（二）贴现环节的真实贸易背景要求是早期中介产生的主要源头

一直以来，票据业务违规都是商业银行罚单的重灾区，票据的真实贸易背景审核又是一个重要方面。如2018年2月12日，由于票据承兑、贴现业务贸易背景审查不严和国内信用证业务贸易背景审查不严等内控不审慎不合规行为，上海某股份制商业银行被罚没5855.9万元；2017年银监会开展了轰轰烈烈的“三违反”“三套利”“四不当”“十乱象”等专项治理，合并称为“三三四十”，其中查实的票据违规金额近2万亿元，这些监管当中，票据业务真实贸易背景是一个重要的领域。

对商业银行而言，票据业务贸易背景的审核主要反映在承兑环节和贴现环节，主要审查“购销合同”和“发票”，但基于前文的原因，事实上，市场上大量票据的流转缺乏“购销合同”和“发票”，于是就滋生了票据中介，票据中介构建票据贴现前的“真实贸易背景”，使之符合商业银行监管要求。当然，随着票据中介业务的发展，票据中介的盈利模式更加多元，很多票据中介不满足于中间角色，逐渐渗透到票据的信用风险和道德风险，因票据涉及数额巨大，一旦产生法律纠纷，承兑行、出票行有可能沦为涉案行，面临法律诉讼，从而引起银行声誉毁坏和票据市场震荡。

（三）给票据案件司法判定带来困惑

前文提及，关于票据的贸易背景要求问题，现有文件存在法学市场派和支付结算派两个流派，法学市场派没有提及或弱化票据贸易背景要求；相比之下，支付结算派提出票据的产生和流转就是解决商品交易结算，必须要有真实贸易背景。票据市场中两个流派并存的局面导致了很多制度打架的现象。一方面，职能部门在很多制度规范和实务中认为票据行为的原因关系实则是以票据为兑付价金手段、以商品交易为典型的有偿买卖关系。基于此，票据的全生命周期流转需以真实的货品交易为基础，如果缺失了真实的实体交易，票据行为被认定为无效。但同时《票据法》又赋予了票据的无因性，认为票据权利的行使不受制于票据产生和流转的原因，出票人一旦签发票据就产生了相应的支付义务，从而引发了强调原因关系的有效与票据无因性的矛盾，它在客观上不但成为一些承兑行拒绝付款的借口，也损伤了善意持票人的基本票据权利，引起了不必要的纠纷。

另一方面，两个流派衍生的相关文件并驾齐驱导致了司法判决上的混乱，影响了票据案件的性质判决。在无真实贸易背景票据案件的审理中，根据引用《票据法》和《合同法》的不同，不同地方同类型案件的判决结果不一。尽管《最高人民法院关于审理票据纠纷案件若干问题的规定》第十四条规定不能将《票据法》第十条作为抗辩条款予以适用，但部分基层法院仍然将《票据法》第十条第一款当作票据有效性的条款对已经背书转让票据的持票人进行抗辩。此时由于司法判决标准的不一致，若票据已经背书转让，则背书的直接前后手之间还能否以不存在实体的交易关系为由进行抗辩？票据债务人在面对主张票据权利的持票人时究竟是主张行为无效，还是可以拒绝履行票据义务？基础关系和合同关系的矛盾在司法实践方面还比较模糊，无法满足现实的需求，极大地限制了票据的流通。

三、取消票据真实贸易背景的可行性研究

（一）取消的必要性

1. 国外票据并无真实贸易背景要求

一些西方发达国家利用票据进行融资已经发展到了高级阶段，英国、美国、日本、德国等发达国家的融资性票据业务和市场已然建立，真实贸易背景的理论已被抛弃，发达国家最主要的融资方式是凭借企业自身的信誉签发融资性票据进行票据融资，且融资性票据在市场中居于主导地位，占据70%~80%的比重。最为突出的就是美国的融资性商业票据市场，美国的商业票据（融资性商业本票）和银行承兑汇票（交易性票据）这两种主要的融资工具和平共存于票据市场。

放眼欧洲，英国《票据法》第29条明确了“正当持有人”的定义，第30条规定了“对价和善意的推定”。可见，英国《票据法》只有票据对价的相关规定，而没有要求以“真实的交易关系”作为票据签发的基础背景。与内地相比，我国台湾的票据相关规定中同样没有条款提及真实贸易背景。由此可见，真实贸易背景对于票据市场而言并非必要条件，只是在我国当时的经济形势下为了防止票据诈骗，预防金融乱象而因时制宜提出的要求。随着票据实务及其司法实践的发展，尤其是在支付手段多样化、票据业务高度市场化的今天，在信用体系完善的前提下，我国的票据体系应当与国际接轨，引入“商业本票”作为筹措资金的重要手段。

2. 全市场目前已然存在较大比例的融资性票据

据业界专家估计，当前市场上约60%的票据都为融资性票据。虽然我国《票据法》和职能部门相关文件或许成为融资性票据发展的法理障碍，但在实务中早已存在以融资为目的的票据签发，利用票据进行融资是企业的客观需求，目前60%以上的银行承兑汇票都由中小型企业签发，从提高效率、降低成本的方面考虑，中小企业更偏向于利用签发融资性票据来获取资金。主要存在伪造变造发票、签发票据业务量与实体经营情况明显不符、“一票多用”、反复使用同一号码增值税发票向多家银行办理承兑并通过关联户进行贴现融资等情形。此类情形虽然在当前被认定为票据市场存在的乱象，但是也反映了企业对于高效低成本融资的迫切需求。

3. 可以有效去中介带来的各类风险

由于前文提及票据中介在票据的全生命周期中的渗透，导致了票据市场风险事件频频发生，因此，一旦取消真实贸易背景的要求，放松对于签发融资性票据的限制，依托包装真实贸易背景而套利的非法票据中介将不复存在，从而大大减少了大额风险票据事件的发生。2015—2016 年大量票据要案爆发的惨烈场景也将难以重演，票据业务重回低风险业务的行列，融资性票据一旦合规，可以有效地避免巨额影子资金在金融体系外的循环流转，从而倒逼票据中介寻求新的转型之路，促进金融市场稳定，为实体经济利用票据业务进行融资提供了新的可能性。

（二）实现路径

1. 组织相关学者和业界专家进行深入的可行性研究

近年真实贸易背景已经成为票据市场关注的焦点，票据业界专家和司法学者已经对真实贸易背景的硬性要求颇有微词，真实贸易背景的讨论和发展融资性票据的困惑被业界认为是阻碍票据市场发展的关键问题之一。现有票据市场对资金的迫切需求客观上存在签发融资性票据的必要性。在票据发展的 40 年中，随着票据产品的创新和融资功能的深入发掘，将票据从真实交易关系限定中脱离出来的讨论声不绝于耳，甚至日益成为市场的主流呼声，因此组织业界专家进行取消真实贸易背景的大讨论和研究应当提上日程。

2. 修改完善《票据法》相关内容

《票据法》于 2004 年修订，作为私法，在其修订之初参考的我国经济基本情况以及商业银行发展水平使立法过于狭隘、有失偏颇。在《票据法》实施过程中，将交易关系局限于真实贸易背景，将真实贸易背景当作不可逾越的门槛，反而限制了票据高流通性这一特点的充分发挥。笔者认为，如果明确取消票据真实贸易背景甚至承认融资性票据地位之方向，应当对《票据法》第十条加以准确性的描述，在把交易关系界定为给付对价的基础上，把广义的“远期偿还债务”这一对价定义纳入基础关系的范围，从而避免不确定的解读。如今我国票据市场的发展程度远超当年，票据功能也由汇兑、结算扩展到投融资，立法依据可以把票据的融资属性纳入其中。建议将《票据法》第十条第一款修改为“票据的签发、取得及转让，应当根据诚实信用原则，符合《票据法》所规定记载要求。票据债务人不得以票据基础原因关系所产生的缺陷或瑕疵为由对正当持票人进行抗辩”。这样既保留真实交易关系的界定，同时允许合理的融资性票据存在并使其合法化。也可以由其他法律法规另行规定融资性票据的发行条件和适用范围，或由《票据管理实施办法》加以明确。

3. 梳理修改职能部门的相关制度文件

在票据一级市场的相关规定方面，目前中国人民银行发布的《电子商业汇票业务管理办法》将票据签发和贴现的条件改为“真实交易关系或债权债务关系”，试图将独立的债权债务关系作为可签发和贴现票据的基础关系之一，实则是对《票据法》界定限制的放宽，但是《支付结算办法》同时明确提出商品交易背景的要求，该办法实际上提出了比《票据法》更严格的要求。因此不难发现，同一机构对票据真实贸易背景的规定尚且存在制度相矛盾的现象，不同职能部门之间更存在监管相悖的文件。因此在确立融资性票据的合法性之后，中国人民银行与银保监会等应根据修改后的《票据法》，修改或废止相关制度文件。

4. 放开对票据融资行为主体的限制

目前票据市场的参与主体为银行等金融机构的法人类参与者，非法人类参与者和《票据交易管理办法》规定的其他市场参与主体，券商、基金公司等非银行金融机构可以自有资金参与票据二级市场交易。但是目前票据融资行为主体处于放而未开的尴尬境地，一是因为目前非银行金融机构的监管部门仍然没有出台规范文件明确非银行金融机构参与票据业务的合规性；二是由于票据业务专营性较强，很多非银行金融机构由于缺乏相关实务操作经验而无法参与票据交易。目前银行承兑汇票占商业汇票的88%以上，银行仍然是票据市场运行的中坚力量。在西方国家的票据市场运行中，公民个人、中小企业及其他经济组织均可以使用票据作为融资手段，各市场参与主体在承兑业务开展中不予考虑真实贸易背景。但在当前商票发展不完善的情况下，应建立严格的市场准入制度，对发行企业的财务状况、信用状况、经营情况等进行严格审核后，才能授予发行融资性票据的资格，相关主体必须遵守诚实信用原则，不能虚开头寸，以银行为基础控制企业信贷总量，防范资金空转。

5. 推动票据中介向票据经纪转型

如果赋予了融资性票据合法地位，以替企业包装伪造真实贸易背景为主要套利手段的票据中介可由此转型为票据经纪，通过代理所得的企业票据在二级市场中寻找融资渠道从而获取收益，由此可以大大减少风险案件的爆发。因此应该对票据中介的专业性予以规范，一是职能部门应当制定票据中介服务机构的准入和退出机制。对票据中介发放牌照，作为正规的金融机构看待，将游走在灰色地带的票据中介一角暴露在阳光下。二是对票据中介机构制定专门的监管法规，弥补监管空白，将中介机构有效地纳入监管体系。三是对票据中介机构的从业人员进行培训，并进行登记，使票据中介机构的运营规范化、合规化。放开融资性票据的限制，是票据中介机构发展新的机遇，票据中介的发展又推动了整个票据市场的进步，两者相辅相成。

四、总结

随着经济的快速发展，票据已由以支付结算功能为主的信用凭证演变为集结算、投融资功能于一体的交易工具，建立在真实贸易背景基础上的票据制度框架表现出与现有经济形势相比的滞后性，即过度强调票据基础关系的真实性，而忽视了票据的无因性，不适合实体经济融资的需要。支付结算派和法学市场派出台文件态度的不一致实际上阻碍了票据市场的发展。取消票据真实贸易背景的可行性研究讨论亟待提上议程，《票据法》的修改和中国人民银行、银保监会等部门相关规定的统一需要达成共识，在票交所新时代下，基于放弃真实贸易背景的考虑，票据中介可寻求新的转型机遇，放开融资性票据的限制是必成之势。

参考文献

[1] 燕华然.《中华人民共和国票据法》第十条与票据无因性原则的冲突与协调 [EB/OL]. [2019-06-09]. http: //www. lawtime. cn/info/minshi/mss lun wen/2011101164927. html.

[2] 赵慈拉. 现阶段我国货币信用供给侧改革的思考，兼议融资性票据市场的创建 [J]. 上海金融，2017 (8): 11-16.

[3] 如何防范融资性商业承兑汇票风险的 4 个关键 [EB/OL]. [2018-05-12]. http: //baijiahao. baidu. com/s? id=1600129831664438362&wfr=spider&for=pc.

[4 谢怀栻. 票据法概论（增订版）[M]. 北京：法律出版社，2006.

[5] 刘莹. 从融资性票据谈我国《票据法》的修改 [J]. 山西大学学报，2008 (5).

[6] 完善《票据法》 促进金融创新 [EB/OL]. [2017-11-20]. http: //www. financialnews. com. cn/ll/gdsj/201711/t20171120_128043. html.

[7] 朱烟雨. S 市商业汇票贴现融资的真实贸易背景缺失问题研究 [D]. 镇江：江苏科技大学，2017.

[8] 肖小和. 中国票据市场四十周年回顾与展望 [J]. 金融与经济，2018 (11): 73-79.

加快票据创新　服务区域经济发展[①]

张　毅[②]　肖小伟[③]

党的十九大要求“深化金融体制改革，增强金融服务实体经济能力”，这成为工商银行坚守初心、砥砺前行的使命，不仅是金融发展规律与金融改革实践相结合的重大部署，也是做好新时代金融回归本源工作的根本。习近平总书记在主持第十三次集体会议学习时强调，金融要为实体经济服务，满足经济社会发展和人民群众需要。经济是肌体，金融是血脉，两者共生共荣。岁末年初，李克强总理在视察工商银行总行时提出，“做好小微业务，大银行就大有未来”。至此，工商银行江西省分行（以下简称江西省分行）票据融资业务以初心为本，以发展为力，秉承大行责任与使命，始终坚持服务实体经济，为企业营造输血经脉，为地方经济腾飞助力添威。

一、票据融资业务服务实体经济的意义与作用

（一）票据融资业务服务实体经济的意义

实体经济是我国国民经济的重要组成部分，经济决定金融，金融促进经济，两者相辅相成、互为一体。票据融资是银行的一款传统融资产品，也是服务实体经济融资最基础的传统工具。票据业务始终坚守本源，定位于服务实体经济，支持实体企业发展，有效地解决了中小企业融资难、融资贵、融资慢等问题。而且票据融资的功能性，促进了融资便利化，降低了实体经济成本，提高了资源利用率，深受企业认可。工商银行始终坚持

① 本文写于 2019 年。
② 张毅，工商银行江西省分行副行长。
③ 肖小伟，所在单位为工商银行江西省分行。

票据融资业务服务实体经济，固本强元，初心不移，一如既往发挥“头雁效应”。

（二）票据融资业务服务实体经济的作用

一是发展承兑业务，为实体经济支付结算提供便利。票据是一种支付结算工具，特别是经银行承兑后的票据具有信用增级、延期支付和背书转让等优势，成功满足了供销企业间的短期资金支付需求。发展票据承兑业务，既可以加快市场资金周转和商品流通，又可以有效促进企业间的贸易往来。

二是发展贴现业务，为实体经济提供便捷的融资渠道并降低资金成本。相对于普通贷款，银行承兑汇票贴现具有风险低、高效便捷等特征，银行办理业务流程短、环节少、时间快、所需业务资料少、审批通过率高，可以帮助企业通过票据贴现来快速实现短期资金的周转。由于票据贴现利率一般低于同期贷款利率，这也在一定程度上降低了企业融资成本。

三是优化银企关系，实现银企双赢。采用商业汇票融资，可以拓展企业融资渠道，商业银行通过办理票据承兑业务可收取手续费，还可将贴现票据在同业之间进行转贴现，以调节资金余缺和信贷结构，同时还分散了商业银行风险，可获取较大的收益。将贴现票据向中央银行申请再贴现，也是支持绿色金融、民营、小微等政策扶持企业发展的有力举措。

二、近三年票据融资服务实体经济发展总体情况

票据市场是我国金融市场的重要组成部分，与实体经济紧密相连，对拓宽企业融资渠道、促进江西经济发展发挥着至关重要的作用。

供给侧结构性改革助推票据融资业务发展，票据融资服务实体经济重要性日益显现。三年来，江西省分行票据业务累计交易额达 5562. 42 亿元，同业四大行中蝉联第一；年度票据资产日均余额为 129. 31 亿元，在各项贷款中阶段性占比升至 11%，票据融资在信贷规模中相对平稳。票据资产支持服务当地生产制造业（含民营）企业，累计贴现融资量为 297. 91 亿元，占票据融资总额的 42. 24%；绿色金融企业累计贴现融资量为 17. 97 亿元，占票据融资总额的 2. 55%；支持服务当地小微企业，累计贴现融资量为 376. 4 亿元，占票据融资总额的 53. 37%；在中国人民银行支持下，再贴现累计办理 57. 79 亿元，有效满足小微企业资金需求。电子票据发展迅猛，2018 年占比达到 89. 8%，比三年前提高 54. 4 个百分点，有效降低票据市场

操纵风险。江西省分行票据贴现加权利率在4.10%左右波动，比票据市场加权利率低了23个百分点，2016年最低达到2.7%左右；按同期贷款利率计算可以为企业节约利息费用支出0.96亿元，既降低了企业财务成本，又优化了企业负债结构，还拓宽了企业融资渠道，有效地支持了江西实体经济发展。一揽子数据成果，主要得益于江西省分行票据组织构建应市场、产品策略顺市场、业务创新融市场、交易模式贴市场等正确方针政策指引，淋漓尽致地诠释了大行“真做小微，做真小微”的情怀与实干，彰显了中国工商银行的责任与担当。大体经营模式如下。

（1）组织构建上，江西省分行票据组织机构采用以省行为一级中心，11个二级票据中心为辅的经营模式；进一步完善三级票据中心机构，辐射全省；打造了一支经验丰富、战斗力强、专业高素质的团队。“全行营销，集中审批”的模式，让我们有足够的信心服务好全省实体经济企业。据统计，每年江西省分行支持服务企业客户数近千户。

（2）经营策略上，一是对核心客户、重点客户，开通额度、价格、效率等方面的“绿色通道”，建立专门的跟踪服务机制，满足客户票据贴现融资需求。二是对小微企业贴现实行优惠扶持政策，在规模、利率、资金配置等多方面实行倾斜政策。三是充分运用流量业务政策，创造条件支持实体企业票据贴现。四是运用人民银行票据再贴现政策，积极办理绿色金融企业、民营企业、小微企业和支农企业等票据再贴现业务。

（3）产品条线上，江西省分行产品架构基本形成以票据产品线上线下共同发展，推动承兑与贴现相互协同为着入点，以转贴、再贴、质押、“付款票据通”“贴现通”和各环节以及关联衍生、增值、创新为产品链的票据业务整体发展体系，始终在产品创新上保持活力。

（4）票据交易上，一是以纸票为主的市场向以电票为主的市场过渡，票据电子化有效降低了票据交易风险，提升了交易效率。二是以场外交易为主的市场向场内交易过渡，提高信息透明度，统一规范江西省分行票据系统内外交易规则，也为适应票据市场新一轮繁荣发展聚集能量。三是由分散交易向集中交易过渡，集中交易可以充分挖掘票据要素的差异化价值，如承兑行、贴现行、期限、金额等，提升票据交易能力、交易效率和盈利水平。

由上述可见，江西省分行的票据融资业务在服务实体经济、促进创新转型上，仍然拥有较大的发展空间与潜力。

三、票据融资服务实体经济发展工作措施

（一）服务实体经济坚守定位明方向

坚持以习近平新时代中国特色社会主义思想为指导，不断增强“四个意识”，坚定“四个自信”，坚决做到“两个维护”，认真贯彻党中央、监管部门、总行支持实体经济发展相关政策精神，提高政治站位。把票据金融的落脚点放在实体经济上，以融资业务为立足点，结合区域经济发展实际，坚持以“拓展市场客户、强化协同联动、提升队伍能力、防控实质风险”为主线。建立完善普惠金融业务发展机制，推动普惠金融业务高质量发展，切实解决小微企业融资难、融资贵、融资慢问题，江西省分行已出台一系列配套优惠支持政策，以新产品、新客户、新服务为小微企业发展护航，为客户提供低成本、高体验、快捷化和安全性的金融服务，稳健全力助推民营、绿色金融、小微企业金融业务可持续发展取得新成效。

（二）服务实体经济完善机制奠基础

1. 构建一体化组织推动机制。成立“大票据”发展推进委员会，各分行建立跨部门的“大票据”协作推动组织及工作小组，由票据管理部门牵头组织推动、实施、落实。

2. 构建“大票据”经营模式，促进票据业务发展。“大票据”理念是指将承兑、贴现、转贴现、回购、再贴现、票据池、“工银 e 贴”“付款票据通”“贴现通”、票据质押融资等与商业汇票相关的业务与产品作为一个整体，实现统筹发展。坚持“统筹协调、归口负责，以客户为中心、效益最大化”原则，实行“全行营销、集中审批”，各相关部门要按照职责分工进行归口管理，加强对接联动，形成全产品竞争优势，提高服务能力，实现效益最大化。

3. 构建一体化考评机制。完善全产品体系一体化考评机制，从部门协调到联动、从经营资源配置到客户资源共享、从经营计划到考核指标统一进行定性和定量相结合评比。

4. 构建一体化大数据网络系统信息共享机制。对全行票据产品系统应用进行梳理，加强信息数据分析共享；以票据全产品业务与互联网的深度融合，实现线上及移动端自助产品。

5. 构建一体化业务协同发展机制，实现六个协同高效发展。即加强承

兑业务与贴现业务的协同发展；加强服务类产品与融资类产品的协同发展；加强竞争性产品与传统产品的协同发展；加强票据业务与同业业务的协同发展；加强票据业务与创新业务的协同发展；加强优质客户和重点区域的协同发展。

6. 构建一体化风险管控机制。成立全行票据风控组织和区域风控小组及省级风控小分队，完善风险监督系统，扩展风险监测模型，丰富监测手段，逐步将“大票据”相关业务纳入全面监督监测范围。将“大票据”全面检查与重点业务检查相结合，提高检查的全面性、针对性和有效性，落实各项监管政策及制度要求，确保不发生合规风险案件。

（三）服务实体经济创新产品助发展

1. 运用互联网思维，加强“互联网+票据”的深度融合，促进全量客户服务效率的提升。对于小微企业票据贴现，推出“工银 e 贴”线上全流程业务办理，内嵌风险控制模型和审核条件参数控制，实现贴现业务电子化资料提交与自动化审批处理，真正为小微企业赋能。

2. 积极响应市场供应链融资的业务运营模式，积极推出“付款票据通”“贴现通”等产品，以供应链大型企业或集团公司为核心，为其上下游供销商提供供应链票据产品，实现供应链企业协同效应。

3. 大力推广票据池业务。为了满足企业对票据综合管理服务的需求，大力推广票据池业务，为企业提供票据鉴别、查询、保管、托收等一揽子票据中间服务。通过票据池集合票据资产，可根据企业的需要，随时提供票据贴现、质押开票、票据置换、网上质押融资等融资性服务，有助于优化信贷担保结构。并在此基础上利用专业优势主动帮助企业规划管理票据资产负债，为企业提供票据相关咨询服务，且以企业为中心，为其量身定制相应的票据产品，通过票据领域融资渠道，帮助企业提升经营水准和财务管理水平。

（四）服务实体经济优质服务惠民生

1. 成立专门服务普惠部门机构。为落实国家普惠金融政策，工商银行总行、省分行成立了普惠金融部，二级分行或重点支行成立小微金融业务中心，做好小微金融专营机构建设，加强普惠金融业务管理，强化专营机构职能，优化小微客户信贷准入政策和业务流程，提高小微金融服务效率和质量，全面提升对小微企业的金融服务水平。工商银行以社会责任做小微、以专业理念做小微、以创新思维做小微、以优质服务做小微。为进一步落实普惠金融服务、拓宽中小微企业融资渠道，成立中小微企业小额票据贴现中心，全力做好小微企业、绿色产业、科技创新企业小额票据贴现保障工作，着力提升实体经济金融服务水平。

2019年，江西省分行继续推动“工银普惠行”系列活动深入开展，提升普惠金融综合化服务水平，展现“有温度的普惠金融”服务形象，将在全行开展普惠金融“千名专家进小微”主题服务活动。践行“融资+融智+融才”理念，打造营销获客强、综合服务优的专家型服务团队。

（1）依托“千名专家进小微”活动，建立专家团队与所辖支行及网点的辐射帮扶机制，加强对基层机构在产品知识、营销技能、风险管控等方面的帮扶指导，提升基层机构的普惠金融服务能力；做好网点渠道引流客户的承接落地工作，与网点营销获客形成双向互动，打造“广覆盖、多层次、高效率、可持续”的普惠金融服务体系。

（2）开展“三联动、三走进”现场营销活动，即组建专家团队，联动政府部门、行业组织、政策性担保机构，走进园区、市场、核心企业，提供集群化的金融宣教、现场咨询服务，宣传国家政策，普及金融知识，同时结合小微客群金融服务需求，设计个性化综合服务方案，产教融合，拓宽普惠金融批量获客营销渠道，为业务可持续快速发展创造条件，提升江西省分行普惠金融品牌形象。

2. 实施优惠贴现政策，有效支持小微企业发展。一是发挥票据短期融资工具高效便捷和低资金成本的优势，提高小微企业票据贴现占比。二是在当年信贷计划中优先安排小微企业贴现规模，明确小微企业贴现不受信贷流量控制。三是完善小微企业贴现优惠定价机制，细化票面金额、客户类型的定价方式。对小微企业实行最优惠定价策略，贴现价格下浮，内部资金价格优惠，充分发挥优惠定价机制作用。努力扩展小微企业贴现，降低小微企业财务成本。

3. 加强票据“产品链”联动运作，提升票据业务综合效能。加强票据贴现与转贴现的联动，加快贴现票据周转，稳定规模资源，做大票据直贴业务，扩大企业票据贴现融资量。加强票据贴现与再贴现的联动，加大符合人民银行再贴现政策条件的贴现票据买入力度，降低小微企业票据融资成本。加强票据贴现与票据投资及创新业务链式运作，快速组织与归集相匹配的全行库存票据，使贴现票源成为后端业务的优质底层资产，有效盘活通道，持续扩盈增效，提升服务实体经济的能力和水平。

（五）服务实体经济同业合作聚活力

1. 加强同业合作，努力实现金融机构合作共赢。工商银行始终坚持“以客户为中心”的服务理念，主动适应经济发展新常态，不断加强与国有银行、股份制银行、大中型城商行、地方性城商行、集团财务公司以及优质农村金融机构等同业机构的业务合作关系，扩大交易客户群体，丰富同业客户类型。

2. 增强同业协作。同业票据业务在总量和结构上进一步提升优化，在业务发展和风险管控上进一步加强信息沟通，在法律基础和市场操作上进一步磋商交流，在业务创新上和发展方向上进一步探索把握。

3. 固强同业信任。建立起的广泛亲密、互利共赢的合作伙伴关系，使工商银行票据交易量大幅提升，带动了票据业务和同业相关业务稳步增长，促进实体经济发展。

三年来，中国工商银行运用票据产品工具为民营、小微、绿色金融等企业解决了一系列融资难、融资贵、融资慢等问题，开拓了一些创新的工作措施，成效明显，多次受到监管部门肯定，得到企业、社会的认可。与此同时，也遇一些困境和阻碍。当下中国经济金融体制机制改革正不断推进，新环境、新政策、新变化都将给我国金融机构发展带来深远的影响。在当前票据市场新形势下，更需要我们票据业务参与主体群策群力、携手并进、共同探索，坚持票据融资服务实体经济的新思路。主要有以下三点建议。

一是加强当地商业银行承兑业务发展。加强货币政策、财政政策、产业政策、监管政策的协调配合，持续强化政策的传导和评估，持续保持和商业银行的沟通交流，引导商业银行加强金融科技手段的应用。中国人民银行按月检测商业银行的小微票据规模和票据利率的变动情况，按季度开展小微企业信贷政策导向效果评估，以此促进金融机构切实落实相关政策的导向要求。搭建信用信息平台，开展形式多样的银企对话活动，推动企业使用票据结算，拓展当地商业银行承兑业务发展空间，从根本上完善区域小微企业服务。

二是建立行业担保公司。成立具有政府背景的行业协会融资性担保基金和融资性担保公司，由政府搭台，监管部门监督，企业唱戏；为行业上下游小微企业签发票据提供担保或提供保证金，从签票环节为小微企业票据融资提供保证与支持，提高小微企业资信和承兑能力。

三是加快票据产业链推广。票据产业链市场正在逐渐形成，我们可以从区域入手，选择几家集团公司以及上下游供应链和产供销大企业，或围绕重点行业、产业、企业、产品，有计划、有步骤地推动产品链、票据链、供应链在重点区域、重点行业、重点企业、重点产品上的应用，以点带面，为江西省全面推广不断积累经验。

“玉经磨琢多成器，剑拔沉埋更倚天。”中国工商银行票据融资业务将一如既往地以国家政策为导向，以服务小微金融为方向，以大行使命为志向，不断自我完善、创新发展，始终不忘初心，砥砺前行。

我国增值税政策对承兑汇票发展的影响研究[①]

肖小和[②] 余显财[③] 金 睿[④] 柯 睿[⑤]

导 读：1979 年，增值税开始进入我国税制体系；2019 年，我国增值税制度进一步完善，向三档税率并两档的方向改革。伴随着增值税改革的推进，以及按照《票据法》中票据基础关系的相关规定，从一定程度来说增值税的税价总量是可签发商业汇票总量的理论上限。本文通过三大产业增值特点及中间投入总价值量两种方式进行测算，并分析了不同测算方式与现实情况存在差值的原因，进一步探究了增值税政策、票据监管政策对票据承兑市场的影响，提出了发挥增值税变化的利好优势，服务实体经济、服务中小微企业的政策建议，借助供应链、产业链发展机会以及增值税政策变化发展票据承兑。

一、增值税政策变化前承兑汇票的市场状况

（一）增值税政策演变回顾

1979 年，增值税开始进入我国税制体系；至 2019 年，增值税在我国迎来了完全崭新的面目。其中，1994 年，我国采取了生产型增值税办法；

① 本文写于 2020 年。

② 肖小和，江西财经大学九银票据研究院执行院长。

③ 余显财，复旦大学副教授。

④ 金睿，江西财经大学九银票据研究院研究员。

⑤ 柯睿，复旦大学研究生。

2004 年 7 月 1 日，增值税转型在东北三省的装备制造业等八大行业进行试点；2009 年 1 月 1 日，在全国范围内实施增值税转型改革，将购进固定资产纳入增值税抵扣范围。从 2012 年 1 月 1 日在上海部分行业开展营业税改征增值税试点至今，我国坚持减税与完善税制并重，八年来通过十大步改革不断向现代增值税制度迈进。2019 年 4 月 1 日实施的深化增值税改革，将制造业等行业的适用税率由 16%降至 13%，将交通运输、建筑等行业的适用税率由 10%降至 9%。未来我国将进一步完善增值税制度，向三档税率并两档的方向改革。

（二）汇票承兑要求及承兑总量可能性分析

1. 汇票承兑要求

《票据法》约定了票据的基础关系，其中第十条规定“票据的签发、取得和转让，应当遵循诚实信用的原则，具有真实的交易关系和债权债务关系。票据的取得，必须给付对价，即应当给付票据双方当事人认可的相对应的代价”。中国人民银行 1997 年出台的《商业汇票承兑、贴现与再贴现管理暂行办法》（银发〔1997〕216 号）第十条第二款规定，向银行申请承兑的商业汇票出票人，必须资信状况良好，具有支付汇票金额的资金来源。商业银行在签发商业汇票的实务操作中，严格按照《票据法》和中国人民银行的相关规定，认真审核企业上下游的贸易背景，并把企业开具的相关增值税专用发票作为认定贸易背景真实性的重要参考依据之一。因此，增值税的税价总量是可签发商业汇票总量的理论上限，测算全量企业一年内开具增值税专用发票的税价总额，具有一定的研究参考意义。

2. 承兑总量可能性分析

根据可获得的统计数据建立测算增值税税价总量的理论模型，模型假设如下：

（1）假定市场中存在 n 种产品，不含税价格分别为 $P_i[i=1, 2, \cdots, n]$，数量分别为 $Q_i(i=1, 2, \cdots, n)$。

（2）第 i 种商品需要经过增值的次数为 K_i，其中，第 j 次（$j=1, 2, \cdots, K_i$）增值后的不含税价格为 P_{ij}，此时的中间品数量为 Q_{ij}，最终价格为 P_i，即 $P_ik_i=P_i$，$Q_ik_i=Q_i$。

（3）假定第 i 种商品的第 j 次增值所需缴纳的增值税税率为 X_{ij}，则含税价格为 $P_{ij}(1+X_{ij})$。

基于该假定，第 i 种商品的第 j 次增值银行可签发的汇票为 $P_{ij}Q_{ij}(1+X_{ij})$。

理论上，市场可以签发的商业汇票累计为

$$\sum_{i=1}^{n}\sum_{j=1}^{K_i}P_{ij}Q_{ij}(1+X_{ij})$$

在我国现行税率制度下，主要存在三档增值税税率，分别为6%、9%、13%，因此 X_{ij} 的取值为6%或9%或13%。但实际市场中的产品种类及对应的增值次数无法统计。因此考虑根据企业实际缴纳的增值税额进行计算，按照2019年新版增值税税率计算，由增值税计算公式可知：

$$增值税=销项税额-进项税额 \quad (1)$$

$$销项税额（或进项税额）=含税销售收入\div(1+税率)\times税率=销售额\times税率 \quad (2)$$

此外我们考虑到面向最终消费者的消费终端不可开票，因此考虑将第三产业部分面向消费终端的产值剔除，具体测算如下。

测算方法一：

该测算方法考虑三大产业增值特点，根据其不同的特点分别进行测算。

考虑到第一产业主要指生产食材以及其他一些生物材料的产业，2018年全年第一产业增加值为64734.0亿元，在国民总收入896915.6亿元中仅占7.22%，且多数为小规模纳税人，不具备银行为其开承兑汇票的能力，因此我们不将其纳入计算。考虑到第三产业主要为服务业，且多数为一次性增值业务（金融业不可开具承兑汇票），因此由式（2）可知，可为其开出的理想模型下最大承兑汇票金额为增加值×(1+增值税税率)。

考虑到批发和零售业主要分为两部分，第一部分面向最终消费者用于消费，主要为零售环节，代表其总量的数据为社会消费品零售总额；第二部分用于企业生产资料，这里我们假定不考虑存货等情况，周转周期为1年，因此这部分为下一年度的投入，我们对用于企业生产资料的部分单独计算。2018年批发和零售业销售额为691162.10亿元，由此，其可开票额为691162.10×(1+9%)＝753366.689（亿元）。

类似地，交通运输、仓储和邮政业可开票额为40550.2×(1+9%)＝44199.718（亿元）；住宿和餐饮业可开票额为16023.0×(1+6%)＝16984.380（亿元）；房地产业可开票额为59846.0×(1+9%)＝65232.140（亿元）。

交通运输、仓储和邮政业，住宿和餐饮业，房地产业的投入多来自工业企业与市场批发零售，此部分在计算工业企业收入时已经计算（见后文），这里不能重复计算。而对于其增值后的销售额，由于服务面向最终消费者，无法开票，因此无法开具承兑汇票，其余教育等第三产业也同样不纳入考虑。因此我们需要从总额中减去用于最终消费者的部分，即社会消费品零售总额 380986.9 亿元，假定其增值税税率为 9%，因此第二产业最终的可开票额为 753366.689＋44199.718＋16984.380＋65232.140－380986.9×（1+9%）＝464507.206（亿元）。

值得注意的是，住房消费属于投资，并不包含于社会消费品零售总额，同时房地产企业能否开具承兑汇票尚未有定论，此处当作可开具承兑汇票计算。

考虑到第二产业主要分为工业和建筑业，对于工业企业，2018 年政策将工业企业的小规模纳税人的年销售额标准由 50 万元和 80 万元上调至 500 万元，我们考虑银行为其开具承兑汇票的企业营业额一般较高且多数应为一般纳税人，适用 2019 年发布的制造业增值税税率 13%。因此下文中的所有数据我们将采用国家统计局中按行业分规模以上工业行业的主要经济指标，由此我们将第一阶段的理论模型进行简化，假定企业增值过程共有 n 个阶段，每个阶段的不含税销售产值分别为 $P_1, P_2, \cdots, P_n$，则每个阶段所需缴纳的增值税为 $P_{i+1} - P_i \times 13\%(1 \leqslant i \leqslant n)$；各阶段所需缴纳的增值税之和为 $\sum_{i=0}^{n}(P_{i+1} - P_i) \times 13\% = (P_n - P_0) \times 13\%$。

假定 P_0 即初始价值量为 0，则上式结果为 $P_n \times 13\%$。其含义是工业行业全年缴纳的增值税总额＝最终产业的全年产值×13%。

根据我们的假定，此过程中银行可开具的承兑汇票理论最大值为（P_i 不包含增值税）$\sum_{i=1}^{n} P_i \times (1 + 13\%)$。

我们发现 P_i 可以通过主营业务收入衡量，此时 P_i 即为企业全年的主营业务收入，对 P_i 求和即为工业所有企业全年主营业务收入之和，2018 年的数据为 1022241.10 亿元，则以主营业务收入衡量的承兑汇票最大值为 1022241.10×(1+13%）＝1155132.44（亿元）。

对于建筑业，考虑采用建筑行业总收入进行测算。由于只有 2017 年的数据（194164.58 亿元），为了统一采用 2018 年数据进行测算，我们采取 2015 年、2016 年、2017 年建筑行业收入平均增长率代替 2018 年收入增长率（见表 1）。

表 1　2015—2017 年建筑业主营业务收入情况

年份	主营业务收入（亿元）	增长情况
2015	168392. 18	0. 026683299
2016	179421. 32	0. 065496764
2017	191749. 32	0. 068709783
平均值	179854. 2733	0. 053629943

因此，2018 年建筑业全年收入估计值为 191749. 32×(1+5. 36%) = 202027. 08（亿元）。

此收入不包含企业缴纳的增值税，因此银行可为其开具的承兑汇票最大值为 202027. 08×(1+9%) = 220209. 5172（亿元）。

因此将第三产业、工业以及建筑业加总计算可得出 2018 年的理论承兑汇票最大值为 464507. 206+220209. 5172+1155132. 44 = 1839849. 16（亿元）。

此测算方法可能存在误差的原因主要有以下几个。

（1）第一产业占比较少，多数为小规模纳税人，不具备银行为其开具承兑汇票的能力，但完全不纳入考虑会导致理论值略微偏低。

（2）第三产业中可能存在大量小规模纳税人而不具备开具承兑汇票的能力与意愿，而第三产业在 GDP 中占比较高，测算中全部纳入计算会导致理论值偏高。

（3）第三产业中仅考虑一次性增值，可能存在多次增值情况而未纳入计算，导致理论值偏低。

（4）不同行业细分税率也不相同，且存在补税退税的情形，在理论计算中无法全部考虑具体情况，因此导致理论值偏高。

（5）工业部分计算的是按行业分规模以上工业行业的经济指标，部分小型企业未纳入计算，可能造成理论值偏低。

测算方法二：

该测算方法考虑根据中间投入总价值量进行测算，对不同产业通过其中间投入量计算其含税价格，将所有产业的含税价格加总，再加上其增值额，最后减去用于最终消费不可开票的部分，即为可开具承兑汇票的理论最大值。

2015 年社会消费品零售总额为 271896. 1 亿元，假定其增值税税率为 9%，则重复计算的开票量为 271896. 1×(1+9%) = 296366. 749（亿元）。

国家统计局只有各行业 2015 年中间品投入的相关数据，为统一利用

2018 年的数据进行测算，我们通过 2015 年的数据（见表 2）估算 2018 年中间品投入数据。通过 2015 年中间品投入计算其含税价值量，为 1468819.80 亿元（已剔除金融行业数据），总投入含税价为 2210296.78 亿元，则 2015 年相应的理论承兑汇票量为 2210296.78－296366.749＝1913930.031（亿元）。

若考虑第一产业多数为小规模纳税人，不具备开具承兑汇票的需求及能力，将第一产业剔除，则承兑汇票量为 1913930.031－95475.35＝1818454.681（亿元）。

用同样的方法我们粗略计算 2017 年的数据，总投入为 2257733.52 亿元，除去金融业（数据缺失，采用 2015 年的数据粗略估算）、第一产业以及社会消费品零售总额，其含税价（税率用 9%粗略计算）为（2257733.53－85066.87－72264.39－366261.6）×（1+9%）＝1890213.33（亿元）。此数据即为 2017 年理论承兑汇票最大值。

假定每年的承兑汇票最大值增长率为 x，则有 1818454.681×（1+x）×（1+x）＝1890213.33，可计算得出 x＝1.95%。

根据计算出的增长率可推算出 2018 年理论可开出的最大承兑汇票量为 1890213.33×（1+1.95%）＝1927072.49（亿元）。

表 2　2015 年中间品投入　　单位：万元

指标	2015 年	税率	含税价
总投入	20814465144.50	—	22102967833.83
中间投入	14011923983.19	—	14688197968
农、林、牧、渔业中间投入	875920640.40	9.00%	954753498
采矿业中间投入	692125596.13	13.00%	782101923.6
食品、饮料制造及烟草制品业中间投入	720681733.73	9.00%	785543089.8
纺织、服装及皮革产品制造业中间投入	529031323.52	13.00%	597805395.6
其他制造业中间投入	591120933.45	13.00%	667966654.8
电力、热力及水的生产和供应业中间投入	595776871.86	9.00%	649396790.3
炼焦、燃气及石油加工业中间投入	412508395.59	9.00%	449634151.2
化学工业中间投入	1523448705.36	9.00%	1660559089
非金属矿物质品业中间投入	632122240.59	9.00%	449634151.2
金属产品制造业中间投入	1556854293.32	13.00%	1759245351
机械制造业中间投入	2067432169.01	13.00%	2336198351
建筑业中间投入	126172684.60	9.00%	137528226.2

续表

指标	2015 年	税率	含税价
运输仓储邮政、信息传输、计算机服务和软件业中间投入	889768711.27	9.00%	969847895.3
批发零售贸易、住宿和餐饮业中间投入	824731077.00	6.00%	874214941.6
房地产业、租赁和商务服务业中间投入	747489553.22	9.00%	814763613
其他服务业中间投入	504095156.01	6.00%	534340865.4
增加值	6802541161.31	9.00%	7414769865.83

此测算方法存在误差的原因主要有以下几个。

（1）此方法将第一产业与第三产业全部纳入计算，而不考虑部分小规模纳税人不具备开具承兑汇票的意愿及能力，导致测算结果偏高。

（2）不同行业细分税率也不相同，且存在补税退税的情形，在理论计算中无法全部考虑具体情况，因此导致测算理论值偏高。

以上述两种方法，根据 2019 年税率对 2018 年国家经济指标进行测算，则 2018 年理论承兑汇票签发量最大值为 190 万亿元左右，但由于测算方式、口径等一系列因素，两个测算结果均存在一定误差，第二种测算方法涵盖范围更广，尤其是第三产业几乎所有行业均纳入计算，导致其结果高于第一种测算方法。从以上分析以及最终结果可以看出，无论采用哪种测算方法，估算出的 2018 年承兑汇票签发量上限均为 190 万亿元左右，而目前商业汇票实际签发量在 20 万亿元左右，仍有很大的提升空间。

（三）承兑市场情况

通过查阅中国人民银行历年支付体系运行报告中披露的数据可以看出，无论是承兑笔数还是承兑金额，商业汇票平均每年的体量都有较快增长。从 2012 年至 2019 年，商业汇票承兑笔数年均增长 6%，承兑金额年均增长 2%，但是年度间波动较大（见表 3）。单笔承兑金额的变动反映出企业对商业汇票融资需求的变化，从承兑量和承兑金额双增，而单笔承兑金额发生波动来看，说明我国实体经济整体景气度也在出现波动。

表 3　2012—2019 年商业汇票承兑情况

年份	承兑笔数（万笔）	承兑笔数增长率（%）	承兑金额（万亿元）	承兑金额增长率（%）	平均单笔承兑金额（万元）
2012	1533.33	—	16.06	—	104.74

续表

年份	承兑笔数（万笔）	承兑笔数增长率（%）	承兑金额（万亿元）	承兑金额增长率（%）	平均单笔承兑金额（万元）
2013	1630. 67	6. 35	18. 24	13. 57	111. 86
2014	1842. 14	12. 97	19. 28	5. 7	104. 66
2015	1906. 71	3. 45	20. 99	8. 87	110. 14
2016	1656. 45	-13. 08	18. 95	-9. 71	114. 40
2017	1648. 39	-0. 48	16. 77	-11. 50	101. 73
2018	2076. 96	25. 99	18. 27	8. 94	87. 96
2019	—	—	20. 38	11. 55	—

（四）基本评价

2009 年至 2018 年累计商业汇票签发量与增值税的关系如图 1 所示。

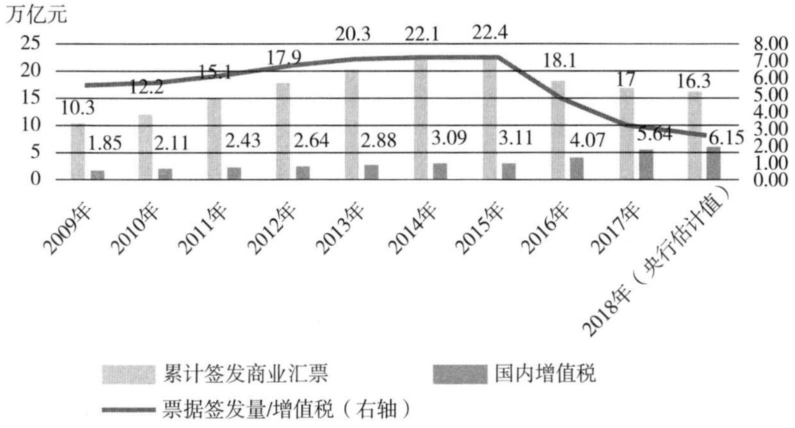

图 1　票据签发量与增值税

由图 1 可以看出，增值税一直保持逐年增长的态势，尤其是 2016 年全面实施“营改增”后增值税实现了跨越式增长。增值税专用发票是监管机构和商业银行认定承兑环节贸易背景真实性的重要参考依据，是企业合规开具商业汇票的基础条件。票据签发量和增值税增长情况在大部分年份都是正相关的。

二、近年增值税政策变化对承兑市场影响分析

增值税税价总量增加是商业汇票承兑量增加的必要条件，经济发展和

产业结构调整是商业汇票承兑量增加的基本条件，票据监管政策的变化在一定程度上影响了商业汇票的承兑量，三者密切相关。从近些年的情况来看，票据监管政策的从紧、从严抑制了无真实贸易背景融资性票据的承兑签发，相信“挤完水分”的票据承兑市场能更加稳健地发展，从而杜绝资金空转，更好地服务实体经济高质量发展。

（一）增加增值税收总量，为发展承兑业务提供了条件

目前各地的银保监会分支机构普遍加强了对企业承兑出票环节的真实贸易背景审核，客观上要求企业必须基于真实的贸易往来才能开具商业汇票向上游企业付款结算。在实务操作中，商业银行和监管机构普遍把销售方开具的增值税发票作为审核贸易背景真实性的主要依据之一，国家税务总局推行的“营改增”扩大了增值税的适用行业范围，缴纳了增值税的企业理论上都有条件开具商业汇票，为大力发展承兑业务提供了良好的条件。

（二）服务行业增值税收变化拓宽了承兑渠道

服务行业增值税增加，为服务业企业签发商业汇票提供了可能，运输仓储邮政、信息传输、计算机服务和软件业、批发、零售等行业在某些时间段都存在一定程度的账期，除批发行业养成了使用商业汇票结算、融资的习惯外，其他服务业子行业暂时还没有大规模普及使用商业汇票，服务行业的“营改增”为这些行业企业签发商业汇票打下了基础。这些行业企业以中小微、民营企业为主，并且大多都是轻资产运作，从银行获得流动资金贷款困难，即使获得银行信贷支持，往往也需要足额抵押品抵押，融资利率很高。而商业汇票承兑期限灵活，企业通过缴纳一定比例的保证金签发商业汇票向上游支付款项，正好可以解决这些服务业企业的融资难、融资贵问题。

（三）经济发展及产业结构调整变化提高承兑需求

经济发展和产业结构调整的长期资金投入靠企业自身的股本、证券市场融资、政府相关产业基金扶持，而短期临时的资金周转则要依赖商业汇票，可以由政府牵头，全社会各方共同努力，共同推动转型升级的中小企业主动签发商业汇票，以缓解中小企业融资难、融资贵问题。可以采取以下具体措施，第一，中国人民银行鼓励企业使用商业汇票，从准备金、再贷款、再贴现、利率等货币政策工具方面支持中小企业使用商业汇票，特别是要加大再贴现支持力度，对于符合条件的商业银行给予较低资金成本的再贴现支持，盘活中小企业资产。第二，商业银行为中小企业商业汇票

的开立、承兑、贴现、付款等环节提供流程精简、更优质的服务。第三，银行保险监管部门根据中小企业现实情况，给予差别化监管。第四，财政部门发挥好财税优惠的外部激励作用，对中小企业办理商业汇票贴现等业务采取更优惠的税收政策。第五，2018 年 7 月成立的国家融资担保基金，可以支持中小企业发展商业汇票，由商业银行参与尽调，国家融资担保基金给予一定比例担保，共同发展商业汇票。第六，上海票据交易所加强票据交易平台建设，使票据市场信息更加公开化、透明化，利率报价更加公开，业务处理更加方便快捷安全。国股收益率曲线、城商收益率曲线的发布以及商业汇票信息披露平台的试运行都是完善票据平台建设的有益尝试。第七，中小企业也要积极增强自身“体质”，聚焦主业，规范经营，注重诚信，严格遵守“恪守信用、履约付款”的结算原则，及时足额兑付到期商业汇票。第八，有关部门尽快完善守信联合激励和失信联合惩戒机制，打击逃废债和欺诈行为。

（四）近几年增值税总量情况及分析

根据国家统计局的数据，2009—2018 年增值税在总量上稳步增长，从 2009 年的 1.84 万亿元增至 2018 年的 6.15 万亿元。

图 2　增值税与税收

如图 2 所示，2009—2016 年增值税缓慢增长，2016 年营业税彻底改成增值税后，次年增值税实现跨越式增长，从 2016 年的 4.07 万亿元增至 2017 年的 5.64 万亿元。从增值税占税收总量的相对数来看，2009—2015 年呈逐年下降的态势，2015—2017 年呈快速上升态势，2017—2018 年则趋于同步增长态势。

（五）票据监管政策对承兑的影响分析

2015年之前，商业汇票的累计签发量稳步增长，并达到2015年的历史高位22.4万亿元。2015年底开始，针对票据市场无序过热发展问题，监管机构相继发布了相关监管政策。2015年12月，银监会发布《关于票据业务风险提示的通知》（银监办发〔2015〕203号），对七种典型的票据业务违规问题进行了提示，包括利用承兑、贴现业务虚增存贷款规模；与票据中介合作离行、离柜大量办理无真实贸易背景票据承兑、贴现，非法牟利；贷款与贴现相互腾挪，掩盖信用风险，调节信贷质量指标。《关于票据业务风险提示的通知》要求金融机构全面加强票据业务风险管理，将票据业务全口径纳入统一授信范围，同时完善绩效考核，防止资金空转，确保信贷资金有效服务实体经济。2016年4月，中国人民银行和银监会联合发布《关于加强票据业务监管　促进票据市场健康发展的通知》（银发〔2016〕126号），要求严格贸易背景真实性审查，严格规范同业账户管理，有效防范和控制票据业务风险，促进票据业务健康发展。

加强对票据业务的监管之后，从2016年开始，商业银行在企业出票环节加强了对真实贸易背景的审查，无真实贸易背景的融资性票据被逐步挤出市场，票据承兑量连续几年均有小幅度下滑，这是一个“挤水分”过程，有利于票据市场健康、理性发展。2018年下半年以来，受益于贴现市场贴现率维持低位的低息环境，企业出票意愿逐渐恢复。从上海票据交易所公布的数据看，2019年全年票据承兑发生额为20.38万亿元，逐渐逼近2015年的历史高点。

三、发挥增值税变化的利好优势，利用商业汇票服务好中小微、民营企业

（一）充分利用增值税政策发展承兑业务服务实体经济

票据承兑业务为实体企业提供了便捷的融资渠道和低成本资金。增值税政策的全行业推广为企业签发商业汇票提供了有力的贸易背景证明，是签发商业汇票的基础设施之一。票据承兑业务是在满足实体经济结算需求中应运而生的，在发展的过程中，又进一步演化出提供便捷融资渠道，降低企业融资成本的功能，既满足了中小企业融资需求，又有效支持了实体经济发展。根据上海票据交易所的统计，2019年全年票据承兑发生额为20.38万亿元，票据贴现发生额为12.46万亿元，中小企业作为出票人和贴

现人均占总量的2/3以上，说明银行承兑汇票已成为中小微企业的主要融资工具。与股票、债券和信贷等融资方式相比，票据承兑业务具有准入门槛不高、操作流程简便、获取资金周期短等优势。企业通过开具银行承兑汇票，一方面满足了支付的需要，降低了财务成本；另一方面，银行承兑汇票贴现相对于银行贷款，具有低风险的业务特征，银行办理业务流程短、环节少、时间快、所需业务资料少、审批通过率高等便捷性，可以帮助企业通过承兑汇票贴现来快速实现短期融资需要。由于票据贴现利率一般低于同期贷款利率，其也在一定程度上降低了中小企业融资成本。

票据承兑业务改进了中央银行货币政策的传导效应。由于票据业务参与主体是微观实体企业与金融企业，而票据业务本身同时具备资金与信贷双重属性，因此，票据市场既是实体经济与金融市场的交汇点，又是连接资金市场与信贷市场的桥梁。票据承兑业务一方面给微观实体经济提供了短期融资，另一方面又给中央银行货币政策提供了调节空间。票据是连接两个市场的重要媒介，具有价值发现的功能，再贴现利率的高低成为中央银行调整货币政策的重要工具。票据业务的快速发展扩大了中央银行货币政策的传导效应，有利于促进国家产业政策、货币政策的落地执行，保障了实体经济发展的稳定性。

（二）充分利用好电子商业汇票系统和金税系统服务中小微、民营企业

电子商业汇票安全性高，风险小，通过ECDS可靠的安全认证机制保证了票据的唯一性、完整性和安全性，使得电子商业承兑汇票有效避免了克隆票、假票、票据丢失和污损等风险。此外，电子商业汇票使用电子签名替代纸质签章，从而避免了伪造公章或专用章等造成的损失。

金税系统由一个网络、四个子系统构成。一个网络是指国家税务总局与省、地、县国家税务局四级计算机网络；四个子系统是指增值税防伪税控开票子系统、防伪税控认证子系统、增值税稽核子系统和发票协查子系统。利用覆盖全国税务机关的计算机网络对增值税专用发票进行管理，企业只要向税务局领取“金税盘”即可享受快捷便利的税务服务。

电子商业汇票流转效率高。由于电子商业汇票全流程进行电子化登记和处理，省去了纸票的传递、保管等环节，大大减少了查询、保管造成的人力成本，使得票据传递和交易速度大大加快，流转效率大幅提升。电子商业汇票可为中小企业优化融资结构。电子商业汇票期限较长，便于使用

和管理，最长的承兑期限可达 1 年，完全可以解决企业对于流动资金间歇性的需要。中小企业可以利用电子票据优化自身的负债结构，力争做到长期负债和短期负债跟投资的资产预计回款时间匹配，从而降低期限错配的财务风险和流动性风险。电子票据承兑业务降低了中小企业资金成本。由于中小企业财务信息不透明、银企之间信息不对称导致了中小企业融资难、融资贵问题，基于真实贸易背景的银行承兑汇票签发业务可以在一定程度上缓解这个问题，企业在税务系统缴纳的增值税记录可以帮助确认贸易背景的真实性，银行通过贸易的自偿性和合理的保证金缓释风险，企业缴纳一定比例的保证金即可签发银行承兑汇票向上游支付欠款。同时，电子票据贴现价格长期大幅度低于中小微企业通过其他渠道融资的价格，实实在在地解决了中小微企业融资贵问题。

商业汇票和税务信息的电子化记录、存档为中小微企业提升自身信用奠定了基础。中小微企业通过票据业务频繁地跟银行发生信用业务往来，以及政府税务系统数据对商业银行的开放，为商业银行给中小微企业进一步授信提供了有力的数据支撑和依据。

（三）充分利用好供应链、产业链发展机会，借助增值税政策变化发展票据承兑

供应链、产业链领域的创新发展迎来政策机遇期。供应链领域的创新和应用是供给侧结构性改革的重要抓手。为加快我国供应链发展步伐，2017 年 10 月，国务院办公厅发布《关于积极推进供应链创新与应用的指导意见》，全面部署供应链创新与应用有关工作，并明确指出要积极稳妥发展供应链金融。2018 年 4 月，商务部等八部门联合发布《关于开展供应链创新与应用试点的通知》，提出供应链金融服务实体经济的具体要求。

供应链金融通过整合物流、资金流和信息流，与税务系统的纳税记录可以相互印证，打破了过去商业银行针对单一企业主体授信的模式，为供应链上的企业提供从原料供应、产品生产到销售的整体金融服务方案。以企业特定销售收入或者基于真实贸易背景所产生的未来现金流作为直接还款来源，具有依托供应链上强主体信用反哺弱主体信用的优势，有助于缓解商业银行与企业之间信息不对称的状况，对于解决中小微企业因信用记录不足，抵押、担保资源匮乏等导致的融资难问题具有重要意义。

（四）充分发挥好税务信息的透明化优势和再贴现政策，服务好中小微、民营企业

再贴现是中央银行货币政策工具箱中为数不多的结构性调节工具之一，可以发挥定向精准滴灌的功能，优化资金投向和结构，有针对性地解决经济运行中的突出问题。2017 年 9 月，上海票据交易所推出的再贴现业务系统上线运行后，大大提高了再贴现业务的办理效率和灵活性，也为中央银行更精准、高效地利用再贴现政策引导市场利率和优化资源配置创造了条件。可以考虑进一步扩大再贴现操作规模，针对增值税缴税量大的中小微、民营企业签发的商业汇票，创新再贴现操作手段，引入券款对付结算方式，适时推出再贴现买断业务，增强再贴现操作工具的灵活性，进一步发挥再贴现在引导和改善民营企业、小微企业融资方面的作用。

（五）充分利用票付通、贴现通、企票通、标准化票据等创新改革发展票据市场

加大创新力度，提高票据流通能力和融资功能。一是继续加大上海票据交易所推出的“贴现通”“票付通”普及力度，解决中小企业票据流转困难和贴现困难的问题。择机探索中小企业远期票据贴现利息补贴机制，进一步鼓励更多商业银行开发票据“秒贴”系统。二是扩大“企票通”平台参与主体范围。可以考虑让更多中央企业加入联盟，利用联盟的信用互认和增信机制，提高央企票据的社会接受程度和支付流通能力。继续完善“企票通”平台功能，让更多中央企业上下游的中小企业能依托供应链核心企业的高等级信用解决自身信用不足和资金短缺的问题。三是在上海票据交易所试点标准化票据的基础上，进一步探索票据标准化之路。目前的“标准化票据”，被标准化的是以票据作为底层资产的受益凭证，票据本身仍然处于“非标”状态。此类型的受益凭证是过渡时期的特殊安排，从长远来看，仍然要继续推动票据自身的标准化，包括已贴现票据的标准化和未贴现票据的标准化、银行承兑汇票的标准化和商业承兑汇票的标准化，从而方便票据的流通、交易，以便更好地服务使用票据的中小微企业和民营企业。四是站在票据全生命周期的角度思考如何发挥票据的功能作用，把票据发展为金融市场中不可替代的具有深度服务企业短期支付、融资需求并连接货币市场交易、投资的金融工具。

票据市场发展现状及监管政策研究

——基于《全国法院民商事审判工作会议纪要》的分析[①]

赵慈拉[②]

摘　要： 商业汇票因兼备信用融资与支付流通的货币功能而成为国内中小微企业的融资工具，有利于解决融资难、融资贵问题，并随着供应链、产业链中应收账款票据化的广泛应用，催生了民间票据市场的设立，但由于缺乏监管，也引发了许多票据纠纷案件。最高人民法院于 2019 年 11 月发布《全国法院民商事审判工作会议纪要》，旨在统一法院关于票据纠纷案件的裁判思路，稳定社会合理预期。本文以现行票据市场存在的问题为导向，结合该会议纪要对净化票据市场的司法意见，针对票据市场的现状及票据监管政策，提出创建票据交易全市场智能化监管体系的设想和以监管沙箱的金融创新机制来规范票据市场及民间电子商业汇票有偿转让交易平台的相关建议。

关键词： 应付款票据　预付款票据　空转套利票据　智能化监管体系　监管沙箱

商业汇票与股票、债券并称三大直接金融工具，其因兼备支付流通与信用融资功能，成为国内实体经济尤其是中小微企业的重要融资工具，国务院副总理刘鹤 2019 年 6 月 13 日在第十一届陆家嘴论坛上提出“需要加快金融供给侧结构性改革，大力发展直接金融”的政策指引。在当前实体经济应收账款被拖欠问题日趋恶化的环境下，更需要发挥电子商业汇票的支付功能，纾解中小微企业的应收账款困局。近年来，伴随着票据交易市场的发展，也出现了许多票据纠纷案件，其中部分案件在处理过程中还存在

① 本文观点仅代表作者个人观点，与所在机构无关，本文写于 2020 年。

② 赵慈拉，所在单位为中信银行上海分行。

不小争议。

为统一法院对民商事审判中的前沿疑难争议问题的裁判思路，稳定社会合理预期，最高人民法院于2019年11月发布《全国法院民商事审判工作会议纪要》（以下简称《会议纪要》）。《会议纪要》除引言外，共计12部分130个问题，内容涉及公司、合同、担保、金融、破产等民商事审判的绝大部分领域；其中，第9部分“关于票据纠纷案件的审理”包含7个问题（100~106），即“合谋伪造贴现申请材料的后果”“民间贴现行为的效力”“转贴现协议”“票据清单交易、封包交易案件中的票据权利”“票据清单交易、封包交易案件的处理原则”“票据清单交易、封包交易案件中的民刑交叉问题”和“恶意申请公示催告的救济”（最高人民法院，2019），反映了最高人民法院对票据纠纷案件审判工作中一些疑难法律问题的指导意见①。

《会议纪要》的发布将对以贴现为业的票据中介、票据监管政策、贴现银行、交易平台等诸方面产生不同的影响，本文对此做出分析，并提出相关政策建议。

一、票据交易市场发展现状

（一）民间票据市场的意义

电票要发挥其直接金融作用，需要借助多元化的民间票据市场来实现：（1）持票企业在贸易中受让的票据，因发工资、还贷、纳税或现金货币采购而需要融资，同时，一些小微企业为节省采购成本，以折价买入电子银行承兑汇票（以下简称电子银票）后用于支付贸易货款。此类交易完全不同于银行的贴现业务，银行一旦贴现后该票据就丧失了支付功能，同时，贴现贷款构成间接金融，形成货币供应量 M_2 新增投放；但若持票企业将贸易中受让的票据在民间票据市场实现有偿转让，转让方实现融资，用货币资金在生产经营中继续支付，而转入方以此支付贸易货款，此时该票据的支付功能并未丧失，仍将在后续流通中继续发挥支付功能，但却不会产生

① 2019年9月11日，最高人民法院审判委员会民事行政专业委员会第319次会议原则通过《全国法院民商事审判工作会议纪要》。2019年11月8日，最高人民法院以《关于印发〈全国法院民商事审判工作会议纪要〉的通知》（法〔2019〕254号）的形式正式发布，同时规定了《会议纪要》的应用范围：不是司法解释，不能作为裁判依据进行援引。《会议纪要》发布后，人民法院尚未审结的一审、二审案件，在裁判文书“本院认为”部分具体分析法律适用的理由时，可以根据《会议纪要》的相关规定进行说理。

货币供应量 M_2 的新增投放。就此意义来说，票据在民间票据市场上的有偿转让较银行贴现更具有发挥票据支付功能，减少货币投放，加速资金周转的积极作用。(2) 企业机构以自有资金折价买入电子商业承兑汇票（以下简称电子商票）进行投资，获取收益。这在客观上推动了电子商票的流通，真正实现支付—融资—投资的“直接金融”模式。(3) 持票人卖出短期票，买入长期票用于对外支付。在不改变支付条件的同时实现期限套利，降低采购成本。(4) 持票人借助电票有偿转让交易平台，寻求最低利率的贴现银行。同城票据网、深度票据网、企票通等电票有偿转让交易平台应用金融科技，引入智能经纪人，为企业间电票有偿转让交易提供信息撮合服务；电票有偿转让平台和众多贴现银行的系统对接，持票人提交欲贴现电票相关信息后，平台以智能化系统为其自动匹配具有授信额度且贴现利率最低的贴现银行。

（二）票据市场交易分类

现行电票按其用途划分，主要包括以下三类：(1) 应付款票据。大型企业凭借其在商品采购中的优势地位，在合同签订、商品交货、发票开出后享有远期付款的权利，在其账期到期后，通过向银行申请银票承兑，并用该银票支付予供应商，此时该银票即为应付款票据，通常期限为 6~9 个月①。账期+票据的付款方式，加重了中小企业供应商的应收账款融资成本。(2) 预付款票据。中小微企业在商品采购中往往处于弱势地位，其在合同签订后需向供应商支付预付款，因此要向银行申请银票承兑，并用该银票支付予供应商，此时商品尚未交货、发票尚未开出，因此该银票为预付款票据，通常期限在 6 个月以内。《2020 年第一季度中国货币政策执行报告》指出“由中小微企业签发的银行承兑汇票占比为 70. 2%”。(3) 空转套利票据。现行货币市场上一方面是票据利率受中央银行货币政策引导，逐步下行②（上海票据交易所股份有限公司，2019a）；另一方面是一些银行为扩张资产规模，以结构性存款、高息理财产品吸存。在货币政策过度宽松的环境下，资金从实体经济溢出形成人民币热钱游资，一些出票人以结构性存款或理财产品全额质押申请开银票后贴现，利用不同银行间的存款与贴现

---

① 根据上海票据交易所发布的《2019 年第三季度票据市场运行情况》，按金额统计，期限为 6~9 个月（含）的票据占比为 41. 10%，期限在 6 个月以内（含）和 9~12 个月（含）的票据占比分别为 23. 18%和 35. 72%。

② 上海票据交易所《2019 年票据市场运行情况》显示，2019 年 12 月票据贴现加权平均利率为 3. 24%，同比下降 59 个基点，较同期一年期 LPR 低 91 个基点。

利率倒挂进行空转套利。空转套利票据经过多次循环开票—贴现后，形成银行业账面存贷两头大的情形，贴现资金却仍回流至出票人，并未进入实体经济。空转套利票据占用了有限的信贷资源，消耗了商业银行的风险资本占用，掩盖了一些银行的不良资产率，扰乱了金融秩序，造成金融统计数据失真。空转套利票据的期限通常为 12 个月，在金融统计中分别体现为存款银行的高息存款（成为一些银行的存款主要来源）和贴现银行的贴现贷款。

民间票据市场的参与主体包括以下几种类型：（1）提供票据交易信息及资金清算服务的电票有偿转让交易平台，如同城票据网、深度票据网、企票通等数十家平台机构，这些平台机构以赚取交易手续费为目的，自身不涉及资金交易；（2）为数众多的以买卖票据为业的票据中介机构，此类机构在票据市场买入票据并包装贸易背景后向银行申请贴现，进行套利；（3）一些中小微企业将贸易中受让的票据以有偿转让的方式进行贴现融资，或在民间票据市场上打折买入票据用于贸易项下支付，以节省采购成本；（4）一些机构以自筹资金买入电子商票进行投资；（5）商业保理公司和房地产企业等非金融机构以融资为目的，通过“票据保理”或签发电子商票，获取市场融资。

随着电子商票应用的增长，一些机构也买入电子商票来进行投资，以获取高收益，从而派生出电票市场的各类交易：（1）持票企业在贸易中受让的票据，因发工资、还贷、纳税或现金货币采购而寻求贴现融资；（2）许多小微企业折价买入小额电子银票后用于支付贸易中货款，以节省采购成本；（3）投资机构折价买入电子商票后获取投资收益；（4）持票人卖出短期票，买入长期票用于对外支付。在不改变支付条件的同时实现期限套利，降低采购成本；（5）持票人寻求具有对承兑人贴现授信且最低利率的贴现银行。

（三）票据市场发展现状

随着电票的日益普及，电子银票、央企国企电子商票开始发挥货币支付功能，且其成本较银行贷款更低，企业逐步接受以票据信用替代传统的应收账款挂账信用。据统计，2019 年全国使用票据的企业已达 245.11 万家，较上年增长 24.89%（上海票据交易所股份有限公司，2020）。中国人民银行统计显示，近年来由于电票业务快速发展，银行对企业的票据融资成本逐步降低，对企业短期贷款产生挤出效应，使票据融资在短期信贷（票据融资+企业短期贷款）投放中的占比逐年提高，形成融资工具票据化趋势。2017—2019 年银行业对企业短期信贷投放情况见表 1。

表 1　2017—2019 年银行业对企业短期信贷投放情况

信贷项目	2017 年	2018 年	2019 年
银行业对企业短期信贷投放余额（亿元）	35. 19	38. 71	41. 11
企业短期贷款余额（亿元）	27. 65	28. 16	29. 58
票据融资余额（亿元）	7. 54	10. 55	11. 53
其中：银票承兑余额（亿元）	7. 10	9. 93	10. 89
电子商票贴现余额（亿元）	0. 44	0. 62	0. 64
票据融资在短期信贷中的占比（%）	21. 42	27. 25	28. 05

资料来源：根据中国人民银行各年度金融统计数据整理。

大型企业凭借其在市场采购中的优势地位，通过账期+应付票据的支付方式，侵占中小供应商权益的做法已成为一种市场趋势。此现象已引起国务院和国家部委重视，为了促进国家机关、事业单位和大型企业及时支付中小企业款项，国务院审议通过《保障中小企业款项支付条例》①，规定了大型企业对中小企业的付款期限，要求切实做好保障中小企业款项支付工作，维护中小企业的合法权益。

以中小微企业为出票人的预付款票据虽具有贸易背景，但在申请承兑时尚未有发票（一般出票 2~3 个月发货后，出票人再提交相关贸易发票），但受让预付款票据的供应商却因尚未具备发票而无法向银行申请贴现，只能借助民间票据市场，寻求票据中介贴现融资；空转套利票因无贸易背景，也需要寻求票据中介贴现融资②。随着电子商票的发展应用，一些电子商票持票人因不知道哪家银行给予该电子商票保贴授信，也只得寻求民间票据市场进行贴现融资，这些也是民间票据市场存在的客观理由。

电票有偿转让交易平台由于发挥了互联网电商优势和具有第三方负责资金交割的安全性，票据交易发展很快，同城票据网公布，2019 年度平台撮合的票据交易笔数达 250 万笔，撮合票据交易金额达 6939 亿元。根据上海票据交易所的统计数据，2019 年银行间票据贴现总额为 12. 46 万亿元（上海票据交易所股份有限公司，2019a），而同期民间票据市场年交易额为

---

① 《保障中小企业款项支付条例》于 2020 年 7 月 1 日国务院第 99 次常务会议审议通过，2020 年 7 月 14 日公布（国务院令第 728 号），自 2020 年 9 月 1 日起施行。

② 根据上海票据交易所《2019 年第三季度票据市场运行情况》，2019 年 9 月末商业汇票承兑余额为 12. 44 万亿元，而 9~12 个月（含）的票据金额占比为 35. 72%。因此，粗略估算空转套利票规模高达 4. 4 万亿元。

数万亿元。随着电票业务的发展，民间票据交易量快速增长，同城票据网2020年上半年票据撮合交易量已达6939亿元，较上年同期增长285.5%，单日成交单超过3万笔。快速发展中的电票有偿转让交易平台对便利中小微企业融资，降低采购成本具有积极作用，但同时存在缺乏有效监管的问题。

二、《会议纪要》对规范票据市场的意义和作用

（一）《会议纪要》将净化民间票据市场交易

民间贴现交易中通常存在这样的交易链关系：在贸易中取得票据的合法持票人基于融通资金需要向票据中介转让票据进行贴现；票据中介买入票据后向银行申请贴现，或转卖给需要购票用于贸易项下支付的企业。

根据《会议纪要》关于“民间贴现行为的效力”的规定，单纯以买卖票据进行牟利的票据中介将被定性为“涉嫌犯罪”①，这是基于《中华人民共和国刑法》第二百二十五条②，国务院《非法金融机构和非法金融业务活动取缔办法》第二条、第三条、第四条、第九条③和银保监会等《关于规范民间借贷行为 维护经济金融秩序有关事项的通知》④ 第五条、第八条第一

---

① 《会议纪要》关于“民间贴现行为的效力”规定，“票据贴现属于国家特许经营业务，合法持票人向不具有法定贴现资质的当事人进行‘贴现’的，该行为应当认定无效，贴现款和票据应当相互返还。当事人不能返还票据的，原合法持票人可以拒绝返还贴现款。人民法院在民商事案件审理过程中，发现不具有法定资质的当事人以‘贴现’为业的，因该行为涉嫌犯罪，应当将有关材料移送公安机关”。

② 《中华人民共和国刑法》第二百二十五条“非法经营罪”的第一种情形为“未经许可经营法律、行政法规规定的专营、专卖物品或者其他限制买卖的物品的”。

③ 《非法金融机构和非法金融业务活动取缔办法》于1998年7月13日由国务院令第247号发布，根据2011年1月8日国务院令第588号修订。

其中，第二条规定，“任何非法金融机构和非法金融业务活动，必须予以取缔”。第三条规定，“本办法所称非法金融机构，是指未经中国人民银行批准，擅自设立从事或者主要从事吸收存款、发放贷款、办理结算、票据贴现、资金拆借、信托投资、金融租赁、融资担保、外汇买卖等金融业务活动的机构”。

第四条规定，“本办法所称非法金融业务活动，是指未经中国人民银行批准，擅自从事的下列活动：（一）非法吸收公众存款或者变相吸收公众存款；（二）未经依法批准，以任何名义向社会不特定对象进行的非法集资；（三）非法发放贷款、办理结算、票据贴现、资金拆借、信托投资、金融租赁、融资担保、外汇买卖；（四）中国人民银行认定的其他非法金融业务活动”。

第九条规定，“对非法金融机构、非法吸收公众存款或者变相吸收公众存款以及非法集资，中国人民银行一经发现，应当立即调查、核实；经初步认定后，应当及时提请公安机关依法立案侦查”。

④ 《关于规范民间借贷行为 维护经济金融秩序有关事项的通知》由银保监会、公安部、国家市场监督管理总局、中国人民银行于2018年4月16日以银保监发〔2018〕10号文联合公布。

款等法律规定。

根据《会议纪要》关于“高利转贷”的规定，属于套取信贷资金，并通过转贷行为牟利的，均可认定为“高利”转贷行为①。

由此可见，《会议纪要》认定不具有法定资质的当事人进行“贴现”行为的，其涉嫌犯罪的行为要件是“以贴现为业”和“套取金融机构信贷资金进行转贷”。

民间票据市场上不具有贴现资质的主体买卖票据的行为，目前处于监管的盲区，并衍生成为一些企业利用商业汇票的货币属性，签发巨额电子商票，联手票据中介机构，以承担极高贴现利率在民间票据市场开展一对多的名为 P2P 理财，实为圈钱交易的违法行为；还有一些不法企业以央企名义开立虚假账户，签发电子商票实施诈骗，由此造成法律纠纷、违法案件上升。《会议纪要》对不具有法定资质的当事人以“贴现”为业行为的定性，向社会告诫了违法预期，为金融监管机构厘清了监管思路，为司法机关提供了执法依据，为法院统一了裁判标准。

（二）《会议纪要》将强化贴现银行合规性操作

在缺乏监管的民间票据交易中，存在票据中介买入预付款票据或空转套利票据，伪造贸易背景后向银行申请贴现的行为。《会议纪要》关于“合谋伪造贴现申请材料的后果”的规定明确指出，只要存在银行人员与贴现申请人合谋伪造贴现资料的情节，法院均以通谋虚伪行为排除贴现银行的票据权利②。如此，在银行承兑汇票贴现业务中，若发生通谋虚伪行为而形成贴现资料的虚假，贴现银行将丧失承兑银行信用的债权，只拥有对贴现申请人的债权。同理，在商业承兑汇票贴现业务中，若发生通谋虚伪行为而形成贴现资料的虚假，贴现银行将丧失对承兑人的债权，只拥有对贴现申请人的债权。

《会议纪要》对“银行人员与贴现申请人合谋伪造贴现资料的”法律风险的表述，将使贴现银行更为重视对贴现交易的真实性审核，加强对贴现

---

① 《会议纪要》关于“高利转贷”规定“民间借贷中，出借人的资金必须是自有资金。出借人套取金融机构信贷资金又高利转贷给借款人的民间借贷行为，既增加了融资成本，又扰乱了信贷秩序，应当认定此类民间借贷行为无效。只要是套取信贷资金，并通过转贷行为牟利的，就可以认定为是‘高利’转贷行为”。

② 《会议纪要》关于“合谋伪造贴现申请材料的后果”规定“贴现行的负责人或者有权从事该业务的工作人员与贴现申请人合谋，伪造贴现申请人与其前手之间具有真实的商品交易关系的合同、增值税专用发票等材料申请贴现，贴现行主张其享有票据权利的，人民法院不予支持。对贴现行因支付资金而产生的损失，按照基础关系处理”。

客户的身份识别，防范以“贴现”为业的持票人或出票人和持票人合谋通过票据贴现套取银行信贷资金的违法行为。

（三）以“贴现”为业的交易主体将被纳入反洗钱监测对象

根据《金融机构大额交易和可疑交易报告管理办法》（中国人民银行令〔2016〕第3号），应当参考“公安机关、司法机关发布的犯罪形势分析、风险提示、犯罪类型报告和工作报告”，将可疑交易纳入银行机构的反洗钱交易监测范畴。中国银保监会办公厅《关于加强商业保理企业监督管理的通知》（银保监办发〔2019〕205号）则将“因票据或其他有价证券而产生的付款请求权等开展保理融资业务”的商业保理公司归入“违法违规经营类”，要求对“整改验收不合格或违法违规情节严重的，各金融监管局要依法处罚或取缔，涉嫌违法犯罪的及时移送公安机关依法查处”。银保监会已将空壳公司套取贴现资金的交易列入监管范畴。因此，银行机构反洗钱系统应对账户资金交易频繁且金额大，其电票背书交易与结算账户收支呈现同步性，同一票据一天内发生多次转让背书的，列入以“贴现”为业的可疑交易，进行识别、评估、拦截，并报送人民银行反洗钱系统。

（四）支持供应链中小微企业的预付款票据融资

中小微企业在商品采购中因处于弱势地位，在签订合同后需向供应商支付预付款，因为电子银票既具备银行信用，又具有支付功能，且申请银行承兑的成本较贷款低，因此普遍成为中小微企业预付款的首选工具，中国人民银行统计显示“由中小微企业签发的银行承兑汇票占比为70.2%”①，但因预付款票据尚未交货而不具有发票，受监管政策所限，银行无法为此类票据办理贴现，由此导致这部分票据转向民间票据市场寻求融资，当民间票据市场被整治后，预付款票据融资会受到一定影响。在中央支持小微企业融资的政策引导下，《中国银保监会办公厅关于加强产业链协同复工复产金融服务的通知》（银保监办发〔2020〕28号）“以银行信贷资金及时清偿上游企业的应付款项或向上游企业支付预付款，减少产业链账款拖欠或资金占用，加快上游企业资金回笼”，《关于推动先进制造业和现代服务业深度融合发展的实施意见》（发改产业〔2019〕1762号）“依托产业链龙头企业资金、客户、数据、信用等优势，发展基于真实交易背景的票据、应收账款、存货、预付款项融资等供应链金融服务”，《关于进一步做好供应

---

① 详见中国人民银行《2020年第一季度中国货币政策执行报告》。

链创新与应用试点工作的通知》（商建函〔2020〕111 号）“支持试点企业基于真实交易场景，根据需要开展应收账款、仓单和存货质押和预付款融资。提高企业应收账款的透明度和标准化，持票企业可通过贴现、标准化票据融资”都要求银行机构做好供应链中小微企业的预付款融资，中国人民银行也适时推出《标准化票据管理办法》，将符合条件的商业汇票打包成信托受益凭证，将票据融资交易由票据市场扩展至债券市场。可以预期，困扰供应链企业的预付款票据融资难问题有望得到解决。

三、适时调整票据监管政策的若干建议

（一）票据监管重心由银票贴现环节转向银行承兑环节

《会议纪要》取缔民间票据中介贴现交易，将会对中小微企业的票据融资形成一定的障碍，供应商将不愿接受预付款票据，转而要求中小微企业以货币资金支付预付款，从而导致中小微企业采购成本增加。中央办公厅、国务院办公厅《关于加强金融服务民营企业的若干意见》（中办发〔2019〕6 号）、《关于促进中小企业健康发展的指导意见》（中办发〔2019〕24 号）先后要求“加大对民营企业票据融资支持力度，简化贴现业务流程，提高贴现融资效率，及时办理再贴现”“进一步落实普惠金融定向降准政策。加大再贴现对小微企业支持力度，重点支持小微企业 500 万元及以下小额票据贴现”，显示党中央、国务院对民营企业、小微企业的主要融资途径——票据融资的便利性予以高度重视。

现行监管政策强调对票据贴现环节的贸易背景审核。票据贸易背景原本是指出票人与收款人的交易若为贸易项下，其到期兑付时将具有自偿性从而降低违约风险。若出票人签发票据用于投资或偿债，则不具有自偿性，存在到期兑付风险。因此，票据是否具有自偿性取决于出票人和收款人间是否具有真实的贸易交易。若出票人与收款人的交易用于投资或偿债，即使贴现申请人与其直接前手具有贸易背景，也不可能降低出票人到期兑付时的违约风险，因此，需要高度重视对出票环节的贸易背景审核。

随着《会议纪要》的实施，票据市场将得以净化，票据监管政策亟须相应调整，应将贸易背景审核由原来的银票贴现环节转向银行承兑环节和商票贴现环节，并严格禁止以理财产品或结构性存款全额质押申请开银票空转套利。对银票贴现环节则应简化操作流程，提高贴现融资效率，无须进行贸易背景审核，提升中小微企业票据融资的可得性和便利性。北京银

保监局印发的《关于规范银行业金融机构票据业务的监管意见》（京银保监发〔2019〕248号）已将银票贴现贸易背景审核由原来的合同发票审核改为对贴现申请人的资质审查，同时从严监管并处罚高比例质押、空转套利的银行承兑业务。

应付款票据往往期限较长，增加了后端供应商的贴现融资成本，应大力提倡和引导出票人出票时签发10万元、20万元、50万元等分化面额的电子银票，便于后手将电子银票直接背书转让，发挥电子银票直接支付功能，省却持票人的贴现需求。

（二）建立票据交易全市场智能化监管体系

现行各家银行对每笔承兑、贴现业务的合同、发票进行审核的做法并不能有效防范贸易背景的虚假；随着各家银行推出智能化电商贴现业务，贴现银行根据贴现企业资质、以往年度票据贴现交易的贸易真实性、财务报告年销售总额等状况为其核定一年内的累计贴现额度，并录入智能化电票贴现系统的做法，可以确保其贴现发生额小于该企业销售总额的合理性风控要求。但问题是如此模式下，一家银行的做法是合理有效的，但若所有智能化电票贴现的银行都实施后却是无效的。显然，现行碎片化的票据贸易背景审核模式是无法有效防范循环开银票、无贸易背景贴现的银行票据业务风险的。在当前票据签发金额中电票占比为97.5%，票据贴现金额中电票占比为99.4%（上海票据交易所股份有限公司，2019b），上海票据交易所已成为票据市场交易、票据信息总枢纽的电子化环境下，需要创建全市场智能化、集成化的监管体系，引入票据交易主报告行制度，即票据出票人和票据贴现人每年须委托一家银行为其票据交易主报告行，向其申报当年度的销售成本总额，作为向所有银行申请银票承兑的最高额；申报当年度的销售总额，作为向所有银行申请票据贴现的最高额。主报告行对其进行合理性审核后，将该票据行为人的统一社会信用代码、该企业已开立的电票账户信息、商业汇票签发累计最高限额、票据贴现累计最高限额四个要素录入上海票据交易所票据交易监管系统，上海票据交易所系统据此对所有票据行为人的（银票、商票）出票额或票据贴现发生额形成框架性总额约束，银行承兑、贴现交易发生后自动扣减相关额度，商票贴现则同时扣减出票人的出票额度和贴现申请人的贴现额度，实现全市场智能化、集成化监管体系，有效杜绝循环开银票和空转套利票、无贸易背景贴现的违规风险，有效防范不法分子冒名开立该企业电票账户对外签发伪假电票进行欺诈的风险（上海票据交易所股份有限公司，2019c），在银票贴现环节无须审核贸易背景，只需扣减其最高贴现额度，由此所有银行都可实现智能化贴现，大幅降低银行票据业务操作成本，促进票据市场规范化发展。

（三）以“监管沙箱”模式进行金融创新尝试

国务院办公厅《关于促进平台经济规范健康发展的指导意见》（国办发〔2019〕38号）“鼓励银行业金融机构基于互联网和大数据等技术手段，创新发展适应平台经济相关企业融资需求的金融产品和服务，为平台经济发展提供支持”，并且指出“从事金融活动、提供金融信息中介和交易撮合服务，必须依法接受准入管理”。为支持和鼓励直接金融的发展，需要金融监管部门将依托金融科技的电票有偿转让交易平台等提供金融信息中介和交易撮合服务的市场机构纳入特许经营的监管范畴，引导电票有偿转让交易平台合法、合规地健康发展，提升中小微企业票据融资的可得性和便利性。只有实施统一的有效监管，才能杜绝民间票据市场中的违法交易。

目前，基于FinTech技术，集电子票据、互联网、大数据于一体的电票有偿转让交易模式尚无先例可供借鉴，但可以“监管沙箱”模式①进行金融创新尝试，即由电票有偿转让交易平台的发起方提供可行性报告及交易规则，监管机构与其签订“监管沙箱”协议，明确交易系统及程序全透明地向监管机构开放，监管机构对所有交易实时监测。引入清算银行负责资金清算，利用其具有的甄别交易者身份的反洗钱功能，彻底排除不具有法定资质的以“贴现”为业的交易者介入其中；交易对象只限于企业在贸易中受让的电票在平台上卖出，企业为用于贸易项下的支付或以自有资金投资持有在平台上买入；电票背书交割由ECDS完成；平台仅提供交易各方的信息撮合及信息披露。监管机构可通过对交易系统的日常全透明监管，充分了解交易的参与主体类型、标的票据的来源、买入方对票据的用途等信息；明确创新尝试的期限与退出机制，到期后监管机构可根据试行结果得出该项目可续行或不可续行的结论。“监管沙箱”模式可解决监管机构对一些确有市场需求，但又难以事前评估论证的金融科技创新项目是否可给予行政许可的难题。

---

① 2019年12月5日，中国人民银行宣布推出金融科技创新监管试点，北京率先开展，中国版“监管沙箱”正式启动。同年12月12日，上海浦东新区推行“监管沙箱”试点，开始打造金融科技创新先行先试的“试验田”。

参考文献

[1] 上海票据交易所股份有限公司.2019 年第三季度票据市场运行情况 [EB/OL]. (2019-10-17) [2020-04-20]. http://www.shcpe.com.cn/uploadfiles/2019/10/20191017175316 5316.pdf.

[2] 上海票据交易所股份有限公司.2019 年上半年票据市场运行情况 [EB/OL]. (2019-07-29) [2020-04-20]. http://www.shcpe.com.cn/uploadfiles/2019/08/20190802150529529.pdf.

[3] 上海票据交易所股份有限公司.上海票据交易所关于防范冒名开立电子商业承兑汇票的风险提示 [EB/OL]. (2019-12-26) [2020-04-18]. http://www.shcpe.com.cn/info_13_itemid_1816.html.

[4] 上海票据交易所股份有限公司.2019 年票据市场运行情况 [EB/OL]. (2020-01-20) [2020-04-20]. http://www.shcpe.com.cn/uploadfiles/2020/01/20200121151416 1416.pdf.

[5] 孙航.《全国法院民商事审判工作会议纪要》发布 [EB/OL]. (2019-11-14) [2020-04-20]. https://www.chinacourt.org/article/detail/2019/11/id/4638096.shtml.

[6] 杨临萍.当前商事审判工作中的若干具体问题 [J]. 人民司法 (应用), 2016 (4): 26-32.

[7] 最高人民法院.关于印发《全国法院民商事审判工作会议纪要》的通知 [EB/OL] (2019-11-14) [2020-02-15]. https://www.chinacourt.org/law/detail/2019/11/id/149992.shtml.

后疫情时代的出口转内销与票据业务发展[①]

肖小和[②]　杨　刚[③]　孙　越[④]

一、出口转内销的背景及资金支付结算问题

（一）疫情下稳外贸政策支持

2020年以来，新冠肺炎疫情对经济的影响主要集中在第一季度，第二季度GDP增速由负转正，达到3.2%，但是上半年经济累计增速仍为负。2020年上半年，以人民币进行结算的跨境货物贸易、服务贸易以及其他经常项目对外直接投资、外商直接投资分别发生2.19万亿元、0.89万亿元、0.51万亿元和1.21万亿元，其中6月，我国国际收支口径的国际货物和服务贸易收入15727亿元，支出13288亿元，顺差2439亿元，货物贸易顺差3178亿元。受新冠肺炎疫情影响，当前外贸企业面临挑战，尤其新冠肺炎疫情给外贸产业链带来了冲击，在2020年第一季度经营困境下，许多公司选择加快资金周转来缓解现金困境，出口转内销迎来政策面的支持和国内外企业界的密切关注，在境外疫情蔓延，国际需求萎缩，外贸企业订单下滑的时候，让外贸外资企业分享国内巨大的消费蛋糕，借力国内的市场创新，让它们能受益于国内宏观经济政策的拉动。

2020年6月9日，国务院常务会议确定，为帮扶涉及近2亿人就业的外贸企业纾困发展，在鼓励企业拓展国际市场的同时，支持适销对路的出口产品开拓国内市场。6月15日，商务部发布《中国对外贸易形势报告（2020年春季）》，认为2020年外贸发展面临的环境不确定性增多，挑战和

---

① 本文写于2020年。

② 肖小和，江西财经大学九银票据研究院首席研究员，江西省金融学会票据专业委员会首席专家。

③ 杨刚，上海财经大学金融学博士研究生。

④ 孙越，所在单位为中国民生银行上海分行。

压力显著增大。6月22日，国务院办公厅印发《关于支持出口产品转内销的实施意见》，提出支持出口产品转内销，帮助外贸企业纾困，稳住外贸外资基本盘。商务部对外贸易司副司长杨国良6月30日在新闻发布会上表示，从消费和投资带动看，出口产品转内销存在较大的增长潜力，但外贸企业也面临一些困难。李克强总理7月29日主持召开国务院常务会议，部署进一步扩大开放稳外贸稳外资，决定深化服务贸易创新发展试点。为了推动外贸企业出口转内销工作顺利进行，多地政府迅速已出台了相关的支持政策，主要集中在税收、信贷以及搭建转内销平台等方面。中共中央政治局7月30日召开会议，指出当前经济形势仍然复杂严峻，不稳定性不确定性较大，我们遇到的很多问题是中长期的，必须加快形成以国内大循环为主体、国内国际双循环相互促进的新发展格局。

（二）外贸企业转内销面临的融资周转问题

外贸转内销并非第一次提出，长期以来外贸企业转内销一直面临各种现实困境，2008年国际金融危机期间，外需剧烈下滑，部分外贸企业也曾尝试过出口转内销，不少地方也推出外贸大集等帮助外贸企业转内销。十多年来外贸企业普遍面临外需不足、交易成本增加的挑战，生存压力之下，不少企业把眼光转向了内贸市场，但受制于外贸企业缺乏内销渠道、内销渠道费用较高、内外贸结算方式不同等因素，效果并不理想。

外贸企业转内销，首先面临市场结算模式差异问题，即内销通常采取赊销模式，客户先拿货然后付款，中间存在时间延期，不但风险相对较高，而且外贸企业形成应收账款，占用资金多。应收账款和企业部门的现金流关系密切，疫情冲击下，根据国家统计局的数据，2020年6月末，规模以上工业企业应收账款达15.34万亿元，同比增长12.7%；应收账款平均回收期为56.6天，同比增加8.8天，大部分传统出口制造业的应收账款期限拉长，现金流紧张，对于资金需求强烈或者风险承受能力差的企业来说，应收账款无法回收直接带来的是企业亏损。而在国内市场，出口转内销时，企业需要垫付资金生产，因为赊销是普遍现象，需要等到经销商把货卖出去才会结算。企业因采取赊销模式而形成的债权性资产计应收账款，应收账款占比过高，将增加企业的机会成本和营运资金管理成本，也会对企业的风险管理带来负面影响。

企业出口转内销时，会碰到差别的结算方式，以前做外贸企业最主要的结算方式是信用证，开拓新客户时往往还要求其预付定金，所以一般外贸企业坏账比例低，银行信用成为买卖双方之间进行结算的保障，但国内针对外贸企业的金融市场票据业务发展不够成熟。

二、票据是内销支付结算和融资的首选工具

票据因交换和贸易而生，主要为企业提供资金支持。在信用关系的变化和信用制度的变迁过程中，票据的功能作用不断调整变化，发展出汇兑、支付、结算、融资等功能。目前，票据最常被运用于满足企业补充流动性的需要，如补充营运资金、偿还到期负债或结算等，和企业部门的现金流关系密切。票据是内销支付结算和融资的首选工具，对于支持出口产品转内销，帮助外贸企业纾困，稳住外贸外资基本盘具有积极作用。

第一，票据是转内销企业的首选支付工具。在日常经济活动中，银行承兑汇票的应用已相当普遍。在企业跟上下游的贸易往来中，票据跟现金一样可以用来付款。同时，供应链票据可以将票据嵌入供应链场景，从源头上促进应收账款票据化，同时创新实现等分化签发、流转，使企业可以用票据灵活支付，并丰富企业开展票据业务的渠道，让企业用票更便捷。比如美国的票据市场由两部分组成，一是商业票据（CP）市场，二是银行承兑汇票（BA）市场，这里，商业票据是指信誉良好的金融企业或非金融企业以短期融资为目的而发行的金融工具，银行承兑汇票是由商业银行担保的公司发行的短期债务工具，在外贸中被广泛使用。

第二，票据是转内销企业的首选融资工具。疫情下，财政、税务、银行等加大对外贸企业的支持，国家也出了不少政策和资金。在债券市场融资中，短融和超短融的发行主体通常为行业龙头或较有竞争力的企业，对于一些无法达到发债标准、规模较小，甚至短期贷款都很难得到银行批复的企业而言，票据无疑成为融资的首选。我国票据服务的主要对象是中小企业，相比于大型企业，我国中小外贸企业更缺乏多渠道的融资方式，而票据融资门槛低、灵活性强，能有效满足其所需的资金要求。比如，电子商业汇票贴现相对于银行贷款，具有低风险的业务特征，可以帮助企业通过电子商业汇票贴现来快速实现短期融资需要。开立电子商业汇票对于因为转内销结算差异，赊销占款而急需现金流的企业而言可以得到较为便宜的资金。同时，企业签发电子商业汇票，在供应链企业上下游实现资金流、信息流、商流、物流“四流合一”，缓解供应链企业的融资难题。

第三，融资渠道便捷化，借助银行秒贴、票付通、贴现通实现支付融资流转。出口转内销企业的产业链长，跨区域业务众多，异地授信交叉、

尽职调查困难、应收账款小额高频等痛点，是长期横亘于供应链金融发展中的共性难题。监管层鼓励票据服务实体经济需求，上海票据交易所推出的票付通、贴现通都为票据电子化发展提供了很好的平台，便利信用交流，加强政策支持，为推动电票服务。“票付通”是上海票据交易所基于供应链、B2B（企业对企业）电商业务场景向广大企业提供的线上票据支付产品，为企业提供安全、便捷、高效的线上账期支付工具；“贴现通”创新业务在疫情期间为中小微企业破解融资困局，成为疫情期间的成功经验。这是上海票据交易所为解决企业不能通过线下银行网点办理票据贴现业务的现实困难而进行的线上创新业务。

第四，2020 年 7 月 28 日中国人民银行发布的《标准化票据管理办法》正式生效，标准化票据的推出，打通了服务出口产品转内销企业的供应链渠道，使得企业在贴现之外增加了新的融资渠道，将具备市场需求的出口产品转内销企业的商业承兑汇票，纳入标准化票据基础资产，结合上海票据交易所与金融科技搭建的商票企业信用体系，推动商票承兑汇票市场发展，提高外贸企业使用票据的意愿。

三、发挥票据全生命周期作用，支持内销与促进内循环的建议

（一）横向广度上，实现“大票据”管理

第一，在目前的市场上，包括应收账款保理、应收账款质押贷款、应收账款转应收票据贴现、应收账款证券化等都是出口产品转内销企业进行应收账款变现的主要手段，但都受到一定的约束与融资效率限制。在我国，应收账款抵借或贴现还不流行，多数银行不受理此类业务，而票据贴现，尤其是商业承兑汇票贴现则是一项普通业务。李克强总理在 2020 年 3 月 10 日主持召开国务院常务会议，支持企业以应收账款融资，并且适当降低银行对信用良好企业的承兑汇票保证金比例。与应收账款相比，票据具有凭证法定、账期固定、市场认可度及流动性较高等优势，是商业信用规范化的表现形式。票据作为经济贸易往来中的一种主要支付结算工具，特别是银行承兑汇票兼具信用增级、延期支付和背书转让三大优点，为加快商品流通和资金周转提供了极大的便利和支持。

第二，应收账款可以票据化，发挥票据支付、融资等功能。企业可以较低的票据贴现成本获得资金，还能加快资金周转，提升经营利润，深化票据融资功能，盘活外贸企业抓内销过程的存量资产，极大提高融资效率。

第三，外贸企业同业代付方式，原则上仅适用于银行业金融机构办理跨境贸易结算。境内信用证、保理等贸易结算原则上应通过支付系统汇划款项或通过本行分支机构支付，委托方不得在同一市、县有分支机构的情况下委托当地其他金融机构代付，不得通过同业代付变相融资。

综合以上内容，商业银行应改变票据业务一家独大的局面，在横向广度上，可将银票、商票、国内信用证、国际信用证均纳入票据的范畴，实现“大票据”业务条线管理。供应链金融着眼于中小企业融资，通常商业银行需要为供应链中小型成员企业提供融资服务，其业务范围通常包括授信支持、应收账款或票据质押融资以及进出口贸易项下信用证、保理等贸易融资服务以及上述业务组合创新服务等。

在线上平台，可以将一家企业收到的票据与上述不同类型的结算融资工具均纳入线上管理，开展综合性银行业务，实现与各条线业务密切联动、互通发展，利用科技手段，实现线上化与自动化，让便捷的结算支付工具精准助力小企业解决融资难、融资贵、融资慢问题，同时帮助核心企业提升管理效率。

（二）纵向深度上，发挥票据全生命周期作用

第一，票据的生命周期涵盖承兑、贴现、转贴现、再贴现等流程。这些业务是票据的资金属性与信贷属性的不断表现，商业银行依托这些流程环节打造相应的产品，形成票据业务的产品链。外贸企业在国内市场上延迟付款因行业不同而有所差异，但账期短则 30 天，长则半年到一年，也即结算周期与票据生命周期基本一致。商业汇票的签发是建立在外贸企业真实交易背景下的，ECDS 可以记录票据的全生命周期，保障了票据流转过程。出票人可以利用自身的资信度开票，用于外贸企业间的支付结算，实现了零成本融资，发挥了货币的功能。同时持票人也可用该票据继续支付，省去了银行贴现的成本费用。

第二，在企业供应链链条上，票据提供了一个非常透明的很深入的切入角度，整个供应链金融的本质是票据产生于供应链，并且广泛运用于供应链中的中小企业，形成从供应商一直触达消费者的完整的生命周期链条。

第三，从供应链金融票据化的应用层面而言，核心出口产品转内销企业的上游供应商赊销商品时采取票据结算的应收款项进一步发展为应收账款票据化，可在供应链上下游企业中嵌入票据的支付功能，并解决资金流转难题，纵深上实现票据全生命周期管理。银行长期参与票据市场，已经形成了成熟的业务团队和管理架构。从分工来看，票据一级市场（承兑和

贴现）抓住客户的采购与销售需求；再在票据二级市场（转贴现和回购）融资，再到中央银行再贴现融资。完整的票据市场体系包含承兑、直贴、转贴现、再贴现、经纪人、评级和衍生品七个子市场，它们相互关联，不可分割，但从当前的实际情况来看，票据的多重属性使得各个子市场独立发展，并且往往归口不同的部门来管理，随着上海票据交易所线上化和集中化进一步推进，从签发、承兑到托收，全生命周期统一管理的模式将嵌入整个企业业务完整的生命周期变化，在纵向深度上发挥票据全生命周期作用，从而帮助出口产品转内销企业间接实现“直接融资”，帮助它们实现低成本融资。

建议加快建立内贸企业与采购企业、大型商业企业、电商平台的合作机制，发挥票据全生命周期作用。

（三）建议相关部门进一步推动票据业务发展

国务院办公厅《关于支持出口产品转内销的实施意见》（国办发〔2020〕16号）提到加大流动性资金贷款等经营周转类信贷支持，积极开展应收账款、存货、机器设备、仓单、订单等质押融资，依托大型电商平台加强对中小微外贸企业直贷业务，需要财政部、中国人民银行、银保监会按职责分工负责。疫情发生以来，中国人民银行前期出台共计1.8万亿元再贷款再贴现政策支持实体经济发展，主要支持中小企业复工复产。在当前疫情防控和外部市场发生巨大变化的形势下，政策制定部门特别强调要发挥政府引导作用，支持出口产品转内销，帮助外贸企业纾困，确保产业链供应链畅通运转，稳住外贸外资基本盘，以目前中国外向型经济和货物贸易的全球规模来看，出口转内销不是一件轻而易举的事情，但如果通过票据业务服务好了出口转内销企业，就能有效带动中国经济的产业升级、对外贸易升级、国内消费升级、供应链升级、技术升级，形成全盘皆活的积极效果。

第一，银发〔2020〕28号文和财金〔2020〕5号文提到“货政再贷款”和“财政再贴息”两个政策捆绑发力，最近该政策组合延伸为了“再贷款+财政再贴息+再贴现降息”，进一步强化了金融及票据对疫情防控工作的支持。第二，建议中国人民银行进一步管好用好再贴现政策，重点支持现阶段亟须解决、受疫情影响较大的外贸企业“难点”和“痛点”，支持国际供应链产品生产等外贸领域。当前，应当更加重视发挥票据市场在货币政策传导方面的优势，利用票据的市场化定价机制，降低市场主体特别是外贸企业的融资成本，增加资金有效供给，提高资源配置效率，激发市场活力，帮助出口产品转内销企业平稳渡过难关和转型发展。中国人民银行应进一步疏通货币传导机制，不论是属于财政、货币，还是宏观审慎、微观监管的措施，都应该在金融委的层面进行协调；考虑进一步完善定向降准和MPA的措施（如在定向降准的支持内容中加入出口产品转内销企业），加大对这些企业的票据再担保和票据贴息力度。第三，建议财政部门负责参与制订业务方案、风险救济方案及出口产品转内销企业白名单，负责财政救济（发行特别国债、纳入财政预算等），协调国家及各省级融资担保基金参与担保、出口产品转内销企业票据贴息及对接类再贴现（区别于中央银行再贴现）的具体工作。

（四）加快建立内贸企业与商业银行联动的票据互通机制

第一，商业银行择优挑选大中型集团企业、重点转内贸行业企业、供应链核心企业开展商业承兑汇票业务。然而，充足的企业授信额度是开展商票业务的前提。第二，推动供应链金融创新与应用，推进电子商业承兑汇票业务开展。打通银企通道，实现供应链、产业链、贸易链的线上操作。在这个过程中，票据的参与既提高了资金的流转速率，又优化了企业的财务报表。第三，基于企业的生产经营，银行将票据业务的各个环节与内贸企业客户产业链的各个环节相互衔接，将可提供综合票据服务的票据产品嵌入外贸企业转内销活动中，形成某产业的特定“转内销票据”融资平台，一方面为商业银行增加中间业务收入，另一方面可以增强客户黏性，提供综合服务。

（五）加快建立内贸企业与上海票据交易所供应链平台合作的机制

供应链票据在供应链体系内大规模应用后，优质企业信用通过供应链票据真正传递到链上的每一个环节、每一家企业，中小微企业可以根据实际融资需求，通过供应链票据平台全线上开展贴现融资或标准化票据融资。同时，供应链票据的贸易背景更加真实、透明，更容易取得金融机构的授信或优惠的融资价格。通过供应链票据，能够有效提升企业融资能力，实现全链条成本的降低，这里我们提供一个研究证据，Mohammad M. Rahaman等（2020）研究发现在控制了企业产品市场竞争后，供应链的作用可以使外贸公司能够更好地控制其存货，银行贷款成本减少的很大一部分正源于此。

分地区看，广东、江苏、浙江、山东东部沿海地区经济发达，企业贸易结算和融资需求旺盛，票据资源和金融资源丰富，市场交易活跃，根据

《中国海关》杂志发布“2019年中国外贸百强城市”名单，前十依次是深圳、上海、广州、东莞、厦门、苏州、珠海、宁波、重庆、青岛。支持出口产品进入国内市场，是为了稳住外贸外资基本盘，稳住在全球经济领域具有突出比较优势的中国外向型经济，稳住相关的生产链、全球供应链和资金链，就是稳住外向型经济领域的上千万个工作岗位。

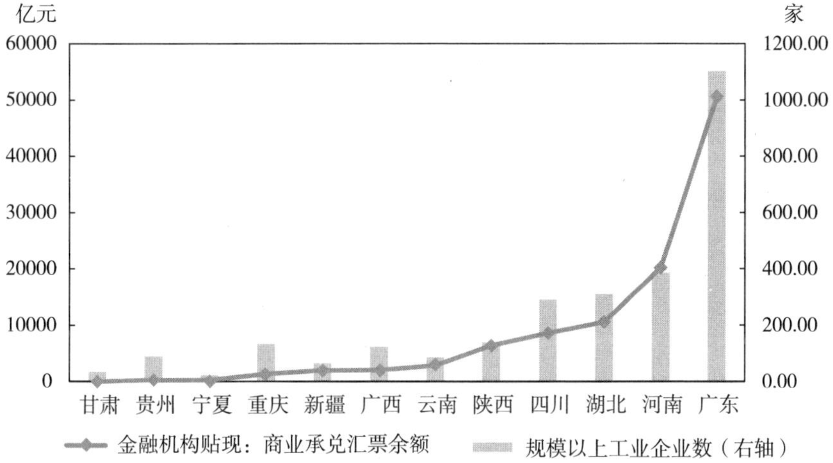

图1　2019年末规模以上工业企业数与商业承兑汇票贴现余额比较

（资料来源：根据中国人民银行、国家统计局数据整理）

要加快建立内贸企业与上海票据交易所供应链平台合作的机制，打通银企通道，实现供应链、产业链、贸易链的线上操作，推动供应链金融创新与应用，推进电子商业承兑汇票业务开展。

（六）防范票据风险

发挥票据的作用，是支持出口转内销企业发展的有效手段之一。但是，在业务推动中也一定要防范票据风险。其中，信用风险管理是重点，对于贸易背景审查，要实事求是，认真把关。在实际业务操作中，还要防范票据合规风险和操作风险。同时，要增强银行机构票据风险处置化解能力。

后疫情时代商票供应链融资发展研究①

方雄平②

摘　要：本文在全球经济受新冠肺炎疫情影响，国内经济恢复面临较大压力的大背景下，通过引入自上海票据交易所成立以来商业承兑汇票（以下简称商票）市场发展的相关数据，刻画近三年来，特别是2020年上半年商票承兑、贴现和转贴现市场蓬勃发展的现状，深入剖析后疫情时代商票供应链融资面临的法制体系不完善、商票融资品种单一和商票融资准入要求高等挑战，同时其在国务院推进央企“清欠”行动、上海票据交易所搭建供应链票据平台、银商票利差悬殊倒逼银行以及优化商票兑付规则等良好环境下迎来新的发展机遇。票据市场参与主体不断加强合作，围绕企业供应链融资实践，重点研究发展协议付息商票贴现、主动授信下商票保贴、额度共享下商票通、保证人授信下商票保贴、背书人授信下商票保贴、票据池项下商票融资和标准化票据七大商票供应链融资模式。最后，为满足企业供应链融资随借随还等需求，同时缓解商票贴现难、贴现贵问题，提出进一步推动商票供应链融资发展的相关建议。

关键词：后疫情时代　商票模式　供应链融资　创新发展

一、后疫情时代商票供应链融资发展背景

2020年以来，突如其来的新冠肺炎疫情对我国经济发展产生了巨大影响。从GDP总量来看，2020年第一季度为21万亿元，同比下降6.8%，第

---

① 本文写于2020年。

② 方雄平，所在单位为招商银行南昌分行票据业务部。

二季度为25万亿元，同比增加3.2%，上半年累计增速为-1.6%；从PPI来看，上半年PPI月均同比下降1.9%，自6月开始降幅有所收窄；从消费来看，上半年社会消费品零售总额为17万亿元，同比下降11.4%，降幅总体呈收窄态势。总体来看，2020年第一季度疫情开始蔓延，政府采取了强有力的措施控制疫情，在一段时间内使得国内生产几乎停摆，经济损失巨大；之后，随着疫情防控工作的推进，国内疫情逐步得到控制，特别是第二季度复工复产快速推进，社会生产基本恢复正常，但由于仍有零星病例出现，第二季度未出现报复性消费，同时全球疫情仍在扩散，外部环境仍存在较大不确定性，因此后疫情时代国内经济恢复仍面临较大压力。在后疫情时代国内良好的政策和市场环境下商票业务将迎来新的发展机遇，服务于整个产业链的商票供应链融资必将成为票据市场的下一个风口。

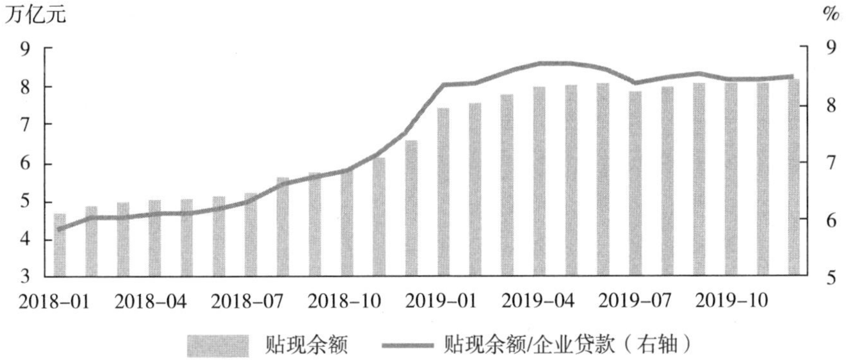

图1　2018—2019年贴现余额与企业贷款占比情况

从图1可以看出，贴现余额在企业贷款中的占比不断提升，企业融资票据化趋势越来越显著。随着后疫情时代的到来，银票直转利差越来越薄甚至出现倒挂现象，商票融资模式灵活和高利差优势相对突出，短期融资商票化、供应链融资商票化和商票类债券化发展趋势越来越显著。各家银行及票据专业研究机构越来越重视对商票业务发展的研究分析。近年来我国票据市场持续发展，规模快速扩大，由于上海票据交易所成立时间尚短，缺乏权威机构公布2016年之前的相关数据以及各大银行之间的相关数据，研究成果缺乏广泛的交流与讨论，目前关于商票供应链融资实践的研究尚处于探索分析阶段。

二、后疫情时代商票业务发展现状分析

（一）后疫情时代商票承兑业务发展

根据上海票据交易所披露的数据，自 2017 年以来商票承兑业务量逐年递增。2020 年上半年全国累计商票承兑业务量达 1.67 万亿元，较上年同期增长 18.06%；商票承兑业务量占全部票据（银票和商票）的比重为 14.27%，同比增长 0.18 个百分点。2020 年 6 月末商票余额为 1.95 万亿元，较上年同期增长 17.55%；商票余额占全部票据的比重为 13.77%，同比增长 0.26 个百分点。

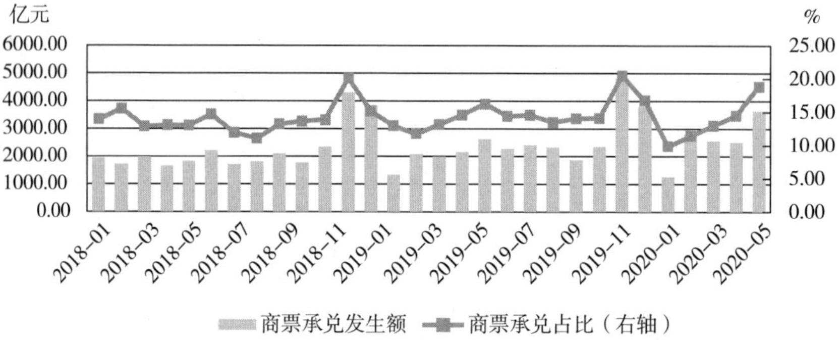

图 2　2018 年 1 月至 2020 年 6 月商票承兑发生额及占比情况

由图 2 可知，受春节和新冠肺炎疫情影响，2020 年 2 月商票承兑业务量和商票承兑占比分别为 1277 亿元和 9.88%，均创近三年来历史新低。随着疫情防控工作的推进，国内疫情逐步得到控制，特别是 2020 年 3 月以来复工复产快速推进，商票承兑业务量大幅提升。第二季度商票承兑业务量为 8736 亿元，同比增长 28.32%，商票承兑占比为 15.49%，同比提升 0.79 个百分点，商票承兑业务量和占比均创近三年来历史新高。由此可见，后疫情时代在国务院有序推进央企“清欠”行动、中国人民银行再贴现资金支持疫情防控重点企业和上海票据交易所搭建供应链票据平台等良好政策背景下商票承兑业务快速复苏，且商票承兑业务的发展速度明显快于银票承兑业务。同时，商票承兑占比除在 2018 年 12 月、2019 年 12 月和 2020 年 6 月显著提升以外，在其他月份均相对较平稳，这也反映了企业在季度末或年末的市场支付结算中使用商票频率的季节性变化。

（二）后疫情时代商票贴现业务发展

自上海票据交易所成立以来，商票贴现发生额和余额均呈现逐年递增趋势。2020 年上半年全国累计商票贴现发生额为 5414 亿元，同比增长 8.28%；6 月末商票贴现余额为 7031 亿元，同比增长 9.77%，商票贴现余额创历史新高。

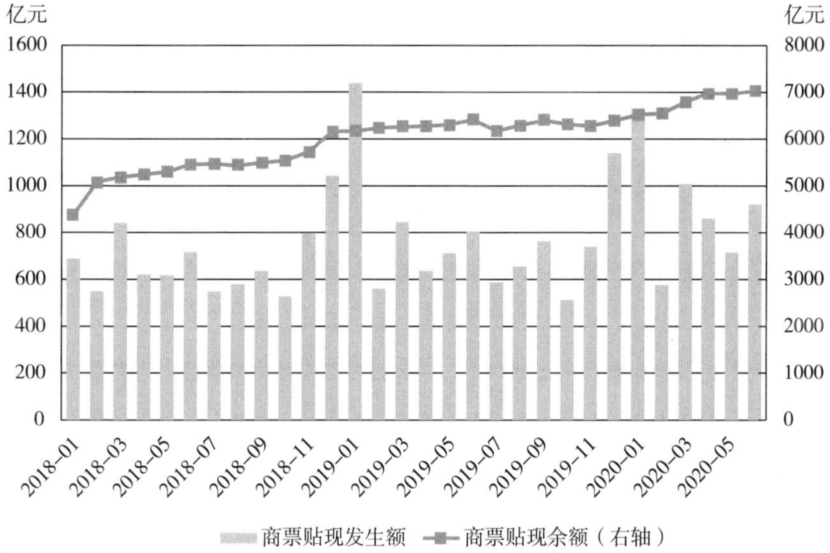

图 3　2018 年 1 月至 2020 年 6 月商票贴现发生额和余额

由图 3 可知，受春节和新冠肺炎疫情影响，2020 年 2 月商票贴现发生额为 576 亿元，环比下降 57%。随着第二季度复工复产快速推进，商票贴现业务量和商票贴现余额均同比大幅提升。第二季度商票贴现业务量为 2499 亿元，同比增长 15.97%，商票月均余额为 6991 亿元，同比提升 10.50%。由此可见，后疫情时代短期融资商票化业务量逐年稳步增长。同时，2018—2020 年的年中（6 月）和年末（12 月）商票的贴承比（商票贴现发生额/商票承兑发生额）都是当年相对低点，反映出受跨年资本限额和信贷投放规模限制，商业银行在年中和年末相较于其他月份商票贴现意愿相对较低。同时，2017 年以来，商票贴现发生额总体呈逐年上升态势，反映出商业银行对商票的贴现意愿在逐年提升。

（三）后疫情时代商票转贴现业务发展

近年来，商票转贴现业务量稳步增长，商票在二级市场上也越来越受同业追捧，特别是国股直贴的商票。2020 年上半年全国累计商票转贴现发生额为 1.77 万亿元，较 2019 年同期增长 6.63%，较 2018 年同期增长 18.65%。

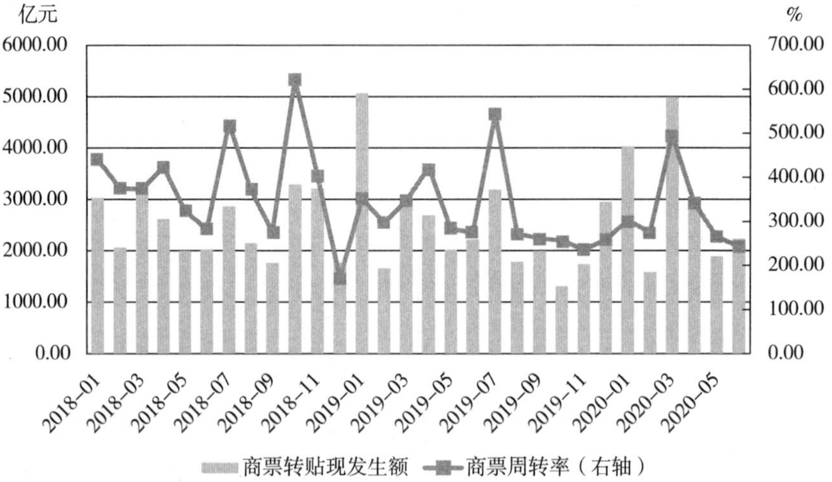

图 4　2018 年 1 月至 2020 年 6 月商业承兑汇票贴现发生额和余额

2020 年上半年商票转贴现周转率（商票转贴现发生额/商票贴现发生额）为 326.51%，比银票转贴现周转率高 2 个百分点，且较 2019 年商票周转率增长 12 个百分点，反映出上海票据交易所兑付规则变化使得商业银行可占用贴现行同业授信转贴买入商票，在提升商票在二级市场流动性的同时降低了商票转贴现占用的经济资本成本，大幅提升了商业银行对商票转贴现业务热情。同时，从图 4 可以看出，2018—2020 年季初月份商票周转率明显高于其他月份，反映出商业银行在季初信贷投放不足或风险资产相对较宽松时商票转贴现买入意愿较强。

三、后疫情时代商票供应链融资发展的挑战与机遇

（一）商票供应链融资发展面临的挑战

1. 商票相关法制体系和基础设施不完善

目前我国涉及商业信用体系的相关立法散见于《刑法》《民法通则》《合同法》《公司法》和《票据法》等，虽然这些法律法规从不同角度对商业信用行为进行了规定，但由于相对较为零散，且深度和广度不够，很难形成明确的法律制度和约束机制。反映在商票供应链融资方面，主要体现为司法机关在审理票据纠纷案件时法律依据相对滞后，法律规定相对不统

一。《中华人民共和国票据法》于1995年颁布，距今已经25年了，其司法解释颁布和实施于2000年，距今也近20年时间，远不能适应电子商票供应链融资发展的现实需求。我国的《票据法》和《担保法》司法解释关于票据质押背书的法律效力的认定也有不同规定，造成理论界的困扰和裁判标准不同等问题出现。

商票相关法律基础设施建设的迟滞致使企业商业信用的获取和流通渠道不畅，对商业承兑汇票违约、无理拒付等行为处罚手段落后且力度相对偏弱。法律相关依据的落后和规定的不统一，致使票据纠纷通过法律途径解决的难度偏高，进而造成商票在开立和背书过程中企业接受度不高和融资成本相对加大，严重制约了商票供应链融资业务发展。

2. 商票贴现、转贴现融资品种受限

2014年4月24日，中国人民银行、银监会、证监会、保监会和国家外汇管理局联合下发《关于规范金融机构同业业务的通知》（银发〔2014〕127号），规定买入返售（卖出回购）业务项下的金融资产应当为银行承兑汇票、债券、央票等可在银行间市场、证券交易所市场交易的具有合理公允价值和较高流动性的金融资产。受限于上述监管要求，目前商票在转贴现市场的融资模式仅局限于转贴现买卖断，而无法开展逆回购和正回购的交易，相比于银票转贴现融资模式相对较为单一。

目前各家商业银行推出的贴现模式主要为买断式直贴，仅少数几家商业银行推出了回购式直贴模式，以满足企业跨月或短期质押式融资需求，但银行考虑到内部风险管理要求和规模限制等问题，目前回购式直贴模式一般局限于银行承兑汇票。从企业供应链融资的需求来看，由于强势核心企业一般会将相对较高的供应链融资成本转嫁给供应商或经销商，因此供应商或经销商一般有较强的供应链融资提前还款需求，而商票的回购式直贴模式相对更加契合供应商或经销商随借随还的需求。

3. 银行对商票供应链融资准入要求高

由于商业信用市场认可度普遍偏低，商票的供应链融资需要银行信用支撑，以商票贴现和保贴等形式进行具体应用，因此银行在开展商票业务时对企业的准入门槛往往过高。一方面，银行办理商票贴现业务比照流动资金贷款需对持票企业开展综合授信，对客户资质要求较高，而商票收票方往往是交易双方中的弱势方，企业经营规模和资信状况一般很难达到商业银行对流动资金贷款的审批要求，造成业务需求与商业银行客户准入门槛的不匹配。另一方面，商业银行的商票保贴业务服务一般局限大型央企及其子公司、国有大中型企业或优质上市公司，而实际上很多民营性质的中型企业在贸易环节对商业承兑汇票保贴品种的需求较为旺盛，但因自身资质问题却很难达到银行的客户准入要求。

商业银行在配套政策和制度方面对商票供应链融资发展的制约主要体现在贴现和背书转让两个环节。在贴现环节，商票保贴等增信业务无法得到银行间的互信认同，导致商票供应链融资仅限于在授信银行开展；在背书转让环节，部分商业银行考虑到风险因素和操作流程等问题，要求可办理商票保贴的商票仅限于背书一手，导致商票在信用等级和流通性上远低于银票，无法实现商业信用与银行信用的有效结合。

（二）商票供应链融资发展面临的机遇

1. 供应链票据平台的搭建为商票发展提供了技术支持

2019 年 12 月 19 日，在上海召开的第十六届中国国际金融论坛上，上海票据交易所董事长宋汉光表示，要“建立供应链票据平台，从源头上实现应收账款票据化”。上海票据交易所于 2020 年 4 月 24 日正式上线供应链票据平台，该平台可以为市场上的各供应链金融平台提供供应链票据签发、承兑、背书转让等票据化服务，同时在供应链票据平台上，上海票据交易所将实现票据可拆分的功能，企业可以便捷地实现“付多少，开多少”和“贴多少，拆多少”的愿望。票据的应用场景将得到极大的拓宽，企业用票意愿和需求将大幅增加，在良好的平台和系统支持下，用票的便捷性也会有明显的改善。

2. 商票兑付规则的优化解除了持票人的后顾之忧

2016 年中国人民银行发布的《票据交易管理办法》规定，未贴现的商票到期后，承兑人在提示付款当日同意付款的，承兑人开户行应当根据承兑人账户余额情况予以处理。商票承兑人已于到期前进行付款确认的，承兑人开户行应当根据承兑人委托于提示付款日扣划承兑人账户资金，并将相应款项划付至持票人资金账户；已贴现的商票到期后，上海票据交易所系统自动发起提示付款，由承兑人（或代理开户行）应答，应答拒绝或应答同意但扣款失败的，系统于 T+1 日自动从贴现行在人民银行的备付金账户扣款。这一制度的优化设计，很大程度上消除了商票持票人尤其是二级交易市场的持票人（转贴现买入行）的后顾之忧，打破了商票多年来因兑付风险较大导致发展缓慢的被动局面，为商票供应链融资的应用推广创造了前所未有的机遇。

3. 银商票利差悬殊倒逼银行发展商票供应链融资

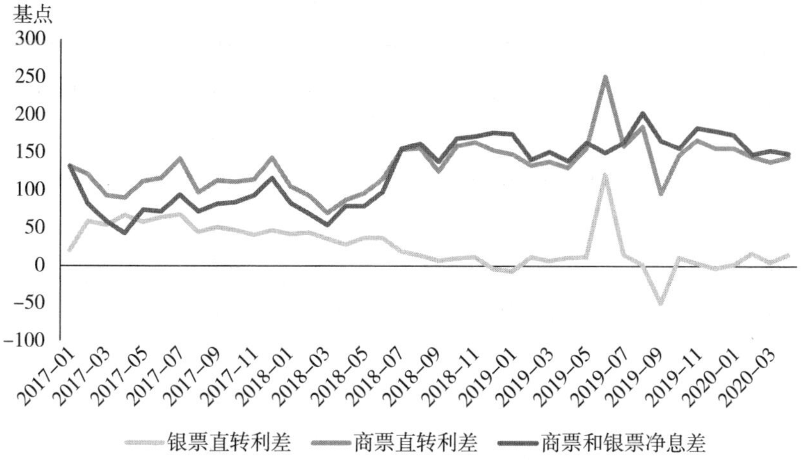

图 5　2017 年 1 月至 2020 年 4 月商票与银票利差情况对比

从图 5 可见，自 2017 年以来，银票直转月均利差逐年收窄，从 2017 年的 52 个基点下降至 2020 年的 10 个基点，累计月均利差降幅达 81%，甚至在 2019 年部分月份出现了银票直转月均利差倒挂的现象；而商票直转月均利差逐年递增，从 2017 年的 115 个基点逐年增长至 2020 年的 146 个基点，累计月均利差提升 31 个基点。从净息差来看，2017—2019 年商票净息月均利差比银票平均高 122 个基点左右，也就是说，近三年每 1 亿元商票产生的净息比银票平均要多出 122 万元左右的利润。同时，商票与银票月均净息差呈逐年递增趋势，从 2017 年的 84 个基点增长到 2019 年的 164 个基点，累计增幅达 95%。因此，近三年来商票直转月均利差是银票的 5 倍左右且呈现逐年递增趋势，与银票利差不断缩窄甚至出现倒挂现象形成鲜明的对比。考虑到票据利差逐年缩窄趋势和授信资源集中于战略客户和资质良好的核心企业，商业银行将围绕核心授信企业重点布局商票供应链融资业务。

4. 国务院开展“清欠”行动助推商票供应链融资发展

党中央、国务院高度重视民营和中小企业融资难、融资贵问题，2018 年 11 月 9 日，国务院常务会议决定开展专项行动，清理政府部门和国有大企业拖欠民营企业账款，缓解民营、中小微企业融资难题。2019 年 7 月 30 日，中央政治局会议提出要采取具体措施支持民营企业发展，建立长效机制解决拖欠账款问题。2019 年 8 月 26 日，中国国新控股有限责任公司联合中核集团、中国石化和航天科技等 51 家央企在北京成立了“企票通”平台，共同构建央企间信用合作平台，打破电子商票流通瓶颈，提供“线上+线下”的票据业务支持，推动开展“两金”压控、产业链“清欠”和民企“清欠”工作，切实解决“清欠”问题。2020 年 2 月 26 日人民银行增加 5000 亿元再贷款再贴现专用额度支持金融机构为涉农、小微企业融资，并于 7 月 1 日起下调再贷款和再贴现利率 0.25 个百分点。上述政策措施和行动部署，为市场各方推动企业间应收账款票据化，推进商票供应链融资快速发展奠定了良好的基础。

四、后疫情时代商票供应链融资模式

（一）协议付息商票贴现模式

协议付息商票贴现业务，是指银行基于贴现申请人（卖方）在行内的授信额度，为其收到的供应链下游企业开立/背书的商票进行贴现融资，贴现利息可由贴现申请人、下游企业或第三方企业按约定的任意比例进行付息。业务流程如图 6 所示。

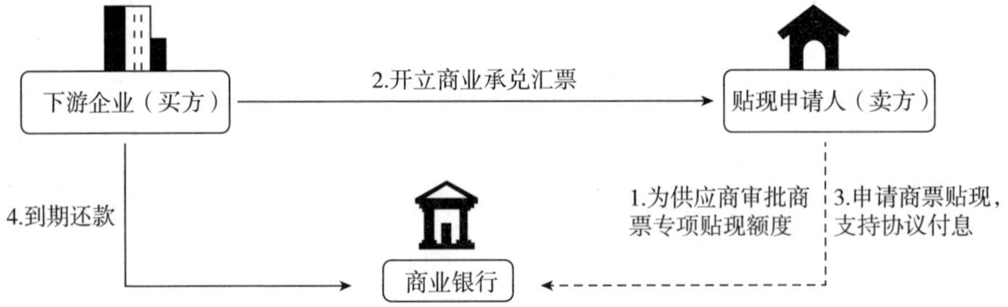

图 6　协议付息商票贴现业务示意图

协议付息商票贴现模式支持供应链贸易中任意一个或 N 个企业按照约定的任意比例来付息，以满足供应链贸易实践中两方或 N 方合作互助并共同承担融资成本的实际需求，同时可辅以转贴现卖断交易以满足贴现申请人在关键时点降低企业资产负债率的需求。

（二）主动授信下商票保贴模式

主动授信下商票保贴业务，是指银行针对核心企业现金流充裕、授信需求弱和票据结算量大等特点，为国家政策重点支持行业（如通信、医药等行业）的核心企业（出票人）发起主动授信，无须企业向银行提供任何授信资料，银行根据该企业的公开信息和外部信用评级，主动为其核定商票保贴授信额度，并通过占用核心企业（出票人）主动授信额度为持其商票的供应商办理商票融资。业务流程如图 7 所示。

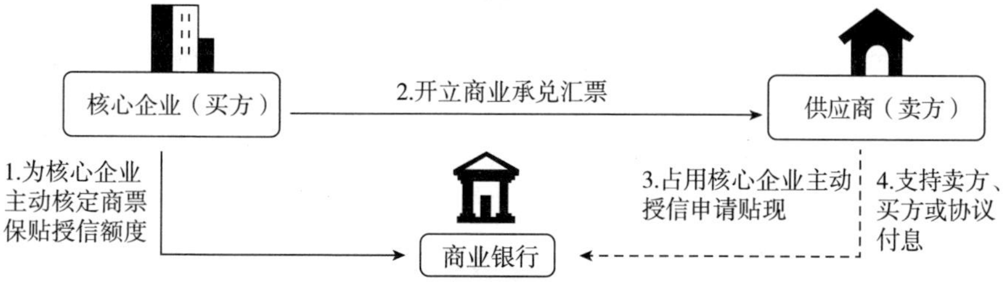

图 7　主动授信下商票保贴业务示意图

与传统的商票保贴业务相比，主动授信模式下的商票保贴业务改变了以往银行“坐等企业上门”的被动授信思路，主动为有公开财务报告和信用评级优质的企业授予信用额度，一方面，简化授信审批程序，提高了授信审批效率，解决银行授信审批要求高、手续烦琐、历时较长等严重影响商票供应链融资发展的难题；另一方面，为持票企业提供更为便捷的授信使用绿色通道，扩大了商票供应链融资业务的覆盖范围，实现了核心企业商业信用与银行信用的有效结合。

（三）额度共享下商票通模式

目前，全国范围都在开展央企“清欠”行动，为满足大型央企、国企对商票综合服务的需要，商业银行推出了“商票通”产品。该产品主要针对大型央企及总分两战客户等核心企业，只需核定集团主体的商票保贴额度，便可将保贴额度共享至其指定的集团子公司，即只要核定了核心企业集团的保贴额度，任意一家企业均可持其白名单内子公司签发的商票到银行申请办理保贴业务，且支持授信网点将核心企业授信额度共享给全国网点机构使用。业务流程如图 8 所示。

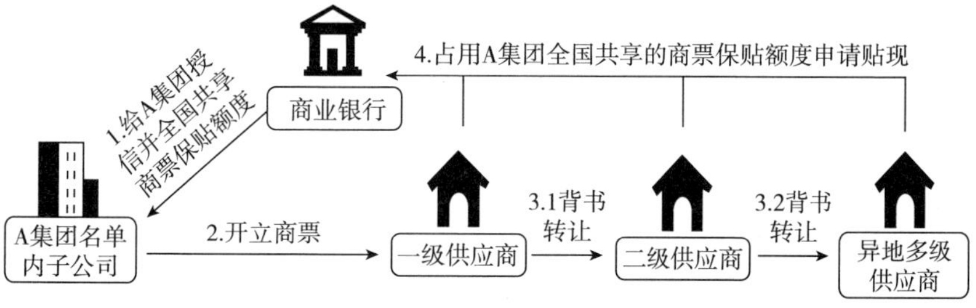

图 8　额度共享下商票通业务示意图

“商票通”产品最大的特点是打破了传统商票保贴业务只能由授信网点办理的内部竖井，实现商票保贴额度全国共享，一方面可扩大供应链融资主体范围，满足核心企业子公司及其供应商的融资需求；另一方面可不受地域限制跨地区、跨分行使用核心企业额度。“商票通”旨在服务于产业供应链上任一手持票人，不限制背书流转次数，真正实现应收账款商票化，有效促进商票全国范围流转和跨地区供应链融资，从而更有力地服务实体经济。

（四）保证人授信下商票保贴模式

针对供应链下游出票企业信用相对较弱，其签发的商票产业链上游供应商不愿接受的痛点，商业银行通过引入核心授信企业为出票企业签发的商票提供保证，承担票据到期后的连带付款责任，并接受供应链上游供应商持增信后的商票向其申请办理商票融资业务。根据担保效力的表现形式不同，保证可以分为线上保证和线下保证，线上保证是指按照《票据法》相关规定，在票据正面完整有效地记载保证人信息；线下保证是指根据民法相关规定，以合同方式约定保证人和被保证人的法律关系及双方的权利义务，如图9所示。

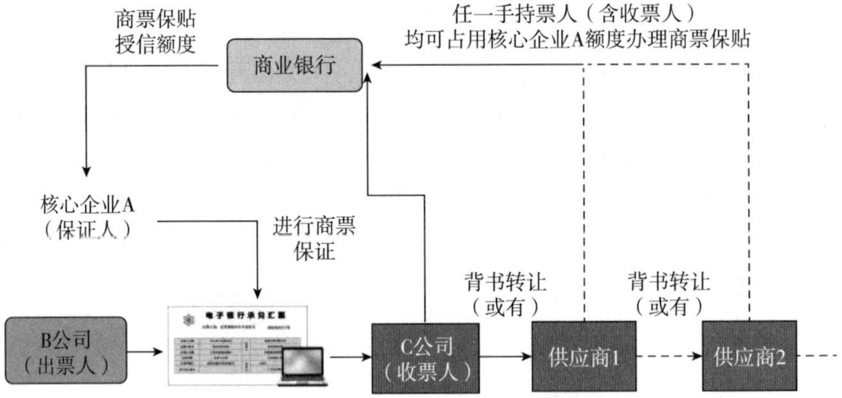

图9　保证人授信下商票保贴业务示意图

银行针对优质授信企业子公司或关联公司商票支付融资需求推出商票保证授信项下贴现融资服务，可实现集团或总部给予子公司、关联公司或上游供应商增信或银行授信额度支持。保证人授信下商票保贴模式通过引入核心企业作为保证人叠加商业信用和银行信用，有效提升商票的信用等级，提高了商票的市场接受度和流通性，从而帮助出票企业及供应商拓宽商票供应链支付、融资渠道。

（五）背书人授信下商票保贴模式

基于持票人享有对任意一手背书人的追索权以及银行对某一背书人的良好信用资质认可，银行将占用出票人授信的一般商票保贴业务扩展至占用背书人授信额度的商票保贴业务。该模式与传统的商票保贴业务的区别在于授信占用对象不同，而这取决于贴现银行对出票人（承兑人）或中间背书人的信用资质的认可如图 10 所示。

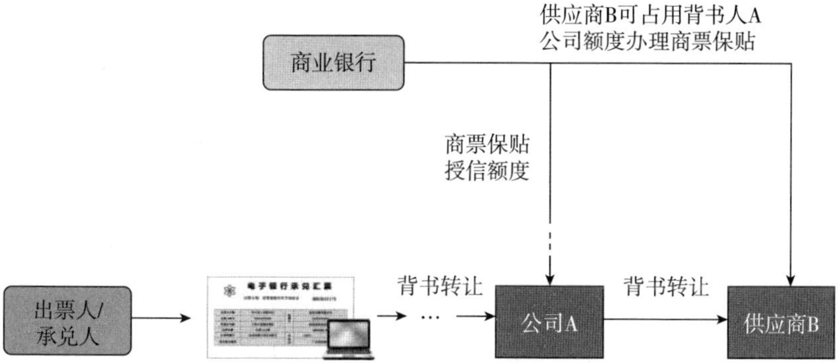

图 10　背书人授信下商票保贴业务示意图

在商票供应链融资实践中，占用背书人授信额度的商票保贴业务对信用风险的控制难度一般要高于传统的商票保贴业务，因此贴现行对背书人的信用资质以及背书人与持票人的关系有更高的要求和特定的限制，通常仅限于贴现申请人直接前手，且背书人为贴现行的总分行战略客户名单内企业。

（六）票据池项下商票融资模式

票据池是商业银行为企业（集团）提供的集票据管理与融资等功能于一身的票据服务。票据池项下商票融资，是在“银票+现金”的低风险票据池业务基础上，增加商票入池质押、托收管理和综合融资等服务。在管理方面，银行可为企业办理商票托管、托收和商票异常情况查询等服务；在融资方面，银行可根据入池商票的总额度及企业已有的综合授信额度，按企业需求办理商票质押融资业务，包括流动资金贷款、开立银票、信用证和商票保贴等如图 11 所示。

部分商业银行通过推出票据池项下商票融资模式，能帮助核心企业全面加强商票管理，有效盘活企业商票资产，解决部分商票融资难问题。根据票据池/资产池的动态质押额度，集团客户总部和成员单位之间可共享池内票据担保额度以及集团公司的综合授信额度，优化集团的祟据担保资源和授信资源配置，满足企业部分商票供应链支付和融资需求。

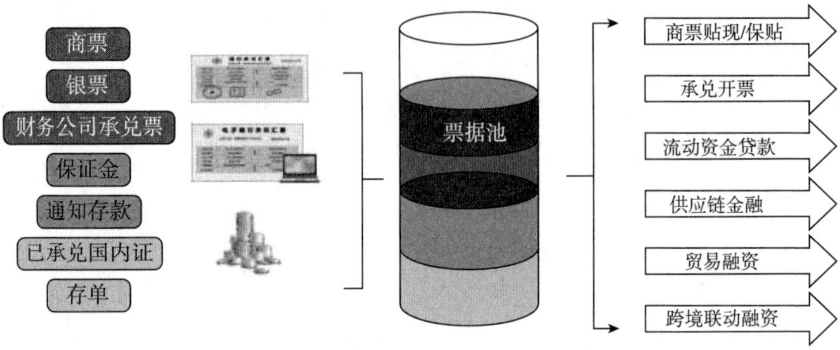

图 11　票据池项下商票融资业务示意图

（七）标准化票据模式

2020 年 7 月 28 日《标准化票据管理办法》正式实施，首批落地 27 单标准化票据产品，标准化票据时代正式开启。标准化票据是指存托机构归集核心信用要素相似、期限相近的商业汇票组建基础资产池，以基础资产池产生的现金流为偿付支持而创设的等分化受益凭证。其业务流程如图 12 所示。

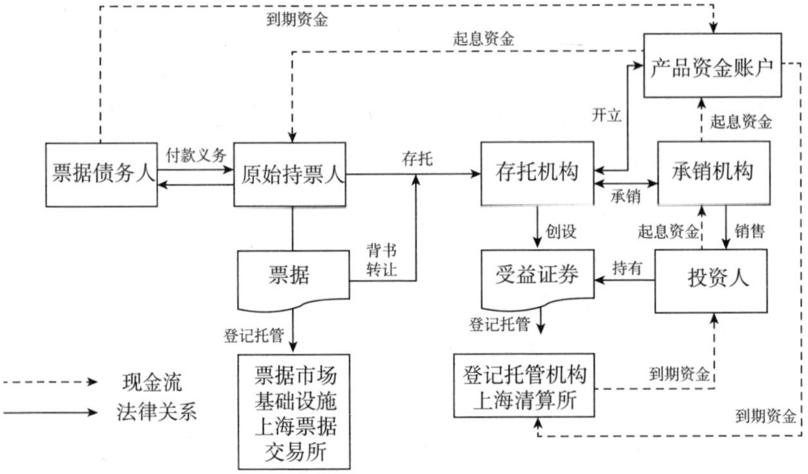

图 12　标准化票据业务流程示意图

从标准化票据的基础资产来看，首批标准化票据中有 22 单基础资产为商票，占比达 81%，其中 14 单基础资产为未贴现商票，占首批标准化票据的 52%。由于未贴现银票、已贴现银票、商票基于承兑行和贴现行信用定价已高度市场化，且标准化票据目前仍未被认定为标准化产品，因此，未贴现商票更符合标准化票据基础资产的要求，也相对更满足投资人对资产回报率的需求。随着标准化票据业务的发展，商业银行将进一步重点布局商票供应链融资业务，为标准化票据提供优质的未贴现商票作为基础资产。

五、推动商票供应链融资发展的建议

后疫情时代，商业银行为满足企业足不出户、一点即融的需求，推出商票全流程电子化和线上化融资产品，进一步加快推动商票供应链融资电子化、线上化、垂直化和细分化发展。2019 年末商票贴现余额为 0.64 万亿元，贴现率为 35%，为银票贴现率的一半左右。为缓解企业商票贴现难和贴现贵问题，建议从以下几方面推动商票供应链融资发展。

（一）完善商票顶层制度设计

目前票据相关的政策制度还是 20 世纪 90 年代颁发的《票据法》《支付结算办法》和《商业汇票承兑、贴现与再贴现管理暂行办法》等，现有票据制度体系存在一些制约商票发展的因素。一是建议修订《票据法》等法律法规，明确电子商票、新产品模式相关参与主体的法律关系及权利义务，引导多类主体积极参与商票支付结算、融资和交易等服务，以适应票据电子化和商票供应链融资的发展趋势；二是建议制定票据失信行为管理办法和商票信息披露机制，从制度上加强对商票失信主体的惩戒，如加大对延迟付款或拒绝付款行为的处罚力度，加大商票承兑人的签发量及兑付信用信息的公开披露力度，提高商票承兑人的违约成本，从而降低商票兑付违约风险。

（二）推进商票市场基础设施建设

随着商票业务的快速发展，有必要进一步推进商票市场的各项基础设施建设。一是建议上海票据交易所、商业银行和供应链金融平台等市场参与主体加强与工商、税务、征信和司法等部门的数据互通，出台商票评级管理制度规定，对商票市场信用主体（如出票人、贴现人）进行全方位的信用评估，建立完善商票信用评级体系；二是引入商票保险制度，由承兑人对商票投保，向承保的保险公司交纳保险金，并约定保险的受益人为收款人，当出现保险范围内商票不能到期兑付的情况时，由保险公司承担赔偿责任；三是推行商票担保支付机制，承兑企业以其他财物对商票提供担保或选择资金实力雄厚的担保机构作为第三方担保人。一旦商票不能到期兑付，商票权利人可对担保财产进行处置，或由第三方担保人承担无条件付款的责任。

（三）拓宽商票回购式贴现和转贴现融资渠道

受《关于规范金融机构同业业务的通知》（银发〔2014〕127号）及银行内部风控等因素影响，商票融资仅限于买断式贴现和转贴现买卖断交易，回购式贴现和正（逆）回购交易渠道受限。为满足企业商票供应链融资随借随还的需求，同时进一步缓解企业持有的商票融资难、融资贵问题，建议鼓励商业银行积极开展商票回购式贴现业务，鉴于2016年中国人民银行发布的《票据交易管理办法》调整优化商票兑付规则后，已贴现的商票越来越受转贴市场欢迎，商票的转贴现市场利率已接近城商银票价格，已贴现的商票资产在转贴市场已具有合理公允价值和较高流动性，票据相关管理部门应适当放宽对于二级市场商票正（逆）回购交易的限制。

（四）鼓励商业银行优化供应链商票授信模式

商业银行出于内部风控等方面的要求，在供应链商票融资授信中限定出票人、贴现申请人或授信网点办理，严重阻碍了商票支付结算和融资功能的发挥，削弱了商业银行对中小企业融资的支持力度。一是建议银行优化原有授信模式，将审查贸易背景的工作前置至授信环节，将授信赋予商票承兑人，约定授信规则适用于承兑人与名单上的收款人（供应商），对出票人、贴现申请人则不做约束；二是建议银行授信主体不局限于出票人和贴现申请人，对于资质较好的企业，商票供应链融资授信主体可扩展至保证人或任一背书人；三是打破银行内部授信使用竖井，通过主办授信行和协办贴现行的模式实现持票企业可在全国任一网点办理商票供应链融资。

（五）进一步推动供应链票据和标准化票据发展

供应链票据在形式上可实现商票拆分转让、支付和部分融资功能，标准化票据可以使商票（特别是未贴现商票）的标准化程度达到新的高度，但票据标准化的难点在于商票信贷资产属性和在法律上难分割，导致标准化票据目前仅为等分化受益凭证，无法对接银行或非银行金融机构部分低价的标准化投资资金。一是建议票据相关管理部门推出与供应链票据和标准化票据相配套的法律法规和政策制度；二是上海票据交易所进一步完善商票相关基础设施建设，加快推进标准化票据转变为标准化产品的进程；三是进一步扩大标准化票据市场参与主体，引入非银行金融机构低价资金参与对接，积极引导商业银行着力发展以未贴现商票为基础资产的标准化票据业务。

参考文献

[1] 吴显亭. 加大培育发展商业承兑汇票市场 [J]. 中国金融，2020 (14).
[2] 姜蓉. 电子商业承兑汇票增信研究——以奥德商票为例 [D]. 南昌：江西财经大学，2020.
[3] 颜永嘉. 我国商业汇票转贴现市场的发展状况、影响及建议 [J]. 上海金融，2010 (7).
[4] 钟俊. 票交所成立：票据市场发展里程碑 [J]. 银行家，2017 (1).
[5] 王萍. 进一步发展和完善中国票据市场的模式构想和策略研究 [D]. 厦门：厦门大学，2002.
[6] 王琳. 票交所时代的票据市场展望 [J]. 全国流通经济，2017 (4).
[7] 徐晓岚. 票交所具有推动实体经济发展“四大功效” [N]. 中国证券报，2016-12-08.
[8] 赵慈拉. 票交所将创建票据信用生态环境 [N]. 第一经济日报，2016-12-08.
[9] 李光磊. 我国票据市场发展面临变革　专家建议：多措并举推动票交所落地上海 [N]. 金融时报，2016-09-08.
[10] 刘泉江. 规范发展票据市场迎历史性转折 [N]. 金融时报，2017-02-23.
[11] 邰友会. 电子商业汇票业务发展的观察、分析与思考 [J]. 金融会计，2016 (10).
[12] 冯丽娜. 英美国家票据市场发展对我国的启示 [J]. 科学与管理，2008 (6).
[13] 李明昌. 我国票据市场发展出现“四化”趋势 [N]. 上海证券报，2017-01-21.
[14] 江西财经大学九银票据研究院课题组. 新的变化趋势下如何推进票据市场的发展 [EB/OL]. [2017-06-29]. http：//www. geron-e. com/info/259.
[15] 肖小和. 票据市场发展趋势：差异化业务创新 [N]. 上海证券报，2015-09-17.
[16] 肖小和，汪办兴. 中国电子商业汇票发展的现状、问题与对策 [J]. 金融论坛，2011 (5).

海南自由贸易港建设背景下票据业务机会分析[①]

肖雅新　修晓磊　汪小政　肖小伟[②]

摘　要： 国家全面推动海南自由贸易港建设，由于其具有战略地位、地理区位和政策基础等优势，也成为商业银行进一步巩固市场地位、扩展票据业务的新机遇。商业银行可围绕重点产业、创新服务和跨境金融等方面，采取“有序推进、重点突破、总分联合、跨境专营”等方式积极开拓票据市场。

关键词： 商业银行　票据业务　发展机遇

服务海南自由贸易港建设，是商业银行参与更高水平开放型经济新体制建设的重要战略机遇和历史使命，也是商业银行建设具有全球竞争力的世界一流现代金融企业的关键战略举措。票据作为服务实体经济的重要产品，在海南自由贸易港建设中必不可少。商业银行应积极把握发展大势，抢抓战略机遇，在海南布局票据业务市场，为票据业务开创新机遇。

在宏观经济上，海南经济总量不断增长，产业结构不断优化，第三产业已成为拉动全省经济增长的重要力量。与其他自由贸易区相比，海南自由贸易港在战略地位、地理区位、政策基础方面具有突出优势。随着海南自由贸易港建设的深入，以及各项机制的不断完善，金融服务范围将从本地经济扩展到区域经济乃至全球经济，商业银行应当积极抓住票据发展机遇，围绕重点产业、创新服务和跨境金融等方面，采取“有序推进、重点突破、总分联合、跨境专营”等方式，扩大票据业务规模，增强票据业务服务实体经济的能力。

---

① 本文写于 2020 年。

② 肖雅新、修晓磊、汪小政，现就职于工商银行票据营业部管理信息部。肖小伟，现就职于工商银行江西省分行。

一、海南经济金融状况及自由贸易港建设前景

在经济发展上，海南省地区生产总值不断增长，产业结构不断优化，第三产业发展迅速。与其他自由贸易区相比，海南自由贸易港在生态文明建设、地理区位和政策基础等方面具有天然优势。在未来发展上，海南自由贸易港主要从贸易自由便利、投资自由便利、跨境资金流动自由便利、人员进出自由便利、运输来往自由便利、数据安全有序流动等方面着手建设。

（一）海南经济发展状况

1. 海南省宏观经济发展现状

2010—2019 年海南省地区生产总值持续增长，其增速与全国 GDP 增速逐渐趋同（见图 1），2019 年，海南十二大重点产业对经济增长的贡献达 67.3%（海南“十三五”期间重点发展的十二大重点产业包括旅游产业、热带特色高效农业、互联网产业、医疗健康产业、现代金融服务业、会展业、现代物流业、油气产业、医药产业、低碳制造业、房地产业和高新技术教育文化体育产业）。

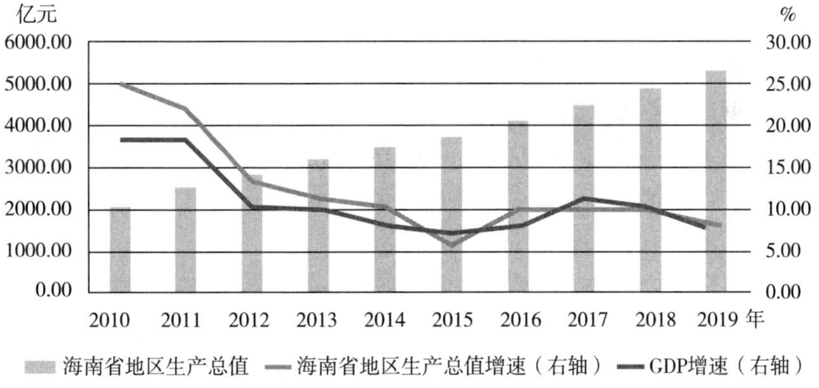

图 1　2010—2019 年海南省地区生产总值及增速

2. 海南产业结构发展现状

根据 2019 年海南省政府工作报告，全省经济社会呈现走势向好、结构趋优、动能转强、效益提升、更可持续的高质量发展态势，为海南自由贸易港建设打下坚实基础。近年，海南经济结构不断优化，2019 年三大产业的比例为 20.3∶20.7∶59.0，第三产业对经济增长的贡献达 75%左右，是

拉动全省经济增长的重要力量。近年海南省三大产业具体发展增速如图 2 所示。

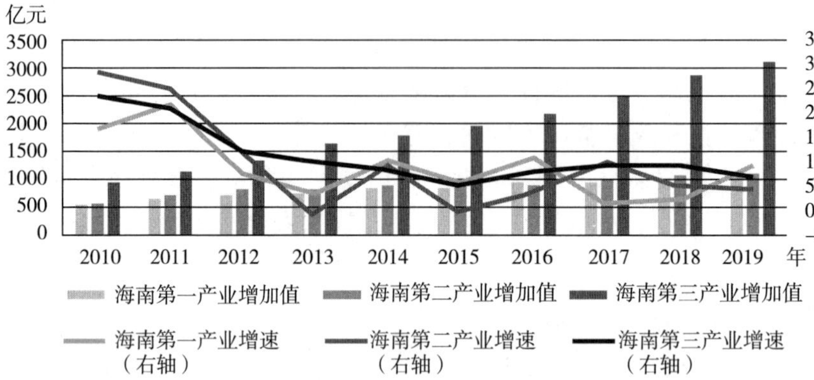

图 2　2010—2019 年海南省三大产业增速情况

3. 海南自由贸易港发展的优势

海南自由贸易港的范围包含海南全岛，是此前获批的 11 个自由贸易区面积总和的 26 倍。生态文明建设和国际旅游岛建设是海南区别于其他自由贸易区的鲜明特色。海南不仅具有得天独厚的地理区位和环境资源优势，在国家重大战略中也具有突出地位。同已经建立的 11 个自由贸易区相比，海南自由贸易港在战略地位、地理区位、政策基础方面存在以下优势。

一是战略地位方面，与国家战略高度契合。海南“国家重大战略服务保障区”的定位超越已有自由贸易区更多注重经济层面的范畴。海南面向南海，辐射太平洋，是中国南下的重要战略通道，也是“一带一路”中“21 世纪海上丝绸之路”的重要支点，在“一带一路”、中国—东盟自由贸易区、海洋强国、南海战略中均承载重大功能。

二是地理区位方面，具有作为离岛的天然便利。与上海等自由贸易区连接内地不同，海南是一个相对独立的地理单元，且有天然的海运和多港口基础。

三是政策基础方面，海南自由贸易港战略规格高、起点高。海南自由贸易港建设已上升为国家战略，规格和起点之高超出预期，未来将有可持续的政策支持。

（二）海南自由贸易港建设前景分析

《海南自由贸易港建设总体方案》主要从 6 个方面推动海南自由贸易港建设。

一是贸易自由便利方面，对货物贸易，实行以“零关税”为基本特征的自由化便利化制度安排。对服务贸易，实行以“既准入又准营”为基本特征的自由化便利化一系列政策举措。

二是投资自由便利方面，大幅放宽海南自由贸易市场准入，实行“非禁即入”制，进一步激发各类市场主体的活力。

三是跨境资金流动自由便利方面，强调金融服务实体经济，围绕贸易投资自由化便利化，分阶段开放资本项目，有序推进海南自由贸易港与境外资金自由便利流动。

四是人员进出自由便利方面，针对高端产业人才，实行更加开放的人才和停居留政策，目的是打造人才聚集的高地。

五是运输往来自由便利方面，将实行高度自由便利开放的运输政策，推动建设西部陆海新通道国际航运枢纽和航空枢纽。

六是数据安全有序流动方面，要在确保数据流动安全可控的前提下，扩大数据领域开放，培育发展数字经济。

二、金融服务发展及票据业务机遇

从自由贸易港建设一般遵循贸易先行、投资推动、金融跟进的发展路径看，随着自由贸易港建设的深入，各项机制的不断完善，以及贸易投资规模的扩大，金融服务范围将从本地经济扩展到区域经济乃至全球经济，服务内容将嵌入全球产业链经济与资本流动。

（一）金融服务发展机遇

1. 规划内容

以跨境资金流动自由便利为目标，《海南自由贸易港建设总体方案》的39项政策中涉及4项内容，在2025年前的18项重点任务中涉及3项内容，其他政策中也涉及部分金融服务内容，主要包括管理制度、机构设施、产品服务、科技应用等方面。

管理制度方面主要包括自由贸易账户体系、完善跨境资金支付与转移制度、外汇管理改革（贸易结算便利化、跨境直接投资、跨境融资、跨境证券投融资）、国际管理准则接轨等。

机构设施方面主要包括建设国际能源、航运、产权、股权等交易场所及结算中心，支持境外证券、基金、期货机构设立独资或合资金融机构，支持设立财产险、人身险、再保险公司以及相互保险组织和自保公司等。

产品服务方面主要包括支持发展房地产投资信托基金（REITs）、公司信用类债券、项目收益票据、住房租赁专项债券等，开展旅游资产证券化试点，拓展服务贸易领域、股权融资、物流金融产品和供应链融资，推动发展相关场外衍生品业务，探索国际接轨的商业性医疗保险服务等。

科技应用方面主要包括有序推进人工智能、大数据、云计算等金融科技领域研究成果率先落地，建立数据确权、数据交易、数据安全和区块链金融的标准和规则等。

2. 发展机遇

根据《海南自由贸易港建设总体方案》，海南自由贸易港建设规划期分为至2025年前、至2035年前及至21世纪中叶，政策落地采取成熟一项推出一项的方式，从短期和中期来看，金融服务发展机遇主要体现在以下几个方面。

一是产融结合蕴含新的投融资需求。该方案明确提出稳步拓宽多种形式的产业融资渠道，创新科技金融政策、产品和工具，支持海南自由贸易港企业在境内外发行债券、开展质押融资、旅游资产证券化、航运物流金融产品、供应链金融，同时支持开展金融科技以及商业性医疗保险服务、跨境医疗保险等。实体经济和投资规模的增长将进一步推动生产要素集聚，促进扩大新的投融资需求，围绕实体经济特别是旅游业、现代服务业和高新技术产业等重点领域提供金融服务。

二是跨境金融蕴含新的投融资机会。自由贸易港既作为投资目的地，同时又作为投资重要来源地。总部经济、国际结算中心建设、跨境资金流动便利等将促进产生更多跨境金融服务机会，为进一步畅通境外人民币资金回流渠道和推动对外直接投资搭建有效平台。

三是资本开放蕴含新的投融资空间。海南自由贸易港推动构建与国际金融体系接轨的资本制度，逐步有序开放资本项目，促使自由贸易港成为面向国际市场、按照国际惯例运作的高水平交易平台，将提升自由贸易港的金融辐射能力，REITs、场外衍生品等业务的逐步推出也将完善和丰富金融服务业态。

（二）票据业务发展潜力

海南自由贸易港的建设一方面坚持金融服务实体经济原则，另一方面突出改革创新，同时符合海南战略和经济产业定位，有助于票据业务借助其连通实体经济和金融市场的优势，在服务重点产业、创新服务形式和介入跨境金融等方面发挥作用。

一是服务重点产业。该方案重点提出海南自由贸易港将构建现代产业体系，大力发展旅游业、现代服务业和高新技术产业。其中，生物医药、新能源汽车等先进制造业同时为票据应用较为广泛的行业，且现代农业等具备较为清晰和明确的产供销关系行业，也可作为拓展票据应用的潜力行业，重点服务短期结算与融资需求。

二是创新服务形式。该方案明确提出规范稳妥开发相关供应链金融产品和运用区块链等金融科技发展技术产业。票据业务在服务供应链金融方面已有比较成熟的创新产品，且上海票据交易所同时推动供应链票据平台推广应用，未来票据业务可在创新供应链服务和数据票据等方面积极探索新型服务形式和内容。

三是介入跨境金融。该方案明确提出稳步扩大跨境资产转让范围，且近期中国银行海南省分行已成功办理跨境贸易融资资产对外转让业务。在外管政策支持和稳步创新的背景下，票据资产作为相关资产转让标的，可促进境外人民币资金形成健康的回流通道，且已具备较为可行的条件，可依托大型商业银行利用集团分支机构遍布全球的优势，境内外机构紧密联动，引入低成本资金，支持企业进一步降低融资成本。

三、商业银行票据业务发展建议

根据《海南自由贸易港建设总体方案》，当前海南发展的重点行业与产业是旅游业、现代服务业、高新技术产业及其他产业，结合票据业务投融资特性，为推动商业银行票据业务发展，抓住票据业务在海南自由贸易港建设中的发展机遇，可以采取“有序推进、重点突破、总分联合、跨境专营”的策略。

（一）有序推进，抓住海南建设发展新机遇

短期来看，应重点推动基础设施建设及服务业企业票据业务。当前，海南招商引资如火如荼，基础设施建设大力推进，公共服务建设不断扩容，商品服务贸易快速增长，企业融资需求日益增长。从票据贴现业务历史经验看，商业银行当前应抓住海南基建扩容、企业融资需求旺盛的时机，积极关注海南的建筑业、交通运输及仓储业、批发和零售业、租赁和商务服务业、电力热力燃气等公共服务业等行业企业，这些行业企业用票量大，业务需求多。商业银行可以积极联系相关行业企业，积极推介票据业务，为企业提供高效优质的票据业务服务。

从中长期看，商业银行应积极介入重点产业、总部企业票据投融资管理服务。目前，海南正在积极打造总部经济，积极引进行业企业的国际总部、地区总部。商业银行应积极发挥总对总营销策略的作用，利用商业银行集团一体化优势，为国际总部、地区总部提供个性化票据投融资管理服务方案。同时，商业银行可以选取一批先进制造业、现代农业、旅游业的重点企业、龙头企业，利用票据业务及其他业务，为其提供结算及融资服务。

（二）重点突破，推动商业银行票据业务新发展

在产业链票据业务上突破。当前正处于加强金融服务实体经济，推动产业链协同复工复产的关键阶段，为加快推进优质客户供应链业务发展，目前，海南地区供应链核心企业涉及制造业、交通运输、建筑、电力能源等多个产业链。商业银行应抓住业务发展机遇，重点围绕供应链核心企业，充分运用票据创新产品，加大对核心客户及其上下游企业的融资服务深度与广度。

在票据资产跨境转让业务上突破。充分利用海南现有的金融政策环境，积极推动票据资产转让业务，吸引更多的国外低成本资金，加快票据资产流转，灵活调控全行信贷规模，拓宽收入来源。

（三）总分联合，锻造商业银行票据业务发展新动能

一是总分行联动，开展票据业务营销。在商业银行总行层面，重点开展对国际总部、地区总部的营销。总行涉及票据的相关部门组成营销团队，开展对企业总部的营销活动，为其提供包括票据业务与其他金融业务的服务，各商业银行海南分行积极辅助落实相关金融服务。总行做好票据业务创新，不断满足客户需求；同时，为分行提供票据业务培训服务，不断提升分行票据业务服务技能。

二是商业银行总行给予海南票据业务政策支持。鉴于票据业务投融资特性，应积极通过推动票据业务发展带动其他金融业务发展，建议给予海南专项票据融资规模支持，具体规模根据业务发展实际需求，全力支持业务发展。同时，建议在授信规则、利率定价上给予特别支持，根据业务发展实际需求，在前期可适度“风控放宽、保本微利”，全力支持业务发展。

（四）跨境专营，打造票据资产交易新中心

在海南设立票据资产交易中心。由商业银行总行部门牵头，在海南设立票据资产交易中心，重点开展票据资产海外交易业务，积极推动标准化

票据业务经营。针对海外客户，开发不同的票据资产交易产品，吸引海外资金入场交易。同时，依托此票据资产交易中心，积极开发标准化票据，设立票据基金，满足海外不同的客户需求，打通国内外、行内外票据资产的流动，丰富投融资渠道，活跃票据市场，拓宽票据业务盈利渠道，提升票据业务在本行的盈利贡献。

第二部分

票据与实体经济

票据融资支持中小企业发展浅议[①]

肖小伟　李　亮

摘　要：为更好地促进中小企业融资，更有效地支持实体经济发展，本文从票据融资的角度，结合近年工商银行江西省分行中小企业票据融资实践，分析了票据融资服务中小企业的优势，指出了当前票据融资业务在支持中小企业方面存在的主要难点，对票据融资服务中小企业的发展模式、政策选择、风险控制进行了思考，并提出了三点促进建议。

关键词：票据融资　中小企业

一、票据融资业务服务中小企业的实践

当前，我国中小企业的融资除了股权融资、银行贷款融资和债券融资外，还有以商业汇票为载体的票据融资，其具有操作简单、灵活便利等优势，是中小企业较好的融资方式之一，同时也是解决中小企业融资难问题的一条有效途径，在具体运作中具有独特的优势。

中国工商银行江西省分行（以下简称江西省分行）发挥票据融资工具的作用，促进中小企业票据融资市场走上规范、有序、高效的道路，切实坚持商业汇票的真实贸易背景原则，加强对票据的合规性管理，积极稳妥推进发展票据融资为中小企业服务，成效明显。2012 年至 2016 年末累计办理票据贴现融资额 1048. 91 亿元，其中支持中小企业融资额达 836. 5 亿元，占比为 79. 75%，主要支持制造业、批发和零售业融资，占融资总额的 83. 21%，有效缓解全省中小企业资金缺口需求，解决中小企业融资难问题，促进了地方经济发展。

---

① 本文写于 2017 年。

（一）加快票据周转，积极腾出额度，支持中小企业融资

为满足中小企业融资需求，江西省分行把“不依融资依交易、不增规模增市场”作为票据发展的新路径，全面做大票据流量市场。积极建立交易出口机制，寻找票据出口：一是加强与省外系统的外联系，二是加强与省外系统的内沟通，三是寻求与总行票据营业部合作。通过多途径寻找交易出口，加快票据周转，腾出额度空间，为中小企业融资提供有力保证。

（二）争取中央银行再贴现融资政策，支持中小企业融资

把点差贡献度大、业务安全性高的回购式再贴现作为多元化发展票据的重要抓手，紧密结合票据发展需要，从政策、操作等层面全力争取当地人民银行的支持与帮助，通过连续合作的方式，积极争取低成本资金，竭力做大回购式再贴现业务。尤其是对涉农票据，中小金融机构签发、承兑的票据，中小企业贴现的票据优先办理再贴现，积极支持中小企业发展。

（三）不断创新，丰富产品，支持中小企业融资

近年，从票据产品与服务衍生内在变化需求来看，中小企业服务多元化需求强烈，企业需求丰富，江西省分行在遵守票据市场发展规律的同时，积极抓住市场机会，不断创新，通过丰富票据理财、票据信托、票据交易品种等产品，满足中小企业资金支付需求、短期资金周转需求，降低融资成本，提高商业银行金融资产服务水平；根据中小企业融资“短、频、急”的特点，积极发展中小企业电子票据融资业务，大大提高了票据的流动性和业务办理效率，较好地满足了中小企业的融资需求。此外，还加大了买方付息贴现票据、部分放弃追索权等组合业务产品的创新力度，不断加大对中小企业融资的支持。

二、票据融资业务服务中小企业的优势

票据业务以操作便捷、转让快速、财务成本节约等众多优势，成为有效缓解中小企业融资难问题的一项重要融资工具，备受中小企业青睐。

票据是具有一定格式的、由债权人和债务人约定到期由债务人无条件地支付一定金额的债务凭证，包括汇票、支票、本票。它除了具有支付、结算、汇兑、信用、流通、自动清偿等功能外，还具有短期资金融通功能，即票据可以充当融资工具，促使资金在资金盈余单位与资金短缺单位之间流动，实现资金融通的目的。票据本身特有的功能，使票据融资在中小企

业的短期资金融通方面具有无可比拟的优势。

（1）票据融资保证充分，可提升中小企业的商业信用，促进企业之间的短期资金融通。当前，中小企业大多由于达不到商业银行贷款标准与等级，难以从银行及时补充流动资金。同时，各商业银行在加强风险管理后，又纷纷出现惜贷现象。这样一来，就使得资金的需求和供给陷入了两难的境地。票据融资则有助于解决这个问题：商业银行通过对企业票据的承兑贴现将原来计划用于贷款却放不出去的资金不断输入这个较为安全的市场。商业银行在付出现金后可以拿票据向中央银行再贴现，企业也可以票据做抵押向商业银行贷款。这样，从中央银行到商业银行再到企业的资金链就打通了。另外，票据承兑过程中还可以进一步引进银行信用，将银行信用与商业信用有机地结合起来（如由金融机构介入，担任票据的保证人或付款人），从而提高商业信用，增加中小企业利用商业信用融资的机会。

（2）票据融资简便灵活，中小企业可以不受企业规模限制而方便地筹措资金。银行目前的信用评级标准主要是按国有大中型企业的标准设定的，导致中小企业因达不到信用等级标准而不能顺利申请到贷款。采用银行承兑汇票贴现融资，则基本不受企业规模的限制，中小企业可轻松地“用明天的钱赚后天的钱”。持有未到期银行承兑汇票的中小企业若急需资金，可立即到银行办理贴现，利用贴现所得资金组织生产，从而创造高于贴现息的资金使用收益。

（3）票据融资可以降低中小企业的融资成本。利用票据融资的成本要比向银行贷款的成本低得多。当前银行对中小企业开办全额、非全额保证金存款抵押和定期存单抵押的银行承兑汇票业务，只要企业将一部分存款预先存入银行，就可以签发银行承兑汇票，解决了中小企业融资问题。

（4）票据融资可优化银企关系，实现银企双赢。采用商业汇票融资，可以方便中小企业的资金融通，同时，商业银行可通过办理票据业务收取手续费，还可以将贴现票据在同业银行之间办理转贴现或向中央银行申请再贴现，从而在分散商业银行风险的同时，从中获取较大的利差收益。票据融资比信用放款风险小，因此票据业务已成为部分商业银行新的利润增长点。

三、票据融资业务服务中小企业的难点

（一）票据的真实贸易背景问题

现行的票据，不论是银行承兑汇票还是商业承兑汇票，都只是交易性票据。交易性票据首先是一种结算工具和支付手段，此类票据的签发和流通转让的依据只能是真实的贸易往来。然而，实际操作中包括中小企业在内的众多企业不依据贸易背景签发、承兑商业汇票，一些商业银行承兑、贴现商业汇票时未真正坚持真实贸易背景原则的不合规现象时有发生。近年来，监管部门和中国人民银行多次检查都发现，虽然商业银行在办理票据业务时履行了审查之责，跟单资料也基本齐备，但延伸追踪检查的结果表明，相当数量的票据不具有真实贸易背景。这种把商业汇票作为融资性票据使用，脱离贸易背景签发、承兑的商业汇票实际上是一种短期债券。由于《票据法》尚未对这种情况做出解释和说明，而且市场对这种融资性票据也没有相应的信用评级制度，其潜在风险不容忽视。

（二）票据市场工具单一性问题

根据现行《票据法》的规定，票据市场主体只能办理交易性票据业务，不能办理融资性票据业务。而目前在交易性票据中，银行承兑汇票所占的比重又高达 82%，商业承兑汇票所占的比重仅为 18%。这种近乎单一票据的市场限制了中小企业票据融资的规模和范围，使其在很大程度上仍然依赖于银行信用。这也不利于金融机构防范票据风险和保持票据市场健康持续发展。

（三）金融机构对票据业务的内控管理问题

目前，票据贴现、转贴现是卖方市场，商业银行持有票据的意愿较强。一些金融机构为扩大承兑规模，规避承兑保证金管理制度，通过对办理承兑业务的中小企业发放贷款用于其缴纳承兑保证金；一些商业银行分支机构在办理票据业务时存在无序竞争情形，故意降低票据交易跟单资料要求；有些商业银行为增加本行票据业务份额，以票据业务创新为由，降低票据交易利率，放宽承兑、贴现标准。比如，买方付息贴现业务将承兑风险和贴现风险集中在同一银行；商业承兑汇票保贴业务客观上造成收票人放松对出票（承兑）人资信状况的核查；个别银行为争得票源甚至搞逆向操作，先给予贴现资金后办理票据贴现手续，等等。这一系列违规违法的做法虽然客观上增加了银行的票据业务量和中小企业的融资总量，但是，盲目扩

大承兑、无序竞争的票据市场所带来的风险远远大于它所解决的问题。

（四）票据综合结构的问题

中小企业的票据比较丰富，转手快，来源比较杂，期限长短不一，金额小，行业市场小，背书长等，给商业银行买卖和交易带来了许多障碍。

四、票据融资业务服务中小企业的发展模式选择

首先，票据融资是解决中小企业流动资金需求问题的重要手段。虽然，票据的承兑主体主要是资信优良的大型公司企业，但经过多次“背书”转让，众多中小企业尤其是为大型公司企业提供配套服务的中小企业、民营企业多会成为最终的持票人，并通过向商业银行办理贴现而获得短期贷款，其融资难的问题从而得到有效缓解。其次，票据融资提高了中小企业的盈利空间。降低融资成本是每家中小企业都渴求的经营目标。一般情况下，票据贴现市场利率要低于流动资金贷款利率，从总体来说，票据融资为广大中小企业降低融资成本提供了条件。最后，票据融资较好地解决了中小企业的信用问题，有利于建立以“诚信”为标志的市场经济环境。票据融资将中小企业信用和银行信用有机地结合在一起，将票据融资的信用风险有效分解在从出票到票据流通的过程中。因此，巩固支持区域性中小企业发展，选择什么样的发展模式至关重要。

（一）创新票据经营机构发展模式

长期以来，中小企业签发的票据由于单个企业持票少、单张票据面额小、到期日零散、票据张数多、背书次数多等“零售”特点，贴现难度大、成本高、不易转卖，商业银行更愿意办理具有“批发”性质的大企业签发的票据。随着我国利率市场化的不断深入，信贷利差不断收紧，加上金融脱媒趋势不断加快，以及企业债券、短期融资券、超短期融资券等融资工具的快速发展，商业银行渐渐丧失了对于大型企业的议价优势。然而，其对中小企业的议价优势仍较为明显，商业银行对中小企业更容易实施风险定价，有利于扩大利差，提高经济回报率，从而为商业银行找到新的利润增长点。将中小企业票据作为票据融资经营转型的突破口，是商业银行提高收益的重要抓手。“抓大不放小”是创新票据经营机构发展模式的现实选择。

（二）创新票据业务产品模式

一方面，要敏锐把握客户和票据市场需求，加强票据融资产品创新研

究，丰富票据品种，完善票据业务产品功能，不断提升票据融资业务竞争力。另一方面，整合银行业务资源，以客户为中心，以先进的业务系统平台为支撑，推进票据池、银企互联等新产品，支持中小企业融资。

（三）创新服务理念模式

中小企业为吸纳就业、增加政府财政收入、完善市场经济体制、稳定社会都做出了自己的贡献，所以商业银行通过支持中小企业发展不仅做出了自己的贡献，而且也为自身建立了负责任的企业形象，树立了良好的行业口碑。2007 年，工商银行就表示把支持小企业发展作为自身不可推卸的社会责任，并进一步将发展小企业金融业务纳入本行公司金融业务的发展战略。支持中小企业发展，是商业银行承担社会责任、树立行业口碑的要求。

五、中小企业票据融资的政策选择

目前，承兑票据和贴现未到期汇票等渠道给中小企业提供了多种资金来源，为其发展注入了新的活力，同时提高了银行资金的使用效益，扩大了业务经营范围。该业务是今后我国商业银行转型发展的重要方向之一，也是商业银行一个新的重要的盈利增长点。为了更好地发挥票据融资的优势，引导中小企业票据融资向更规范、有序的方向发展，最终实现银企双赢的效果，近期可以考虑在以下几个方面做出政策选择。

（一）切实坚持商业汇票的真实贸易背景原则，加强对票据的合规性管理

坚持商业汇票的真实贸易背景原则，是现阶段票据市场健康发展的首选政策。我国票据市场的发展尚处于交易性票据阶段，企业签发、承兑商业汇票和商业银行承兑、贴现商业汇票必须合法合规，必须符合真实贸易背景规定。对于违规票据行为，尤其是虚构贸易背景签发、承兑、贴现商业汇票的市场主体，要通过建立通报制度、退出交易制度和责任追究制度，严肃查处。同时，各金融机构应加强对其分支机构的承兑授权管理，严禁发放贷款作为承兑保证金，控制承兑风险。

（二）积极稳妥地发展票据市场工具，在重点推广使用商业承兑汇票的同时，开展融资性票据的试点工作

鉴于社会信用环境现状和票据市场发展的实际情况，应按照先交易性

票据后融资性票据，从以商业汇票（银行承兑汇票和商业承兑汇票）为主逐步推出本票（商业本票和银行本票）业务的政策安排，发展票据市场工具。现阶段，票据市场要再上一个台阶，关键在于商业承兑汇票的推广使用要有所突破，并使之逐步成为主要的票据市场工具。同时，可考虑在规范管理的前提下，选择一些地区和具备条件的商业银行试办本票业务，为今后发展融资性票据摸索经验。客观地分析，无真实贸易背景的融资性票据之所以禁而不绝，并大量流通于票据市场，是因为有市场需求：一方面，企业有通过票据市场进行低成本融资的需要；另一方面，银行也有投资商业票据进行资产结构调整的要求。严格的禁止，导致企业想方设法以变通方式披上商业汇票的“外衣”，进入商业汇票市场进行融资，而银行只要没有偿付风险，甚至会帮助企业进行变通。因此，与其让融资性票据以变通方式存在于商业汇票之中，不如增加票据市场工具，适时推出商业本票，允许符合条件的企业通过商业本票进行融资。这样的政策选择，有利于剔除商业汇票市场交易中的非真实贸易背景票据，净化现时的商业汇票业务，同时也有利于为发展融资性商业票据探索经验，推进国内票据市场由单纯的商业汇票市场向多样化的商业票据市场发展，最终向国际票据市场看齐。

（三）尽快建立健全区域性的统一票据市场

目前，应积极利用中心城市票据业务发展迅速和制度建设逐步加强的有利时机，通过降低再贴现利率，适度增加再贴现规模，并逐步取消再贴现的规模分配办法，由市场供求决定再贴现数量，增加票据在各地区、各银行之间的流动性，并在此基础上形成区域性的统一票据市场。

1. 建立有效的外部监管和内部控制制度，进一步规范和支持票据市场发展

首先，中国人民银行通过对票据市场参与主体实施有效的外部监管，完善汇票业务管理机制，整顿市场秩序，加大对违规操作的处罚力度，改善市场环境，防止金融机构以降低利率等为条件的不正当竞争。其次，商业银行要加强内控，严把承兑关，保证票据的真实贸易背景，防范融资风险。最后，在防范风险的前提下，适当降低中小企业办理承兑的条件，降低保证金比例，对符合条件的企业敞开银行承兑之门，增加企业运用票据进行结算的主动性。

2. 扩大对县辖商业银行的授权，加强县域票据市场建设

结合实际，对中小企业尤其是民营企业可给予适当的优惠政策。商业银行要结合县域中小企业尤其是民营企业的实际，制定基层行办理银行承

兑汇票的弹性规定，在防范票据风险的前提下，实现大力为中小企业融资和增加自身中间业务收入的双重目标。

六、票据融资业务服务中小企业的风控措施

（一）加强外部票据融资的风险防范措施

票据融资的风险防范是一个全社会范围的系统工程，可以从以下几个方面来考虑。第一，提高风险防范意识。票据融资产生的风险往往是巨大的，给金融业和社会经济各方面带来的危害十分严重，提高风险防范意识是开展票据融资业务的基本保障，所有从业人员都要认真学习金融法律法规，牢固树立法制观念，依法用票、按章审票、循规管票。第二，加强社会信用制度建设。如果仅靠道德意识来约束，可能会使守信者逐渐失去信用，不守信者行为更加放肆。因此必须建立完善的社会信用登记、咨询体系和严格的监督、执行体系，对社会行为起到制约和规范的作用。对票据融资行为而言，通过资信系统查询，企业能够主动规避与信用差的单位或个人发生业务关系；同时也敦促自己规范操作，不被列入无信用单位或个人的“黑名单”内，从而减少风险的发生。第三，建立标准统一的信息系统。利用高科技手段加快票据业务信息网络建设，在一定区域乃至全国范围内建立统一联网的票据业务管理系统，以电子数据来替代企业的各种信息，包括企业信用档案、银行信用档案、企业经营及资产负债情况、相关信息披露、查询查复、业务监控等信息，利用高科技手段在提高工作效率、降低经营成本的同时，达到最大限度地减少票据风险的目的。第四，完善票据法制建设。《票据法》制定于 1995 年，实施于 1996 年，时至今日已有不少滞后之处。就转贴现业务而言，《票据法》的相关条文明显落后，票据业潜在风险最大的恰恰正是转贴现交易过程。有关部门应制定落实好《票据法》实施细则，把票据市场的主要内容纳入法制化管理体系，使金融机构办理票据融资业务时按政策办事、按标准办理。

（二）加强内部票据融资的风险防范措施

1. 建立票据融资业务服务中小企业的“五不准”制度：（1）不准做异地票据贴现业务；（2）不准做掮客票据；（3）不准做无真实贸易背景票据；（4）不准与皮包公司发生业务关系；（5）不准仅靠肉眼、手感、经验审验票据。

2. 建立对重点防控企业的重点审查机制。对带有“贸易”“实业”“工

贸”字样、出票时间与贴现时间间隔短、贴现规模与企业规模不匹配的贴现企业，要本着“了解企业、了解企业的业务”的原则，加强对贴现企业的资质、真实贸易背景的审查，监测其贴现资金的流向，审慎买入该类企业的票据，防止企业利用虚假贸易套取银行资金。

3. 建立非现场风险监测提示制度。省级银行通过票据系统从严监测各二级行的票据融资业务，对可疑的贴现业务进行风险提示，必要时对贴现行进行停牌警告。

4. 建立票据融资业务风险检测制度。例如，江西省分行将鹰潭、抚州分行票据中心作为全省票据业务检测行，其他被检测分行票据中心按省行移存要求，及时送票据进行检测，要求检测行认真执行检测职责，每月向省行报送检测报告。

七、促进票据融资支持中小企业的三点建议

（一）建立区域性票据利率定价机制，促使票据利率有序竞争发展

票据利率市场化后，出现了各行相互戗价的现象。为促进票据利率市场化健康发展，建议由当地人民银行牵头，以各家股份制商业银行为成员，制定并公布区域性票据利率区间，有效规避一些银行随意乱报价的情形，促进行业持续健康发展。

（二）营造良好的再贴现业务环境，更好地支持中小企业发展

当前人民银行再贴现政策难以适应市场发展需求，如办理再贴现时要求单张票据金额在500万元以下；出票后间隔三天和贴现后三天才能办理再贴现；贴现企业只限于当地等。为更好地支持中小企业发展，建议人民银行修改现有票据再贴现政策：一是中小企业贴现的银票，时间不限，均可办理再贴现；二是省内贴现的中小企业在省内任意一家人民银行均可办理再贴现；三是适量办理买断式再贴现业务，进一步促进再贴现业务发展。

（三）提供强有力的担保措施提升中小企业资信

建议建立具有政府背景的融资性担保基金和融资性担保公司，成立多种中小企业行业协会，为中小企业签发票据提供担保或提供保证金，提高中小企业资信，从签票环节为小微企业票据融资提供支持。

坚持票据融资业务服务实体经济[①]

——工商银行江西省分行健全票据融资机制支持实体经济

张 毅[②] 肖淑华 肖小伟[③]

伴随着经济和金融改革的不断深化，市场和监管对票据业务的关注程度显著提升；尤其这几年，票据市场体系、经营模式、交易方式、产品创新等快速变化和发展，市场参与主体不断扩大。中国工商银行江西省分行（以下简称江西省分行）不断完善机制，积极顺应市场，夯实服务基础，支持地方实体经济发展。

一、票据融资业务服务实体经济的意义和作用

（一）票据融资业务服务实体经济的意义

实体经济是我国国民经济的重要组成部分，经济决定金融，金融促进经济。票据融资是银行的一款传统产品，也是服务实体经济融资最基础的传统工具。票据业务需要回归本源，定位于服务实体经济，支持企业发展，有效解决中小企业融资难、融资贵问题，促进经济发展。票据融资具有促进融资便利化、降低实体经济成本、提高资源合理利用的功能，在企业融资渠道中发挥得淋漓尽致，深受企业认可；江西省分行坚持票据融资业务服务实体经济，体现大行责任和担当。

（二）票据融资业务服务实体经济的作用

一是发展承兑业务，为实体经济支付结算提供便利。票据本身作为一

---

① 本文写于2018年。

② 张毅，工商银行江西省分行副行长。

③ 肖淑华、肖小伟，所在单位为工商银行江西省分行。

种支付结算工具，特别是经银行承兑后的票据具有信用增级、延期支付和背书转让等优势，成功满足了供销企业间的短期资金支付需求。发展票据承兑业务，既可以加快市场上的资金周转和商品流通，又可有效促进企业之间的贸易往来。

二是发展贴现业务，为实体经济提供便捷的融资渠道和低成本资金。相对于普通贷款，银行承兑汇票贴现具有低风险业务特征，银行办理业务流程短、环节少、时间快、所需业务资料少、审批通过率高等便捷性，可以帮助企业通过票据贴现快速实现短期融资需要。由于票据贴现利率一般低于同期贷款利率，这也在一定程度上降低了企业融资成本。

三是优化银企关系，实现银企双赢。采用商业汇票融资，一方面，可以方便企业的资金融资；另一方面，商业银行可通过办理票据承兑业务收取手续费，还可以将贴现票据在同业之间进行转贴现，以调节资金余缺和信贷结构，同时还分散了商业银行风险，获取较大的收益。将贴现票据向中央银行申请再贴现，也是支持小微、“三农”等政策扶持企业发展的有力措施。

二、健全票据融资业务服务实体经济机制

（一）健全票据融资管理机制是服务实体经济的基础

1. 票据融资业务经营机构管理机制

（1）建立经营机构准入制。制定了《票据融资业务管理办法》，实行“全行营销、集中办理”的经营模式，实施票据经营机构准入制。票据经营机构的准入，在管理制度、人员配备、岗位设置、硬件场地等多个方面都有严格要求，未达标者则一律不予准入。

（2）建立经营机构审核制。制定了《票据融资业务经营机构管理办法》，对已设立的票据经营机构，实行一年一审。对审核不达标的票据经营机构，下达限期整改要求，或暂停业务办理，或取消其经办资格。

（3）建立经营机构业务停牌制。根据《票据融资业务经营机构管理办法》，对风险管理不达标、管理不到位的票据经营机构实施停牌处罚。有效促进经营机构管理、经营水平提高，增强风险防范意识。

（4）省行对下级行经营机构业务实现分片管理指导制。省行票据管理部的工作人员分别对接辖内 11 个票据经营机构，担当各行的业务督导和主联系人，不定期下基层调研、指导。

2. 票据融资业务质量管理机制

（1）建立票据业务审验基本标准。制定票据业务审验标准，如《存管票据质量分类标准》，规范全行票据审验工作。

（2）建立票据业务质量通报制。不定期地对移存检测或突击查库的票据质量情况进行通报，对瑕疵率超过年初控制目标的分行进行点名通报，并采取系统刚控、业务暂停等处罚措施。

（3）建立票据融资业务移存检测制度。为加强票据业务风险管理，及早发现风险隐患，省行建立了不定期的票据移存检测制度，同时设立两个辖内存管中心，方便各行就近办理票据存管，提高存管效果，降低存量风险。

3. 票据融资业务交易规则机制

为加快江西省分行票据融资业务转型发展，做优、做活票据融资业务，规范、优化全行票据融资业务交易行为，防范票据业务利率风险和操作风险，努力提高票据业务收益率和贡献度，建立了安全、规范、高效的票据交易规则和机制。

（1）交易原则：全行票据转贴现交易遵循“统一管理、统一调度、统一交易、防范风险、提高收益”。

（2）运作模式：全省票据转贴现实行统一交易管理，采取指令性集中交易为主，非指令性自主交易为辅的交易方式。省行“票据团队”负责辖内票据进出口交易调度，负责联系确定票据交易对手，负责交易统一定价。省行辖内票据存管中心根据省行的指令办理需集中辖内票据统一对外交易的相关转贴现交易操作。各二级分行负责将持有的票据按省行的指令向存管中心集中。对于个别行临时性的票据转出需求，也可由其自主直接与交易对手交易。

（3）交易方式：票据交易遵循效益最大化原则：一是买入当月票或代持票；二是通过高进低出、低出高进寻求利差空间；三是通过低价票换高价票、短票换长票、纸票换电票优化库存结构；四是通过快进快出、双买交易和流量贴现拓展规模空间。

4. 票据融资业务操作流程机制

（1）制度优先，合规操作。按照“制度先行于业务，程序先行于操作”的要求，制定了一系列票据融资业务管理办法，如《票据买入返售业务集中经营暂行方案》《票据买入返售操作细则》《江西分行票据存管业务管理暂行办法》。

（2）创新操作，优化流程。为适应市场和业务发展需求，以提高效率、风险防范为宗旨，不断创新、完善业务操作流程。不仅优化了业务流程，减少了环节，提高了效率，同时还控制了操作风险，提高了业务合规水平。

5. 票据融资业务从业队伍管理机制

（1）建立票据从业人员培训制度。采取现场和非现场业务培训制度。现场培训以集中学习、座谈会、分析会、调研会等相结合的方式进行，内容涵盖风险管理、验票技巧、税务知识、营销技巧、宏观政策和管理制度等多方面的内容。非现场培训主要以网络学习、文件、通知等形式非集中学习，主要以新政策、制度、管理办法、案件通报等为内容，无固定时间、不统一地点，贯穿日常工作中。

（2）建立票据从业人员上岗考试制度。要求每位票据融资业务从业人员均应通过总行组织的财会资金序列、营销序列或省行组织的票据业务从业资格考试，取得上岗资格。省行实行一年一次的票据从业资格考试制度，除新进的从业人员外，其余票据从业人员均具备了票据业务上岗资格。

（3）建立票据融资业务知识竞赛制度。为提高票据从业人员的业务技能和知识水平，创建一支学习型从业队伍，省行票据中心建立了票据融资业务知识竞赛制度，定期举行全行票据融资业务知识和技能竞赛。

6. 票据融资业务分析调研机制

一方面，不定期分析市场走势，把握市场动态和价格行情。积极向客户经理传导票据市场走势和利率变动，指导基层行票据经营；另一方面，定期对专项业务进行分析，总结阶段性经营管理的成果。每年开展票据征文活动，打开创新开阔视野，丰富凝聚员工智慧。

（二）健全票据融资创新机制是服务实体经济的根本

票据市场是我国金融市场的重要组成部分，是与实体经济紧密相连的，对拓宽企业融资渠道、促进江西经济发展发挥了积极作用。

1. 市场发展呈现新趋势

供给侧结构性改革助推票据融资业务发展，票据融资服务实体经济重要性日益显现。近五年，江西省分行票据业务累计交易额达到 8192 亿元。年度票据资产日均余额最高达 203.78 亿元，最低为 26 亿元，在各项贷款中阶段性占比升至 11%，票据融资在信贷规模中的占比持续上升。票据资产主要投放于批发和零售业（524.91 亿元，占比为 49.79%）以及制造业（447.36 亿元，占比为 42.44%），其中小微企业 448.35 亿元，占比为 42.53%。在中国人民银行的支持下，再贴现累计办理 124.5 亿元，有效满足小微企业资金需求。电子票据发展迅猛，电子票据贴现占比逐年提高，2017年占比达到89.8%，比五年前提高85.3个百分点。票据市场加权利率水平总体维持在4.4%左右波动，前年最低达到2.7%。这降低了企业财务成本，优化了企业负债结构，拓宽了企业融资渠道，有效支持江西实体经济发展。这主要得益于江西省分行票据组织机构完备、经营策略接地气、产品条线丰富。主要从三个维度顺应市场发展。

组织机构上，工商银行票据组织机构采取以省行一级票据中心为主，11个二级票据中心为辅的经营模式；下一步，还将建立三级票据中心，辐射全省。还打造了一支具有丰富经验、特别能战斗、专业素质高的团队。实行“全行营销，集中办理”的经营模式。江西省分行有足够的信心和担当服务好全省实体经济企业。每年支持服务企业客户近千户。

经营策略上，一是对核心客户、重点客户，实行额度、价格、效率等方面的“绿色通道”，建立专门的跟踪服务机制，支持客户的票据贴现融资需求。二是对小微企业贴现实行优惠扶持政策，在规模、利率、资金配置等多方面实行倾斜政策。三是充分运用流量业务政策，创造条件支持实体企业票据贴现需求。四是利用人民银行票据再贴现政策，积极办理小微企业、支农企业和绿色企业等票据再贴现业务。

产品条线上，江西省分行的产品架构基本形成了以票据产品链为突破口，以承兑、贴现、转贴和再贴各环节为切入点，以信贷属性（承兑、直贴、质押）、资金属性（转贴、再贴）为产品线，以所有点、线和各环节以及关联衍生、增值、创新为产品链的票据业务整体发展体系。因此，江西省分行的票据业务在服务实体经济、促进创新转型上仍然存在较大的空间与潜力。

2. 创新发展出现新特点

进入21世纪，我国票据市场一直保持快速发展势头，重要原因之一是市场保持创新活力。

票据市场创新方面，一是“互联网+”票据业务快速发展，提高了市场流动性。二是票据融资嵌入供应链金融投资、票据资管、同业投资和票据池业务，对银行盘活票据市场存量资产、化解票据资产风险、实现票据业务经营转型和可持续发展发挥了重要作用。三是票据买断式回购业务快速发展，提升了市场资金调剂灵活性。

票据市场交易方面，一是从以纸票为主的市场向以电票为主的市场过渡，票据电子化有效降低了票据交易风险，提升了交易效率。二是从以场外交易为主的市场向以场内交易为主的市场过渡，提高信息透明度，规范统一票据市场交易，也为票据市场新一轮繁荣发展聚集能量。三是由分散交易向集中交易过渡，集中交易可以充分挖掘票据要素的差异化价值，如承兑行、贴现行、期限、金额等，提升票据交易能力、交易效率和盈利水平。

3. 未来发展面临重大变革

上海票据交易所建立在交易体系、流程、方式等方面对商业银行票据业务经营产生了显著影响，交易效率将明显提高，交易信息公开透明，促进票据价格的深度发现与资金需求的快速反映，促进票据市场规范运行，有效降低市场操作风险和交易成本，促进票据市场运行机制和产品创新体系建设。与此同时，上海票据交易所的建立也将改变商业银行现有的票据业务运作模式，对票据市场进行体系重构，对目前的交易模式产生颠覆性影响。未来票据发展，将更多地从全生命周期产业链出发，而不是单一通过发展某一个环节来达到繁荣市场、服务经济的目的，越来越多的参与机构将从上下游产业链出发形成实体经济服务战略。

4. 江西省分行票据业务管理体系改革新方向

为更好地应对票交所时代的新挑战、新机遇，实现合作共赢，更好地服务于实体经济发展。2017 年，江西省分行对全行票据业务管理体系进行了重要改革，改革后，形成了全行票据业务产品线，明确了各机构的职能分工，理顺了产品线运营机制。江西省分行的票据业务管理体系改革，激发了全行票据业务经营活力，强化了总行和分行间的分工协作，强化了经营推动、市场拓展、创新推广、风险防控和队伍建设，坚持创新发展和协同发展“双轮驱动”，通过做强贴现业务、做大交易体量、做足资金业务、做优创新业务，促进全行票据业务全面、可持续发展。江西省分行的票据业务管理体系改革，使服务客户维度拓宽了、合作伙伴空间扩大了、员工活力激活了。

（三）健全票据融资风控机制是服务实体经济的保障

近年来，票据市场风险事件频发，严峻的风险形势，引起了监管层的高度重视，也向票据业界敲响了警钟。票据融资业务本来是一项低风险业务，但如果存在道德风险、违规操作，也会发生重大风险事件。对于票据融资业务江西省分行始终坚持审慎经营、规范操作、严防风险的原则，健全票据融资风控机制，保障票据融资服务实体经济。

1. 建立全面风险管理理念

加强从业人员职业道德、风险意识教育和业务知识、业务技能培训，增强依法合规经营意识，提高对各类风险的识别与防控能力。真正树立起“监管红线不能触碰，风险底线不能逾越”的经营理念，筑牢抵御风险的防线。江西省分行一贯秉承稳健合规经营理念，对兼具低信用风险、高操作风险特点的票据业务，坚持业务发展和风险防范两手抓，不盲目追求发展速度和规模扩张。从机构专营、客户准入、授权授信、制度规范、系统控制等多方位、全流程开展业务和全面风险管理，审慎经营，确保票据业务的合规可持续发展。

2. 完善风险管理架构

江西省分行不断打造完善的内部风险管理架构，持续提升内部经营管理水平。一是通过制度建设工程搭建起江西省分行制度管理框架，如陆续出台有关风险报告制度、风险评价管理制度，完善操作流程，为江西省分行票据业务经营管理提供了有效的制度保障。二是强化票据风险集约化经营管理，建立从票据风险识别、提示、预警到风险监测、分析、评价、化解等的全面风险管理框架，实现对票据业务的全面风险管理。三是加强分析和研究，做好风险控制、自我评估、情景分析等工作，努力提升操作风险量化管理水平。四是定期和不定期召开票据通报会、座谈会和分析会，深刻揭示业务管理各阶段、各环节中存在的问题和矛盾，研究切实可行的风险应对措施和管理办法。

3. 健全风险管理制度

控制票据业务风险，首先要有完善的风控制度。近年来，江西省分行严格执行监管要求，加强票据业务风险管理，总行先后出台《中国工商银行票据融资管理规定》《中国工商银行票据资产质量分类管理办法》《中国工商银行票据贴现业务监督管理办法》《关于明确电子商业汇票贴现和转贴现业务相关要求的通知》和《关于明确办理纸质商业汇票贴现和交易业务有关要求的通知》等多个规范性文件和通知。

4. 加强票据业务检查

每年都开展全省票据经营机构年审和票据融资业务检查，并将检查情况通报全省、报告总行。通过不打招呼、不定期地实地突击查库，加强票据实物的风险管理。在加强票据业务现场检查的同时，也利用非现场系统监测手段，若发现业务中的问题或异常现象，要求业务经办行核查整改。通过检查监测及时发现问题和风险隐患，进行整改，有效防范各类风险的发生。近年来，先后组织开展了“两个加强、两个遏制”回头看票据融资业务自查、“十大重点领域和关键环节”票据业务专项检查、“综合整治工作”票据业务专项自查及回头看自查，并配合省银监局和总行现场检查，有效抑制个例风险发生。

5. 建立票据融资业务主审查人制度

为加强票据融资业务风险管理，在全行推行票据融资业务主审查人制度，由主审查人负责把关本行的票据融资业务风险，建立权责明确的风险官制度，实行省行和当地行双重管理，并有明确的考核、退出机制。

6. 建立票据融资风险信息收集和提示制度

通过监管部门、总行、票据网、同业 QQ 群、微信群等渠道，收集票据市场风险信息和相关案例，针对一些承兑行信用风险问题和持票人行业风险、信用风险及时向全行发送或转发风险提示。

7. 依法合规经营，营造绿色票据经营环境

工商银行在票据业务发展中一直坚持合规经营的价值取向，坚持审慎、规范、稳健的风险文化。以法规和监管制度作为发展票据业务的准绳，严格按照经营范围和权限发展业务，认真执行业务操作流程，切实防范经营风险，营造绿色票据经营环境，促进业务健康持续发展。

8. 努力提升防范风险的水平和能力

近年来，票据市场风险事件频发，严峻的风险形势，对江西省分行风险防范工作提出了更高的要求。下一步，江西省分行将持续完善票据业务规章制度，运用大数据平台，强化系统控制与监测功能，提升票据交易风险控制水平，把控实质性风险，严守风险底线，为推动业务经营向纵深发展奠定风险管理基础。至今，工商银行江西省分行未发生任何票据贴现风险案件。

（四）健全票据融资同业合作机制是服务实体经济的活力

1. 加强同业合作，努力实现金融机构合作共赢

江西省分行始终重视并加强与同业的合作，也取得了明显成效。近年来，伴随着票据市场的快速发展以及同业业务专营改革的深入推进，江西省分行始终坚持“以客户为中心”的服务理念，主动适应经济发展新常态，不断深化与国有银行、股份制银行、大中型城商行、地方性城商行、集团财务公司以及优质农村金融机构等客户等同业机构的业务合作关系，扩大了交易客户群体，丰富了同业客户类型，取得了良好的合作成果。江西省分行票据业务在总量和结构上得到了进一步优化，在业绩和风险管控上得到了进一步平衡，在法律基础和市场操作上得到了进一步完善，在业务创新上和发展方向上得到了进一步探索和把握。

正是得益于与同业机构在票据业务领域逐步建立起的广泛亲密、互利共赢的合作伙伴关系，工商银行票据交易量大幅提升，带动票据业务营收贡献稳步增长。

2. 依托江西票据专业委员会平台

维护行业自律，创造健康市场氛围，遵守票据市场自律管理条例。充分发挥平台专业研究与沟通议事作用，增进对票据市场热点问题的交流探讨，达成区域内、同业间票据业务合作的广泛共识，进一步推动票据融资规模和业务体量的扩容升级。

3. 建立票据业务风险联防机制

审慎选择交易对手，结交值得信任的合作伙伴，呼吁倡议同业机构规范票据交易行为，坚守合规经营底线，不以市场习惯代替交易制度，不以业务信任代替流程规定，自觉抵制票据中介参与交易运作，为票据业务经营创造公平竞争的市场环境。

4. 密切关注人民币国际化和利率市场化进程

紧跟票据市场一体化建设步伐，发挥票据在支付结算、融资流转等环节的特有优势和积极作用，以更紧密的同业机构合作、更多元的票据金融服务扶持江西企业，实现对小微企业的精准支持促进重点产业、重点企业发展，为实体经济注入更多活力。

三、推进票据融资业务服务实体经济的几点思考

“一带一路”倡议正稳步推进，为我国金融行业带来了新的发展机遇，但同时我国经济发展进入新常态，经济金融体制机制改革正不断推进，新环境、新政策、新变化都将给我国金融机构发展带来深远的影响。在当前票据市场新形势下，更需要我们票据业务参与主体群策群力，携手并进，共同探索坚持票据融资服务实体经济的新思路。

（一）加快融资性票据和票据产业链研究及应用

当前，在国外成熟的票据市场中，融资性票据得到广泛的应用，这也是我国票据市场未来发展趋势，对于如何有效推进融资性票据服务实体经济建设，需要我们加快融资性票据应用的研究。票据产业链市场正在逐渐形成，我们可以从区域入手，选择几家集团公司以及上下游供应链和产供销大企业，或围绕重点行业、重点产业、重点企业、重点产品，有计划、有步骤地推动融资性票据在重点区域、重点行业、重点企业、重点产品上

的应用，以点带面，为在江西省全面推广不断积累经验。

（二）建议修改完善票据法律制度

电子票据的快速发展和上海票据交易所的运行，使票据融资业务的法律、政策和制度背景环境出现了新变化。现行的《票据法》《支付结算办法》等法规不适应新的市场环境。必须构建更有利于电子票据交易、流转的电子商务法律和制度。强化票据的无因性，使票据的融资信用功能合法化，促进融资性票据业务规范健康发展，丰富票据交易品种，更好地服务实体经济。

（三）研究票交所时代服务实体经济的新机制

上海票据交易所组建运行后，票据市场交易体系、流程、方式等也随之转变，并对票据市场参与主体提出了新要求，我们要在经营方式、业务流程、产品创新和风险控制等方面适应票交所新时代的到来。利用上海票据交易所市场交易信息公开透明、交易效率高和交易规范安全的优势，深入研究票交所时代票据融资业务服务实体经济的新机制。

（四）探索建立票据专业经纪公司

在服务实体经济发展过程中，随着票据业务及其增值服务不断创新，需要建立能提供专业服务的票据专业经纪公司，通过票据专业服务，提供包括票据业务经营、信息咨询、担保、鉴证、托收、保管、培训、顾问、代理、投资等不同的票据业务服务，进一步提高信息透明度，提升交易效率，降低交易成本，防范业务风险，促进票据市场健康发展。

商业票据支持中小微企业发展问题探究[①]

舒海棠[②] 张艳虹[③]

摘 要：近年来，商业票据在支持我国中小微企业发展方面发挥着举足轻重的作用，但同时也存在着不足之处，如商业票据发展缓慢，金融机构电票系统建设滞后，融资性商业票据不合法等。其问题成因主要来源于企业信用基础薄弱、需求意愿减弱；金融机构存在着参与主体单一、缺乏业务积极性的现象；存在监管空白等。因此，应积极通过强化金融基础设施建设，完善票据业务监管政策和法律法规，创新票据业务等措施，进一步发挥商业票据在中小微企业发展中的促进作用。

关键词：商业票据 中小微企业 票据市场

经过30多年的探索与实践，票据市场已成为我国金融市场体系的重要组成部分，票据也从传统的支付结算工具演化为融资、交易和投资的工具，在服务实体经济、传导货币政策等方面发挥着重要的作用。当前，由中小企业签发的银行承兑汇票约占2/3，表明商业票据已成为中小企业获取银行资金和信用支持的重要渠道。但是，在经济新常态下，伴随着经济发展方式转变、经济增长动力变化及产业结构调整转型，中小微企业在自身成长进程中遇到了各种阻碍，其中最为突出的是融资难问题。

---

① 本文写于2018年。

② 舒海棠，江西财经大学金融学院副教授，硕士生导师，研究方向为金融理论与实务。

③ 张艳虹，江西财经大学金融学院在读硕士研究生。

一、相关文献综述

（一）商业票据在支持中小微企业发展中的作用

票据这一信用工具在中小微企业融资，尤其是在供应链金融中发挥的独特作用越来越重要，引起了金融各界的广泛关注。包燕萍（2015）指出，票据业务是直接对接实体经济和金融市场的重要支付结算和融资工具，票据贴现为实体经济提供了便捷的融资渠道和低成本资金。肖小和（2017）认为，在产业链中大量的支付结算业务通过票据进行结算，将更便捷、接受度高，可以加速资金流转，促进贸易往来，减少对现金流的依赖。John Dewey 等（2003）认为，可通过相互授信和共识，利用商票的流转减少融资成本，促进关联企业间的往来，进而为经济下行期的制造业寻求更多出路。张静（2017）认为，商业票据融资能降低企业融资成本，有效提高企业的资金周转效率。而且，商业票据有助于建立起中小微企业良好的信用机制。杨洋（2017）通过研究发现，票据市场有助于实体经济稳定，是沟通银行和企业的纽带，有利于促进实体经济持续稳定发展。Ekaterina K. Chirkunova 等（2016）指出，票据市场有利于降低企业融资成本，能满足企业短期资金支付结算需求，加快了资金周转，扩大了企业融资渠道，同时降低了资金成本，有利于实体经济发展。

（二）商业票据在使用中存在的不足及其原因

虽然近年来我国商业票据业务快速发展，但相应的法规制度体系不完善，出现了很多假票、偷票、欺诈等涉及大额款项的票据案件，阻碍了票据市场的建设发展。任远星（2016）发现在实际票据业务中，由于一些中小微企业经营困难、资金链紧张，票据到期无法兑付的情况增多，且票据交易链条拉长，容易出现各环节层层套利。崔卫红（2016）也认为票据业务的高操作性风险越发明显。近两年来，假票和背书不规范等风险，与纸票业务的操作性风险紧密相关。John Dewey 等（2003）指出，票据市场监管制度存在缺陷，主要是现有会计核算和贷款统计规定存在问题。此外，贴现双方信息不对称也为票据市场的健康发展埋下了隐患。杨洋（2017）认为，票据业务存在不足主要有以下几个原因：一是票据法规制度滞后；二是票据业务处理地区性影响较大；三是票据市场不规范；四是票据市场参与主体少。包燕萍（2015）指出，票据产品混业趋势化显著，出现了监管空白。且票据法规制度建设落后于市场创新步伐，制约了票据市场创新发展。赵慈拉（2015）认为，银行等金融机构缺乏票据经营的积极性，主要是因为经济资本占用和出票人的违约率。刘炼、王娇（2015）总结了以下的不足及原因：一是银行下调信用评级、减少授信额度、提高保证金缴存比例等；二是部分小微企业贴现票据不规范；三是交易投资活力不足；四是企业对银行贴现的满意度降低了。

（三）相关建议

针对票据市场乱象，以及中小微企业票据融资过程中出现的不足之处，不少学者结合相关的操作风险、市场风险等提出了重要意见。包燕萍（2015）认为，应当强化供应链票据产品综合服务，以票据签发、承兑、审验、托管、贴现、质押融资和理财等票据服务为内容，结合企业票源状况、票据期限结构、资金需求特点和成本控制要求等，为上下游企业提供供应链票据产品综合服务。肖小和（2017）建议，我国应该尽快完善上海票据交易所平台功能，实现交易品种的报价、询价、议价等功能，提高票据市场有效性和规范性。刘炼、王娇（2015）的建议如下：一是修订完善票据业务相关法律制度；二是完善票据贴现业务监管政策；三是对商业银行票据业务行为进行记录和评价。任远星（2016）强调了适时修订《票据法》的重要性，希望推出融资性票据，明确融资性票据的合法地位，以更好地满足企业融资需求。崔卫红（2016）的建议方向偏向于监管改革，建议由承兑行负担信贷规模占用；后期的票据转贴现业务也应纳入资金业务考核。杨洋（2017）认为，上海票据交易所应当尽快完善统一规范的票据业务规则、行业标准和价格体系，建立票据评级体系，扩大交易主体范围。同时也要加强票据业务管理，促进票据业务审慎经营。

（四）文献评述

从国内来看，专家学者对于商业票据的研究起步较晚，短时间内探究的深度不足，内容过于宽泛，不够精准。从国外来看，尽管外国学者对于票据市场的研究更为成熟，但是缺乏立足于我国国情的相关研究。因此，本文从我国实际出发，深入探究商业票据支持中小微企业发展的作用、不足及经济新常态下应当采取的对策，以促进我国票据市场和中小微企业稳健发展。

二、商业票据在支持中小微企业发展中的作用

当前，我国中小微企业的融资除了股权融资、银行贷款融资和债券融资外，还有以商业汇票为载体的票据融资，其具有操作简单、灵活便利等优势，是解决中小微企业融资难的一条有效途径，在具体运作中具有独特的优势。

（一）为企业支付结算提供便利

商业票据通过签发、承兑，为中小微企业提供了便捷的支付结算工具。票据承兑业务能为企业间的支付结算提供便利，加快资金周转和商品流通，有效推进国内贸易往来。在现实情况中，企业开票支付货款具有以下四个方面的优势特点：一是延长了利息收入时间。企业通过质押开票，购买结构性存款或理财产品，可获取超额收益。二是提高了信用等级。对于收票企业而言，降低了远期账款不能收回的风险。三是支付延期。除增加利息收入外，敞口部分资金可在票据到期日给付。四是转让背书。票据的高流动性也让收款企业可随时将票据进行支付。

（二）为企业提供便捷的融资渠道和低成本资金

通过贴现，中小微企业拓宽了自身的融资渠道，降低了财务费用，使得商业票据在解决融资难、融资贵问题上发挥了重要作用，为我国的实体经济提供了较为便捷的融资渠道。中小微企业在农村金融机构相对容易开出带有敞口授信的银行承兑汇票，加上贴现流程较短、审核环节较少、费用低，通过率也较高，且不需企业提供繁杂的授信资料，弥补了普通贷款的不足，让许多中小微企业能够在一定时间内获得资金支持，降低企业融资成本，有效扶持企业发展壮大。

（三）促进商业信用的发展

相对于银行承兑而言，商业承兑汇票由企业签发和承兑，不仅节省了银行承兑手续费，同时也不用缴纳承兑保证金，为承兑企业节约了成本，增加了可使用资金，因此承兑企业会特别注重商业信用的建立，以期不断提高所承兑票据的接受度。此外，商业承兑汇票在供应链中的闭环运行，可帮助上下游的中小微企业回笼应收款项，也有利于培育国内商业信用环境。

（四）降低企业的流动性资金风险和成本

首先，使用票据能够减少当前现金支出，降低企业资金使用成本，且支付的敞口手续费比贷款要低很多，最大限度地减少了对营运资金的占用和需求，有利于扩大生产规模。其次，票据也是企业获得银行资金和信用支持的主要渠道之一，因此在流动资金贷款票据化以及应收账款票据化的发展下，利用票据卖断后的规模释放，能够有效盘活银行信贷资产，间接促使企业融资效率提高，降低企业融资成本。最后，对于经常支付货款的企业而言，购买票据进行货款支付，既可免除转账银行收取的手续费，也可降低实际支付金额。因此，商业票据可以缓解因企业间赊销而产生的债务问题，从而降低中小微企业的流动性资金风险和成本。

（五）促进企业间经济贸易的繁荣发展

商业票据是企业间贸易行为中重要的支付结算工具之一。它的存在极大地促进了商品贸易的发展，特别是成了赊销贸易中的标准信用工具。它可以缓解企业的资金压力，为企业拓展进一步贸易的空间，帮助解决长期以来存在的预付款、赊销款等资金期限和产品周转期限被放大的问题，加速产业资本运营。随着社会信用环境的改善，以及中小企业信用体系的逐步建立，商业票据的使用率将大大增加。

此外，中国人民银行通过再贴现政策的调整，引导信贷投向和降低社会融资成本，通过优化再贴现的运用，可助推票据市场结构调整和资源优化，不断增强票据市场服务中小微企业的能力。当前中国人民银行的票据再贴现业务，主要针对国家鼓励发展的行业以及相关企业进行精准投放，由此吸引了银行按照中国人民银行指定的小微、涉农及绿色企业进行直贴，这在一定程度上增强了货币政策的实施效果。

三、商业票据支持中小微企业发展中存在的主要问题

目前，中小企业的票据融资环境不容乐观。以招商银行数据为例，2014年至2017年，中小企业承兑业务发生额降幅超过七成，从2014年至今，票据业务服务中小企业客户数降幅近五成，中小企业承兑融资金额、贴现户数均大幅减少，说明中小企业的融资环境呈进一步严峻的趋势。因此，票据工具的市场功能还没有完全有效发挥出来，主要存在以下问题。

（一）融资性商业票据缺乏法律保障

在经济下行背景下，基于债权债务关系开出的融资性票据增多，但根

据《票据管理实施办法》（中国人民银行令 1997 年第 2 号）第十条的规定，向银行申请办理票据贴现的商业汇票的持票人，必须“与出票人、前手之间具有真实的交易关系和债权债务关系”，即仅对交易性票据做了认可，把融资性商业汇票排除在外，导致持有融资性商业票据的企业无法到银行顺利贴现。

（二）金融机构电票系统建设滞后

票据电子化的进程中还存在很多问题，例如，银行直接接入 ECDS① 的比例不到 20%，电票的代理接入虽然已经放开，但是一些市场主体对这些票据仍有顾虑，如部分村镇银行及农商行未接入电子票据系统或未开展电票转贴现业务，部分银行电票业务还处于开展初期，部分功能还在建设阶段，甚至有部分银行缺乏电票系统，不能为企业收到的电子承兑汇票办理贴现。

（三）商业票据发展缓慢

目前我国票据市场上的商业票据还是以银行承兑汇票为主，占 90% 以上。在美国市场上，商业承兑汇票处于主体地位，但我国恰恰相反，长期依赖银行信用，这会影响票据市场的正常发展。而且以银行作为承兑主体的票据，虽然流动性比较强，但是风险也集中于银行体系。

从空间分布来看，由 16 家上市银行的年报可知（见表 1），近年来，国有商业银行承兑余额占比下降明显，五大行均低于银行类金融机构的平均水平。因此，相对于城市商业银行、股份制银行的稳健发展势头，国有商业银行票据承兑业务仍有较大发展空间和增长潜力。

表 1　2011—2017 年国内 16 家上市银行的承兑/贷款比　　单位：%

年份	2017	2016	2015	2014	2013	2012	2011
工商银行	1.88	2.13	2.91	3.24	3.38	3.97	3.96
农业银行	2.76	3.35	4.49	5.41	5.87	6.46	6.40
中国银行	2.89	3.40	4.33	5.84	6.26	5.91	6.30
建设银行	2.57	2.58	3.18	4.01	4.31	4.58	5.30
交通银行	4.48	5.78	8.11	16.60	19.19	17.99	17.88
中信银行	13.77	19.10	25.58	33.38	36.63	40.92	47.10
光大银行	19.54	22.92	30.46	37.27	41.15	40.87	36.69
华夏银行	19.16	23.07	30.25	35.76	35.84	42.44	36.63

① ECDS（Electronic Commercial Draft System），是中国人民银行建立并管理的电子商业汇票系统。

续表

年份	2017	2016	2015	2014	2013	2012	2011
民生银行	19.91	25.55	34.76	33.50	33.96	43.41	39.26
招商银行	4.46	8.15	13.25	16.31	16.52	16.18	15.69
兴业银行	16.73	19.49	28.91	29.10	34.28	32.57	27.78
平安银行	17.35	25.39	33.76	38.03	43.21	44.54	60.04
浦发银行	14.59	19.10	29.72	29.10	29.09	34.58	28.49
北京银行	12.04	16.27	19.85	18.80	17.77	17.04	12.63
南京银行	25.75	20.03	25.12	40.41	47.81	47.02	30.88
宁波银行	16.73	22.40	28.06	24.66	24.45	26.86	26.10
平均	6.16	7.64	10.18	11.85	12.59	13.35	12.86

资料来源：16 家上市银行 2011—2017 年年报。

四、商业票据在支持中小微企业发展中存在的问题原因分析

（一）中小微企业方面

1. 需求意愿减弱

由于新常态下，我国经济整体的增长后劲不足，交易投资活力不足，企业贴现意愿不强，对银行而言，贴现需求严重不足。此外，票据中介的迅速发展也降低了企业对银行贴现的满意度。近年来，票据中介机构，包括互联网票据理财公司等大量兴起，由于票据中介机构不需客户提供相关合同和发票，不审核贸易背景，具有见票打款以及贴现利率较低等特点，相对于银行具有较大的竞争优势，企业也因此倾向于在票据中介贴现票据。

2. 企业信用基础薄弱

我国的中小微企业还没有普遍建立起现代管理制度，在财务、经营管理上不能全面、真实地对外开展信息披露，同时因自身天然缺陷，很难完全满足相关要求，即难以真正做到企业产权清晰、权责明确、内控体系完善等；而且，由于部分优质企业规模较小、公开的信息不够完善等，硬性条件未达标，导致投资人或金融机构认为借款人的信用资质较低，不愿意直接投放信贷，因而产生了信息不对称。而为了消除信息不对称，往往会引入第三方中介机构，如会计师事务所、律师事务所等对企业的相关信息和合法合规情况开展审核，但这样会增加中小微企业的融资成本，也不利于中小企业培养信用意识、提升自身的信用水平。

（二）金融机构方面

1. 风险规避倾向

在当前银行市场化经营程度不高和缺乏合适避险工具的背景下，由于经济下行、增速放缓，制造业、商贸流通业、建筑业等大量使用票据进行结算的行业中的中小企业经营效益下滑，同时伴随着银行票据业务经营风险上升，部分银行票据垫款率和托收逾期率也有所上升，票据资产质量持续提升的压力进一步增大。因此，金融机构的信用风险厌恶型特征明显，对中小企业签发票据贴现的积极性不高，许多商业银行在一定程度上提升了银行承兑汇票签发、承兑门槛，导致中小微企业争取到的金融资源极为有限，商票流通的条件和金融环境也较为恶劣。

2. 参与主体单一

目前，票据市场的主体缺位现象较为突出。国内票据市场中，一些商业银行分支机构为增加本行票据业务份额，在办理票据业务时存在无序竞争情形。由于票据经纪机构、票据评级机构、保险等机构缺位，我国票据市场难以健全发展，同时这些现象会阻碍我国票据市场发展的进程和速度。

3. 缺乏业务积极性

根据我国金融监管条例，票据业务属于银行的信贷业务，占用信贷规模。尽管票据贴现业务具有风险小、流动性高、资本占用低等优势，但受信贷额度宽松程度的影响较大。在信贷规模紧缺的情况下，票据贴现额度往往无法得到保障；且部分中小银行视贴现买入的票据为“烫手山芋”，无法一直持有，不断找寻出口转卖，严重缺乏信心和积极性。详见表2。

表2　2017年各类型参与主体电票业务开展情况　　单位：%

交易主体	承兑发生额占比	贴现发生额占比	转贴现占比	质押式回购占比
政策性银行	0.23	0.00	0.00	0.00
大型商业银行	19.88	27.41	11.31	22.39
股份制商业银行	44.70	32.66	61.11	30.91
城市商业银行	23.29	17.28	20.55	36.40
农村商业银行	2.70	10.26	3.43	7.15
农村信用社	0.93	6.44	3.09	2.03
财务公司	6.95	3.95	0.10	0.10
外资银行	1.25	1.89	0.35	0.94
其他	0.06	0.12	0.05	0.08

资料来源：上海票据交易所《2017年票据市场运行分析报告》。

4. 票据空转

在“票据空转”现象中，首先是银行为了虚增存款和中间业务收入而违规开票，即无真实贸易背景循环开票。之后为了将票据从资产负债表内转移出去，商业银行普遍通过卖断、买入返售、买断转贴同批票据等方式，逃避信贷规模管控，赚取买卖差价；部分银行类金融机构将资金违规出表，借助跨业合作通道，通过信托、券商等通道模式，运用理财资金投资票据资产，实现“暗箱操作”。在上海票据交易所成立后，票据业务的透明化发展有望早日实现。

（三）金融监管方面

1. 存在监管空白

现行的《票据法》《支付结算办法》等法律法规，对商业承兑汇票违约拒付情况的约束力与处罚力度偏低，处罚手段也较为落后，导致持票人的利益得不到有效的保障，阻碍了商业承兑汇票成为市场交易的主要支付工具。

此外，我国票据市场上合法流通的票据种类主要是交易性票据，而其余的融资性票据的签发、取得和转让，均未得到《票据法》相关书面规定的认可，因此这一方面也存在着严重的监管缺位。

2. 监管内容滞后

当前，我国中小微企业利用票据工具主要是用于支付采购原材料的预付款，此活动处于商品交易前，不具有交易发票，因此不符合票据贴现的真实贸易背景审查要求。由此催生了票据中介的介入和“包装票”的出现；同时，由于增加了环节，融资成本提高。因此，中小微企业融资贵问题，在一定程度上是由监管政策滞后、与现行市场发展需求不一致造成的。

3. 社会信用体系方面

现已建立的企业信用评级体系，主要是针对大型企业设计的，并不适用于对中小微企业进行信用评级，而且我国缺乏全国统一的企业信用数据库和完善的信用管理制度，所以不能照搬发达国家在完善的财务背景和信用环境下建立起的企业信用评级体系。因此，商业银行等金融机构更多地青睐于自己的白名单客户，而大多数中小微企业处在信用盲区，再加上其无法达到商业银行设立的门槛，降低了商业票据的签发量和流通量。

五、促进商业票据支持中小微企业发展的对策建议

针对我国票据市场存在的不足，应从金融监管、金融机构、社会信用体系、中小微企业等角度出发，通过强化金融基础设施建设、探索和健全票据市场体系等措施，帮助提升票据对中小微企业发展的支持力度。

（一）金融机构方面

1. 切实推进金融机构电票系统建设

2016 年 12 月 8 日上海票据交易所成立，对所有纸质票据和电子票据进行统一登记、托管、报价、交易、清算、托收，且自 2018 年 1 月 1 日起，原则上单张出票金额在 100 万元以上的商业汇票必须全部通过电票办理，实施纸电交易融合，电票的使用范围将迅速扩大，规模效应将使电票的流通性更强，交易成本更低。因此，提高金融机构接入 ECDS 的比例是当前的一项重要任务。

2. 提高商业银行的票据业务水平和积极性

首先，在以商业银行为主体，以财经高校、政府等为辅的多方努力下，培养出了一批票据知识丰富的业务人员，并组织到国内主要的票据营业部进行学习；定期举办有关票据知识业务的沙龙活动，提高业务水平。其次，适时更新票据签发承兑的真实贸易背景审查准则，培养商业银行等金融机构的审慎经营理念，强化票据业务风险意识。最后，将票据业务相关的若干指标纳入 MPA 考核中，以此激励商业银行积极开展票据经营业务。

3. 积极创新票据业务

对于资金充裕的企业来说，贸易往来收到的票据，往往会在保险库或网银上闲置较长时间，待到期后收取票面本金；另一部分有融资需求的企业中，不乏有良好信誉的优质企业，因各种原因不能及时获取银行贷款，难以维持资金周转，制约了企业自身经营发展。如能借鉴股市中的“融券”业务模式，票据闲置企业将其持有的票据租借给有短期融资需求的优质企业，就可以解决一部分企业的融资问题，不仅可以减少融资企业的借款成本，而且可使原持票企业获得一定收益。借此模式，可促进关联企业间的业务往来，进而为经济下行期的部分企业寻求更多出路，以此服务和带动中小微企业发展。

4. 加快推进票据在供应链金融中的使用

供应链金融是为中小微企业量身定做的一种新型融资模式，金融机构

可通过票据等信用工具，积极开展票据池业务、应收账款质押贷款、保理等各种形式的供应链金融业务，改变对单一企业主体授信的融资模式，有效满足产业链上下游中小微企业的融资需求。这种方式，将银行的关注度从单个中小企业的信用转向其所处的产业链的情况，以及企业在产业链中的市场地位和管理水平，还可以根据企业不同的业务流程和业务类别进行融资，银行也可深入到企业的运营之中，实现对融资业务更全面的风险管理。

（二）金融监管方面

1. 完善票据业务监管政策和法律法规

随着国家经济、金融的改革发展以及科学技术手段的大幅进步，《票据法》的部分条款已限制了票据市场的发展空间，因此应加快对《票据法》相关条款的再次修订。一是对我国《票据法》中关于票据基础关系的规定予以修改，充分发挥票据的流通功能。二是对《票据法》中有关票据行为的书面形式做出修改，把电子票据签发、承兑、背书转让等票据行为的电子流程纳入票据基础法律规范。三是在确立融资性票据的合法地位的同时，严格界定其资格与范围，落实从严监管。

此外，运用监管政策，通过有效降低商业银行对中小微企业票据承兑业务的经济资本占用，提高商业银行开展银票业务的积极性，也有助于实体经济发展。一是建议明确融资性票据的合法性，释放商业银行承兑及贴现的动力。二是将现行的电票管理办法纳入《票据法》，使电票的流通使用更具有法律依据。

2. 建立健全票据市场组成设计

为适应全国统一票据交易平台——上海票据交易所的需要，应尽快完善现代票据业务规则以及全新的票据市场基础制度。因此，要加快建设票据交易体系，推进票据市场标准化和一体化进程，提高市场运行效率。一是由中国人民银行统筹规划票据交易体系的顶层设计，设立票据市场相关管理组织或委员会，统筹票据交易体系建设。二是利用上海票据交易所在票据交易体系中的中心地位，打造“标准化”的交易产品，完善票据资产与资金市场的流通渠道。三是发挥地方票据交易平台的区域性和行业性作用，向区域内及行业用票企业推广票据贴现业务及承兑的职责。四是发挥民间票据平台自身的专业优势和资金优势，成为票据交易体系的补充。

3. 扩大票据市场参与主体

参与主体的多元化，能让票据市场的深度和广度得到拓展。因此要扩大市场参与主体，发展票据专业化中介机构，必须积极鼓励更多的中小企业、民营企业熟悉和运用票据融资；鼓励证券公司、资产管理公司、信托公司等更多的金融机构投资者进入票据市场，拓宽票据交易的广度；积极发展专业化票据经纪市场，提供票据鉴证、咨询、撮合、报价等经纪服务；建立第三方票据评级评估机构，对票据承兑主体、贴现主体等信用主体进行多层次、系统性、动态化的信用评价与管控。此外，通过推动担保、保险等信用服务机构，能够完善票据市场参与者格局，搭建多元化、专业化、交叉互补的市场参与者体系。

（三）社会信用体系方面

针对中小微企业自身实力等方面固有的不足，可在政府的主导下，在金融机构、工商部门、互联网金融公司等多方合作下，利用大数据分析，搭建中小微企业信息信用平台或征信体系，改善国内的信用环境，缓解银企之间的信息不对称，提高中小企业信贷投放的效率和数量。此外，我国的信用评级机构应根据国情和中小企业发展的特点，建立适合我国中小企业的信用评级体系，实行企业信用定期考评制度。而且，我国信用评级机构在对中小企业进行评级时，应当避免过分注重企业资产规模、营业水平等绝对量指标，对于期望收益率、长期的平均利润率、成长能力等相对量指标，则可以重点考虑。

（四）中小微企业方面

在金融新业态下，为了提高借贷效率和成功率，中小微企业应当抓住机遇，不断完善自身建设，以适应经济新常态下市场需求的变化，响应供给侧结构性改革要求，不断调整经营策略和经营方向，加强企业创新。同时，在信贷审批阶段，中小微企业应当积极、主动、公开地上传认证资料，加强自身业务信息的透明化，提高自身信用等级和可信度，减少借贷双方的信息不对称，避免二次成本。

此外，由于票据交易量巨大，票据利率将会越来越接近于中小微企业的实际融资成本，发挥更有效的利率传导作用，可帮助完善我国的利率市场化体系，进而成为中央银行公开市场操作的重要渠道或者主渠道之一，这将对建立服务实体经济的基准利率有重大意义。随着票据市场收益率曲线的不断完善，票据二级市场的价格发现功能对于票据一级市场的指导作用更加显著，有利于票据市场形成市场化机制，通过加强再贴现手段，进一步增强和优化货币政策传导机制，由此引导金融业支持和服务中小微企业。

综上所述，商业票据作为重要的交易结算、融资工具，以审核时间短、融资速度快、结算便捷等优势受到了我国企业的青睐，在我国中小微企业发展中占据着极其重要的地位。经济新常态下，我国金融市场不断发展变化，经济状况也在市场经济的推动下得到整体提升。相信随着票据电子化的推广应用，中小微企业使用电子化票据进行支付结算、融资的趋势有望进一步加强。但同时，我国仍需继续完善票据市场，优化风险管理模式，探索票据融资新模式，从而更好地为我国中小微企业发展提供优质的金融服务。

参考文献

[1] 赵慈拉，肖小和，严文兵，赵懿. 票据支持实体经济仍需加力 [J]. 上海金融，2015 (4).

[2] 肖小和，邹江，汪办兴. 票据融资支持实体经济发展的现状、问题与对策研究 [J]. 金融与经济，2012 (12).

[3] 刘炼，王娇. 当前中小企业票据贴现难的原因分析及改进方向 [J]. 现代经济信息，2015 (23).

[4] 任远星. 当前票据融资大幅增长的原因、风险与对策——以河南省为例 [J]. 银行家，2016 (4).

[5] 肖小和. 不断增强票据业务服务实体经济功能 [N]. 上海证券报，2017-12-08 (09).

[6] 舒海棠，沈沉. 新业态下我国商业银行票据业务创新发展问题探讨 [J]. 金融与经济，2017 (7).

[7] 崔卫红. 我国票据市场发展现状、问题及对策建议 [J]. 华北金融，2016 (9).

[8] 杨洋，宋延春. 提升商业银行票据服务实体经济效率的几点建议 [J]. 征信，2017 (8).

[9] 包燕萍. 票据市场创新服务实体经济研究 [J]. 上海金融学院学报，2015 (6).

[10] Ekaterina K. Chirkunova，Ekaterina E. Kireeva，Anna D. Kornilova，Julia S. Pschenichnikova. Research of Instruments for Financing of Innovation and Investment Construction Projects [J]. Procedia Engineering，2016，8 (89)：112-117.

[11] John Dewey，Joseph Yiu. The irony of investing in tenant improvements in leased space Freeing up capital from tenant improvements through Credit Tenant Note Financing [J]. Journal of Corporate Real Estate，2013 (7)：201-212.

加快电票创新　服务经济高质量发展[①]

肖小和　张　雯

票据作为延期支付工具，具有信用和结算双重功能，在货币流通和支付结算领域广泛应用。随着货币电子化进程的加快，电票业务也面临着新的机遇和挑战。加快电票业务创新发展，推动电票业务在票交所时代迈上新台阶，将成为票据市场发展的新动力。

一、电票创新面临的机遇

（一）经济发展为电票创新提供了基础

市场经济从本质上讲是一种发达的货币信用经济，它的运行表现为物质生产与货币资金的运动。经济运行稳定且高质量，则社会资源的配置就会合理；金融运行有效且高质量，则货币资金的筹集、融通和使用就会充分，对国民经济的良性循环将起到积极促进作用。

自20世纪80年代初期我国恢复办理商业汇票业务以来，票据市场不断发展，成为金融市场的重要组成部分，票据也成为支持实体经济发展最重要的金融工具之一。最近几年，票据市场的快速发展，对我国实体经济发展、金融体系改革与创新以及社会信用体系建设起到了巨大的推动作用。在中国经济进入新常态后，电票业务异军突起，比传统票据业务表现出更快捷便利的支付结算与短期融资功能，同时，安全系数大幅提高，操作风险得到有效控制。电票市场融资规模的高速增长对支持经济结构调整、支持供给侧结构性改革发挥了较大作用，未来多元化电票创新将呈现快速发展趋势。

---

① 本文写于2018年。

2017年，国内生产总值为82.71万亿元，按可比价格计算同比增长6.9%。全国规模以上工业增加值同比实际增长6.6%，增速比上年同期提高0.6个百分点。中国制造业采购经理人指数（PMI）均值为51.6%，高于上年总体水平1.3个百分点，制造业稳中向好的发展态势更趋明显。非制造业商务活动指数年均值为54.6%，高于上年总体水平0.9个百分点，保持在较高景气区间。基于我国宏观经济稳中向好，实体经济逐渐复苏，电票业务也将会有更好的发展。

（二）金融创新为电票创新提供了借鉴

金融不仅是现代经济中用于调节宏观经济的重要杠杆，还可利用结算、信贷、利率、汇率等金融工具深入、全面地反映企事业单位的经济活动，对微观经济主体有着直接影响。

经济的发展进步呼唤金融创新的产生。金融工具创新是金融创新的主要内容，它是所有金融创新的基础。金融工具创新导致在传统金融产品和一般商品期货的基础上产生了金融期货，为电票创新提供了创新工具和创新模式的借鉴。

电票作为票据细分领域的一支重要生力军，业务交易量和活跃程度都较高。其采取线上交易，交易时间短，交易安全性高，操作便捷，可以借鉴金融工具创新模式开展非标和标准化电票产品创新，从而推动票据业务整体创新。

（三）市场变化为电票创新提供了需求

一是电票市场参与主体的多元化，使电子商业汇票业务的发展不再局限于交易背景下的结算行为。随着票据市场化程度的不断提高，电票业务的参与主体将从最初的买方、卖方和银行三方，逐渐扩充为个体经商户、个人投资者、企业经营者、机构投资者、票据经纪人、其他商业银行等。各市场主体为了获取短期融资、获得超额利润、降低经营风险、增加资产流动性等，积极参与电票交易，客观上加速了电票资产的流动。

二是互联网金融的快速崛起，点燃了电票创新的火种。当互联网金融企业盯上电票业务的低风险、稳收益特征时，迅速推出电票理财产品、电票资管计划等多种电票创新产品，且深受市场上小额投资大众群体的欢迎，电票理财产品一度在互联网与各种投资"宝类"产品市场上竞相热卖。

三是投资渠道的狭窄，使得电票创新符合市场需求。在中国利率、汇率尚未实现完全市场化的条件下，金融市场资金逐利的开放市场对公众而言相对较少。以致可以作为一般商品的红酒、瓷器、茶叶、古玩、字画、玉器、住宅等都先后成为资金疯狂炒作的标的物，不仅搅乱了普通商品市场价格，也使资金流动的安全性受到严峻考验。因此，亟须丰富和规范资金投资渠道，拓展电票成为金融投资公开子市场的一部分，通过电票产品创新，吸引资金公开参与市场操作，引导社会闲置资金流动。

（四）电票业务快速增长为电票创新提供了内生动力

电子商业汇票自 2009 年推出至今，以签发电子化、交易数据化、期限灵活化的特点逐渐受到市场欢迎，从 2014 年开始呈现快速增长态势。中国人民银行的数据显示，2010 年电子商业汇票占商业汇票签发量的比重为 2.44%，2011 年为 3.81%，2012 年为 5.84%，2013 年为 8.70%，2014 年迅速提高到 16.23%，2015 年达到 26.68%，2016 年达到 44.01%（见图 1）。电子票据时代已然来临。

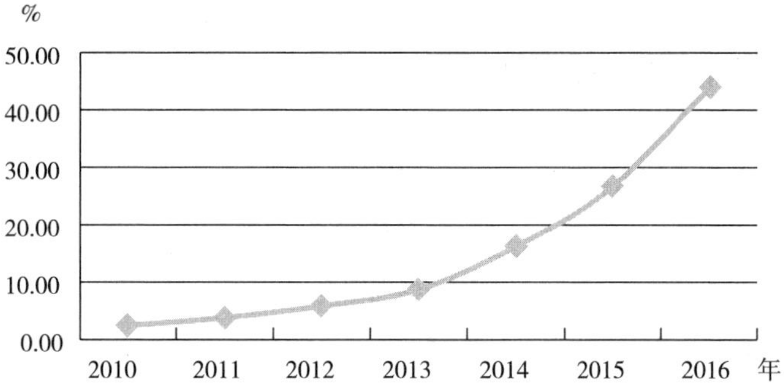

图 1　电子商业汇票出票金额占比

根据中国人民银行的规定，自 2017 年 1 月 1 日起，单张出票金额在 300 万元以上的商业汇票全部通过电票办理。2017 年电子商业汇票承兑发生额为 13.02 万亿元，比上年增加 4.44 万亿元，增长 51.75%；电子商业汇票未到期承兑余额为 8.62 万亿元，比上年末增加 2.25 万亿元；电子商业汇票贴现 6.95 万亿元，比上年增加 1.18 万亿元，增长 20.5%。电票业务的快速发展，一方面扩大了票据交易量，另一方面丰富了票据产品体系，提升了电票在金融市场的认可度。

自 2018 年 1 月 1 日起，原则上单张出票金额在 100 万元以上的商业汇票应全部通过电票办理。2018 年以后，电票将会占据票据市场的绝对比例，既成为电票创新的内生动力，又为电票创新提供了大量票据交易标的物。

（五）上海票据交易所成立为电票创新提供了条件

2016年12月8日，由中国人民银行牵头筹建的上海票据交易所正式上线，中国票据电子化交易迈出实质性步伐。目前，票据市场正处于转型过渡期，呈现出由分散向集中、场外向场内、纸票向电票过渡的发展趋势。

经过一年多的运行，上海票据交易所已初具规模。2017年，上海票据交易所办理电票交易51.4万亿元，比上年增加2.22万亿元，增长4.51%。分交易类型看，转贴现44.48万亿元，比上年减少1.32万亿元，下降2.89%；质押式回购6.92万亿元，比上年增加3.54万亿元，增长104.9%。电票质押式回购交易的便捷性，促使质押式回购在整个市场的低迷走势下取得显著增长。质押式回购业务不仅提升了票据市场的流动性，也使得票据作为短期流动性调剂工具的功能逐步显现，为下一步创新电票工具和产品奠定基础。

二、电票创新面对的挑战

（一）缺乏电票创新的业务规模

中国上市公司市值管理研究中心发布的《2017年A股市值年度报告》显示，2017年末中国A股上市公司共3484家，全年沪深两市共有438只新股上市，合计募资2301亿元，规模较2016年增长逾五成，IPO总量占全球的近30%。2017年A股日均成交量为4586亿元，市值达到56.62万亿元，较2016年的50.6万亿元增长了6.02万亿元，增幅为11.90%；较2015年创下的前历史纪录52.9万亿元增长了3.72万亿元，增幅为7%；较十年前的2008年增长了381%，总规模创出历史新高。中国人民银行公布的金融市场统计数据显示，全国银行间质押式回购交易从1天到1年的11个品种累计交易量为530.56万亿元。2017年全国期货市场累计成交量约为30.76亿手，累计成交额约为187.90万亿元，其中，中国金融期货交易所累计成交量约为2459.59万手，累计成交额约为24.59万亿元，分别较2016年增长34.14%和34.98%，分别占全国期货市场的0.80%和13.09%。

从上海票据交易所公布的数据看，2017年末上海票据交易所系统参与者为2398家，ECDS参与者为97427家。2017年上海票据交易所累计办理票据承兑业务14.63万亿元，比上年减少3.47万亿元，同比下降19.17%，其中电子商业汇票承兑发生额占89%。累计办理票据融资业务59.34万亿元，比上年减少 25.16 万亿元，同比下降 29.78%，其中电票贴现为 6.95 万亿元，占比为 11.7%。累计办理票据交易 52.18 万亿元，其中电票交易占比为 98.5%，分交易类型看，电票转贴现占比为 85.24%，电票质押式回购占比为 13.26%。

从上述交易量和交易额的数据对比可以看出，电票创新存在以下几个短板：一是市场参与主体不够丰富。与中国股市、债市、期市庞大的市场参与者相比，票据交易参与者过少，导致交易量不能得到大幅提升，交易流转次数少，成交匹配不够充分。二是电票交易量在同类金融市场中的占比过小。由于上海票据交易所中的电票交易无个人投资者，交易对象主要为商业银行和财务公司等，单笔成交额相对较大。虽然 2017 年电票交易额占股票交易额的 49.22%，占期货交易额的 27.35%，但是相比同类的全国银行间市场交易行为而言占比太小，如 2017 年上海票据交易所电票质押式回购交易额仅占全国银行间质押式回购交易额的 1.3%。三是资本逐利式的电票交易量不够充分。2017 年，商业银行受信贷规模限制，主动调整资产负债表的结构，减少票据存量，加快票据流转速度，使得票据交易量比 2016 年略有上升，但为增加收益而主动开展的票据资金交易没有得到有效提升。

（二）缺乏电票创新的相关制度

一是没有建立统一的票据信用评级体系。电子商业汇票是在真实交易背景下签发的，提交需求的企业在各家商业银行必须评定信用等级，并依照信用等级来确定商业汇票签发应缴纳的保证金比例。而各家商业银行的信用等级评定标准不统一，上海票据交易所至今未建立统一的电子商业票据信用评级体系，导致电票最终追索时的风险难以确定。

二是没有建立统一的票据期限管理制度。由于单张票据金额不是太大，且到期日千差万别，在设计票据创新产品时，大部分是针对票据池或集合票据产品，对票据的到期日管理难度较大。

三是没有建立统一的票据市场参与主体风险评估标准。电票交易的风险程度虽然是基于电票签发企业和承兑人的信用来进行评价的，但随着票据流转环节和流转次数的增多，因为交易对手的信用缺失而产生的票据信用风险和操作风险日益增多，且涉案金额巨大，使得票据交易对手的信用越来越受到市场关注。

（三）缺乏电票创新的产品设计

《关于规范商业银行理财业务投资运作有关问题的通知》（银监发

〔2013〕8号）对金融标准化产品和非标准化产品给出了明确的定义，商业银行、证券公司等传统业务的金融产品，如贷款、债券、证券、贸易融资等就是金融标准化产品；而未在银行间市场及证券交易所市场交易的债权性资产，包括委托贷款、信托受益权、信托贷款等多种形式就是金融非标准化产品。

目前，电票创新产品一般为在商业银行和互联网金融平台上交易的电票理财产品、电票信托计划、电票资管计划等非标准化产品；电票标准化产品主要为商业银行和中小金融企业开展的电票池质押贷款、电票质押保理、电票质押应收账款融资等。适合在上海票据交易所上市交易的单一电票和电票池标准化产品较少，尤其是涉及电票利率的掉期、远期和电票期权等金融衍生品尚未开发。

（四）缺乏电票创新的规范标准

标准化是指在经济、技术、科学及管理等社会实践中，对重复性事物和概念通过制定、发布和实施标准，达到统一，以获得最佳秩序和社会效益。标准可分为技术标准和管理标准两大类。技术标准是根据不同时期的科学技术水平和实践经验，针对具有普遍性和重复出现的技术问题，提出的最佳解决方案而制定的技术准则。管理标准是为了保证与提高产品质量，实现总的质量目标而规定的各方面经营管理活动的具体标准。

目前，电票创新尚处于自主开发阶段，各商业银行和中小金融企业按照自身经营规模、资本金约束、股东利润回报等要求开展电票业务，并根据各自的风险控制手段和风险承受能力开展电票创新。作为提供电票市场重要交易平台的部门和票据市场服务监管方，中国人民银行和监管部门尚未就电票创新出台创新的技术标准和管理标准，电票创新缺乏有效制衡。

三、对电票创新发展的思考

（一）扩大电票市场参与主体范围，创造电票创新需求

1. 成熟的市场需要众多参与者

市场是由买家、卖家和交易三部分组成的。在市场形成初期，由于买家、卖家较少，市场中交易的产品、支付结算手段、信用体系等交易机制不健全，被称为新兴市场。如国际金融公司对股票市场的权威定义，即只要一个国家或地区的人均国民生产总值（GNP）没有达到世界银行划定的

高收入国家水平（1995年的标准是人均9386美元），那么这个国家或地区的股市就是新兴市场。有的国家，如韩国，尽管其经济发展水平和人均GNP已进入高收入国家的行列，但由于其股市发展滞后，市场机制不成熟，仍被认为是新兴市场。1996年，国际金融公司认定的新兴市场有158个，主要集中在亚洲、非洲、拉丁美洲和前苏联东欧地区。我国内地股市和台湾股市都属于新兴市场。新兴市场一般仅能满足产品交易的基本需求，规模较小，但成长速度很快，像上海票据交易所就属于新兴市场，而电票交易更属于票据交易市场中细分的一个快速成长的新兴市场。从我国电子商业汇票的出票金额、承兑金额、贴现金额和转贴现金额来看，近五年电票交易大幅增长，占商业汇票的比重越来越高，表现出强劲的发展态势。2017年纸质商业汇票交易额仅占票据交易金额的1.5%，电票交易在整个票据交易中已占据绝对优势，发展速度非常快。

在电票交易这个新兴市场中，市场参与者一般为商业银行、财务公司等机构投资者，资本金要求高，资金运作体量大，对电票产品的安全性要求较高。根据收益与风险相匹配的原则，选择低风险必然对应收益相对较低的稳健型产品，因此电票产品的创新显得不太迫切。但是一个市场的参与者较少，市场的活跃程度就较低，市场的交易量也难以持续扩大。因此，可以吸引合格的个人投资者、工商企业以及其他机构投资者参与电票市场交易，共同分享实体经济发展的成果，同时也可以有效扩大电票市场的需求，将电票市场逐步导向成熟。

2. 投资目的不同才有创新需求

市场投资主体的多元化，会提高市场运行的稳定性，并提高投资行为的理性化程度和市场运行效率。市场需求的差异性，导致了不同的需求选择方式，市场细分就出现了。成熟市场的细分条件是由消费者的需求条件而产生的，如果相对成熟的需求条件具备了，成熟市场的细分条件也就具备，对市场产品的创新需求也应运而生。丰富的产品链是成熟市场的象征，当市场可以提供多种不同的风险与收益相匹配的产品链时，投资者就可以把这些成熟的产品组合到自己的投资中来，形成消费者的细分利益投资行为。

当电票市场引入了各种投资者，投资者追求利益的不同就形成了不同的投资目的。既有商业银行满足资本占用、加速资产流转、平衡资产负债表的需求，又有类似金融企业等机构投资者的价值投资、理性投资等需求，更有个人投资者、票据经纪公司追逐高利润的投机行为等。对票据市场电票产品的需求将变得多元化，能够为投资者提供更多的电票创新产品，也将更加符合票据市场和票据交易者的利益。

3. 纳什均衡促使社会财富再分配

在市场中相互作用的经济主体，假定其他主体所选择的战略为既定时，选择自己的最优战略的状态，就是纳什均衡。在纳什均衡中，每个人的策略都是对其他人策略的最优反应。在静态博弈中，如果A选择了X，那么B为了使自己的利益最大化将选择Y；相反，如果B选择了Y，X对于A来说也是利益最大化的唯一选项。如果是动态博弈，还要区分信息透明、信息不透明和信息不对称等几种情况。

在市场交易行为中，如果每个参与者都只有有限种交易策略可选择，并允许混合交易策略，就一定存在纳什均衡。纳什均衡并不意味着博弈双方达到了一个整体的最优状态，但严格劣势策略不可能成为最佳对策，而弱优势策略和弱劣势策略是有可能达成纳什均衡的。在顺序博弈中，纳什均衡达成时交易者一般都处在连续的交易行为中。在电票市场中，当买卖双方连续进行电票交易时，就会形成纳什均衡。

在电票市场交易行为中，没有交易双方都不满意，只有可接受的满意和不满意才可能成交。因此，在票据市场中电票创新一定要考虑交易规则的公开透明、交易信息的及时可获得，以及交易双方的自愿达成。每一笔电票创新产品交易的成交，就意味着形成了一个新的纳什均衡，也意味着利润在交易者中流动。交易双方的收益既可能伴随社会总财富的增长而增加，也可能是一方收益一方亏损，变成利益再分配。

（二）推动流动资金贷款票据化，提高电票创新供给

1. 货币电子化促使流动资金贷款电票化

货币本身不具备价值，当货币作为价值等价物参与商品交换时，就具备了衡量价值的功能。马克思在《资本论》中曾预言，人类社会从启用有形货币到最终消灭货币，是一个必然的发展结果。货币是一个标准化的信用工具，使用货币进行结算实现了价值向价格的转换。近年来随着互联网技术和移动技术的不断提高，货币结算已有从实物结算走向电子化结算的趋势。例如，北欧的瑞典正在向电子货币过渡，目前现金使用率只有3%，可能成为全球第一个使用电子货币的国家。另外，2016年第一季度中国人民银行称已经在着手建立研究电子货币的团队，有可能在未来10年时间内让中国进入电子货币的新时代。货币电子化是时代的进步，使用电子货币也更接近货币的本质。

对于企业基于真实、合法交易而产生支付需求，以约定的、可预见的销售收入和其他合法收入等作为兑付资金来源的某一时期内的资金结算，商业银行既可以通过给企业发放流动资金贷款予以满足，也可以通过给企业签发商业汇票来解决。在当今货币电子化趋势下，企业通过网银方式用电子商业汇票来进行结算，操作上已经非常方便，也能够及时解决企业间真实合法的债权债务关系。企业会根据操作的便利性自主选择结算方式，电票的优越性会逐步显现。现在市场上规范的民间票据经纪公司为企业间提供的电子票据撮合业务也是有一定发展空间的。

2. 流动资金贷款电票化推动电票市场供给扩大化

企业使用流动资金贷款进行结算时，由于货币本身的不可区分性，流动资金贷款和企业自有资金会等同于企业的货币资金一并使用，商业银行对流动资金贷款的真实用途、受托支付、落实还款资金来源等信贷资金流向跟踪存在一定困难。流动资金贷款电票化后，企业使用电票进行结算必须附有真实的交易合同、确定的支付对象，能够实现结算的逐笔对应。通过核对企业交易的明细账单，就可以方便地了解企业真实的交易背景和经营状况，极大地方便了企业的财务管理和商业银行的日常贷后管理。

根据中国人民银行的统计数据，2017 年金融机构各项人民币贷款余额为 120.13 万亿元，其中企业短期贷款余额为 27.66 万亿元，票据融资余额为 3.89 万亿元，票据融资余额占企业短期贷款余额的 14%。如果票据融资余额占企业短期贷款余额的比例提高到 25%，则票据融资余额可达 6.92 万亿元，会在原有规模的基础上增长 77.9%。如果按照 2017 年末电子商业汇票承兑发生额 13 万亿元计算，可增加电子商业汇票承兑发生额 10 万亿元，能为上海票据交易所电票交易和电票创新提供大量票源。

（三）试行电票产品标准化，扩大电票创新品种

1. 电票创新要适应市场需求

在当前以商业银行为主的上海票据交易所市场中，机构之间具备类似的市场思维模式，采取相近的经营战略方式。战略趋同，使得票据市场交易行为和交易习惯相似。单一产品交易情形下，如果对市场交易趋势的判断趋同，交易对手盘就会明显减少，从而会使票据市场交易量或者剧减，或者出现明显波动而缺乏稳定性。

因此，要加快上海票据交易所的电票产品创新，就要满足不同机构投资者的需求。一要研究机构投资者的经营规模。规模大的机构可能更追求稳健经营，而规模小的机构可能会通过规模扩张来寻求市场地位。例如，

大型商业银行会寻找风险相对较小的电票代开、保兑、保贴等表外产品，中小型商业银行可能更热衷于电票贴现、转贴、质押等表内产品。二要研究机构投资者的资本约束。大型商业银行由于受到相对严格的监管控制，资本充足率相对较高，倾向于自持票据。而中小型商业银行经济资本占用更高，存贷比也可能更高，更倾向于电票交易。三要研究机构投资者的风险偏好。稳健型机构投资者会首先考虑电票交易风险，选择成熟度相对较高且目前在电票市场普遍运行的电票标准化产品；激进型机构投资者会更多考虑电票交易利润，选择收益更高的电票非标产品，未来也可能会更多地关注电票衍生品。

2. 电票创新要关注经营模式创新

从票据业务属性的角度，票据业务可划分为自营业务、代理服务、投行业务、资管业务四大类。票据自营业务主要是指商业银行开展的以票据资产作为标的的投融资业务，属于商业银行表内业务，直接影响着商业银行资产负债表规模和结构的变化。票据代理服务、投行业务、资管业务是商业银行强化票据综合服务职能和应对金融脱媒的创新方向，属于商业银行表外业务，不受商业银行资产负债表限制，只在表外进行簿记管理，收益记入商业银行中间业务收入。后三类业务的相似点在于都是以接受客户委托，满足客户投融资需求为出发点。票据代理服务需要商业银行完全遵照客户的指令办事，如代理接入、代理保管、代理买卖等。投行业务和资管业务需要商业银行运用自身的专业知识和业务操作，帮助客户降低财务成本，获取资金增值收益。如投行业务需要银行帮助客户利用票据进行融资，以降低融资成本；资管业务则需要商业银行为客户的资金寻找更好的票据投资渠道和票据标的物，以提高资金收益。商业银行可以从传统自营类业务（包括票据贴现、转贴现、买入返售、卖出回购等）向其他新的自营类业务拓展，以及逐步规范开展自营、代理服务、投行、资管等票据经营模式的跨界创新。

3. 电票创新要考虑电票产品生命周期

产品生命周期是指产品的市场寿命，即一种新产品从开始进入市场到被市场淘汰的整个过程。大多数的产品生命周期呈 S 形，分为四个主要阶段，即导入期、成长期、成熟期、衰退期。基于产品管理的概念，产品生命周期管理可以概括为产品战略、产品市场、产品需求、产品规划、产品开发、产品上市、产品退市七个部分。根据产品生命周期理论，在电票创新中不仅要考虑电票产品种类创新，还要关注电票产品形式创新。既要结合金融工具创新和金融模式创新，又要关注电票在签发、承兑、贴现、转贴现、回购、交易等各个环节的不同特点，开发电票非标和标准化创新产品，同时加强创新产品在生命周期不同阶段的应用和管理。

4. 电票创新要兼顾非标和标准化产品

随着票据业务市场化程度的提高，商业银行票据业务竞争也越来越激烈。电票签发、承兑的直接收益变小，保证金要求越来越低，电票贴现、转贴现的利差空间也在逐步缩小，为商业银行票据经营模式创新和电票产品多元化创造了重要机遇。

一是加快开展电票非标产品创新。商业银行除了开展传统的票据贴现、转贴现、买入返售、卖出回购业务外，还可以拓展其他非标创新产品，如电商供应链电票“1+N”打包融资、电票定向资管计划、电票理财产品、电票资产证券化融资等。

二是逐步开发电票衍生品等标准化产品。信用衍生产品是以贷款或债券的信用作为基础资产的金融衍生工具，其实质是一种双边金融合约安排。在这一合约下，交易双方对约定金额的支付取决于贷款或债券支付的信用状况。自从信用衍生产品于 1992 年首次出现以来，它的市场增长非常迅速。随着社会信用环境的不断改善和上海票据交易所市场条件的不断成熟，可以尝试开发票据衍生产品，允许商业银行、金融企业等机构投资者以自有资金买卖以电票为标的物的衍生产品合约。与其他金融要素衍生品类似，电票衍生产品可以重点开发电票远期、电票掉期、电票期权、电票互换和电票信用违约互换（ECBCDS）等。

（四）完善市场管理手段，加快电票创新制度建设

1. 建立统一的电票信用评级体系

建立电票信用评级体系，明确电票信用风险识别因子，有利于修正电票交易过程中的主观判断，使电票信用风险的识别能够做到定量化、标准化、理性化，减少电票业务操作风险。建立统一的电票信用评级体系，至少能在电票市场发挥以下三个作用：一是使得电票交易信息更加透明。良好的电票信用评级体系可以吸引社会闲散资金，引导中小投资者积极参与电票市场交易，间接支持实体经济。二是使得电票交易风险更加可控。通过设立电票信用评级的风险识别与交易门槛，电票市场参与者可以根据各自的风险承受能力参与市场交易，控制交易风险。三是使得电票创新更加有据。通过电票信用评级，筛选出高风险票据类别，按照高风险高收益的原则，设计电票衍生产品，将客户关系管理、资金管理、投资组合管理等

深度融合，丰富电票创新产品链。

2. 建立灵活的市场利率制度

按照市场经济原理，商品价格应该围绕价值上下波动，同时受市场供需关系影响。在电票市场中，电票产品价值可以通过信用评级量化，电票价格则表现为电票的市场利率。电票信用评级高则具备投资价值，在电票产品和资金供需未改变的情况下，市场利率应该更高，投资者可以获得更高收益。但是票据市场又不同于普通商品市场，其受金融市场资金供需、金融机构信贷规模、中央银行货币政策宏观调控、中国人民银行统一基准利率等的影响更大。所以电票市场利率不仅要反映实体经济强弱，更是金融市场资金面是否充裕的“晴雨表”。

3. 建立有效的做市商制度

在票据交易市场中，不仅大中型金融企业将票据业务作为重要的利润增长点，扮演票据市场参与者和票据服务商的角色；少数商业银行也存在资本约束、同业恶性竞争和考核机制失效导致的急功近利等行为，难以发挥带动和维护票据市场的作用，更无法充当电票做市商。一个市场没有做市商，交易活跃程度低，市场难以激发，真正的市场利率就不可能形成，票据市场的功能和作用也会大打折扣。上海票据交易所要建立做市商制度，约束市场参与者的行为，鼓励大型商业银行和合格机构投资者成为电票交易市场做市商，激发电票交易活力，才能产生电票创新动力。

4. 建立长期的专业人才培养机制

产品创新需要投入大量的人力、物力和财力，尤其是专业人才难能可贵，需要经过长期培养和不断的市场实践。当前，绝大多数商业银行票据集中经营尚未完全实现，内部的票据经营机构分散各地，分支机构自营票据专业人员相对较少，日常工作中疲于应付业务营销和具体办理，无法达到人力、资源、信息的统一整合。要提高电票创新的效率，必须注重票据专业人才的长期培养和有效激励，使有志向、有能力的年轻业务骨干能够专心投入电票的创新研发事业中。

（五）融合科技创新工具，促进电票创新信息化

1. 加快电票信息系统建设

加快电票信息系统建设既可以为电票业务提供安全高效、互联互通、标准统一、方便快捷的多功能、综合性、交互式的业务处理平台，又可以利用互联网技术开展大数据挖掘，根据投资者偏好提供相应的电票创新产品推介。数据挖掘需要通过统计、在线分析处理、情报检索、机器学习、

专家系统和模式识别等诸多算法，从大量数据中搜索隐藏其中的信息，这一切技术手段都基于信息系统的建设和开发。

另外，要注重电票信息系统与国家企业信用信息公示系统和企业名录系统的对接与数据共享，提高电票信息系统数据的准确率。加快电子商业汇票信息系统与银行各系统之间的连接，使银行间客户信息能够相互衔接，实现共享。尤其是要关注中小银行系统及企业电票系统的开发和维护，方便中小银行的客户网上签发、查验、托收电子商业汇票，以提高电票的普适性。

2. 适应市场支付手段更新

随着计算机技术的发展，特别是移动互联网和智能手机的普及，中国线上电子商务发展迅猛，与之相对应的第三方支付、二维码支付等全新移动支付方式在中国实现了蓬勃发展。中国信息通信研究院发布的《中国信息消费发展态势暨综合指数报告（2018 年）》指出，截至 2017 年 9 月，我国的光纤用户渗透率达 82.7%。与此同时，4G 网络迅速普及，已覆盖所有主要城市和乡镇，4G 用户达 9.47 亿人，渗透率达 67.9%。数据显示，我国移动支付已实现后发赶超，2016 年第三方移动支付交易金额已达美国的 50 倍。截至 2017 年 10 月底，我国移动支付交易规模近 150 万亿元，移动支付市场规模近 4 年间增长了近 20 倍，居全球首位。

第三方支付的出现和兴起，既大大推动了电商、电游等互联网商业的发展，又为其他互联网金融业态搭建了支付体系，逐渐演变为互联网金融的桥梁和核心，同时促进了货币电子化进程。为适应移动时代支付手段的更新，可以集合网络账户闲散资金推介电票理财产品，针对 B2B 平台开展电子商业承兑汇票及电票供应链融资等。同时建立电票交易移动平台，创新电票交易工具，使电票交易、支付结算、查询等功能均可在移动平台上完成，提高电票交易的便捷性。

（六）加强电票创新监管，控制电票创新风险

加强金融监管，防范和化解金融风险，牢牢守住不发生系统性风险的底线，维护金融安全和稳定，是当前经济平稳健康发展的重要基础。维护金融安全，是关系我国经济社会发展全局的一件带有战略性、根本性的大事，也是电票市场平稳健康发展的监管要求。

从市场规范化程度看，新兴市场普遍存在法规不健全、执法力度不够、监管技术落后等现象，市场规范化程度不高，从而影响了市场的“公开、公平、公正”和市场运行效率。而成熟市场经过多年的发展，基本上都拥

有行之有效的法律法规和相应的监管技术手段。随着我国经济进入新常态，GDP增速放缓，产业结构深化调整，信用风险由企业向产业、由下游向上游、由局部向区域蔓延的程度加深，存在触发一些区域性、系统性融资风险的隐患。同时民间资本、民间借贷积极参与各个融资环节，尤其是互联网金融企业利用资金杠杆直接、间接参与票据市场投融资，形成错综复杂的金融业态，逐渐暴露的资金链断裂风险向银行业传染的范围加大，信用风险管控的难度和复杂性进一步提高，从而束缚了电票市场由新兴向成熟创新发展的步伐。

票据作为金融机构越来越重视的资产业务，在实体经济发展中扮演着服务者的角色。它不仅可以通过中央银行再贴现功能达到控制货币投放、调节市场利率的货币政策宏观调控目的，在支持实体经济发展、改善金融机构资产均衡配置等方面也起着促进经济微观改善的作用。但是由于现在中国人民银行、监管机构、商业银行、上海票据交易所在票据市场上分段管理，没有形成统一规范，使得电票作为上海票据交易所这一新兴市场的主要产品，在发挥支持实体经济、金融市场、客户服务等功能和创新上受到一定约束，亟待加强电票市场规范和创新监管。

首先，要统筹监管系统性重要金融机构和大型金融控股公司，严密监控电票操作重点环节，防止重大操作风险，确保金融系统良性运转。其次，中国人民银行可以设立票据专项统计月报制度，将上海票据交易所、区域票据交易中心等的主要业务情况统计到中国人民银行票据月度报表，对全社会公开发布，形成电票创新发展和业务监管的强大合力，补齐电票监管短板，避免电票监管空白。再次，建立电票创新风险处置长效机制。业务创新必然伴发着风险聚集，对容易出现信用风险、市场风险、操作风险的环节，在电票创新前就必须建立风险处置长效机制，明确风险点和操作规范，防患于未然。最后，对出现的风险要及时处置。由于电票业务与实体经济的密切结合，必须要加强企业信用风险教育，从源头上控制信用违约事件。一方面，要加强社会信用体系建设，在全社会树立信用意识，积极打击恶意逃废债行为；另一方面，要加大对电票市场违法违规行为的打击力度，充分揭示电票市场交易风险，提示市场投资者注意控制好资金杠杆率，防止过度投机搅乱电票市场秩序，影响电票创新活力。

建设高质量票据市场
更好服务高质量经济发展[①]

江西财经大学九银票据研究院

一、经济、金融及票据市场的高质量发展

党的十九大报告做出了我国经济已由高速增长阶段转向高质量发展阶段的科学判断，并提出了坚持质量第一、推动质量变革、建设质量强国、增强质量优势，把提供高质量供给体系作为主攻方向等重要观点。提高发展质量成为经济发展的新追求。

经济高质量发展需要整个供给体系充满活力、有效益与有质量。供给体系需要为具有高收益的新兴产业提供成长空间，资源由低收益产业向高收益的新兴产业快速流动，提升新兴产业在国民经济中的比重。经济高质量要把握效率和效益。

金融高质量发展是经济高质量发展的关键环节，一是需要推进普惠金融和绿色金融的发展，提升金融服务实体经济的能力；二是需要守住底线，防范金融领域业务风险；三是需要提供针对性强的金融服务，确保金融资源向新兴产业流动，加快推进经济转型升级；四是需要加大创新力度，抓住自由贸易区、人民币国际化等历史机遇，加快推进金融创新；五是加快市场化、法治化进程，积极推进金融市场降杠杆、去泡沫，讲求金融效率和效益，确保金融市场有序健康发展。

票据市场高质量发展就是要补足票据市场发展短板、提升服务实体经济能力、深化票据市场改革、落实普惠金融和绿色金融要求、完善票据市场统计信息和评价体系、优化票据市场风险及监控机制、推进金融科技在

① 本文写于2018年。

票据领域的发展、提升市场参与者业务发展理念、打造多层次票据市场体系，实现票据市场总量与结构的适度合理发展，实现票据市场效率和效益双提升。票据市场有望成为金融高质量发展的“排头兵”，一是票据市场基础设施建设初步完成，中国人民银行主导下的上海票据交易所已正式开业，全国统一的票据大市场正在形成；二是票据市场在实体经济融资与结算中的占比逐步攀升；三是近年来对票据的强力监管初见成效，票据市场经营环境得到净化，风险事件大幅下降；四是票据市场金融科技水平优势明显，电子商业汇票在票据市场中已占据主导地位，上海票据交易所已实现场内无纸化交易，大幅提升了票据市场技术水平。

二、票据市场在服务经济发展中的作用

（一）票据对实体经济的作用

票据对实体经济的作用主要体现在推动企业支付结算和企业融资两个方面。

1. 企业支付结算

票据（尤其电子商业汇票）具有鲜明的结算特性，具有跨地域、效率高、速度快、接受程度好等优势。票据承兑业务可以引入银行信用，实现交易的延期支付，减少了对企业营运资金的占用；企业间票据背书转让，满足了企业之间的短期资金支付需求；票据贴现、质押融资等业务，可便利企业快速获取资金，加快了企业资金周转，提高了商品流通效率。

2. 企业融资

商业汇票与本票、支票相比优势明显，其除具有支付结算特性之外，还具有融资特性，是一类较为便利的企业融资产品，尤其适合中小微企业。

票据是一类融资成本较低的企业融资产品，与流动资金贷款业务相比，一是票据贴现利率总体上低于流动资金贷款利率，为企业节约了大量融资成本；二是企业通过办理票据项下（尤其是办理电子商业汇票项下）相关业务较流动资金贷款效率更高、更便捷，有利于节约企业时间成本，加快了企业资金回笼速度。

票据业务办理效率高，门槛相对较低，与资本市场融资工具相比，其能更好地覆盖中小微企业，及时向企业提供短期融资，可促进中小微企业资金融通。

（二）票据市场风险防范

2016年12月8日，上海票据交易所在中国人民银行的推动下正式成立，全国统一的票据市场初见雏形，有利于票据市场的规范化发展，改变了票据市场长期以来的各种乱象。

从防范交易纠纷的角度看，上海票据交易所明确了票据市场信用主体规则，将承兑行、贴现行及保证增信行纳入信用主体的范畴，交易所场内转贴现交易主体将不再承担被追索清偿的责任，规范了票据过桥等不规范的交易行为，可避免出现市场参与者因拒付而导致的层层追索情况，还原了票据交易的真实责任。

从防范风险案件的角度看，上海票据交易所明确了票据托管、清算及票据交易规则，纸质票据承兑或贴现之后必须在上海票据交易所平台登记，贴现后的纸质票据登记权属后进入上海票据交易所托管，交易采用无纸化DVP模式，实时交割资金与票据权属。通过上海票据交易所托管、清算及交易规则，最大限度地压缩了票据中介在票据二级市场的生存空间，避免了“一票二卖”等风险案件的发生，维护了票据市场秩序。

（三）票据市场的创新发展

从体制创新层面看，近年来票据市场最大的创新在于建立了上海票据交易所，改变了票据市场以往分散、割据的局面，为建立全国统一的票据市场奠定了基础，为有效控制票据市场风险创造了条件。上海票据交易所搭建了中国票据交易系统，完善了纸质票据交易各项相关规则，是票据市场从“乱”走向“治”的分界点。

从机制创新层面看，上海票据交易所围绕票据二级市场交易创新性地提出了票据信用主体规则、票据无纸化交易规则、票据电子合约规则等，围绕纸质票据管理推出了纸质票据登记规则，以及票据登记托管规则和票据清算规则，机制创新较好地规范了票据市场发展秩序，为票据市场走向成熟奠定了基础。

（四）票据市场发展推动了商业承兑汇票的发展

票据市场的发展推动了企业的融资与结算，商业承兑汇票是较好的企业融资与结算工具，相较于银行承兑汇票，商业承兑汇票不仅为企业节省了承兑手续费，也无须缴纳承兑保证金，为承兑企业节约了成本，增加了可用资金。近年来，商业承兑汇票发展迅速，以电子商业承兑汇票为例，截至2017年底，电子商业承兑汇票余额已达1.5万亿元，市场份额已接近

20%；电子商业承兑汇票融资余额为0.43万亿元，市场份额已超过10%。

商业承兑汇票的大规模使用，有效促进了企业融资与经营行为，满足了企业生产经营所需资金，约束了承兑企业的违规及违约行为，为商业信用体系的有序发展创造了条件。

（五）票据市场较好地传递了货币政策、信贷政策

票据再贴现是重要的货币政策、信贷政策传导工具，中央银行运用再贴现政策一方面可调节信贷规模和货币市场供应量，通过票据市场运作实现中央银行的货币政策目标；另一方面，可以根据国家或地方产业政策的要求，有选择地进行融资，调节商业银行行业信贷投放方向，抑制商业银行对落后产能、受限行业等领域的信用扩张欲望，引导信贷资金理性投放，实现调节信贷结构的目的。再贴现在票据市场已运作多年，较好地实现了中央银行货币政策、信贷政策调控目标。

三、经济高质量发展对票据市场发展高质量的要求

（一）坚持票据市场创新

创新是推动实体经济发展，培育和催生经济社会发展新动力的必然选择。近年来，票据市场涌现了大量创新型产品，但究其本源大多为逃避监管、逃避信贷规模的“伪创新”，实质性的票据业务创新较少。票据市场创新需坚持围绕“一带一路”、生态文明等政策要求，推动实体经济发展，抓好绿色金融创新，优化票据市场发展内涵。推动自由贸易区、自由贸易港票据市场创新，发展跨境人民币项下的票据市场“新蓝海”；推动绿色金融项下票据市场创新，为我国绿色产业快速发展提供金融支持；推动票据资产证券化、票据ABS等业务创新，扶持实体经济发展；推动票据估值及衍生产品创新，为票据市场创新公允价值管理，并提供避险工具。

（二）坚持推进普惠金融和绿色金融

普惠金融是指以可负担的成本为有金融服务需求的社会各阶层和群体提供适当、有效的金融服务，中小微企业是其重点服务对象。绿色金融是指金融部门把环境保护当作一项投资的基础政策。

票据具有融资与结算特性，是推进普惠金融和绿色金融、服务实体经济的重要一环。一是需要加快普惠金融和绿色金融票据的相关政策支持，降低服务对象的准入门槛；二是需要完善普惠金融和绿色金融票据的风险

防控手段，加强对票据市场的监测与管控，保护中小微企业权益；三是需要推进普惠金融和绿色金融票据基础设施建设，以上海票据交易所为核心，构建票据承兑、贴现业务平台；四是需要推动普惠金融和绿色金融票据创新建设，推进票据市场数字化、智能化进程。

（三）坚持防范票据市场风险

高质量的票据市场需要高质量的风险监测体系来保障，需要通过建设票据市场风险大数据，建立健全市场风险控制及监测机制，防范票据市场风险，治理业务发展乱象，增强市场参与者的风险与合规意识，补齐市场风险治理短板，持续推动票据市场“脱虚向实”，促进票据市场改革，提升票据市场对实体经济“质”与“效”的服务作用。

（四）不断提升票据市场资源配置效率

我国经济正处于经济转型的关键阶段，需进一步将金融资源配置到经济社会发展的重点领域和薄弱环节。在票据市场，需要进一步加强再贴现政策的引导作用，增加再贴现投放规模，优化再贴现利率生成机制，进一步加强对商业银行信贷投向的引导作用，引导商业银行将票据承兑、贴现等资源更有效地投入实体经济各个环节，引导票据资源投入国家重点支持的产业、行业，引导票据资源进入中小微企业，优化票据资源配置，提升票据市场资源配置效率和效益，为实体经济发展提供信贷支撑。

（五）不断推进商业信用体系建设

商业信用体系建设，可以盘活资金，推进实体经济快速发展。商业承兑汇票与应收账款融资等产品相比，具有融资效率高、流转速度快等优势，是承载商业信用的最佳载体。近年来，商业承兑汇票发展得并不理想，主要原因在于，一是缺乏统一的商业承兑汇票信用评估机制，影响了商业承兑汇票的接受程度，导致商业承兑汇票易出现贴现难、贴现贵等问题；二是缺乏有公信力的商业承兑汇票承兑、贴现平台，缺乏相应的风险管控机制，导致商业承兑汇票易出现托收难、追索难等情况。

建设高质量的票据市场，可考虑进一步推进商业承兑汇票的发展，一是可建立商业承兑汇票信用评估规则，选择一批具有公信力、覆盖面广的评级公司，提升商业承兑汇票的流通性，建立商业承兑汇票差异化的定价机制，以降低企业融资成本；二是可考虑搭建包括央企、财务公司、中小银行以及规范的民间票据平台在内的交易体系，通过供应链票据及平台风险金设置等风控手段，在发展业务的同时，避免出现商业承兑汇票兑付及追索环节的各类问题。

四、票据市场高质量发展存在的问题

（一）服务实体经济有待加强

票据市场是金融市场、货币市场的重要组成部分，需回归服务实体经济的本源，这也是供给侧结构性改革的基本要求。

当前票据市场服务实体经济的功能正被逐渐弱化，主要体现在以下几个方面：一是当前金融市场中同业金融泡沫化严重，商业银行通过多层嵌套等手段规避监管要求，风险管控缺失，无序扩张同业业务（包括票据二级市场及票据资管类等业务）。随着中国人民银行及监管部门出台相应的政策措施，将引导市场参与者完善内控风险机制建设与管理，引导票据市场“脱虚向实”。二是商业银行内部考核片面追求利润，导致其分支机构急于发展收益更高的融资产品，票据承兑、贴现等短期收益相对较低的产品被忽视。商业银行对短期利润的过分追求，提高了企业（尤其是中小微企业）的融资成本，忽视了票据服务实体经济的作用。

（二）票据市场风险依然存在

2016 年对票据市场而言是不平凡的一年，票据市场长期集聚的风险集中爆发，多家商业银行相继陷入票据风险案件中，涉案金额之巨，牵扯商业银行之多，前所未有。由于宏观经济增速持续下行导致企业违约，票据中介挪用资金向银行转嫁风险，票据从业人员投资失败进而诱发道德风险。近几年票据风险案件呈现两大特点，一是信用风险、违约风险有所抬头，企业资金链断裂、债务违约、逃债等事件时有发生，票据逾期率、承兑垫款率显著提高，整体信用环境形势严峻。二是操作风险、道德风险、合规风险较为突出。假票、克隆票、假章等票据诈骗案件居高不下，票据掮客无孔不入，与银行业务人员内外勾结，联手诈骗银行资金，诈骗行为已渗透到票据办理过程中的各个操作环节。

在此背景下，中国人民银行适时提出组建上海票据交易所，通过建立全国统一的票据交易平台，规范市场参与者的交易行为，维护票据市场秩序，将票据市场建设成为规范化、标准化的货币市场子市场。自上海票据交易所成立后，票据市场风险得到了有效抑制，风险案件大幅减少。

（三）市场参与者较为单一

票据市场发展，不仅需提升市场容量，更需要差异化培育市场参与者，票据市场目前主要的机构参与者为商业银行及财务公司。上海票据交易所成立后，虽然将券商、基金、资产管理公司、保险等金融机构，以及非法人参与者（如资管计划、理财计划等）纳入市场参与者范畴，但由于非银行金融机构对票据市场缺乏足够的了解，票据市场披露的公开信息、业务数据较少以及监管部门对资产管理业务的要求，非银交易主体业务开展较少，票据市场机构参与者较为单一的局面仍未得到改善。

（四）缺乏精细化经营大格局

票据市场与成熟市场相比，在统计指标体系、公开信息披露、估值体系建设等方面仍存在一定差距。

1. 统计指标不规范

票据市场统计指标名称、含义差异较大，统计指标缺乏权威定义。如银行与企业之间办理贴现的统计指标，部分发布机构称之为“贴现”，也有部分发布机构称之为“直贴”；又如反映包含银企间贴现及银行间转贴现的统计指标，部分发布机构称之为“贴现”，也有部分发布机构称之为“票据融资”。

2. 信息披露不规范

一是缺乏权威的发布机构，目前正式发布票据市场数据的机构包括中国人民银行相关司局、上海票据交易所等，非正式发布票据市场数据的机构包括各类行业协会等；二是部分数据无法获取，如 2017 年中国外汇交易中心的“中国票据网”关闭后，市场参与者无法获取当前及历史票据市场报价信息，又如缺乏场内（场外）成交量、成交排名等信息的实时公开披露；三是信息披露不完整，如中国人民银行仅披露全市场业务数据，上海票据交易所仅披露电票业务数据，商票和纸票业务数据无机构披露；四是信息披露口径单一，各类机构披露的数据偏向于余额数据；五是信息披露时效性低，不利于市场参与者及时掌握票据市场信息。

3. 估值体系待建设

成熟的交易市场需要稳定、公允的价值评估体系，票据市场长期以来缺乏统一的市场价格，上海票据交易所虽已成立，纸电票仍在整合过程中，尚未发布统一、公允的市场价格，不利于商业银行对所持有的票据进行估值，不利于改变商业银行粗放式经营理念。

（五）统一大市场有待加强

票据市场长期缺乏顶层设计，缺乏统一的监管协调、法规协调，具体表现在市场分割明显，参与主体在业务办理标准、术语、管理要求、交易规则、风险防控标准等方面存在差异，不利于票据市场风险防控，并对服务实体经济产生了一定的影响。建设统一的票据市场是一项长期、渐进的工作，上海票据交易所成立后，已在较短时间内整合了易爆发风险案件的纸质票据二级市场，但从二级市场领域看，纸电票二级市场仍未融合；从票据全生命周期的角度看，票据承兑、贴现等市场仍未融合，仍需继续加快票据统一大市场建设。

五、票据市场高质量发展的思考

（一）全面服务实体经济，落实普惠金融和绿色金融各项要求

服务实体经济是高质量票据市场的基本职能。一方面需进一步推进企业票据结算；另一方面需降低企业的票据融资成本。一是需进一步加快推进电子票据替代纸质票据的进程，充分发挥电子票据流转快、效率高的特点，全方位、全地域推动电子票据参与企业日常融资与结算。二是需进一步推进票据承兑、贴现等业务发展，依托供应链、产业链发展票据承兑与贴现市场，借助核心企业信用，降低中小微企业票据业务办理门槛，提升票据对实体经济、普惠金融的支持力度。三是需强化再贴现对票据市场的引导作用，提高再贴现业务规模，细化再贴现发放目标，引导商业银行加大对重点行业、重点地区、中小微企业的贴现支持，降低实体经济融资成本。四是需结合国家战略方针推进票据创新，结合国家“节能减排”战略，探索绿色产业的票据化发展，助力中国经济可持续发展；结合国家“一带一路”总体安排持续推动跨境票据业务开展，为人民币“走出去”创造业务模式，为人民币逐步区域化并最终国际化奠定基础，为“一带一路”倡议提供全新的金融支持方案。

（二）构建票据市场框架，打造多层次票据市场体系

构建多层次票据市场体系是建设高质量票据市场的基础。一是建立以“一行和金融市场监管部门”为牵头部门的架构，探索构建我国票据市场框架体系。二是建立以 ECDS 为核心的覆盖票据市场承兑、贴现、转贴现、回购、再贴现及衍生产品、新产品、评级、经纪等全生命周期的中国票据市场体系。三是建立以中国人民银行、上海票据交易所为主体，以财务公司、中小银行和规范的民间票据平台为补充的分工有序、层次分明的中国票据

市场交易体系。四是打造中国票据市场生态信用体系，推进商业信用发展，为实体经济提供更便捷的融资通道。

（三）建设票据市场风险体系，垂直性全方位跟踪监控

高质量的票据风险控制体系是建设高质量票据市场的保障。建设高质量的票据风险控制体系需要加强全流程风险监控及全生命周期风险监控。全流程风险监控应从事前、事中和事后三个方面入手，事前风险监控需进一步完善信用评级标准、风险预警机制与模型，将对信用主体的评级及对市场风险的事前评估引入票据市场；事中风险监控需强化上海票据交易所对市场的把握能力及实时监控能力，加快纸电票融合进度，通过不断优化交易、托管、清算、监控等业务规则，完善系统功能，实时判断处置突发市场风险；事后风险监控需建立相应的监测模型与系统，使之对票据全市场、全生命周期、全交易结算时段进行监控，不断优化异常及复杂情况处理机制；全生命周期风险监控应包括票据承兑、贴现、转贴现、质押式回购、再贴现、托收等，需由中国人民银行或上海票据交易所牵头推进，以单张票据为单位，实现跨机构法人的全程监控，推动票据市场有序规范发展。

（四）深化票据市场改革，提升票据市场内涵

深化票据市场改革是建设高质量票据市场的前提。从票据全生命周期看，票据市场的规范化进程仍需深化，上海票据交易所仅仅对票据二级市场进行了规范，票据承兑、贴现市场，以及银企间、企业间票据流转机制仍未理顺，需要进一步深化票据市场改革，进一步加快票据市场基础设施与市场机制建设。建议中国人民银行针对票据承兑、贴现市场牵头研究大型企业（或财务公司）票据平台建设工作，形成以上海票据交易所为核心，大型企业（或财务公司）以及规范的民间票据平台为补充的中国票据市场基础设施体系，规范票据全生命周期业务行为，降低票据市场业务风险，进一步提升中国票据市场的外延与内涵。积极探索票据金融子银行和专业公司发展的路子。努力提高票据市场发展的效率和效益。

（五）完善票据统计分析体系，维护市场参与者权益

全面科学的票据市场统计信息和分析体系是建设高质量票据市场的衡量标准。建议中国人民银行牵头梳理并建设票据市场统计信息指标体系，改变票据市场参与者粗放式的业务经营模式。一是需要建立一套符合票据市场实际、科学规范与国际接轨的票据统计指标体系。创新票据市场统计

观念及手段，明确票据市场指标名称及含义，提升票据市场统计分析的科学性、可靠性、可信性，实现统计指标对票据市场业务行为的全覆盖；二是建设票据市场大数据中心，完善数据沟通机制，着力搭建票据市场数据共享机制与平台；三是研发票据市场的收益率曲线，方便市场参与者对票据进行估值处理，提升市场参与者整体的票据管理水平；四是明确票据市场数据信息的官方发布渠道，加大公开信息的发布频率，增加数据发布维度，确保数据质量，提升票据市场的透明度，维护市场参与者的基本权益；五是加大票据市场工具创新，应基于票据市场大数据，适时推出票据市场价格指数以及票据远期、票据期权、利率互换等创新型产品，为票据市场参与者提供相应的避险工具，推进票据市场向纵深发展。

（六）改变不合理的考核机制，调整票据业务经营观念

改变商业银行不科学的绩效考核机制是建设高质量票据市场的必要条件。商业银行应改变之前对利润指标、短期指标的过度追求，抑制不合理的业务增长要求，纠正单纯追逐利润、攀比扩大资产规模的行为。商业银行应树立正确的经营观、风险观和营销观，应遵循经济发展规律，推动内部绩效考核由增长型向稳健型转变，由求规模向重特色转变，由全员同质考核向分岗位差异化考核转变。逐步优化考核指标，加大票据等有利于实体经济发展的业务产品的权重，进一步提升票据对实体经济的服务能力。

（七）提升参与者科技水平，推动票据市场技术应用

提升市场参与者的金融科技水平是建设高质量票据市场的技术支撑。目前票据市场参与者金融科技水平不一、发展程度不一、科技规范程度不一，推动票据市场金融科技发展，必须从实际出发，坚持“实质重于形式”的原则，做好票据金融科技的统筹规划、市场监管、行业自律以及社会监督。中国人民银行需对票据市场金融科技发展进行规划并提出要求，尤其对于金融科技水平相对较低的中小金融机构，可对其提出交易与风险相关技术要求；对于金融科技水平相对较高的大中型金融机构，可建议其深入研究大数据、人工智能等前沿科技与票据市场的融合，进一步提升票据市场技术含量，推动票据市场深入发展。

（八）加强票据监管协调，重塑市场金融生态

加强对票据市场的监管协调是建设高质量票据市场的根源。近年来，我国金融业跨界经营迅猛发展，金融业乱象丛生，金融风险高发频发。为防范系统性风险，监管部门对金融行业实施了强力监管，票据市场也是金

融监管的重点领域。由于金融行业实施分业监管，不同监管部门之间政策的标准、力度、尺度、覆盖面存在差异，且易出现监管措施的叠加和监管空白，影响市场参与者预期。建议中国人民银行牵头完善金融监管协调机制，统筹制定票据市场监管指标、政策及手段，促进票据市场回归服务实体经济的本源，有序推进票据市场改革和发展。

第三部分

票据创新

新时代中国票据业务发展创新的探索与展望[①]

江西财经大学九银票据研究院课题组

摘　要：本文首先基于对票据业务发展与创新阶段的回顾，认为应厘清票据业务发展创新与经济金融、金融监管、金融科技、市场参与方、产品创新、风险管理等方面的关系，其次指出票据业务发展创新在顶层设计及整体规划、贸易背景真实性、参与主体多元化、票据评级评估、票据经纪、票据市场统一管理和信息披露、信贷规模和风险资产计量、电子商业汇票未真正融入票交所体系等方面面临的瓶颈问题，最后强调新时代的票据业务发展与创新应明确票据业务发展的定位和目标、进一步发挥票据业务服务实体经济的功能、发挥电子商业承兑汇票作用、深化改革创新、防范票据业务发展创新风险。本文的研究结论，对于中国特色社会主义进入新时代背景下通过发展创新增强票据服务实体经济的能力、防范和化解票据市场风险，具有重要的政策启示。

关键词：票据市场　金融科技　金融监管　信息披露　金融支持

一、中国票据业务发展创新的历史回顾

（一）票据业务的发展与创新阶段

1. 雏形发展阶段（1979—1994 年）

1979 年，中国人民银行开始批准部分企业签发商业承兑票据。1981 年 2 月和 11 月，第一笔同城商业承兑汇票贴现业务和第一笔跨省市银行承兑

---

① 本文写于 2017 年。

汇票贴现业务成功办理，各商业银行在中央银行的批准下逐步将同城商业承兑汇票贴现业务和异地银行承兑汇票贴现业务列入资产业务项目，票据业务步入恢复发展阶段（肖小和等，2013）。

2. 规范发展阶段（1995—1999 年）

一是以 1995 年颁布的《中华人民共和国票据法》为标志，初步建立并逐步完善了有关票据业务的法规和制度。二是中央银行相继发布《支付结算办法》《票据管理实施办法》和《商业票据承兑、贴现与再贴现管理暂行办法》等一系列规章，加强对商业汇票业务的宏观管理和制度建设。三是 1998 年中央银行发布《关于加强商业汇票管理　促进商业汇票发展的通知》，三次下调贴现和再贴现利率，改进与完善贴现利率的生成机制。四是 1999 年中央银行下发《关于改进和完善再贴现业务管理的通知》，改革再贴现率与贴现率的确定方式，扩大了贴现率的浮动幅度。

3. 积极发展阶段（2000 年至 2009 年 10 月）

一是票据业务走上规模化和专业化发展轨道，票据业务总量成倍增长。2009 年，中国商业汇票承兑发生额为 10.3 万亿元，比 1999 年增长了 19.3 倍，贴现、转贴现发生额为 23.2 万亿元，比 1999 年增长了 91.8 倍，票据贴现余额为 2.4 万亿元，比 1999 年增长了 42.5 倍。二是在票据业务在全国范围内推广应用和市场制度建立后，其运作机制逐渐成熟，商业银行票据业务开展的规模化和专业化程度明显上升，由此促成票据业务快速增长。三是票据市场参与主体迅速扩大，除票据业务恢复开展初期的大型国有商业银行之外，股份制商业银行、城市商业银行、财务公司和信用社等金融机构纷纷开展票据业务，票据市场活跃程度明显提高。

4. 快速创新阶段（2009 年 11 月至 2016 年 11 月）

一是中央银行的电子商业汇票系统（ECDS）带来了革命性的票据产品，克服了纸质商业汇票操作风险大的缺点，改变了企业与金融机构的支付习惯和交易方式，普及率逐年提高，并随着《关于规范和促进电子商业汇票业务发展的通知》（银发〔2016〕224 号）的推出占据了绝大多数市场份额。二是随着互联网金融的崛起，带来了“互联网+票据”理财，金银猫“银企众盈（票据贷）”产品的上线，开创了将融资企业的票据收益权转让给广泛的理财投资人的 P2B 模式，并在 2014 年开始大幅推广，甚至部分替代了企业贴现成为全新的票据融资方式。三是随着票据对信贷规模占用的突出，以票据资管、票据资产证券化等为代表的票据产品逐步成为主流，“票据收益权”逐步成为票据交易创新的主要关注点。四是伴随着区块链技术的发展，数字票据呼之欲出并在特定机构和场景下得到应用，并将为数字货币的发展提供合适的应用场景试验。

5. 整合发展阶段（2016 年 12 月至今）

一是上海票据交易所的成立，实现了票据市场基础设施的搭建，将对整合票据市场、防范业务风险、优化资源配置、推动商业信用和第三方评级发展发挥重要作用。二是上海票据交易所的成立进一步扩大了票据市场的参与主体，券商、信托、资产管理公司均可以参与票据的转贴现市场，使得票据开始成为联系银行和非银行金融机构的主流媒介。三是电子商业汇票系统（ECDS）的迁移与整合，实现了全市场基础设施的统一和归并，并为纸电融合的进一步发展奠定了基础。四是一系列票据制度的推出，为统一票据市场建设和发展奠定了基础。

（二）票据业务的发展创新与经济金融的关系

1. 票据业务发展支持实体经济发展

一是票据承兑环节能为实体的企业支付结算提供便利，满足企业间短期资金支付的需要，有利于加快资金周转和商品流通，促进贸易往来，并且根据中央银行的口径，近几年由中小企业签发的票据占到了 2/3。二是以企业间的背书转让和票据贴现为代表的交易方式能为实体经济特别是中小企业提供便捷的融资渠道和低成本资金，并且与普通信贷相比，具有操作流程简便、获取资金周期短等优势（上海市金融学会票据专业委员会课题组，2016）。三是票据业务体量与宏观经济发展关系密切，2016 年累计签发商业汇票 18. 1 万亿元，较 2001 年增长 14. 22 倍，金融机构累计贴现 84. 5 万亿元，较 2001 年增长 48 倍。同期，我国 GDP 增长近 5 倍，票据累计承兑量/GDP 从 2001 年的 7. 5%上升至 2016 年的 30. 1%，累计贴现量/GDP 从 2001 年的 16%上升至 2016 年的 130. 88%，从中不难看出票据业务发展与宏观经济有着明显的正相关关系，相关系数达 0. 9，且格兰杰因果检验显示它们之间存在显著的相互引起与被引起关系。

2. 票据业务发展有助于推动货币市场发展

一是在票据交易的二级市场中，金融机构之间的转贴现业务加快了短期资金的融通和调剂，不仅可以解决资金余缺，调节流动性不足，还成为银行等金融机构一项重要的资产业务，有利于商业银行平衡资产负债表、增加资金运作渠道、提高资产收益。二是以中央银行的再贴现、回购为代表的货币政策工具，使得票据在货币政策传导、增强货币政策实施效果、促进信贷机构调整、引导扩大中小企业融资范围等方面发挥了重要作用，从而实现了宏观经济调控、稳定货币供应的核心目的。

3. 票据业务创新有助于丰富金融市场产品

一是由于票据兼有支付、资金、信贷、资产等多重属性，加上持票机构的多样化和跨领域流通，以票据为载体的衍生产品成为连接货币市场和资本市场的重要探索。一方面，票据作为核心载体可以发挥货币市场低风险、期限短、流动性高等特点；另一方面，金融工具的引入可以在风险可控的前提下提高收益，使得票据成为金融投资产品创新的重要载体。二是票据业务有利于加速利率市场化发展，由于票据交易的价格受资金供求关系影响较大，对市场的敏感性较强，已形成较为完备的市场价格指数和形成机制，加上票据贴现与短期流动资金贷款本身存在竞争性的替代关系，使得金融机构有条件通过客户细分来扩大贷款浮动范围，分级定价（上海金融学会票据专业委员会课题组，2016）。

（三）票据业务的发展创新与监管层面的关系

1. 监管层面针对发展创新的态度引导票据业务规范发展

一是2015年12月31日，银监会出台《中国银监会办公厅关于票据业务风险提示的通知》（银监办发〔2015〕203号），主要列举了七大违规问题，还指出了两项禁止事项，包括不得办理无真实贸易背景的票据业务以及机构和员工不得参与各类票据中介和资金掮客活动，严禁携带凭证、印章等到异地办理票据业务。二是2016年4月27日，由中国人民银行和银监会共同发布《关于加强票据业务监管　促进票据市场健康发展的通知》，要求严格贸易背景真实性审查，严格规范同业账户管理，有效防范和控制票据业务风险，促进票据市场健康有序发展（江西财经大学九银票据研究院，2017）。三是2017年4月7日，银监会连续下发七个文件，分别为银监发〔2017〕4号文（服务实体）、银监发〔2017〕5号文（整治十大乱象）、银监发〔2017〕6号文（防十大风险）、银监发〔2017〕7号文（完善各项制度）以及银监办发〔2017〕45号（“三违反”）、银监办发〔2017〕46号（“三套利”）、银监办发〔2017〕47号（“四不当”），文件之多、要点之细可谓历史罕见，主旨内容可以概括为引导票据业务去杠杆、防风险、回归服务实体经济的本源（肖小和，2017）。

2. 上海票据交易所的成立创新带来市场机制和体制的完善

一是2016年中国人民银行下发《关于规范和促进电子商业汇票业务发展的通知》（银发〔2016〕224号），要求推广电子商业汇票，扩大交易主体；中国人民银行办公厅还发布了《关于做好票据交易平台接入准备工作的通知》（银办发〔2016〕224 号），明确了上海票据交易所的分期内容及测试安排。二是 2016 年中国人民银行《票据交易管理办法》对外发布，对票据交易规则予以明确。2017 年 3 月，上海票据交易所发布 16 号、17 号、18 号文，明确上海票据交易所交易、支票操作、登记托管清算三种业务规则（肖小和，2017）。

（四）票据业务的发展创新与金融科技相辅相成

1. 科技发展优化了商业银行的票据经营策略

一是随着越来越多的商业银行将票据业务作为重要的资产业务和全新的利润增长点，经营分析类 IT 系统的发展已经成为银行经营票据业务的重要依托。二是可以通过对交易数据、行为数据、信息数据、财务数据等信息的搜集、加工和分析，更为全面准确地分析市场需求，对客户交易的潜在行为做出预判，提升客户营销的及时性和准确性，把传统的关系型营销和推广型营销方式向基于数据挖掘的精准型营销方式转变。三是可以充分利用 IT 系统发展后实现所有信息资源共享的优势，改变传统的单一票据营销理念，积极发掘票据与其他业务产品的融合价值，在产品联动的基础上形成整体性的营销解决方案。四是顺应金融服务虚拟化和多渠道化的发展趋势，拓宽票据营销电子化渠道，在传统的面对面、场所化营销渠道基础上增加方式。

2. 科技的跨界发展已成为票据产品创新的主流趋势

一是科技发展带来的自由及平等让更多的人有机会参与到市场创新中，避免传统方式中由上而下的简单决策和推行，有助于发挥每个票据从业者的智慧。二是由于可纳入科技系统的均是标准化后的流程和产品形态，所以通过科技系统的介入和完善加快了票据产品自身的标准化进程，加上标准化程度高的产品更容易实现自我更新、社会普及和功能扩充，使得科技发展通过促进票据产品的标准化丰富了票据产品内涵。三是以区块链技术为代表的新型金融科技将在票据领域得到重视。例如，中央银行公开的数字票据将在小范围内进行测试和应用，基于区块链构建的票据 P2P 平台、以单张票据为定向锚定物发行 Coin 等模式将在技术领域有所突破，原有的以票链为代表的新型科技金融产品将在市场扩张中得到进一步验证，并在服务小微企业、协助金融机构寻找票源等方面发挥独特作用。AI、VR、物联网等技术在票据单个业务场景或业务流程中的应用也有望进入人们的视野（肖小和，2017）。

（五）票据业务的发展创新与市场参与方的关系

1. 票据市场发展创新使得参与主体扩充，格局逐步扩大

一是随着票据市场体量的增大以及上海票据交易所对直贴行的职责认定和信用管控，市场上主流的直贴行将由小微金融机构尤其是中介带行为主向国股银行和大城商行转变，原有的小微金融机构直贴过渡到股份制银行、再从资金行错配套取资金的业务模式将大幅萎缩，国股银行的分支行主营一级市场模式将得到普遍认可和推广。二是票据市场过桥行的定位将发生转变，传统的以消规模、占授信等为主的过桥方式将出现改变，主流的银行之间的卖断+回购类搭桥将逐步转化为资管类搭桥、信息类搭桥等模式，银行与非银行金融机构的合作将越来越密切。三是随着新时期上海票据交易所对票据市场参与者实行会员管理制度，银行业金融机构总行及其授权分支机构、非银行金融机构总部和非法人投资产品可作为系统参与者加入票据交易平台交易系统，券商、基金、保险和信托等金融机构也将逐步在票据资产管理业务方面加强与银行的合作，并成为票据市场投资主体（肖小和，2017）。

2. 区域性票据交易所发展将伴随国家战略迎来机会

随着国家新一轮城市群和区域一体化发展战略的推出，区域性的票据交易所或将迎来新一轮转型契机，比如，京津冀协同票据交易中心将伴随雄安新区的战略新规划面临新的转机和服务面，其他在推进的诸如珠港澳一体化、长三角一体化、成渝城市群、哈长城市群等建设中，票据作为可以直接服务实体经济发展的重要金融产品，将伴随国家级战略的发展迎来新生命，面对新挑战，发现新机遇，相应的区域性票据交易所可作为金融基础设施配套不断优化和完善（肖小和，2017）。

（六）票据业务的发展创新与产品创新的关系

1. 票据业务发展使得产品发展创新空间越来越广阔

一是部分商业银行利用自由贸易区金融创新平台把电子票据与国际贸易融资项下的信用证、保函等电子支付系统相连接，便于开展国际信用证（保函）担保电子银行承兑汇票业务，拓宽票据参与跨境人民币支付的融资途径（上海金融学会票据专业委员会课题组，2016）。二是借助电子票据实现与信用证（银行保理等）的组合国际结算业务和“1+N”商业承兑汇票贸易融资组合业务，扩大票据的应用领域，还可以贴现电子票据集合资产为依托，设立特殊目的机构（SPV）发行资产支持票据（ABCP），扩大银

行票据融通资金来源。三是借助电子票据推动多元化票据衍生品发展和试点，包括远期票据贴现和转贴现、票据贴现期权和转贴现期权、票据转贴现利率互换和转贴现期限互换（掉期）等，还可通过银行业金融机构集约化管理已贴现票据，实现票据资产证券化等创新（上海金融学会票据专业委员会课题组，2016）。

2. 数字票据的应用创新分析

借助区块链可以对现行的电子票据系统结构进行改变，在遵循现有票据属性、法律和市场运作规则的基础上，通过去中心化的方式构建数字票据，成为一种全新的票据展现形态。从技术的角度分析，区块链技术自身的去信任、时间戳、可追溯、不可篡改等特点与票据应用场景十分相近。在一定范围内使用时，可以建立起数字票据的联盟链，将票据市场各方角色在联盟链中进行定义。从监管部门的角度分析，数字票据有望为监管操作带来更多便利，通过前后相连构成的不可篡改的时间戳，以及完全透明的数据管理体系所提供的可信任的追溯途径，实现对监管信息的无成本调阅，也可以将监管方设置为具有一定角色的节点，通过在链条中发布智能合约，应用可编程性来建立市场统一的规则和秩序。从市场参与者的角度分析，对于商业银行等市场参与者，可以将出票人、期限、金额、承兑行、保证增信行、贴现行等要素预先写入代码并加载为智能合约，将数字票据定义为自带智能合约限制的数字货币。

（七）票据业务的创新发展与风险管理的关系

1. 票据业务发展使得票据经营模式发生了较大变化，但是需时刻警惕市场风险

在资本管理面临严格的约束，单靠规模扩张的传统盈利模式难以为继的现实形势下，突破资产扩张的路径依赖，构建多元化、可持续的经营结构是当前转型发展的关键，票据业务收入和盈利的模式将更趋多元。票据业务的经营重点将由以持有票据向管理票据、经营票据转变，票据业务的盈利模式将由以持票生息为主向持票生息、交易获利和票据服务收益并举逐步转变，票据业务必将出现更多跨专业、跨产品、跨市场的组合产品、联动业务以及资产业务与中间业务相融合的综合服务产品，需要时刻关注市场风险（肖小和等，2015）。

2. 票据业务的发展创新使得风险管理越来越综合化、全局化

一是信用风险控制形势越来越严峻。随着中国经济转为中高速增长，经济结构进一步优化调整，小微企业抗风险能力不足的特性，在当前国内

信用环境尚不健全、企业征信信息不对称的大背景下，也进一步加剧了信用审查和信用风险管理的难度（肖小和等，2015）。二是合规风险越来越受到重视。票据创新日新月异，跨市场、跨区域、跨产品票据创新可能超出当前监管政策允许范畴，新兴互联网票据法律地位模糊、操作流程不规范，合规风险矛盾突出。三是混业经营趋势酝酿票据经营风险。近年来，商业银行市场化经营的环境正加速形成，在金融产品跨界方面已越来越呈现出产品混业状态，票据经营机构如未能把握好创新先机，则很有可能在抢占客户群体、拓展交易渠道和创新产品设计等方面落后于市场发展，引发经营转型的风险（肖小和等，2015）。

二、中国票据业务发展创新面临的瓶颈问题

（一）票据业务发展创新的顶层设计及整体规划问题

（1）票据作为服务经济金融的重要工具之一，缺乏牵头部门顶层发展框架体系的研究和推动。与债券市场相比，票据市场长期处于野蛮生长的状态，缺乏对整体市场发展框架体系的研究与推动，缺乏相应的研究人才与研究机制，缺乏中央银行对票据市场的关注。

（2）缺乏对票据全生命周期的统一规划及各环节作用发挥的研究和推动。目前票据交易所仅涉及票据转贴现、回购等二级市场交易，对票据承兑、贴现等票据全生命周期中的重要环节缺乏有效的管控机制，尤其在票据贴现领域无法控制中介机构的渗透，对商业银行业务行为缺乏监测与推进手段。

（3）缺乏对票据生态环境现状、改善、管理的可持续研究及整体治理提升。票据市场长期处于监管部门严格管控的领域，近年来提到票据业务、票据市场，金融界总是将其与案件、违规操作等相挂钩，实际上票据市场的乱象是长期缺乏对票据生态环境的研究与治理造成的。

目前，当务之急是加强对票据市场的研究与分析，做好票据市场顶层设计，引导票据市场长期、快速、合规发展。

（二）贸易背景真实性问题

《票据法》《支付结算办法》分别于1995年、1998年正式颁布，由于当时正处于国内市场经济不发达的特定时期，因此部分规定与国际票据通行规则并不一致，主要集中体现在对票据取得的贸易背景真实性要求方面。

票据的第一属性是无因性，要求票据的基础法律关系与票据法律关系相分离，这是世界各国票据法律法规普遍遵循的基本规则。目前我国对于贸易背景审查的要求实质上与票据无因性相违背。

当前国内经济、票据市场业务量已数十倍于20年前，监管手段已大为丰富，商业银行风险控制能力和市场运作能力也大幅增强，贸易背景相关规定已严重影响了票据市场进一步创新与发展。建议中国人民银行、银监会向有关立法部门提议修订《票据法》，明确票据无因性的法律解释及其适用范围，适度开放融资性票据，允许企业有条件开立融资性票据。

（三）参与主体多元化问题

2016年上海票据交易所正式开业，伴随而来的是中央银行放开票据市场参与主体的限制，券商、基金公司、保险公司、信托公司、期货公司、资产管理公司等非银行金融机构可以自有资金参与票据二级市场交易，也可以通过设立资管计划的方式参与。然而，上海票据交易所成立已近一年，票据市场参与主体多元化处于“放而未开”的尴尬境地，非银行金融机构（不含财务公司）办理的场内票据业务相对较少，原因主要在于以下几个方面。

在监管态度和政策方面，由于非银行金融机构大多由证监会、保监会监管，相关监管部门尚未明确表态同意此类机构参与票据二级市场交易；在监管政策方面，2017年初银监会针对资管业务出台新政，限制商业银行以原有模式参与票据资管业务，对票据场内资管业务开展影响较大。

在票据业务熟悉程度方面，非银行金融机构对于票据业务普遍较为陌生，在之前的业务模式中非银行金融机构仅提供资管通道，业务风险等均由商业银行把控，非银行金融机构从未单独办理过票据业务。可以预见，非银行金融机构将自营业务重心转向票据业务还需要有个过程。

在利率与交易量方面，2017年以来票据市场价格总体相对较低，对非银行金融机构的吸引力有限；且上海票据交易所纸电融合项目尚未完成，目前场内仅能办理纸票相关业务，成交量较小且交易空间有限。

（四）票据评级评估问题

目前票据市场缺乏统一的、权威的评级，各商业银行依据内部评级体系对企业及交易对手（机构）评级，评级的标准、方法、数据等方面均存在差异，且评级信息不对外披露，导致票据市场出现了以下问题：一是评级资源的重复与浪费；二是票据市场无法形成真正全生命周期的、标准化的市场；三是影响了票据市场的量化定价。

（五）票据经纪问题

票据经纪是票据市场长期存在的现象，也是票据市场长期的焦点话题。一方面，票据经纪的存在活跃了票据市场；另一方面，票据经纪的不规范运作严重制约了票据市场的健康发展，部分商业银行长期与票据经纪合作以规避监管，甚至谋取私利，大部分票据业务案件的背后或多或少都能看见票据经纪的影子。上海票据交易所成立后，在票据二级市场对票据经纪产生了挤出效应，大部分票据经纪的业务范围已经从承兑、贴现和转贴现交易的全流程参与压缩为票据承兑和贴现等市场领域。未来票据经纪如何发展，是否能对其加以引导以合法、合规地撮合业务，值得市场参与者深入探讨。

（六）票据市场缺乏统一管理问题

目前中国人民银行、银监会对票据市场均负有管理责任，但存在具体分工不明晰、双方缺乏有效沟通、部分政策存在矛盾等情况，导致商业银行的具体票据业务处理无所适从，难以同时满足双方管理要求。例如，2016年中国人民银行《票据交易管理办法》明确规定，票据贴现业务不再要求提供贸易背景，但在实施过程中，商业银行发现银监会对该项规定并不认可，银监系统例行检查中仍然要求商业银行提供票据贴现业务的贸易背景，否则将对商业银行进行惩罚，导致商业银行在实际贴现业务办理过程中不敢依据中国人民银行的规定执行，贴现业务办理流程依旧烦琐，中国人民银行政策未能真正落地。

（七）票据市场信息披露不充分问题

当前票据市场缺乏统一的数据信息披露渠道，市场参与者难以掌握全市场完整、详细的票据统计数据，对票据市场利率判断、市场研究带来较大影响。

（1）统计数据政出多门。中国人民银行货币政策司、支付结算司、调查统计司以及上海票据交易所均有涉及票据数据发布，但在统计对象、统计口径、统计维度等方面均存在差异。

（2）统计数据不完整。主要表现为：一方面，历史数据不完整，如货币政策执行报告，通过中国人民银行网站仅能查到2001年至今的相关报告，2001年之前的相关报告与数据无从查询；另一方面，业务数据不完整，如再贴现业务数据，市场参与者仅能通过历年货币政策执行报告零星查询相关数据，缺乏完整连续的再贴现数据。

（3）缺乏市场价格数据。上海票据交易所成立前，市场主要通过中国外汇交易中心主办的中国票据网报价并获取报价数据，虽然报价与实际成交价格存在差异，但基本能看出票据市场的价格走势。上海票据交易所成立后，中国票据网已被关闭，但上海票据交易所并未及时提供票据市场价格信息，以致票据市场价格数据出现了真空期。

（八）票据信贷规模、风险资产计量问题

当前票据市场在信贷规模及风险资产计量方面仍存在需要优化的领域。

在信贷规模方面，考虑到票据的交易属性以及银票承兑人的银行属性，能否仅将商票贴现、转贴现纳入信贷规模统计范畴，而银票贴现、转贴现业务不再纳入，值得管理部门研究。

在风险资产计量方面，目前票据转贴现卖出后，卖出行不能削减风险资产，买入行需计入风险资产，导致商业银行的风险资产被重复计量，不利于票据市场的有序发展。

（九）电子商业汇票未真正融入上海票据交易所体系的问题

2017 年 10 月，中国人民银行电子商业汇票系统（ECDS）成功切换至上海票据交易所，这次切换工作虽然仅是系统的物理迁移，但为实现电子商业汇票的场内交易奠定了基础。目前纸质商业汇票和电子商业汇票仍然处于分割状态。

（1）两类票据物理上仍在两个不同系统中。

（2）两类票据仍然采用不同的登记托管、交易及清算规则。其中，纸质商业汇票采用上海票据交易所交易规则，而电子商业汇票仍采用 ECDS 业务规则。纸电票不同的交易规则在一定程度上影响了票据市场的发展，纸电票融合发展是大势所趋，需要加快推进。

三、新时代中国票据业务发展创新的思考与展望

票据业务经过几十年的发展，取得了一定的成效。进入中国特色社会主义新时代，对于如何通过发展与创新，增强票据服务实体经济的能力，防范和化解风险，我们认为应从以下几个方面进行探索和实践。

（一）明确票据业务发展的定位和目标

习近平总书记在第五次全国金融工作会议上指出，“金融要把为实体经

济服务作为出发点和落脚点”。党的十九大报告又指出，“要深化金融体制改革，增强金融服务实体经济能力，提高直接融资比重，促进多层次资本市场健康发展”。票据是金融的一部分，也是企业支付、结算、信用、融资的重要工具，因此票据需要回归本源，更好地服务实体经济发展。票据业务发展目标是通过发展和创新，健全票据市场框架体系，完善票据市场、丰富参与主体、打造票据产品体系，促进融资便利化、降低实体经济成本、提高资源配置效率、保障风险可控（江西财经大学九银票据研究院，2017）。

（二）进一步发挥票据业务服务实体经济的功能

1. 发挥票据承兑、直贴、再贴现服务实体经济的作用

一是发展承兑业务，为实体经济支付结算提供便利。票据本身作为一种支付结算工具，特别是经银行承兑后的票据具有信用增级、延期支付和背书转让等优势，成功满足了供销企业间的短期资金支付需求。对于卖方而言，接受票据支付货款，既可以增加销售额，提高市场竞争力，也能获得购销金额一定比例的商业折扣等优惠条件，同时，持有的票据也可以转让支付或者贴现获得融资。对于买方而言，通过使用票据支付货款，减少对营运资金的占用，相对于贷款融资可以降低财务费用。因此，票据承兑业务既可以加快市场上的资金周转和商品流通，又可有效促进企业之间的贸易往来。二是发展贴现业务，为实体经济提供便捷的融资渠道和低成本资金。相对于普通贷款，银行承兑汇票贴现具有低风险业务特征，银行办理业务流程短、环节少、时间快、所需业务资料少、审批通过率高等便捷性，可以帮助企业通过票据贴现来快速实现短期融资需要。而票据贴现利率一般低于同期贷款利率，也在一定程度上降低了企业融资成本。三是发展再贴现业务，有效促进中央银行对实体经济进行“滴灌”。再贴现是中央银行三大传统货币政策工具之一，对传导货币政策、支持实体经济发展、市场利率形成机制具有重要作用。1999 年，中国人民银行下发《关于改进和完善再贴现业务管理的通知》，提出要选择并重点支持一些资信情况良好、产供销关系比较稳定的企业签发、使用商业承兑汇票，支持企业扩大票据融资，促进商业银行信用票据化，适当增加基础货币投放，合理引导信贷资金流向，支持商业银行扩大票据业务，发展票据市场。相对于其他货币政策工具，再贴现可以选择国家鼓励发展的行业、类型等标识进行精准投放，也可以选择投量、结构、比例和利率，增强货币政策工具的灵活性、针对性、有效性和主动性，增强货币政策实施效果，在促进信贷机构

调整、引导和扩大中小企业融资范围等方面发挥重要作用。要提高再贴现在贴现中的比重，力争达到30%左右。

2. 促进中小企业、“一带一路”“三农”、普惠金融、绿色金融等发展

一是票据业务是解决中小企业融资难问题的重要渠道。中小企业融资的特点是：融资金额小、频率高、时间急、周期短；中小企业资信普遍不高，信息透明度低，财务信息审查难度大，银行对中小企业贷款的管理成本相对较高。银行承兑汇票所具有的银行信用、放款速度快等特点，对解决我国中小企业融资难问题具有得天独厚的优势和作用。相关货币政策执行报告显示，由中小型企业签发的银行承兑汇票约占2/3，票据已然成为中小企业获取银行资金和信用支持的重要渠道。应该加快推进中小企业流动资金贷款票据化和应收账款票据化，可有效盘活中小企业存量资产，提高中小企业融资效率，降低中小企业融资成本。二是服务“一带一路”贸易往来。“一带一路”倡议促使沿线国家和我国的经济贸易往来更加密切，在大量的经贸往来中将产生大量的物流、资金流，需要便捷的支付结算和融资工具予以支撑。随着人民币国际化的深入推进，以人民币计价的票据也将逐步走向国际化，无论在生产、销售、贸易环节还是在流通、融资等环节都将发挥积极作用，为“一带一路”沿线国家的基础设施建设、企业生产经营、物流贸易带来极大便利。三是落实和促进“三农”金融、普惠金融、绿色金融等发展。票据市场是一个“下接地气，上可通天”的市场，一端直接作用于实体经济，一端连接中央银行。中央银行可以通过再贴现业务引导金融机构将更多信贷资源配置到“三农”、普惠、绿色等国民经济重点领域和薄弱环节。

3. 发挥供应链、产业链、贸易链票据融资作用

供应链是指围绕核心企业，通过对商流、信息流、物流、资金流的控制，从采购原材料开始到制成中间产品及最终产品，最后通过销售网络把产品送到消费者手中的一个由供应商、制造商、分销商、零售商和最终用户构成的整体功能网链结构。产业链以供应链为基础，贸易链是供应链的细化和补充。对大中型生产制造企业和商贸批发企业而言，围绕其经营的上下游客户一般有几十户至上百户；而对于大型集团客户来说，其客户可能多达几百户，其支付结算业务量相对较大，通过票据结算一方面更便捷、接受度高，可以加速资金流转，促进贸易往来，减少对现金流的依赖；另一方面，可通过相互授信和共识，利用商票的流转减少融资成本，促进关联企业间的往来，进而为经济下行期的制造业寻求更多出路，并以此服务

与带动经济转型发展。

（三）发挥电子商业承兑汇票的作用

1. 电子商业承兑汇票结算功能不断增强，但银行接受度有所降低

通过上海票据交易所发布的《2017 年第三季度票据市场运行情况分析》可以看出以下特点：一是 2017 年以来电子商票呈现逐季增长态势，第三季度电子商票承兑 4668.59 亿元，比第二季度增长 12.49%，比第一季度增长 17.5%。电子商票在电票承兑发生额中占比为 13.79%，电子商票在承兑环节的占比一直处于较高水平，说明商业信用在支付环节的接受度有所提升。二是电票承兑业务笔数增加，单张票面金额趋小，结算功能增强。2017 年第三季度电票承兑笔数为 198.8 万笔，比上季度增长 47.39%，比上年同期大幅增长 210.56%；承兑平均面额为 170.25 万元，比上季度下降 22.85%，比上年同期下降 51.83%。电票结算功能有所增强，支持实体经济发展的效能进一步提升。三是电子商票在银行系统的接受度有所降低。2017 年第三季度电子商票贴现 1456.2 亿元，比第二季度下降 4.17%，比第一季度下降 13.71%。电子商票在电票贴现发生额中占比为 8.22%，比上季度减少 1.23 个百分点，延续了 2017 年初以来的下降趋势。

2. 电子商业承兑汇票在企业发展、银行经营、市场流通、经济繁荣以及社会信用发展等方面具有重要的促进作用（肖小和，2015）

从企业的角度看，电子商票是建立在商业信用基础上的信用支付工具，不仅手续简便，能有效缓解企业间货款拖欠，提升市场活力，提高效率，还能降低企业资金使用成本，节约资金运输与使用的费用，避免资金积压。从银行的角度看，电子商票可以改善对银行信用过度依赖的现状，特别是在经济增速下行、银行信用收紧的当下，既能减轻商业银行风险的过分集中，也可以优化票据市场结构，同时银行也可通过对电子商票进行贴现和托收等获取高于银行承兑汇票的利息收入和中间业务收入。从宏观政策的角度看，电子商票直接作用于实体经济，中央银行通过再贴现调控信贷投向，并有效促进社会信用体系的完善和发展（江西财经大学九银票据研究院课题组，2016）。

3. 积极推动电子商业承兑汇票业务发展

一是政府推进，搭建企业信息信用平台。商业信用缺失是导致商票业务难以发展的关键因素，可以通过政府搭建公开、透明、可信度高的企业信息信用平台，并建立有效的奖惩机制，推动商票业务全面、健康、稳步发展。二是推行标准化，建立健全企业信用评级和增信制度。成立统一、

规范、权威的企业信用评估机构，建立健全适合商票的评级评估指标体系，实行企业信用定期考评制度，推行商票担保支付机制，建立商票保险制度，为商票在全国范围内的流通创造条件（江西财经大学九银票据研究院课题组，2016）。三是因地制宜，明确商票发展重点。可以先在京津冀、长三角、珠三角等经济发达地区进行试点和推广，这些地区商业信用基础好，票据使用较多（肖小和，2015）；可以“一带一路”、雄安经济建设为契机，充分发挥商票的融资结算功能；发挥央企、财务公司、国企等大型企业的核心作用，带动集团内部以及供应链上下企业积极使用电子商票，既可以节约资金成本，提高周转效率，也能促进商业信誉的培养和知名度的提升。四是提高商业银行积极性，加大银行商业承兑汇票贴现规模及人民银行商票再贴现力度，引导金融资源积极介入，为扩大商票流通创造良好的条件和宽松的金融环境。五是建立商票企业准入制度和商票贴现准入制度，建立商业承兑汇票签发使用风险监测和分析制度以及风险处置化解机制，建立商业承兑汇票担保基金制度，通过风险防范措施保障商业承兑汇票业务健康发展（江西财经大学九银票据研究院课题组，2016）。

（四）深化改革创新，推进深化发展

1. 加快推进票据相关法律的修订工作，完善无因性、电票合法性、风险计提等法规

随着国家经济、金融的改革发展以及科学技术手段的进步，《票据法》部分条款已限制了票据市场的发展空间，应加快推进对《票据法》相关条款的再次修订。一是对我国《票据法》中关于票据基础关系的规定予以修改，充分发挥票据的流通功能。要遵循票据无因性原则，修改对真实贸易背景的有关规定，增加票据关系的效力不以基础交易关系的真实有效为条件，票据债务人不得以交易关系和债权债务关系真实有效与否为由对抗善意第三人的规定。二是对《票据法》中有关票据行为的书面形式做出修改，把电子票据签发、承兑、背书转让等票据行为的电子流程纳入票据基础法律规范。当前票据电子化已是大势所趋，上海票据交易所成立加快了这一进程，同时也对传统纸票背书追索的要求进行了改进，这些都需要《票据法》予以明确。另外，要修订《商业银行资本管理办法》中票据风险资产计提的相关规定，当前票据承兑行需要计提 100%，卖断行需计提 20%或 25%，由于现在票据流转较快，风险资产重复计提严重，限制了票据交易的合理发展，也在一定程度上阻碍了票据资产的流转。

2. 扩大市场参与主体范围，发展票据专业化中介机构

积极鼓励更多的中小企业、民营企业熟悉和运用票据融资；扩大基层商业银行、县域村镇银行和信用社等其他金融机构参与票据市场的经营权限；探索个人投资者参与交易；鼓励更多的机构投资者，包括证券公司、资产管理公司、信托公司、基金管理公司、保险公司、期货公司、保险公司等金融机构进入票据市场，不仅可以拓宽票据交易的广度，避免原来商业银行操作同质性、同向性导致的市场剧烈波动，更能挖掘市场深度（肖小和等，2012）。积极发展专业化票据经纪市场，提供票据鉴证、咨询、撮合、报价等经纪服务。建立第三方票据评级评估机构，对票据承兑主体、贴现主体等信用主体进行多层次、系统性、动态化的信用评价与管控。推动担保、保险等信用服务机构参与票据市场，完善票据市场参与者格局，搭建多元化、专业化、交叉互补的市场参与者体系。

3. 完善上海票据交易所平台功能，提高市场交易效率

进一步完善上海票据交易所系统功能，尽快实现电票线上交易功能以及会员全覆盖，建立鼓励金融机构统一报价的机制，进一步增强信息共享功能，提升票据市场的透明度，促进公平竞争，提高票据市场有效性和规范性（江西财经大学九银票据研究院课题组，2017）。一是加快直联模式开发进程和纸电融合进度，实现票据交易市场的统一。二是实现所有交易品种的报价、询价、议价等功能，通过信息的发布、展示和整合，对报价的真实性和有效性做跟踪审核，确保市场情况的真实反映，同时对撮合交易清单有严格的规定和分级加密保护措施，既避免了恶意挂单，也保护了客户的隐私。三是实现交易的撮合，通过对票据交易各要素的标准化建模、交易倾向的罗列分析、客户业务管理限制的筛选等，完成对市场交易撮合信息的匹配，进而实现业务的达成（肖小和，2015）。四是与产品功能的互通，对每一个产品都可以实现业务操作和数据资源的共享，从而使得平台上的产品不单单具有展示功能，还能直接提供给客户使用（肖小和，2015）。

4. 建立以中国人民银行、上海票据交易所为主导，以地方、行业、财务，农村金融、地方城市金融、规范的民间票据平台为补充的交易市场体系

加快建设票据交易市场体系，有利于推进票据市场标准化、一体化进程，提高市场运行效率，降低企业融资成本，构筑统一、完善的风险防线，促进集中监管，合规发展票据业务，净化市场环境，丰富与完善票据业务参与主体，活跃市场氛围。一是建议由中国人民银行统筹规划票据交易体系的顶层设计，设立票据市场相关管理组织或委员会，统筹票据交易体系

建设，制定票据交易体系的发展规划、发展战略及长短期目标，组织实施票据交易体系的相关措施，制定相关主体的自律守则，以规范票据市场的发展（肖小和，2017）。二是发挥上海票据交易所在票据交易体系的中心地位，打造“标准化”的交易产品，打通票据市场与货币市场其他子市场之间的通道，完善票据资产与资金市场的流通渠道。三是发挥地方及行业、财务、票据交易平台区域性和行业性作用，主要面向票据贴现市场，成为上海票据交易所在票据贴现领域的延伸，主要承担向区域内及行业用票企业推广票据贴现业务及承兑的职责。四是发挥农村金融、地方城市金融、规范的民间票据平台的自身专业优势和资金优势，成为票据交易体系的补充。最终发展成为以中国人民银行、上海票据交易所为主导，地方、行业、财务，票据交易平台以及票据经纪公司为共同延伸服务的前端票据基础设施，形成统一制度、统一标准、统一系统、统一管理整体服务票据市场的票据交易体系。

5. 探索金融科技应用于票据领域

一是鼓励互联网金融为符合国家产业导向领域的中小微企业和家庭居民提供多样、灵活的票据融资、票据理财等金融服务，支持互联网金融与电子商务、现代物流、信息服务、跨境贸易等加强票据融资业务领域的融合发展，以提供更有效率的票据融资服务的方式促进相关行业转型升级。二是人工智能在 Web 服务和大数据领域的应用将促使票据市场的智能化程度更加提升，未来依托互联网的票据业务模式将占据主流。三是物联网技术的快速发展给纸质票据的电子化提供了新的探索渠道，可通过实物虚拟化的方式，改善现有的单纯将纸质票据信息手工录入 IT 系统的机械模拟方式。四是要加快基于 VR、AI 等技术的票据相关应用建设，更贴近人们的生活和工作依赖的重心（江西财经大学九银票据研究院，2017）。

6. 探索票据评级评估及经纪管理新路子

一是逐步推出票据评级评估机制，建立统一的信用评级、资信评估、增信保险制度，推行信用评价机制，成立统一、规范、权威的信用评估机构，健全适合票据业务的评级评估指标体系，实行信用定期考评制度，推行票据担保支付机制和保险制度，逐步推进社会信用生态环境建设。二是发展专业化、规范化票据经纪市场，对票据经纪行业设立统一的准入门槛和业务标准，明确相应的监管机构，积极发展票据鉴证、咨询、撮合、报价等经纪服务，鼓励和培育部分票据经纪量大、业务发展规范、风险防控机制健全和市场认同度高的票据经纪机构进一步发展壮大，以推动票据市场规范化、专业化发展。

7. 加快全国统一规范的票据信息平台建设

一是建设标准化、覆盖面广的信息采集录入平台。信息采集录入平台应来源广泛，实现各数据源平台数据的接入汇总，并拥有海量相关非结构化信息，可按“科学规划、统一标准、规范流程”原则，统一采集归口，利用数据信息技术建立索引，实现信息资料管理的科学化、规范化，实现信息集中管理，并建立数据质量控制机制，提高分类数据的准确性。二是打造模型化、手段先进的信息分析预测平台。运用科学模型建立宏观经济预警、区域监测评价等系统，从而对票据信息数据进行多角度、多层次、精细化、准确系统的分析，并展示出区域市场主体的发展情况。同时，能对机构交易行为和合规信息进行动态分析，并提供个性化、可定制的直观展示功能（江西财经大学九银票据研究院，2017）。三是实现智能化、实效性强的信息资讯发布平台。信息资讯发布平台要实现智能分类、科学发布、高效共享，建立业务库、案例库、营销库、经验库、文化库、知识库，实现集中展现各类报表、信息功能。

8. 探索建立票据创新机制

充分借助上海票据交易所上线促进票据创新发展，适时引进信托、证券、基金、保险、资产管理公司以及企业、个人以合适的方式进入票据市场，丰富市场经营主体。引入票据做市商制度，整合当前所有市场主体的资源和自身优势，自主经营、自负盈亏、自求发展，适应市场发展需要，提升经营管理效率，走专业化、集约化、规范化发展之路，实行集约经营和集控管理。加大跨业、跨界创新的力度，探索与货币市场子市场、保险投资资管市场、信托证券资管市场、票据 ABS 市场的融合发展，促进票据市场不断涌现更多的跨专业和跨产品的组合产品以及资产业务与中间业务相融合的综合服务产品（江西财经大学九银票据研究院课题组，2016）。加快票据资管业务和票据证券化发展步伐，推进商票发展和电票发展进程，推动远期票据、票据期权、票据利率互换等多元化票据衍生品发展和试点。

9. 发挥理论研究的智库功能

理论源于实践又高于实践，任何的实践和操作都离不开前期大量前瞻性的理论研究、思考和推理演绎。要建立形式多样的票据研究机构，要在结合票据理论与实践、国内与国际、历史和现实的基础上研究我国票据市场，指导票据市场规范、有序发展，推进票据与实体经济的融合；要加强对票据业务风险的研究，引导金融机构建立更科学合理的体制机制来管控票据业务风险，促进票据市场长期健康发展；还要加强对票据创新产品的研究，引领票据市场创新发展，充分发挥票据智库的作用。

（五）防范票据业务发展创新风险

1. 探索“一行三会”票据协调机制

习近平总书记在第五次全国金融工作会议上强调，“要加强金融监管协调、补齐监管短板。坚持问题导向，针对突出问题加强协调，强化综合监管，突出功能监管和行为监管”。随着票据市场不断创新发展，银行、财务公司、证券、信托、保险等金融机构均将参与到市场中，而这些参与主体分别接受中国人民银行、银监会、证监会、保监会的多头监管，监管主体的不统一，将造成不同机构办理相同业务的监管标准和政策尺度不同，不同监管主体和监管政策之间的不同步性可能导致票据业务存在制度障碍和政策壁垒，对票据市场的发展带来诸多不确定性。一是建立符合票据全新特征的监管体系，构建“一行三会”票据市场监管协调机制，加强货币政策部门、监管部门、上海票据交易所和金融机构的监管协作，结合票据市场创新发展实际和未来趋势，消除不同部门法规制定实施中的抵触和矛盾现象，使票据市场在更为合理完善的监管法律框架下健康发展。二是上海票据交易所应及时了解票据市场状况与创新需求，充当货币政策部门、监管部门和市场参与者的沟通桥梁，推进相关票据市场监管规则的修订完善，促进票据业务有序开展。三是为市场参与主体提供更多主动适应监管要求变化的机会，借鉴发达国家金融监管的“沙盒机制”，对新型的创新技术和产品进行试验，一旦证明有效，监管可随之进行调整，避免监管要求和业务发展节奏不一致的情形（肖小和，2017）。

2. 完善各行票据内控风险体系

一是牢固树立风险意识。一直以来我国经济保持高速增长，经济金融环境持续向好，加上票据业务一直被认为是低风险业务，风险防控意识相应有所弱化。随着经济下行和各类风险因素交织，资产质量出现了一定程度的下滑，票据风险逐步暴露，因此银行需要高度重视票据业务风险，坚持审慎经营理念，增强全面风险意识。同时，建立科学的考核机制，结合自身特点和实际情况确定票据业务发展的目标和规划，不盲目追求发展速度和规模扩张。二是建立健全适应票交所时代特点的票据风险防控体系和制度。要从大处着眼、从细节入手，强化票据风险集约化经营管理，建立从票据风险识别、提示、预警到风险监测、分析、评价、化解等的全面风险管理框架，实现对票据业务的全面风险管理；健全事前风险审查与评估、事中风险审核与控制、事后风险检查与跟踪等全方位、全流程管理，这对票交所时代交易员流程化操作管理至关重要（江西财经大学九银票据研究院课题组，2017）。特别要注意防范道德风险。

3. 建立票据风险处置新机制

票据业务金额往往较大，一旦产生风险对商业银行乃至金融市场都将产生较大影响，因此票据市场的管理层和参与者都需要建立监测和应急预案，防范票据风险在金融市场上相互渗透和传染。一是建立中国票据风险指标，可从票据承兑垫款率、票据贴现逾期率、票据案件发生率、票据资金损失率等维度进行评估，定期发布和监测票据市场总体风险情况。二是建立监管机构与市场主体之间的信息共享和良性互动机制，完善审慎监管、机构内控和市场约束“三位一体”的票据业务风险管理模式，促进票据市场可持续发展（肖小和等，2015）。三是建立相关应急处置机制和业务应变措施，积极应对各种非预期因素，一旦出现异常情况及时采取措施，将损失和不良影响降到最低，同时进行总结并吸取经验，避免类似风险再次发生。

4. 发挥上海票据交易所监测管理职责

上海票据交易所具有全面、实时的海量数据，因此需要对这些交易数据进行监测，制定应急预案，一旦出现异常情况及时采取措施，维护市场稳健运行，服务实体经济发展。一是搜集整合票据风险信息，包括公示催告、挂失止付、风险票据、票据案件或事件以及可能产生票据风险的其他信息，也要建立黑白名单制度，对具有欺诈、恶意拖欠票款等票据不良行为的客户进行黑名单管理，而对信誉良好、交易活跃、推动票据市场创新发展的客户予以升级，鼓励商业信用发展。二是上海票据交易所可以通过市场变动趋势和客户的风险偏好，借助数据模型建立以情景分析、压力测试为手段的前瞻性风险管理模式，合理地为客户推荐产品，匹配其风险收益，并通过专业队伍的打造，加强对业务和产品模块中各个环节的风险管理和控制，促进客户提高合规经营意识，推动监管要求在整个市场的传导。三是借助大数据分析完善风险计量和内控评价模型，不断推动风险量化管理体系建设，通过嵌入至业务和产品模块推动量化监测风险的尝试，并对合规操作和管理进行全方位分析，提升会员的风险防范水平和合规管理能力（肖小和，2015）。四是提供应对票据风险场景和具体问题的咨询，处置票据风险资产的介绍、案例和相关办法等。

参考文献

[1] 江西财经大学九银票据研究院．我国票据市场需要怎样的运行框架［N］．上海证券报，2017-04-29（006）．

[2] 江西财经大学九银票据研究院．票据市场发展新变化、新趋势和新思考［J］．上海立信会计金融学院学报，2017（4）：51-62.

[3] 江西财经大学九银票据研究院课题组．当前票据市场面临哪些风险与挑战［N］．上海证券报，2017-07-01（005）．

[4] 江西财经大学九银票据研究院课题组．发挥票据价格指数作用正确引导票据市场发展［J］．上海立信会计金融学院学报，2017（3）：84-93.

[5] 江西财经大学九银票据研究院课题组．拓宽票据业务创新发展大思路［N］．上海证券报，2016-12-08（008）．

[6] 上海金融学会票据专业委员会课题组．票据交易所建在上海是最优选择［N］．上海证券报，2016-04-12（009）．

[7] 上海金融学会票据专业委员会课题组．区块链技术如何运用在票据领域［N］．上海证券报，2016-04-23（006）．

[8] 肖小和，张蕾，王亮．新常态下票据业务全面风险发展趋势与管理［J］．上海金融，2015（6）：89-92.

[9] 肖小和，邹江，汪办兴．构建中国票据市场体系的路径选择［J］．金融与经济，2012（4）：16-20.

[10] 肖小和，邹江，汪办兴．中国电子票据业务创新发展的问题与对策研究［EB/OL］．［2013-11-08］．http：//3g.163.com/money/13/1108/10/9D5EI0VQ0025335L.html.

[11] 肖小和．打造“互联网+票据”平台　完善市场体系［N］．上海证券报，2015-08-08（006）．

[12] 肖小和．发挥商业承兑汇票对实体经济支持作用［N］．上海证券报，2015-03-07（007）．

[13] 肖小和．互联网票据信息平台建设的思考［N］．金融时报，2015-11-02（009）．

积极建设票据信用评级体系 进一步发挥票据服务经济金融的作用①

江西财经大学九银票据研究院课题组上海团队
上海资信公司联合课题组

信用评级是国家经济金融健康运行的重要组成部分。近年来我国商业汇票市场发展迅猛，票据交易量在货币市场中占据了举足轻重的位置，而关乎交易标的的我国票据信用评级体系建设尚未起步，两者之间形成巨大反差。本文从票据在经济金融领域的作用入手，分析了我国票据信用评级的现状及问题，提出了构建票据信用评级体系的总体思路、实施路径和具体方法。

一、票据业务概况及作用

商业汇票（本文“票据”均指商业汇票）是出票人签发的，委托付款人在指定日期无条件支付确定金额给收款人或者持票人的票据。自 20 世纪 80 年代初期恢复办理商业汇票业务以来，票据市场发展迅猛，规模不断扩大，2015 年我国票据承兑余额和承兑发生量分别为 10. 4 万亿元和 22. 4 万亿元，分别比 2001 年增长了 20. 4 倍和 17. 5 倍；票据贴现余额和交易量分别达到 4. 6 万亿元和 102. 1 万亿元，分别比 2001 年增长了 13. 5 倍和 55. 8 倍，相当于当年货币市场总体交易规模（同业拆借+债券回购+票据贴现）的 19%，票据业务已经成为经济贸易往来中的一种主要支付结算工具，同样也已成为银行业调控流动性、增加收益的重要手段。2016 年初中国人民银行副行长潘功胜公开表示，“央行正在抓紧推动建设全国统一的票据市场，这是下一步央行工作计划之一”。有消息称，2016 年 5 月末，中国人民

① 本文写于 2016 年。

银行牵头成立了全国统一票据交易市场筹建小组。6月1日，中央电视台报道，中国人民银行拟用2~3年时间取消现行的纸质汇票。票据市场发展进一步提速，对促进企业发展、银行经营、市场流通、经济繁荣以及社会信用发展等具有重要的意义和作用。

（一）商业汇票能为实体经济发展提供金融支持

票据业务作为直接对接实体经济的重要支付结算和融资工具，现阶段对解决企业融资难、融资贵问题，促进我国实体经济发展发挥着至关重要的推动作用。

一是票据承兑业务能为实体经济提供支付便利，加快资金周转和商品流通，有效推进国内贸易往来。二是票据贴现业务能为实体经济特别是中小企业提供便捷的融资渠道和低成本资金，降低企业融资成本，有效扶持企业发展壮大。银行承兑汇票由于具有银行信用，与普通贷款相比，融资成本往往较低，且流程简单、获得资金周期短，对解决信用等级相对较低的中小企业融资难问题具有得天独厚的优势和作用。2015年中国人民银行货币政策执行报告指出，企业签发的银行承兑汇票余额集中在制造业、批发和零售业；从企业结构看，由中小型企业签发的银行承兑汇票约占2/3。通过对2001—2015年票据业务与GDP的实证分析发现，票据承兑余额、承兑量、贴现量与实体经济指标存在显著的正相关关系，相关系数都在0.9左右，且格兰杰因果检验显示它们之间存在显著的相互引起与被引起关系，即票据承兑余额、承兑量和贴现量能促进实体经济增长，实体经济也可以带动票据业务发展。同时，我们也对同一年份31个省份的截面数据进行了分析，发现所有的票据指标与GDP均存在较显著的正相关关系（0.8左右），这些都说明票据业务与实体经济之间存在密切的关系。

（二）票据业务是银行业发展的一个重要工具

一是票据业务能为银行主动增加存款提供抓手。银行承兑票据时需要企业缴纳承兑保证金，而保证金比率往往与企业的信用等级挂钩，且承兑保证金存款的利率一般以活期利率计算，因此银行可以通过增加票据承兑以及适当提高保证金比率来主动增加低成本负债，特别对于中小银行而言是提高存款的重要途径，同时，票据贴现后企业往往会有一定的存款沉淀。二是票据业务可以提高银行盈利水平，特别是中间业务收入。票据业务可以给银行带来承兑手续费中间业务收入、贴现利息收入、转贴现利差收入、回购利率收入以及再贴现低成本资金，尤其是2014年8月承兑费率放开后有望成为银行增加中间业务收入的新途径。另外，由于票据市场参与者众多、交易活跃、需求多样，因此票据创新产品层出不穷，为银行扩盈增效、调整收入结构开辟了新路径。根据市场数据测算，2015 年票据产品线创造的利润达 2000 亿元以上，占当年银行业整体利润的 13%以上。

（三）票据市场发展推动了金融创新

一是票据产品的创新。随着票据市场的发展，传统的票据业务已无法满足现代企业的资金融通与管理要求、金融机构的监管要求与盈利方式，票据市场相继推出票据池业务帮助企业管理票据资产，实现企业资金与资产的合理配置；票据资产证券化能有效实现票据业务表外化，减缓银行存贷比指标压力；票据同业业务创新在活跃了同业市场的同时为金融机构的资金融通提供了便利；再贷款业务能够引导银行对实体经济特别是中小企业的信贷投放。二是市场参与主体的创新。票据市场发展推动了金融创新，市场参与主体更趋多元化，非银行金融机构对票据创新业务和产品的参与力度和深度不断加大，跨界、跨市场、跨区域的发展趋势愈发显著，企业、银行、信托、基金、证券公司、财务公司以及个人均已或多或少地参与到了票据市场。三是交易方式的创新。2009 年 10 月中国人民银行建成电子商业汇票系统（ECDS）并投产应用，我国进入电子票据业务发展新时代。近日票据交易所筹建、纸票拟取消以及京津冀协同票据交易中心获批等信息加快了票据市场改革的步伐，票据产品种类、票据交易模式、票据交易主体正在发生深刻变革，必将更进一步激发金融市场创新活力。

（四）票据业务发展推动社会信用体系建设

商业汇票按承兑主体分为银行承兑汇票和商业承兑汇票，其发展对社会信用具有极大的推动作用。一是商业承兑汇票激励企业注重商业信用的建立。商业承兑汇票是由企业签发和承兑的票据，因为仅有商业担保，所以往往只有大型企业才会签发商票，其接受程度也相对较高。相对于银行承兑，商业承兑汇票不仅节省了银行承兑手续费，同时也不用缴纳承兑保证金，为承兑企业节约了成本，增加了可使用资金，因此承兑企业会特别注重商业信用的建立，以期不断提高所承兑票据的接受度。二是银行承兑汇票有利于建立中小企业信用信息库。由于中小企业的商业信用接受度不高，其往往通过签发银行承兑汇票来提高信用等级，因此通过票据的恶意欺诈、无理拒付、拖延支付等信息传递可以建立健全企业征信系统，并可以响应国务院下发的《社会信用体系建设规划纲要（2014—2020 年）》的要求，为“建成全国集中统一的金融信用信息基础数据库，推进小微企业和农村信用体系建设，并在各地区探索建立综合性信用信息共享平台”提供基础数据。

当前，中国企业信用环境尚不健全，票据市场缺乏专业的票据授信、评估机制，使得票据发行市场的参与主体主要是大型企业集团，而众多中小企业被排除在票据发行市场之外，影响了票据市场的进一步扩大发展。

二、票据信用评级现状及问题

（一）商业银行内部评级存在的问题

1. 评级方法问题

目前，商业银行的内部评级对参评企业的财务数据依赖性较大，财务数据在一定程度上影响了企业在现时及未来一段时间的资信水平，但对于企业在特定时点之后的发展经营情况考虑不足。

在评级方法中，商业银行往往偏重于定量分析，且过分依赖评级模型。针对银行企业客户（大量的非上市公司），商业银行一般选择信用评分模型，其主要思想是通过历史数据来寻找客户属性变量与客户违约之间的统计学意义上的函数关系，从而预测客户未来一定时间内的违约概率。

信用评分模型并不能完全解决企业客户的信用评级，一方面是由于数据的完整性，如某些需要的数据无法获取，或者缺失比较严重；另一方面是由于模型本身的局限性，很多主观的或者定性的变量对于客户违约有着非常大的驱动性，却无法纳入定量模型中，如行业政策、企业治理结构、内部管理、高级管理层的行为等。另外，若客户数据信息不够真实，那么模型的评级结果将失去参考价值。

由于目前商业银行内部评级较大程度依赖信用评分模型，评级结果并不能客观、全面地反映企业的真实运营状况。

2. 评级程序问题

与国外评级机构相比，我国商业银行内部评级程序相对简单，许多商业银行仅是单纯与企业的管理层或财务部门进行接触，并未实际了解企业的生产、销售情况。且在企业内部评级完成后，商业银行往往难以做到评级后的跟踪调查，当企业发生重大变化或影响到信用状况时无法做出及时的反应，从而影响信用评级的可信度。

3. 评级尺度问题

当前国内商业银行对信用风险的容忍度存在差异，不同商业银行对于评级模型的选择、定量定性指标的选择和权重差别较大，对于企业的尽职调查、贷后跟踪也存在不同的要求，导致同一企业在不同商业银行的信用评级结果存在一定的差异。

（二）第三方外部评级存在的问题

1. 存在客观风险

目前，国外评级企业对于中资企业的评级往往带有一定的政治因素或双重标准，部分优秀的大中型中资企业在外资评级公司的信用评级常常低于预期。国内中资评级企业近年来发展迅速，中诚信、新世纪、联合等评级公司纷纷与外资评级巨头“联姻”，但其在国际市场的公信力相对较弱。

2. 企业参评积极性不足

由于历史原因，虽然我国企业信用评级及第三方评级已经发展多年，但企业对于第三方外部信用评级的观念仍较为淡薄，对其意义与作用的认识不足，同时，目前第三方信用评级的结果使用范围狭窄，也影响了企业参评的积极性，同时也导致第三方评级机构的评级工作难度大，评级业务推动难、发展难。

3. 第三方评级机构与商业银行内部评级相比仍处于弱势

目前，由于专业信用评级业务尚处于市场导入初期，属新生事物，相对于银行内部评级，有着标准高、要求严和评定级别偏低等特点，加上长期习惯影响，银行的信用评级反而更容易被社会各方面所接受。理论上银行对企业的评级属内部评级，只供内部参考使用，但实际情况却是银行资信证明可以在多个经济领域得到应用，影响了外部评级产品的推广使用。

4. 评级方法不统一

由于我国的第三方信用评级业务尚未设立统一的机构进行管理，各评级机构之间缺乏横向联系和交流，其评级原则和方法体系也无统一规定。各机构都有自己的评级体系，且在评级方法、评级指标、信用级别设置等方面存在较大的差异，随意性较大，使我国的评级标准标准化、规范性不够，导致评级结果不一致的情况较多。例如，在企业信用评级中，对信用较好的企业，有的评级机构设置为 AAA 级、AA 级、A 级，有的则设为一级、二级、三级。

（三）票据评级的现状及问题

1. 评级体系建设滞后于票据市场发展

票据市场是我国货币市场的重要细分领域，目前业内对于票据标准化产品呼声很高，但商业银行以及第三方评级机构对票据发行企业的流动性、短期偿债能力、盈利能力等评级指标、评级体系却鲜有研究，当前商业银行和第三方评级机构还未形成市场化的票据评级理念和体系，票据评级体系的发展和建设已经明显滞后于票据市场发展进程。

2. 票据专业评级机构和人才队伍有待建立

当前商业银行及第三方评级机构主要侧重于对企业整体信用风险，或资本市场特定领域，如短期融资券、中期票据的评级研究。在票据评级领域，一方面，票据市场缺乏专业的评级机构，阻碍了票据标准化产品的创新推进；另一方面，评级机构对票据以及票据市场的了解较为有限，缺乏专门针对票据市场的评级人员。专业化的票据评级机构与人才队伍需要尽快建立。

三、构建票据信用评级体系的思路

（一）构建票据信用评级体系的必要性

1. 经济、金融市场发展创新的需要

党的十八届五中全会提出，坚持创新发展，必须把创新摆在国家发展全局的核心位置。结合“十三五”规划，中国人民银行提出要发挥金融创新功能，培育经济发展新动力。金融的发展史，就是一部金融的创新史。如前文所述，票据市场发展推动了金融创新，包括票据产品的创新、市场参与主体的创新和交易方式的创新。

金融简言之就是资金的融通。信用评级服务是金融体系中的一种中介服务，是维护国家金融主权的重要力量。信用评级通过对金融市场参与各方的债务偿还能力、偿还意愿进行分析和评价，引导金融资本决策，直接关系到金融产品的定价，影响市场利率及汇率的形成，与国家金融主权和经济安全密切相关。因此，经济、金融服务在不断发展创新的同时，也需要具有相应的信用评级服务。

2. 经济、金融市场综合管理的需要

票据信用体系的建立有助于经济、金融市场的管理机构进行分类管理和履职。经济、金融市场的管理机构在履职过程中，在进行宏观审慎监管时，需要了解对象的信用状况，从而提供差异化的服务。票据信用评级体系提供的信用评级服务能有效帮助管理机构实施分类管理。

另外，票据信用体系的建立有助于经济、金融市场的管理机构进行联合惩戒。在信用评级体系的建设过程中，有些公共信息也与被评企业的信用相关或者影响到被评企业的信用状况。如工商注册登记信息、纳税信息、法院判决信息和执行信息等。这些信息通过信用平台进行共享，可以有效发挥其作用，帮助推动这些公共信息在经济领域、金融领域等各方面的应用，充分利用全社会力量，真正在全社会范围形成“守信激励、失信惩戒”的机制。

3. 票据市场风险防范的需要

票据业务风险涉及信用风险、市场风险、合规风险、操作风险、道德风险等多个方面，存在发案金额大、运作手法隐蔽等特点。一方面，借助拟成立的票据专业机构，可以对票据业务报价及交易行为进行更严格、更规范的管控。另一方面，可以结合票据信用评级体系的建设，使得业务过程更透明，减少交易双方的信息不对称，减少票据业务风险。

信用评级活动能使授信方了解受信方的信用状况，有效识别信用风险大小，从而比较准确地预测还款概率，有利于优化客户结构，防范信用风险。通过授信前评级，或者将信用信息与其他授信单位进行共享，可在更广范围内实现信息共享。受信方违约后，通过信息共享，使其违约成本大增，从而规避道德风险的发生。此外，对于受信方而言，良好的信用也可以帮助其优先获得授信的权利。

4. 票据信用评级体系对于商业信用的建立和发展具有积极作用

根据国务院下发的《社会信用体系建设规划纲要（2014—2020 年）》，社会信用体系诚信建设的重点领域包括政务、商务、司法等。其中的商务领域信用是指日常经济活动中，因各类机构以及企业之间的商业活动而形成的信用关系。商业信用是社会信用体系建设的重要组成部分。

商业承兑汇票是由企业签发和承兑的票据，对于企业信用的要求较高。票据信用评级体系的建设有利于减少机构或企业间的信息不对称，降低交易成本，提高业务效率，为今后商业承兑汇票的加快发展奠定基础，对于商业信用的建立和发展具有积极作用。

（二）构建票据信用评级体系的整体原则

1. 构建原则

构建票据信用评级体系应遵循以下原则。

（1）科学性

设计票据信用评级体系必须符合经济规律，采用科学的方法和手段，确保可以在实际操作中真实有效地给出信用评级结果。

（2）系统性

构建票据信用评级体系应本着全局意识，把票据信用评级体系看成整个金融信用评级大系统中的一个子系统，基于各类票据的特点和票据市场的多种因素来全盘设计。

（3）综合性

构建票据信用评级体系是一项系统性、综合性极强的工作，是一个由多种要素构成的综合体。因此应综合平衡各要素，周全考虑、统筹兼顾，以求得一个最佳的体系方案。

（4）层次性

评级指标体系自身应具备多重性。一方面，选择一些能从整体层次上把握评级目标的指标，以保证全面可信；另一方面，在指标设置上应按照各层次的分类递进关系，通过一定梯度准确反映指标间的关系。

（5）动态性

票据信用评级体系应是一个动态的系统，随着经济发展、资本市场波动以及金融政策变化而发生变化，及时形成相应变革。

2. 构建独立的信用评级体系

独立是体系的立身之本。要确保独立性，建立符合票据业务特点的信用评级体系，才能使票据信用评级体系充分发挥基础作用。要防止不合理收费模式，杜绝“以价定级”或“以级定价”情况的发生，避免对评级独立性产生不良影响。

3. 提高票据市场内外参与主体的评级意识

提高评级对象的主动评级意识，关键在于如何有效推动各类信用产品的应用领域及范围。可从以下两个方面入手。

（1）加快国家法律及制度建设

信用评级市场的发展有两种模式：一是“市场驱动型”，代表性的国家或地区主要包括美国和欧洲一些国家。二是“政策法规驱动型”，20 世纪 70 年代末或 80 年代初发展信用评级市场的一些国家和地区基本都属于这一模式。我国目前的信用环境尚不具备完全市场化运作的条件，政府和监管部门对信用评级业务的推动和有效监管成为市场发展的主要动力。

（2）提高评级机构自我发展能力

评级机构必须要以确保信用评级产品公信力为核心树立品牌意识，强化质量管理。一方面，恪守准则，规范运作；另一方面，也要加强评级技术和方法的研究，增强深度，强化质量验证机制。只有确保评级产品的高质量，才能进一步增强信用评级功能的辐射作用。

（三）构建票据信用评级体系的框架思路

1. 总体思路

票据信用评级体系应包括指标体系、数据库和评级机构三方面内容。其中，指标体系应由信用评级机构采用科学的分析方法并结合国内评级行业多年的行业经验来制定，就被评主体（票据本身、出票人和承兑人等）的风险和优势等方面进行全面评定。

评级数据是票据信用评级业务开展的基本保障，因此，数据库内的数据将主要由中国人民银行征信数据、商业银行数据、票据专业机构交易信息、公共信用信息和其他信息等构成，保证数据来源的多样性和可靠性。

为保障票据评级业务的客观性和公平性，评级工作建议由第三方评级机构承担，第三方评级机构应具备票据信用评价服务的相关经验，且具有个人、企业的征信以及评级等相关资质。

2. 参与各方及其关系

票据信用评级体系在业务环节中主要涉及票据专业机构、第三方评级机构、承兑人、出票人、托管银行、买卖双方等。

（1）票据专业机构，如票据交易所等，是票据信用评级体系中的管理者和建设者，通过参考、使用第三方评级机构提交的评级结果，可以充分实现引导票据价格的深度发现、规范市场运行规则、强化货币政策的实施效果、助力企业信用的发展应用、提升票据市场的研究预测等功能。

（2）第三方评级机构，是票据专业机构的合作伙伴之一，负责对票据交易活动中的各方进行信用评级或提供征信服务，并将评级结果反馈至票据专业机构，供其使用、发布。同时，可接受各方委托，对交易对手及交易的票据进行评级，提供评级信息，揭示可能存在的风险。

（3）承兑人，是票据交易环节中的核心，票据作为特定的支付和融资工具，承兑人的当期信用直接决定了票据的市场流通能力。

（4）出票人，是票据交易环节的起始点，对出票人的信用评级有助于防范票据承兑风险。

（5）托管银行，票据专业机构的票据可以由托管银行负责验票、保管和托收等，托管银行是票据专业机构的合作伙伴。票据专业机构可委托第三方评级机构对托管银行进行评级，作为其考核、监督及退出机制的参考之一。

（6）买卖双方，包括银行、企业等，是票据交易的主要参与方，可通过委托第三方评级机构对交易方或票据进行评级，以控制交易风险。

3. 运行及应用模式

票据信用评级体系主要由数据库、指标体系和评级机构构成，其中数据库是票据信用评级体系的核心部分。票据专业机构通过数据库内各方汇集的交易信息、征信信息和公共信息等数据可实现会员单位的数据共享，从而建立适合票据专业机构发展的管理服务机制，规范票据市场运行规则，实现科学的风险管控。同时，数据库也可为第三方信用评级机构提供数据支持，提升评级结果的公正性和准确性。

票据专业机构通过引入第三方信用评级机制，可在会员管理和票据交易等环节应用评级产品。票据专业机构通过对会员单位进行持续性评级，一方面，监控会员单位的历史信用信息，判断会员单位是否存在违约、欺诈行为；另一方面，可以将评级信息作为市场准入的必要条件之一，通过对新进主体进行评级，可保证会员单位的整体信用质量。

在票据交易环节，票据专业机构通过公示第三方信用评级机构提交的评级信息，可以降低交易对手之间的交易风险，提高票据专业机构的会员市场参与度，增加市场交易量等。此外，对于其他参与者，如托管银行，结合信用评级体系的构建，可以考虑建立一整套的托管银行进入、考核、监督及退出机制，以确保票据托管的有效运行。

四、如何开展票据信用评级

票据作为直接对接实体经济的重要支付结算和融资工具，在支持实体经济发展、优化金融机构资产配置、增加投资产品以及丰富宏观调控工具手段等方面具有重要的促进作用。但受票据法律制度建设相对滞后、票据信用评估体系缺乏以及市场信息透明度低等因素制约，票据业务市场交易效率低、交易风险大等情况日渐显现。在此背景下，建立全国统一的票据交易平台，并在平台数据支持的基础上开展票据评级，对于建立健康有序的票据交易环境至关重要。

（一）票据信用评级原则

1. 全面性

票据交易涉及出票、企业背书转让、银行贴现、转贴现、买入返售、卖出回购、再贴现等多个环节，当前市场主要参与者包括企业、银行类金融机构、非银行类金融机构和中国人民银行等，其中以企业和商业银行参与度最大。票据发行的核心在于承兑，承兑的要求在于真实贸易背景。因此，票据评级对象将覆盖出票人、承兑主体以及票据专项，同时关注中间背书企业的信用状况，以凸显全面覆盖特征。

2. 特色性

鉴于承兑汇票属于表外业务，需要引入票据特色的评价指标，如票据签发规模比例、票据兑付时效性、票据保证金比率、票据兑付违约情况等，以弥补企业主体评级体系的局限性，更加突出票据评级的特质。

3. 差异性

主要体现为针对票据交易产品种类的不同，依照区域、行业的迥异，设置差异性指标得分体系。不仅考虑单笔票据交易的票据信用评级，还可根据票据理财、票据资产证券化等交易产品推出差异化评级体系。评级结果的差异性表现为针对不同的交易品种，评级结果将做出区别化释义。

4. 过程性

考虑到票据评级尚处于初期探讨阶段，可采用先试点再推广的方式予以开展。可根据我国不同区域的经济发展状况，选择部分地区、部分商业银行和特定票据交易业务品种作为试点，然后在全国推广；在票据交易中，先在贴现、转贴现、买入返售、卖出回购、再贴现等交易环节中开展评级，逐步扩展到对票据创新产品（如票据资产证券化、打包票据等产品）的评级，从而稳步、有序推进票据市场规范化发展。

（二）票据信用评级数据来源

及时可靠的数据来源是票据信用评级结果客观公正的基本保障，开展票据评级所依赖的数据主要是票据专业机构平台信息以及与平台对接的外围系统。票据专业机构平台信息主要是有关承兑方主体、企业主体和票据交易等各类信息，包括但不限于承兑方和企业财务信息；与平台对接的外围系统主要包括 ECDS、中国人民银行大额支付系统、中国人民银行征信数据、商业银行业务系统、行政管理信息（工商、税务等）、公开信息等。

（三）票据信用评级方法

第三方评级机构要秉承独立、公正、客观、科学的原则设定票据信用评级方法体系，采用宏观与微观、动态与静态、定量与定性相结合的科学分析方法，确定评级对象的信用等级。票据评级对象包括出票人、承兑主体以及票据专项，三个主体的评级结果可在票据交易中单独使用。

1. 企业主体（出票人）信用评级

企业主体信用评级方法借鉴债券评级和借款企业评级标准，按企业所处行业的不同分为28套细分评级指标体系，每个行业所选取的指标项及指标权重均有所区别。最终评级结果由评级得分、所对应的级别符号和评级报告组成，评级得分由定性指标和定量指标得分加总得出。

（1）定性指标涵盖经营环境、企业自身素质、信用记录、票据签发记录以及企业发展前景等方面。其中，经营环境包括宏观经济环境、区域经济和政策环境、行业现状及发展趋势等；企业自身素质包括企业产权状况、法人治理结构、管理水平、企业经营状况、企业竞争地位等；信用记录主要披露企业的违约情况，包括债务违约、诉讼、行政处罚以及逃税等负面信息；票据签发记录主要包括企业已开立承兑业务总量、尚未到期票据总量以及到期未承兑的票据信息等；企业发展前景包括企业抗风险能力、企业成长性、经营环境对企业经营的影响等方面。

（2）定量评价体现为企业财务分析，从财务结构、偿债能力、运营能力和盈利能力四个方面考量。其中，财务结构选取指标包括资产负债率、净资产与年末贷款余额比率等；偿债能力选取指标包括流动比率、速动比率、营业收入现金率等；运营能力选取指标包括应收账款周转速度、营业收入现金率等；盈利能力选取指标包括毛利率、营业利润率、总资产报酬率等。

2. 承兑主体信用评级

票据承兑主体的当期信用直接决定票据的到期偿付与票据交易、流通的顺畅程度，因此，对承兑主体进行信用评级是票据评级的重要环节。承兑主体根据票据种类不同分为银行与企业。最终评级结果由评级得分、所对应的级别符号和评级报告组成，评级得分由定性指标和定量指标得分加总得出。

（1）商业银行信用评级

定性指标涵盖经营环境、基本素质、风险控制、票据交易记录等方面。其中，经营环境包括宏观经济环境、区域经济环境、经济及货币政策等；基本素质包括法人治理结构、经营战略管理、内部控制制度建设与实施、财务管理素质、市场竞争地位、资金产业流向、监管评价等，对于涉农金融机构，也可设置农村机构特色指标，重点关注贷款投向和农村金融服务创新等方面；风险控制从业务组合、流动性、内控制度与执行效果等层面揭示机构潜在风险；票据交易记录包括银行累计承兑业务总量、承兑余额、累计贴现量、贴现余额、违约兑付记录等。

定量指标体现为商业银行财务分析，主要包括资本充足性、资产质量、流动性、盈利能力等方面。其中，资本充足性指标包括资本充足率、核心资本充足率等；资产质量指标包括不良贷款率（五级分类）、估计贷款损失率等；流动性指标包括流动性覆盖率、在中国人民银行的超额备付率、存贷比等；盈利能力包括成本收入比、资产利润率等。

需要特别说明的是，考虑到承兑银行规模、经营模式等特征，需将其划分为大中型银行与小型银行，设置差异化的评级指标体系。以小型银行为例，尤其是涉农金融机构，承担了部分乡镇区域金融覆盖任务，服务区域内的“三农”客户及小微企业客户。据此，需在定性及定量指标的设置上，与大中型银行有所区分。比如，在定性指标中，增加对其货币信贷政策即涉农贷款导向以及小微企业贷款导向效果的评估，并结合中国人民银行对金融机构信贷政策指标评估的结果进行打分。在定量指标的设置上，大型商业银行在资产种类、业务模式方面均体现出多样化经营特征，因此，设置大中型银行定量指标时将在小型银行定量指标体系的基础上增加体现财务结构和市场风险的指标，并根据大中型银行的业务特征对盈利能力指标和流动性指标进行调整。例如，在财务结构指标中增加同业资产与生息资产比率、同业负债与计息负债比率等，增加利率风险敏感度等市场风险指标。

（2）承兑企业信用评级

定性指标的评价方法参照企业主体（出票人）信用评级。

定量指标的评价方法与企业主体（出票人）信用评级有所区别。考虑到票据交易一般期限较短，因此，企业短期偿债能力和盈利能力是考察承兑主体的关键，应在上述两部分指标的选项设置及得分权重上给予一定倾斜。例如，短期偿债能力方面增加总体流动性、备用流动性及额外信用支持的分析，指标包括但不限于资产负债率、权益资本与刚性债务比率、经营性现金流与流动负债的比率、利息保障倍数、担保比率等。

3. 票据专项信用评级

区别于主体评级，票据专项信用评级侧重于票项本身作为支付结算工具的特定属性，以及在贴现、转贴现、回购及再贴现等交易环节的流转特征。票据专项评级结果由评级得分、所对应的级别符号和评级报告组成。

票据专项评级根据票据的性质不同，分别针对银行承兑汇票和商业承兑汇票出具不同的评级指标。票据专项评级指标由票据自身属性指标和票据交易指标两方面构成。其中，票据自身属性指标包括但不限于票据是否具有真实贸易背景、票据到期期限、票据担保情况、票面金额等，银行承兑汇票还需增加票据保证金比率等指标；票据交易指标包括但不限于背书人的性质（金融机构和企业）、票据贴现及转贴现次数等。同时参照承兑主体、出票人评级情况，分析在票据流转及兑付中潜在的风险。

票据专项评级的最终结果，由票据专项评级、承兑主体信用评级以及出票企业评级三项得分加权得出，原则上不应高于出票企业和承兑主体评级结果。

（四）票据跟踪评级

为保证评级结果的延续及时效性，可在评级有效期内对出票人和承兑主体进行跟踪评级。同时在交易平台中设置风险预警区间，提示投资者预防交易风险。跟踪评级结果与公告结果不一致的，将及时通知被评级对象，并将其信用等级在相关平台予以公示。

（五）评级产品的提供方式

票据评级以线下评级操作为主，线上提供评级结果和评级报告的查询服务。考虑到票据在竞价、交易环节中具有较强的时效性，企业主体评级和票据主体评级也可简化评级标准，尽量选取能够及时量化的指标，便于实现线上评级以及评级结果的实时查询。商业银行是主要的票据承兑方，考虑到其数量相对有限，其信用评级建议仍以线下评级为主。

电子化和互联网时期票据交易的四大趋势[①]

李明昌[②]　汪武超[③]

摘　要：随着票据市场发展进入电子化和互联网时期，票据交易呈现电子化平台化、智能化模型化、短期化高频化以及指数化衍生化四大趋势。在这四大趋势中，电子化平台化、短期化高频化趋势已经十分明显，智能化模型化、指数化衍生化趋势还在逐步发展，未来将更加清晰。作为市场参与者，要主动适应四大发展趋势，提前布局、抢占先机，在票据市场新一轮市场洗牌和激烈竞争中构筑起一条宽广的“护城河”。

近年来，我国票据市场规模不断扩大，市场利率化程度不断加深，票据产品以及与票据相关的技术、模式创新层出不穷、不断演进。同时，随着金融科技、数据挖掘、人工智能、互联网、云计算、区块链等新技术以及相伴而生的各种新业态的发展，金融领域正发生着深刻而复杂的变化。市场化程度极高的票据业务，始终积极拥抱金融科技和互联网技术，根据发展需要不断创新纸票电子化、电子票据、互联网票据、区块链票据等票据产品或操作模式。“票据+互联网”新业态的出现以及上海票据交易所的成立，标志着我国票据市场发展进入了电子化和互联网新时期，票据市场正在发生深刻变革，向新的更高层次加速发展。

一、近年来中国票据市场总体发展情况

随着我国经济金融改革的不断深化和宏观调控的转型，票据的支付、

① 本文写于2018年。

② 李明昌，招商银行总行票据业务部副总经理。

③ 汪武超，招商银行总行票据业务部研究员。

结算、融资、交易和投资功能逐渐扩大，企业通过票据签发转让进行支付结算、通过贴现进行融资、银行通过票据交易调节信贷规模和资产负债结构的需求日益增大，票据市场规模不断扩大，目前已成为货币市场的重要组成部分，在支持实体经济发展中发挥着重要作用。经过多年的快速发展，企业累计签发的票据金额、金融机构累计贴现金额以及票据签发未到期余额、贴现未到期余额等指标已达到数万亿元、数十万亿元，最高甚至突破百万亿元。同时，票据利率市场化不断深化，电子票据的市场规模快速增长，各类产品不断推陈出新。尽管在发展过程中出现过一些风险案件，但在中国人民银行、监管机构及时整肃治理、商业银行果断处置风险并加强内控管理以及加强票据市场基础设施建设以后，经历风险洗礼的票据市场再次恢复活跃，目前承兑、贴现业务量已从底部开始回升。

2017 年，票据市场承兑发生额为 17 万亿元，是同期公司信用债发行量的 2 倍多，年末未到期票据余额为 8. 2 万亿元，是同期公司信用债券余额的 43%；贴现发生额为 40. 3 万亿元，自年初开始回升，年末贴现余额为 3. 9 万亿元，占各项贷款余额的 3. 3%。同时，电子票据出票金额和交易金额占比快速提升，2017 年，上海票据交易所电票承兑金额占 89%，贴现金额占 97%，转贴现及质押式回购金额占 98. 5%。电票占比的极速提升给票据市场未来发展以广阔的想象空间。

二、电子化和互联网时期票据交易四大趋势

（一）交易电子化平台化

金融科技历来有之。随着金融科技的不断发展，票据业务先后经历了会计电算化、业务管理系统化、基于 ECDS 的票据电子化、基于上海票据交易所系统的互联网、电子化发展历程。

1. 电子化

2016 年 12 月 8 日，上海票据交易所正式开业运营。上海票据交易所实现了纸票电子化处理，将原来的场外分散交易转向场内集中交易。随着会员机构直连系统与上海票据交易所系统的分批对接，以及上海票据交易所纸票系统与中国人民银行电票系统（ECDS）的完全融合和规则统一，会员机构和上海票据交易所之间便真正实现了系统的无缝对接，从出票、承兑、背书转让、质押、交易到托收兑付，所有环节都在上海票据交易所系统进行操作和信息登记。早在上海票据交易所筹建期间，中国人民银行就于 2016 年 9 月发布了

《关于规范和促进电子商业汇票业务发展的通知》（银发〔2016〕224 号），鼓励支持电票业务的大力发展，再加上商业银行经历了票据大案要案的洗礼后，也主动选择办理电票业务以降低风险。此后，电票业务得到很快的发展，市场份额得到极大提升，并快速占据市场主导地位。上海票据交易所披露的数据显示，在票据承兑发生额中，电票的占比已达 89%，在承兑未到期余额中，电票的占比为 88%；在贴现发生额中，电票的占比已达 97%，在票据贴现余额中，电票的占比为 97%。可以预见，未来电票的市场份额还将进一步提升，纸票可能仅存在于中小企业、小额面值和商票等少数领域，主要用于企业的支付结算。随着纸票电子化的实现和电票占比的大幅提升，票据贴现和交易端的电子化已完全实现，而企业承兑端、结算环节的电子化程度已超过 95%，离完全电子化只差“最后一公里”。

2. 平台化

票据电子化是交易平台化的先决条件。交易平台化广义上是指包括票据背书转让、贴现撮合、交易等环节的平台化。这类平台主要是为票据流转、贴现、交易等提供相关服务和信息的交易所或互联网系统，包括上海票据交易所、地方政府批准设立的票据交易中心、区域金融资产交易所、民间资本组建的票据中介平台等。

上海票据交易所是由中国人民银行牵头筹建的、官方认可的权威票据交易平台，其使命是以实体经济需求为导向，推动票据产品和交易方式创新，丰富和增强票据市场功能，完善业务规则，加强业务监测，切实防范风险，发展评级增信，提升专业化水平，进一步优化金融资源配置效率。上海票据交易所成立以后，票据转贴现买卖断、质押式回购、买断式回购、再贴现等业务都在该平台上进行叙做，未来甚至与票据流转、交易相关的咨询、评级、增信、经纪等业务都可在上海票据交易所开展。上海票据交易所将逐步发展成为票据交易中心、登记托管中心、清算结算中心、票据信息数据库、风险防控中枢和货币政策操作平台。

地方票据交易中心是由地方政府批准设立的区域性票据交易中心，这类平台绝大多数是在上海票据交易所之前成立的，主要为企业与企业间的票据流转、企业与银行间的票据贴现进行撮合，多数是自建平台系统并关联托管银行的网银，通过控制电票的流转条件，达到控制票款交付等环节违约风险的目的。这类平台包括京津冀协同票据交易中心、武汉票据交易中心、广州市中小微企业小额票据贴现中心和沈阳票据中心等。其中，京津冀协同票据交易中心成立于 2016 年 10 月 28 日，是在北京、天津、河北三地政府和相关监管部门的指导与支持下，经北京市人民政府批准设立的，是致力于服务京津冀协同发展战略的票据交易机构，主要提供票据交易服务和票据质押融资服务，并提供相关的鉴证、登记、信息披露、咨询等服务。武汉票据交易中心成立于2016年9月21日，由湖北省政府批准设立，以政府主导、市场运作、审慎监管为指导方针，主要提供票据类金融资产交易、票据类金融创新产品交易、金融信息服务咨询等服务。广州市中小微企业小额票据贴现中心成立于2016年9月29日，是由光大银行广州分行和广州农村商业银行联合成立的，旨在通过盘活市场沉淀的大量小票、散票，加强对中小微企业的票据融资支持，帮助解决小额票据融资难、融资贵难题。

另外，目前为金融资产提供流转、交易撮合服务的有些金融资产交易平台或交易所，今后也可能会分流介入票据资产领域，为企业与企业之间的流转、企业与银行之间的贴现提供撮合和信息服务。这类平台包括北京金融资产交易所、天津金融资产交易所、大连金融资产交易所、深圳前海金融资产交易所以及陆金所、大金所等。

民间资本组建的票据中介平台多采用互联网模式，主要提供专业化、分层次的票据服务，通过吸收企业和个人理财资金设立资管计划、发行理财产品，投资于票据资产，如票据宝、京东金融、腾讯理财等。

公司制是未来国资与民资参与票据市场活动的一种有效组织模式，类似于我国台湾票据市场的票券金融公司、日本票券市场的短融公司、英国票据市场的贴现所等。建立混合所有制票券公司，有利于加快我国票据市场的国际化发展，也有利于商业银行和民间票据中介机构的整合发展，可以充分发挥两者参与票据市场活动的比较优势。混合所有制票券公司要以商业银行票据专营机构或票据业务部门持牌经营为基础，允许具备资质的民间票据中介机构出资参股，发挥其在票据经纪、代理和咨询业务方面的活力和技术优势，使整合后的票券公司具备做市商、综合服务商的功能。建议在修订《票据法》时，将商业本票（融资性票据）纳入《票据法》或票券法的法律界定范畴，允许企业发行商业本票并在二级市场流通转让。票券公司为商业汇票、商业本票提供发行、承销、做市、撮合、鉴证、咨询、评级、增信等专业服务。

（二）交易智能化模型化

1. 智能化

智能化交易是金融科技发展的重要领域之一，现已渗透到股票、期货交易以及理财产品、基金投资中。智能化交易也叫程序化交易，它能够帮助交易员克服人性的弱点和情绪化因素，并突破人的反应速度、操作能力等生理极限。智能化交易必须依靠强大的交易系统作为支撑，交易系统主要包括策略模型、风险控制模型、交易成本模型、投资组合构建模型和交易执行模型，以及让这些模型“活”起来的数据和研究。

票据电子化与互联网发展时期，可以预见智能化交易将成为某些机构开展票据交易获利的新手段、新领域。未来上海票据交易所系统及其积累的海量票据信息和高频交易数据，可以为程序化交易系统的开发提供很好的系统支撑和数据基础。商业银行可以采用金融科技公司或自身的先进技术，建立智能化票据交易系统，通过直连方式对接上海票据交易所系统，按照特定的目标和交易模型实现程序化、自动化交易。

2. 模型化

智能化交易能否成功，在很大程度上取决于交易模型。可以说，交易模型是智能化交易的核心和灵魂。交易模型简单来讲就是预测未来趋势的模型。预测不是件容易的事情，特别是对未来的预测。因此致力于开发智能化交易模型的票据机构，必须加强数据挖掘和策略研究，按照不同的交易目标研究开发有效的、稳定的、可动态调整的交易模型或策略，如区间自动交易、指标公式自动交易、自动买卖拐点交易、自动止损卖出交易、追涨买入与闪电交易，以及期限策略、信用策略、收益率策略、套利策略等，并通过风险控制模型实时监测交易执行情况和控制市场风险，通过成本模型控制交易成本和达成利润最大化目标。

当然，广义上的交易智能化还包括企业和银行的贴现、企业与企业的背书转让等环节的智能化、自动化，如智能贴现、票款同时交付的背书转让等。2018 年，招商银行在业内率先实现智能贴现，推出“招商银行票据管家在线贴现”产品，该产品依托行内先进的票据交易管理系统，建立智能选票和自动定价模型，并在系统中编写自动执行程序，企业在网银端、手机 APP 上便可实现按需贴现、自动报价、系统审批、秒速放款，让客户感受到“足不出户、一点即融”的极致体验。此外还有“平安银行极速贴现”“民生银行网银自助贴现”“广发银行 e 秒贴”“交通银行网上银行在线贴现”等产品，或多或少都带有智能基因。

（三）交易短期化高频化

在上海票据交易所 DVP 交割、T+0 清算、中国人民银行大额支付系统备付金账户点对点资金划拨等制度安排下，交易效率、交易风险、系统操作等方面的改善程度较场外、线下交易时非常明显，会员机构因盈利驱动而产生的内生错配交易和加杠杆需求，会导致票据交易出现短期化特点，而交易短期化必然伴随着交易高频化。这种趋势在票据质押式回购中表现得最明显。

票据质押式回购和债券质押式回购在本质上都是资金交易，交易主体的类型、范围都很接近。统计显示，债券质押式回购业务中，隔夜、7 天期品种的短期回购交易量占比合计高达 90%以上，其中隔夜回购占比高达 85%。未来票据市场发展有望向债券市场并行和趋同，在负债短期化需求驱动下，隔夜、7 天期的短期资金交易量占比将会处于高位。从上海票据交易所披露的数据信息来看，票据交易已经出现明显的短期化特征。2018 年第一季度，剩余期限在 3 个月以内的票据转贴现占比为 34%，同比提高 17 个百分点。3 个月以内的质押式回购业务占比达到 95%，其中，隔夜回购占全部回购的 24%，同比提高 21 个百分点，7 天以内的回购合计占全部回购的 62%。票据产品在货币市场中的短期、超短期化特征日益明显。

造成交易短期化、高频化的根本原因是金融机构的错配和杠杆交易需求。从银行类机构来看，票据错配交易在此前已十分常见，场外交易时就存在大量短期资金错配长期票据的交易行为。转到场内后错配模式得以延续，甚至制度和技术条件更加成熟。从非银行金融机构来看，上海票据交易所允许证券、基金、资管、信托、保险公司等机构加入，拆除了银行与非银行金融机构合作开展票据资管计划、转贴现以及质押式回购等资金交易的藩篱，打通了非银资金与票据资产的对接渠道。往往短期资金错配长期资产、加杠杆的盈利空间较大，一些风险偏好大、收益回报要求高的机构便会增加票据短期回购、错配加杠杆的交易，如部分股份制商业银行、城商行、基金公司、证券公司等。少数投机行为也会利用短线交易追求资金盈利最大化，其交易只是为了博取利率波动带来的价差收益（也可能是损失），尤其具备智能化、程序化交易技术和条件的机构，可以利用区间自动交易、指标公式自动交易、自动买卖拐点交易等模型进行短线投机，开展高频交易。

（四）交易指数化衍生化

1. 指数化

统计学中的指数是反映由不能直接相加的多种要素所构成的总体数量变动状况的统计指标。比如，股票价格指数、债券价值指数就是用来衡量股票市场、债券市场价格波动情形的指数。类似地，票据价格指数是以票据利率为样本并根据某种方法计算得到的，用于衡量票据市场价格波动情形的指数。

此前市场曾经尝试编制“长三角票据贴现价格指数”“工银票据价格指数”，但这两个指标都有各自的缺陷，最大的缺陷在于样本不具有代表性或发布机制缺乏公信力。上海票据交易所如果能够依托票据数据信息集中的优势，编制出一套票据价格指数体系，便可完美地弥补上述两个指标的缺陷，那么这套指标体系将有望发展成为具有权威性、公信力、代表性的票据市场重要参考指标，成为票据市场基准指标。目前上海票据交易所正在加大票据数据和信息服务的建设力度，已经开始着手编制票据收益率曲线。2018 年 4 月 19 日，上海票据交易所举办了票据收益率曲线专家论证会，标志着收益率曲线的编制工作已取得阶段性进展。相信上海票据交易所在成功编制、发布票据收益率曲线并积累了编制方法和数据处理经验之后，票据价格指数的编制工作将很快提上日程，可结合影响票据市场价格的主要因素和实际情况，编制出票据资金价格指数、票据信贷价格指数、票据交易价格指数、票据综合价格指数等指标。

票据收益率曲线和票据价格指数的成功编制和发布，将为票据指数化交易的创新奠定良好的基础。机构可以构建以票据收益率或票据价格指数为基准的指数型产品，非银行金融机构、货币基金可以直接购买这类指数型产品，实际上等同于购买了由许多票据构成的资产组合；企业和个人也可通过购买与指数挂钩的货币基金，间接投资于票据资产，既能够获得高于一般货币基金的收益回报，又能够分散投资风险，这对企业短期资金的运用以及稳健型个人投资者的吸引力是很大的。

票据指数化的一种变形是票据份额化、等分化。包括两种情形：一是在票据签发时直接设计成固定的金额、期限和承兑类型，类似于债券的发行，面值为 100 元，企业可选择折价或溢价发行，投资者直接购买标准票据。二是以签发流通的票据作为基础资产发行基金份额，机构、企业、个人都可以通过购买基金份额，间接投资对应的基础票据资产，这种方式可以解决企业、个人无法直接投资票据的政策限制。

2. 衍生化

这里的衍生化既指狭义的票据衍生品交易，也指与票据相关的衍生业务。

市场一致认为，票交所时期，场内交易会使票据利率风险管理的难度明显增大。然而，目前票据市场还没有票据利率风险的对冲工具，在市场利率剧烈波动时往往束手无策，比如，利率上涨时卖票亏损无法反向对冲，利率下跌时又缺少卖空机制失去潜在的盈利机会，这已成为市场参与者心中的隐忧与期待。加上信贷规模调控的刚性要求和卖出时点的不确定性也会造成市场共振，加剧利率波动，因此，上海票据交易所若能牵头研发票据衍生产品交易，会员机构既可有效防控票据利率风险，也可在交易中获得期权费、手续费等收入，培育新的利润增长点。

票据衍生品交易包括但不限于票据远期、票据期货、票据指数期货、票据期权、票据信用违约互换等。票据远期合约是指交易双方约定在未来某天，以一定的价格，交易一定条件的票据资产的非标准化合约。票据期货与票据远期的交易方式相似，不同点在于票据期货是场内标准化合约，采取逐日盯市制度，支持保证金交易。票据指数期货合约是指交易双方约定在未来某天，以一定指数作为执行价格，根据实际指数与执行指数价差确定损益并进行实际资金交割的标准化合约。票据期权分为看涨期权和看跌期权，分别指约定在未来某天，期权买方有以某一约定价格买入（看涨）或卖出（看跌）约定票据资产的权利。票据信用违约互换是指交易双方约定，以某票据资产作为标的，信用风险保护的买方向卖方支付费用，一旦票据到期承兑人违约，卖方向买方进行赔付的协议安排。此外，广义上的衍生化还包括贷款票据、信用评级、保证增信、鉴证等业务。

总的来看，票据市场发展进入电子化与互联网时期，其广度和深度都得到了极大拓展，不断向新的阶段、新的趋势演进。本文提出的四大趋势，有的已经非常明显，如电子化平台化、短期化高频化，有的还需观察一段时间，如智能化模型化、指数化衍生化。作为市场参与者，要主动适应这些趋势，只有提前布局、抢占先机、引领发展，才能在票据市场新一轮的洗牌和激烈竞争中立于不败之地。

建设加密票据生态的战略思考[①]

邵 伟[②]

摘 要：本文从背景分析、“萌芽”的数字生态、数字生态特征、背书节点和背书策略、加密票据的分叉特性等方面，重点分析了数字金融发展的现状、英美法系自律文化的形成及其与大陆法系的观念差异，认识到加密票据的发展有其内在的客观需求，通过金融技术与票据行为的相互融合，对加密票据的行为进行了阐述和分析，通过分叉理论分析了加密票据业务发展的特点和方式，从而对发展加密票据业务提出了四点对策建议。

关键词：区块链 加密票据

“比特币”一词荣登谷歌趋势2017年全球热门话题榜单第二位。究其原因，华尔街看到了数字经济未来发展的潜力，更看到了其发展初期缺乏监管、缺乏流动性、交易规模小、波动性巨大、差价明显等市场问题，于近日成立了受监管的比特币期货市场，底层数字货币现货市场与具备风险对冲的衍生市场同步运行。市场发展正在倒逼社会认真学习数字产品。与此同时，芝加哥期权交易所（CBOE）向美国证券交易委员会（SEC）提交了6份比特币ETF发行申请；瑞士瑞讯银行Swissquote开发了交易所可交易证书Active Bitcoin Certificate，让投资者通过专有的机器学习算法，实现比特币与美元之间的换仓持有；高盛将设置加密货币交易台；俄罗斯、迪拜、以色列等国将创建法定数字货币用于移动在线交易，允许用户绕过银行，在个人和企业之间转移资金……在我国，2017年第三季度传统票据业务笔数和金额同比普降，电子商业汇票却呈现上升态势。如此等等的市场反应正迎合了数字经济发展的需求。市场引入衍生工具以提高数字产品的市场稳定性和安全性，降低波动

---

① 本文写于2017年。

② 邵伟，高级经济师，所在单位为中国银行上海市分行培训中心（退休）。

性风险，助推数字社会交易行为尤其是加密票据生态的变化，改变票据行为、权利和义务边界的内涵。在此，我们需要重新厘定票据业态的新知识、新观念和新认识，重塑其概念、性质和定义，为服务实体经济界定其基本要求。从数字经济产生背景、金融技术发展对票据行为的影响等视角，来勾稽加密票据业态的新特征，由此形成本文研究的基本逻辑框架。

一、背景分析

在传统经济向数字经济转变之际，各行业的战略、目的、特点、逻辑和理论等产生了不同程度的裂变。从战略来看，企业的战略发展观由商业层业态上升为由内而外、由点到面的生态型业态。从目的来看，企业的价值观由资源独占向合作共创转变。从特点来看，企业的经营观由封闭独占式竞争向开放合作转变。从逻辑来看，企业的服务观由追求规模经营向追求网络化长尾效应转变。从理论来看，企业的理论体系由以资源占用为基础向以需求为价值导向转变。因此，在开放的互联网经济时代，客户成为市场的主体，企业成功与否取决于其对客户需求的深刻理解和发现，而非对经济金融等稀缺资源的占有和掌控。因此，在企业面临战略模式转型和改革之际，金融服务也面临交易、流通转让和权属理论，尤其是加密票据理论更新的挑战，值得我们关注。

（一）英美法系自律文化的形成

英美法系的基本结构是在普通法和衡平法的分类基础上建立的。普通法代表立法机关（协会）的法律，衡平法主要代表审判机关（法官）的法律（判例法），衡平法是对普通法的补充。从历史上看，1215 年英国约翰国王与反叛贵族在温莎附近签署了《男爵条款》，这成为英国“法治”《大宪章》的前身。13 世纪英国出现了国会，14 世纪形成了上下两议院的责任内阁制和现代政党制度，并完善了分权制衡程序制度。17 世纪，威廉三世签署《权利法案》，用法律形式限制王权并确立君主立宪制度。19 世纪，英国首相格莱斯顿提出自由贸易、取消保护关税、文官制度和不记名投票选举等制度，不断完善英式个人主义社会秩序，丰富发展了契约精神和资本主义的自由精神。因此，在威廉公爵入侵不列颠之前，哈罗德王朝已根据古不列颠人、罗马人和撒克逊人的习惯，产生了原始的保护投资者利益的契约文化。在爱德华三世时期，英国经济进入快速发展阶段，黄金借据成为流通的主要工具。为避免普通法过于严苛僵硬和不公正性，便利黄金借据物权、权益等资产的流通转让，产生了衡平法法系，形成了金融权益资产的合法受让、议让和转让等制度，衡平法也成为英国三大法系的重要支柱，助推个人主义社会自由理念进一步形成，体现了去中心化、去信用中介和对权力予以制约的思潮，为现代社会的个体自由、权利和秩序等理念保护做出了巨大贡献。

（二）与大陆法系的观念差异

从大陆法来看，欧洲的普世价值虽与盎格鲁—撒克逊人达成了某些共识，但欧洲大陆历经罗马帝国时代，渐渐形成了中心化和集权化观念，“一体化”意识初露端倪。第二次世界大战后，欧洲大陆进入了合作与契约治理的博弈、多重性价值理念对冲的最优选择时期，产生了契约统治的合作和制衡博弈的矛盾，以及尊重个体自由和民主平等普世价值的核心理念，同时欧洲各国民族处于势均力敌、此消彼长的时序博弈之中，不可避免地带有集权化和中心化的归属情绪，对个人权利保护、个体自由和利益诉求等政治意愿普遍高于英国人，也给英国人留下了“疑欧”情结。在依赖与怀疑国家权力的基础上，英国更强调个体的行为。因此，英国与欧洲大陆在社会价值观念上存在一定的分歧。

二、“萌芽”的数字生态

经过漫长的制度演变，传统经济形成了源于最古老的票据市场信用互认模式的记载为行为特征的约束机制。传统纸质票据的性质、无条件支付委托、票据金额、付款人和收款人名称、出票日期和出票人签章等权利义务的约定，构成了承兑、贴现和转让的基本要素，也是资金融通、相互信任的基本模式。然而，从数字金融来看，纸质票据的要式性显然得到了简化，其通过背书节点和背书策略（智能节点）方式，为实体经济提供了逻辑节点的混业交叉服务，金融条线业务将由背书策略的智能合约所取代，对分业进行横截面式扁平化改革，业务界限越来越模糊。为此，我们有必要从传统票据行为入手，厘定数字票据的行为和生态特征。

从国际货币（或称国际本票市场）来看，全球货币总量达 86 万亿美元，有 180 多种货币，占比最高的是美国、中国和欧洲等全球最大的经济体货币（详见《全球视角下的区块链和加密数字货币发展报告》）。其中，有 30 多种货币存在 20% 以上的通胀、货币政策调控不当和政府腐败等问题，为此富人们将资产转移到其他升值货币或全球股票市场，中产阶层和穷人则面临软货币的贬值风险而被动地选择坚挺的国际货币。从中间商服务成本来看，《全球视角下的区块链和加密数字货币发展报告》认为，商品交易服务成本占交易金额的9%~15%，服务市场平台成本占10%~40%，其中优步为20%、Soothe通讯为35%、Airbnb为20%、Grubhub为10%~15%，实体商店成本为15%~30%。在实体经济面临结构颠覆性改革之际，去中心化分布式账本可以实现零基础设施的低成本布局，使支付、清算、交易和确权，以及股权众筹、保险、债券、智能制造、贸易融资等多领域实现数字化应用。目前，传统票据服务存在成本高、效率低、操作性风险高等不可持续性"痛点"，即使采用了中国人民银行的中心化电票网络ECDS，仍然面临中后台每日对账需求、一级和二级托管人的巨量管理成本、司法监管的市场管理高成本等传统高资源消耗问题，需要从票据行为入手进行"痛点"分析，以寻找数字模式改革的突破口。

传统经济的产业之间是以人的行为方式为纽带，建立起债权债务和权利义务的对等关系，从而形成商业互信的行为制度，由此演变为当今的英美和大陆两大法系的票据法。从广义行为来看，票据权利义务的创设、转让和解除，包含了票据的签发、背书、承兑、保证、参加承兑付款、参加付款、追索等；狭义行为仅从债务的角度进行约定，其包括票据的签发、背书、承兑、保证、参加承兑等。以行为约定作为保证的票据法，促使经济实体的债权和债务顺畅地流通、转让和清偿，成为经济运行中信用保证的基础制度。从传统票据行为来看，票据背书行为是票据流通中信用承诺的基础，背书是票据收款人或持有人转让票据时，在票据背面签名或书写文句的手续，记名背书应当写明受票人姓名或受票单位名称，而不记名背书可以不写明受票人姓名或受票单位名称，经背书转让后的票据，背书人负有担保票据签发者到期付款的责任，若出票人到期不付款，则由背书人必须承担偿付的责任，经背书的票据所有权由背书人转给被背书人。

然而，在数字经济背景下，数字化供应链产业模式正在兴起，与互联网、移动互联网和物联网等虚拟和实体网络深度融合，上下游产业关联性更加紧凑，中间模式更加简洁地演变为节点服务模式。一个具有高度智能化、可视化和服务化的智慧供应链，不仅将设计、采购、生产、仓储、分拣配送、包装、销售、运输，以及产品交付客户和售后等服务进行智能互联，推动传统商业流、信息流、资金流、物流、人员流、制造流和服务流等要素，向现代销售网络、信息、资金、物流、人员、制造和服务等多重功能融合的网络平台转变，形成高效高质的协同配合的智能供应链系统，而且在生产、销售和物流等不同行业之间，形成深度融合的供应链和产业生态链。整体经济运营成本更加低廉，全要素生产率进一步提升，与此相对应的数字化金融服务方式也在悄然形成。这为票据行为的改变提供了场景的新突破，如背书节点的贴现区块高度体现了信用的可靠性，为承兑期限和贴现率提供了参考依据。

三、数字生态特征

未来，加密金融将以共同基金的形式构建虚拟节点以其共生性协同经营的生态系统开始“萌芽”。节点客户利用非对称加密技术和多样性功能，在“端、网、云”间直接处理和保存金融数据，实现智能“交付”、会计处理、风险评估和稽核等网络服务。在网间运行的加密票据，或是虚拟货币和数字资产，无须中央交易清算所的指导和监督，自我完成点对点交易和支付记账单位，实现业态的扁平化，以及业务处理的局部去中心化，而综观全球的业务处理却显现为一体化和中性化的服务特征。而非对称加密技术又以公开（public key）和私有（private key）密钥对的形式，将任意长度的二进制数据值映射为固定长度的唯一紧凑型的二进制值，将散列数据更改为一段明文或字母，让哈希算法产生不同的且传统算法无法找到对应计算值的一串字符密码，其中仅对应一个私钥才能解密和业务处理，体现了分布式网络的安全性特点，使客户的第三方信任让渡于网络技术的信任。

近几年，数字经济的快速发展，促进了产业链上下游企业对历史交易、现有订单和未来履约等数据进行分析的需求，并呈爆发式增长态势。在加密票据、贷款和抵押等顶层应用中，“端、网、云”的智能融合，促进了边缘计算与公云、联盟云、私云之间的分工协作，体现了分布式互联网的3.0特征。而边缘计算（Edge of computing）又将加密票据等网络敏捷地与背书节点的需求相连接，通过背书策略等智能合约，就近采集企业数据并计算，融合了开放的加密票据等数字金融的网络计算与核心业务数据等存储平台的应用，为智能企业提供前端实时业务最优决策咨询，以及安全与隐私保护的策略制定，实现前端与云端之间的有效互动。而节点是社会生产、社交和生活等企业或个人场景相互联系的纽带，其具有就近采集动态数据，经前端智能计算，精准提供加密票据等决策服务的功能。由于网络技术将计算分析关口前移，以及背书节点的智能化发展，提升了前端客户的网络数据分析速度和能力，减少了网络传输和“云”处理的负担。为加强前端计算和分析能力，边缘计算为背书节点企业提供了更为便捷的快速决策和咨询方案，而基于私有和公有“云”服务的互联网后端云计算，又为次背书节点企业提供了加密票据等综合信息和信用价值服务。在改造传统信息流、商品流和资金流的基础上，加密票据等技术方案与“云”金融计算和物联网等技术的加速融合，促进了企业数字化金融行为等边缘决策的快速发展，加密票据等金融边缘计算技术，即背书策略应运而生。

为此，加密票据等金融生态系统融合了 P2P 扁平化业务结构、非对称加密技术和智能化边缘计算等技术特征，促使数字金融渐渐形成了多样性、多重性和不确定性等重叠的业态特征。以背书策略等智能合约来描绘加密票据的交易行为，承诺交易对手的信用特征，实现数字资产的未来经济利益、成本和价值的可靠计量；在非对称加密和失密状态下，实现数字资产的有效转让（assignment、negotiation、transfer）等智能“交付”；对数字信息的智能挖掘、整理和分析，形成供决策参考的智能会计；依托大数据对客户投资能力进行智能分析；对虚拟场景实时“智能搜索”和监督等。其中，加密票据的行为核心在于，实现其价值交换的代码标准和守则的智能规则的制定。如社会生产、社交和生活等企业或个人场景，经背书策略认为需要产生一个加密票据交易的需求，交易需求向背书节点的 P2P 网络发布，节点网络使用已知的算法验证加密票据交易请求和背书节点的身份，经验证后的交易请求会涉及加密票据、加密货币等加密银行系列业务产品、背书策略的智能合约条款、记录或其他信息等。一旦验证通过，加密票据交易就会与其他交易一并创建形成一个新的区块，并加入整个网络账本中，新的区块会加到现有区块链中并永远保存，且加密数据不会被改变。此刻，加密票据的交易即告完成。在交易当中，加密票据或货币成为一种交易的媒介，在区块链中创建并以加密后的固定字节进行电子化存储，使用加密技术控制其产生以及确认票据头寸转账与否。作为数字记账工具，加密票据不像纸质票据那样可做抵押或者赎回，其本身没有物理形态，也没有内在价值，仅存在于网络中。因此，没有实际物质支撑的加密票据，依靠的是网络认知价值和共识效应，两者相结合改变了中心化可信度严重下降的问题，网络认可极具创意的底层技术和鲜明的时代特性，颠覆了传统的投融资观念，所以网络技术奠定了新兴价值投资观念形成的基础。

同理，在数字化供应链经济模式下，上下游企业需要通过智能化供给和需求来揭示其内在生产价值。当企业使用加密共识机制时，越来越多的背书节点认为，该加密票据有其投资价值，则其贴现率就会不断上升，而供给则受背书节点的共同监督，受制于背书节点企业的经济运行状况，其中，智能合约的激励模式又为区块链增加了信任的动力，推动了分布式网络的理性发展。背书节点作为代理人，可促进主体行为的有效协调，促进加密票据的全流程快速交易。因此，节点平台承担着智能合约与其他平台之间的快速应用性开发任务，其业态已经从传统票据演变成点对点融资和背书信任的关系，淡化了纸质形态下的要式性特征，利用零知识证明技术来传承和保留背书、被背书、贴现、承兑和追索等票据权利和义务的特性，让前手与后手形成在线示证与验证的关系，示证节点向验证节点表明身份秘密，让验证节点完全信任，但又对验证节点不泄露示证节点的身份信息。因此，背书节点和背书策略成为加密票据关注的焦点。

四、背书节点和背书策略

背书节点（endorsement）并非承担被追索的责任，而是以其自身节点的信誉度向网络发布证明或声明，证明另一个节点也同样可信可靠。而背书策略（endorsement policy）用来指导背书节点进行正确的背书，通过背书策略来确定交易正确背书，也是智能合约的具体运用。当节点收到一个交易请求时，它会调用与该交易相关的验证系统，并作为交易的一部分来确定交易流程的有效性。因此，一个加密票据的交易需得到一个或多个背书节点的有效背书，当所有背书节点签发了有效证书，且预期的信息也具备了有效的签名，同时具备合适的背书节点数量与指向预期的指定来源节点时，称为优秀的背书策略。此刻，背书节点将形成三种类型，即客户端或提交客户端节点、信任节点、共识服务或投票者节点。第一种背书节点将使客户端向背书者提交一个实际的加密票据交易申请，并且向网络申请排序服务和广播业务交易的内容；第二种背书节点则在提交加密票据交易申请后，维护业务状态、总账的副本和背书；第三种背书节点实现了加密票据业务申请的原子广播与完全排序广播等投递保证。客户端显示终端用户的经营状况，智能化创建并调用交易记录，同时与节点及排序服务建立区块链通信关系。节点接收来自区块的存储服务排序与状态更新请求，并承担维护状态和总账的责任。因此，背书节点主要承担响应特定链代码的背书请求，在加密票据交易提交前，对交易进行验证和背书处理，每个链代码可指定或被指定一个背书策略，由此产生了背书节点的集合问题，其需要背书策略指定某些合法节点并对其进行背书等交易必要条件的选择，且完成集合的签名或联合签名等。而排序服务节点将产生多种加密票据服务方式，并存在不同的路径和分布式协议。因此，背书策略关注链代码相关的键或者标识符等背书节点的集合、更多的链代码元数据、背书的元素，以及其他信息，这些均可作为背书策略的要素条件。

五、加密票据的分叉特性

在全球，数以千计的区块链项目正在蓬勃兴起，却难以适应 67 个行业和 147 个子行业的多元化发展需求（详见《达尔文与七十二变：Achain“分叉理论”惊艳新加坡区块链亚洲峰会》）。从 2017 年 8 月的比特币主链分叉来看，分叉特性提升了区块容量，增强了交易性能，解决了数字标的的扩容问题。如何用一个背书节点来满足不同行业的需求，渐渐成为数字经济底层技术发展的瓶颈。分叉特性为加密金融生态奠定了构建互动、互联、互通的基础。利用分叉获得不同的区块链，既满足了不同的商业应用和性能需求，又适应了云计算的数据需要，也保留和继承了背书节点的数据原型。通过分叉网络承载的背书节点的身份、资产、信用、健康等信息形成关联，且票据行为被识别和记录，并与信用、资产进行互联时，分叉型互联网络的加密票据业态基本成形。当背书策略发起一个分叉申请时，只要申请符合智能规则的协议要求，收到申请的背书节点就会给予反馈。新分叉网络包括创始块、主背书节点、服务识别号、分叉高度等，这些信息将被登记。当区块链到达某一高度时，背书策略依照申请进行分叉，形成新的业务区块网。新业务区块网的共识方式、数据存储、区块容量等均由主背书节点自主定制，并承担分叉的简化、效率的提升和成本的降低等平台调整的义务。其中，加密票据的公有协议成为连接不同网络之间的桥梁。从分形理论来看，条线业务的项目区块链成为一个背书节点，而公有协议成为各节点连接的通道，是实现区块链之间，以及区块链与非区块链网络之间连接和信息共享的纽带。因此，分叉特性将背书节点、加密票据与加密银行和加密金融之间，勾稽成节点与“星系”和“宇宙”的智能合约和智能沙盒的安全稳定的区块链网络。

六、对策建议

1. 正确认识从需求层次向数字理论迈进的重要性

数字经济正成为引领新常态、壮大新经济、打造新动能的主要“引擎”。党的十九大提出要建设网络强国、数字中国、智慧社会。目前，传统网络不适应全球中心化发展的要求，需要从底层数据结构进行改造。从需求层面来看，生存需求是通过整理数据，形成关系型数据，这也是数据建设的初级阶段；当社会产生对数据的使用需求后，通过应用数据开始关注非相关性数据的结构；当社会产生对数据的安全需求后，通过哈希算法的分布式数据结构来满足网络安全性要求；当数字社会产生自我实现需求后，边缘计算和人工智能等技术与区块链技术融合，实现智能数据在“端、网、云”间安全、有效的传输。为此，笔者建议，作为背书节点的政府、机构和个人，各行各业的业务习性是通过应用层予以体现的，而底层技术是根据应用层状态而设计的，背书节点和背书策略随业态的属性要求而变，尤其是金融行业，银行、保险和证券等业务条线繁杂，项目繁多，票据业务伴随经济金融项目而生。研究传统社会行为属性，旨在将其行为属性转换成人工智能、区块链、云计算、大数据等数字特征，让人类从传统的生产生活方式向节点、“星系”和“宇宙”等网络空间迈进。因此，我们需要从技术结构和特性出发，尽快将传统业态与金融技术融合，让《中国制造2025》《促进大数据发展行动纲要》《国家信息化发展战略纲要》《“互联网+”人工智能三年行动实施方案》等一系列文件真正落地开花。

2. 正确认识底层技术是形成新型产融生产关系的核心

在全球经济一体化，以及计算机、信息和人工智能等技术高速发展的背景下，供应链管理与互联网、移动互联网和物联网等深度融合，使传统供应链向高度智能化程序化转变。在漫长的制度演变中，金融技术由无序的数据结构到数据的交叉验证，再到分布式账本，由相关性到非关系性，再到区块链结构的发展，银行等金融机构开始由主动型向节点服务型转变，成本也由外部化向内部化转变，产融角色关系发生了质的变化，在此必须引起社会各界的高度重视。

3. 明确加密金融的发展方向，促进加密票据生态的形成

过去几年，我国互联网金融发展得十分迅速，短短几年其市场规模已超过欧美等国家。P2P 理财、网络借贷、股权众筹、互联网保险、金融资产交易所、资产证券化等互联网金融创新屡见不鲜，但其中不乏“庞氏骗局”。金融科技公司之间的发展、数据分布和数据使用、金融科技公司与金融机构之间的发展、FinTech（金融科技）和 RegTech（监管科技）的发展、金融消费发展和金融消费者保护等问题需要监管部门协调解决。在他律信用责任体系尚不完备，自律信用责任体系又严重缺位的背景下，我国金融

市场传统信用观念和管理模式滞后于市场端金融产品的开发，使得客户端金融便利化的风险敞口开始暴露。因此，需要借鉴发达市场的金融创新理念，培育自律金融文化，这是推进加密票据生态形成的重要保证。

4. 加速数字技术等知识观念的学习创新

金融的本质是解决实体经济发展中的经营风险、价格风险和信用风险，提升服务实体经济所需的风险管理能力是银行服务的根本宗旨，更是金融创新的核心所在。传统银行需要加速转型，需要从观念上体现全球“大金融”的概念，需要从跨学科、跨领域、跨行业、跨国界等角度调整思维，需要从宏观层面和技术层面协同发力，形成加密金融“试验+学习+改革+创新”的运作模式，逐渐形成符合加密金融免信任需求的经营观念。因此，加密票据生态呼唤稳健发展的全球一体化监管的合规和可持续的市场生态培育机制。

金融科技赋能票据在科技金融中的运用初探[①]

冯 毅[②] 冯黎明[③]

金融科技的现代化与现代的科技金融是当下全球银行业的两个热词，而传统的票据则因为近年来的票据风险事件频发成为公众关注的焦点。本文试图以新的研讨视角，通过加大金融科技新技术的研发投入，按下“共享”启动键，赋能票据促进新技术运用转化，以期焕发票据新思维，激发票据新动能，以新变革加快实体经济新代表——科技金融高质量发展新时代的到来。

一、跨界组合：金融科技和科技金融是促进实体经济发展的“好兄弟”

何为金融科技？何为科技金融？简单来说，金融科技是利用包括人工智能、区块链、云计算、大数据、移动互联等前沿科技手段，服务于金融效率提升的产业。而科技金融是利用金融创新，高效、可控地服务于科技创新创业的金融业态和金融产品。二者并不属于同一个界别，但都是金融和科技两要素的有机融合。金融支持的科技企业包括科技型企业和高新技术企业，其中高新技术企业和高成长性企业是科技型企业的核心。

（一）金融科技与科技金融具有高度相似的“天然基因”

金融科技是金融和信息技术的融合型产业，通过科技手段对传统金融行业所提供的产品及服务进行革新，提升金融服务效率；科技金融则是围绕科技型或创新型企业，开展传统的商业银行金融业务，以及围绕科技型

---

① 本文写于2017年。

② 冯毅，汉口银行票据中心总经理。

③ 冯黎明，汉口银行票据中心高级经理。

企业特征而探索开展的一系列创新型金融服务，包括产品、业务营销和风险管理、体制机制等的创新。金融科技企业往往是科技金融服务的对象，而科技金融服务手段的提升也离不开金融科技的支撑，科技金融服务的企业多为高科技企业，其对于新技术的运用和理解优于传统企业，金融科技的新技术新手段更容易被科技企业所接受，这也为金融科技在科技金融服务中的运用打下了良好的基础。

（二）金融科技与科技金融需要解决不同的“行业痛点”

金融科技被银行等金融机构视为推动当下互联网、未来智慧新金融和经济发展的新动力和新动能；科技金融则是最需要银行资金支持、最需要融资+融智创新方式支持的新生产力的代表。金融科技对金融而言是赋能，而金融对科技金融而言则是释能，纳入金融支持范畴和绿色服务通道是二者共同的意愿，但痛点却各有不同。

1. 金融科技“开花结果”需要稳定的支持与战略投入

可持续的科技研发和成果转化应用机制，是银行金融科技发展见成效的基础保障。

近年金融机构加大对金融科技的投入，可谓是如火如荼，打造大数据、云计算、区块链，搭建多元化数据信息和数据交易平台，促进金融业态革新和产品服务创新，在某种意义上这对所涉及的金融科技企业而言是机遇，也是挑战。金融机构在项目中的强势地位，使科技企业研发创新、项目启动需要铺垫资金，因此迫切需要解决融资问题，但与传统中小企业相比，科技型企业创立初期的低利润率往往是“新常态”，其具有“轻资产、高成长、高风险”的特征，由于企业自身问题往往无法满足传统银行融资要求。

2. 科技金融“雪中送炭”需要多元的思维和创新手段

“十三五”规划中提出了促进科技金融产品和服务创新，建设国家科技金融创新中心等众多条目，并通过一系列的策略来推动中小企业科技创新。然而，一些金融机构为规避高风险而倾向于风险较小的国有大中型企业，同时，有些银行的信贷机制与科技企业的发展特点不相适应，导致科技企业融资困难。

（1）多数科技企业的生命周期具有不稳定性。生命周期的不稳定性让科技企业随时可能进入衰退期，加上其生命周期普遍较短，风险价值的波动较大，不利于金融机构开展业务和防控风险，故而受到金融机构的排斥。

（2）科技企业的价值主要集中在知识产权、技术等无形资产上，这些带有公共属性的产品和服务大都没有被纳入可以用作抵押担保的法律框架内。这种情况导致科技企业的担保资源匮乏，难以达到金融机构所要求的标准。

（3）科技企业针对自身信用的管理和维护也存在很多弊端，如财务问题、组织架构问题等，以致金融机构很难对其做出正面的信用评价。

（三）金融科技与科技金融由共同的结盟者银行“造血生肌”

科技金融重在解决信息不对称问题，传统银行选择客户，主要是“看过去”，即看已经形成的经营成果，而科技企业客户的选择，更多的是“看未来”，即看可以预计的发展前景；传统银行提供的服务，主要是“融资”服务，而科技金融服务，还包括配套的“融智”服务，为企业经营出谋划策、提供帮助；传统银行控制风险主要靠“盯客户”，而科技金融业务风险的控制，更多的是“借外脑”“借外力”，通过外部机构强化对风险的识别和分担，科技金融有别于传统金融的运作方式，需要通过前沿科技的运用解决科技金融服务中的难点和痛点。

二、整合资源：金融科技与票据是携手科技金融共享绿色资源的“好帮手”

金融科技的迅猛发展催生了金融创新浪潮，优化了金融行业格局。当前，银行的竞争实力更多体现在基于一个有竞争力的金融生态圈的资源整合能力。应构筑金融科技、银行金融与科技金融“三位一体”的格局，建立互相渗透、互相促进、螺旋上升的良性机制，以金融科技引领银行票据和科技金融等细分领域，探索客户营销模式、产品研发机制、业务经营方式、风险防控能力以及运维保障体系的转型升级。

（一）客户需求和体验是银行金融科技活水浇灌的“试验田”

应大力发展金融科技，加强数字技术与科技金融服务的融合创新，加快金融科技布局，建设数字化银行，目标是借助金融科技创新驱动作用，提升客户体验，再造业务流程，融合业务价值，通过金融科技重塑科技金融服务模式，实现转型发展、创新发展。

（二）金融科技是提升票据和科技金融合规水平的“加速器”

金融科技，由金融服务与信息技术耦合而成，技术是基础也是核心，金融科技推动票据进化之路离不开新技术的应用。运用大数据精准进行征信服务和风险控制；运用生物识别技术方便客户身份识别认证和合规审核；运用区块链实现去中心化和安全、智能合约；运用移动互联网技术连接、沟通、直达用户；运用人工智能实现智能投顾和智能服务，降低票据交易风险，打造更加便捷、智能的票据业务处理系统，提升对异常和敏感信息的筛查和过滤功能，强化票据交易监控和科技金融监测预警。

（三）数字票据可成为解决科技金融融资难的“金钥匙”

数字票据基于区块链的全生命周期的登记流转功能已基本实现，将区块链技术用于票据市场能够有效解决票据真实性、市场规范性、交易及时性及跨区域贴现上账问题。票据与科技的结合提高了票据资金效率，降低了资金成本，盘活了科技型企业的票据，增强了客户的票据支付能力，票据与金融科技的结合激活了这个传统金融产品的新动能。以票据业务为切入点激活科技企业，优质的科技型企业会受到各家银行追捧，就银行创造收益的角度而言，选择票据产品强力切入，获客金融科技企业和科技金融企业，以融资激活良好的科技企业客户，使其回应银行营销活动，而票据产品带来的综合收益可能不比贷款低。

三、创新驱动：“金融+科技”票据价值联盟可彰显共荣智慧经济的“好生态”

金融科技方兴未艾，互联网、移动支付、网络贷款、在线贴现、智能金融理财、大数据应用、区块链信息加密等金融科技构筑了支持实体经济的生态圈。票据连接着实体经济和金融市场，其作为支付和融资工具日益受到科技企业的重视，金融科技丰富了票据的功能和意义，赋予票据在科技金融实践和变革中更多的机遇和可能。

（一）打造票据互联网生态体系，“脱虚向实”解融资难题

票据在金融科技赋能下，为科技金融打通“最后一公里”。如以财务公司为龙头串联、以科技企业为融资重点、以票据资管为产品投融化，通过科学技术和渠道建设，提升服务对接效率，增加获利途径；以票据业务为主线的保兑仓、仓单质押等产品可有效帮助银行降低贷款风险，使得科技信贷业务得到保障；根据客户群体、产品类型、贴现方式等要素制定不同的价格策略，大型科技集团项下、供应链项下的科技企业，可享受“团购”价格优惠和核心企业优惠利率；做到“网上报价实现交易市场化、网上贴现无纸对接电子化、网上转贴同业合作平台化”。

1. 银票融“资+智”向科技金融“联姻”

根据科技企业轻资产、弱担保的特点，金融机构在为科技企业提供信

贷服务时可考虑通过开具银行承兑汇票为企业提供资金，用于生产经营的支付结算，变银行承兑汇票单纯的保证金和大小票质押为知识产权、专利、著作权、商标质押做“敞口保证”。通过金融科技运用区块链技术将企业订单与票据流转相结合，为银行提供透明的不可更改的企业经营数据，通过大数据分析和人工智能进行评估、监测和反馈。

2. 商票做“贷+投”为风控先期“皮试”

金融机构可通过金融科技手段为科技企业签发商业承兑汇票提供风险评估，并在获知企业真实的信用状况后，通过人工智能的方式完善风险认知体系，使得企业之间采用商业承兑汇票的结算方式成为一种可评估、有保障的市场交易方式，并大大提升效率。金融机构依靠模型算法等大数据能力、自动化工具、人工智能来实现效率提升和风险管理，这些数据化模型将重构票据业务的信任体系，帮助更多科技企业便捷地获得金融服务，进而取得快速发展，票据这个传统金融产品在与科技金融的对接中通过金融科技的赋能焕发了全新活力。

金融机构在获取了科技企业订单大数据的情况下可以考虑为企业开具的商业承兑汇票进行保证增信，以银行信用提升科技企业商票信用，保障其支付和流转，同时，金融机构在为企业提供生产经营资金时也可以减少信贷规模占用。金融机构还可以通过商票 ABS、商票收益权质押融资等票据创新产品，为私募、基金、保险等机构提供对科技企业的短期投资渠道，为科技企业提供除银行信贷之外新的短期融资渠道。

（二）运用金融科技大数据系统，“精准制导”降合规成本

金融科技时代的大数据系统，以多维度多层次的大数据分析为票据业务承兑、贴现、融资提供科技企业准入、授信、定价依据。

金融是强数据导向的行业。经过多年的数据发展和积累，大数据的数量、分析速度与数据种类都发生着极速的变化。随着互联网的发展，网络对人们行为数据的积累量发生了飞跃，各类行为数据均可以被记录，其中不乏与征信应用场景相关的信息。基于此，有效分析利用社交、电商及搜索等非结构化数据也成为征信机构架构征信模型时必须考虑的部分。基于区块链对票据、订单流转和交易的记录数据，大数据可更为全面地收集科技企业生产经营乃至所有者与经营者的行为数据，对科技金融“票+贷+投”的评估、监测、反馈，有利于提高授信、准入、上账环节的便捷性，提升对金融机构定价的准确性。

在明确战略目标和客户经营喜好的基础上，形成针对科技企业票据业

务的风控文化、风险偏好、风险对策、信息系统等标准化的风险防范框架和内控体系，丰富风险识别、度量、控制、处置、监测等智能数据库，并借此实现对科技企业票据经营的全流程标准化管理。

（三）金融科技时代的人工智能，“破而后立”助升级赋能

智能数据分析与决策主要是人工智能发展的产物，在票据领域可涵盖票据的整个生命周期，从出票、承兑到转让、流转再到贴现、转卖，相关技术的运用将成为业务开展的基础，同时也支持了票据业务创新，包括新型的衍生产品。大数据、云计算及智能硬件的发展为人工智能技术提供了基础保障。而智能化更是可以代替人脑在票据流转和交易过程中追踪市场动态，对服务的科技企业进行跟踪分析并做出决策。将非结构化数据进行结构化处理，并从中寻找影响市场变动的因素，实现“智能投融资顾问助手”。集合自然语言搜索、用户界面图形化及云计算，智能助手可以关联市场动态，提供研究辅助、智能回答复杂金融投融资问题等功能。

（四）上海票据交易所纸电融合票据直连，“腾笼换鸟”平台化运作

金融科技为古老的票据赋能，也赋予了票据市场新的发展空间。作为连接货币市场和实体经济的重要通道，上海票据交易所成立，以金融科技带动科技创新，以科技进步支持科技企业，提高了票据业务电子化水平，其数字化票据交易平台包含开票、流通、贴现、转贴现、再贴现等票据全生命周期以及登记、增信、托管、投融资等票据衍生品业务，增强了市场透明度，对解决科技企业合理资金需求，特别是缓解科技企业融资难题具有积极作用。

上海票据交易所先期实现了纸质商业汇票的电子化交易，还将集中化管理中国票据交易系统和电子商业汇票系统（ECDS），纸质票据交易平台和电子票据交易平台有望如期融合。电子商业汇票流转的便捷和统一市场为科技企业支付结算提供了便利以及快捷的融资渠道和低成本资金。

上海票据交易所拓展了市场的广度和深度，通过扩大票据市场的交易主体范围，放开证券公司、信托公司等金融机构参与票据买卖，活跃了市场交易，降低了交易成本，分散和控制了风险，使票据市场成为利率市场化以及货币政策传导的有效载体。上海票据交易所可优先支持科技型企业在票据市场的直接融资，缩短交易链条，压缩交易环节，使科技企业可以通过票据市场提高融资效率，降低融资成本。

展望未来，上海票据交易所将探索以区块链为技术创新突破口的数字票据交易平台，探索系统节点的扩展性与中心化系统连通的技术可行性，探索符合供给侧结构性改革新要求的创新应用场景，这无疑给金融科技和科技金融相关企业带来机遇和福音。

（五）智慧银行专业化提升效率，"化繁为简"促经营转型

专业化分工意味着效率。科技企业可将涉及结算收款、付款的业务尽可能外包，将票据鉴别、实物保管、到期托收等业务外包给银行，从而将全部精力集中于主营业务；商业汇票综合管理服务票据池对于一些票据量大的科技型企业非常适用，是一项非常有前景的业务；票据托管等服务可嵌入科技企业的经营中，这样既可以低成本地扩大银行的业务量，又增加了银行中收，通过票据业务还可以发现其他优质科技企业；票据的保管、拆分、组合以及票据资产盘活都是科技企业逐步扩大票据使用的核心需求与关注点。

票据的高流转性和安全性，使其成为银行调整资产结构和规模的首选工具。通过票据市场的流转，实现"贷改票"即短期流贷票据化，银行可以源源不断地为科技企业提供融资规模和资金，成为科技企业融资的"助推器"；通过票据市场可不受银行资产结构和规模限制，为科技企业提供充足的融资空间，最大限度地调节资源配置；通过中国人民银行再贴现，对科技企业"优化流程、优先支持、优惠贴息"，在降低业务成本的同时为科技企业提供最有价值的票据产品。

在科技企业融资难的背景下，金融科技为票据注入了活力，为科技企业融资提供了将"危机转变为转机"的新思路；从票据产品与服务衍生需求的角度来看，科技企业融资需求多元化且强烈，金融科技在遵守票据市场发展规律的同时，应积极抓住市场机会，将"风险转化为风景"；金融科技可不断创新和丰富票据产品，满足资金支付、短期资金周转需求，提高票据流动性和效率，降低融资成本，将"愿望转化为愿景"，不断提高商业银行科技金融服务水平，更好地满足科技企业融资需求，推进科技企业提质增效。

资管新规下我国票据资产证券化业务探讨[①]

肖小和[②]　胡　军[③]

摘　要： 2018年4月27日发布的《关于规范金融机构资产管理业务的指导意见》进一步规范了非标准债权资产的界定。票据不出意外依然属于非标，因此，如何寻求票据资产的标准化成为一个亟须分析和探讨的现实问题。本文分析了票据资产证券化的现实案例，发现(1)票据资产证券化中的破产隔离存在法律障碍，这会导致破产隔离无效；(2)以银票和通过商票保贴、商票保证或者商票保函的形式由金融机构提供增信的商票为基础资产的票据资产证券化违反了《关于规范金融机构资产管理业务的指导意见》关于禁止刚性兑付的规定；(3)票据资产证券化不仅没能改善资产的流动性还降低了收益率。对此，本文认为，(1)融资性票据的放开和资产支持证券市场的流动性是票据进行资产证券化的前提；(2)条件具备后，商票资产证券化应该是未来的一个重要品种，商票资产证券化的重要基础设施在于形成有效的定价中枢；(3)上海票据交易所的建立有利于票据信息的集中，从而形成市场化的定价中枢，提升票据资产及其衍生产品的流动性。本文的研究结论对于指导票据实务发展以及相关监管机构对票据资产证券化业务进行合理监管和规范具有重要的现实意义。

关键词： 资产证券化　资管新规　融资性票据　刚性兑付　流动性

---

① 基金项目：江西省高校人文社科重点基地项目“P2P网络借贷发展与风险监管指标研究”(JD17040)；江西省社科规划项目“社交媒体信息披露与企业绩效：影响及其作用机制”(18YJ26)。本文写于2018年。

② 肖小和，江西财经大学九银票据研究院首席研究员，江西省金融学会票据专业委员会首席专家，研究方向为票据市场、商业银行经营与管理。

③ 胡军，通讯作者，江西南昌人，江西财经大学金融学院，江西财经大学九银票据研究院，博士，系主任，研究方向为公司金融、资本市场。

一、背景和动机

随着2007年新两规[①]的实施，以信托公司为主体的“信托式资管”迅猛发展，在银信合作模式下，“刚性兑付”几乎是一个被各方默许的规则，这种“刚性兑付”带来了银信合作的长期蜜月期，2013年末，信托资产管理规模突破10万亿元。随着2012年下半年各路金融机构资管牌照的发放，证券公司、基金公司甚至是保险资产管理公司和期货资产管理公司都妄图策马“泛资管”行业。截至2017年末，由基金公司（及其子公司）、证券公司、期货公司以及私募基金公司管理的资产余额突破50万亿元大关（达53.57万亿元），信托资产管理规模则突破了26万亿元（达26.24万亿元），各类金融机构资产管理规模累计近80万亿元[②]，直逼全社会贷款余额（120.1万亿元）。

经济增速下滑，野蛮增长同样孕育着风险，2018年开年，对金融市场来说并不平静，不只有监管层接连下发的新规，信托、债券甚至是银行理财计划违约也频频爆出，似乎整个市场出现了违约潮。2018年4月27日晚间，中国人民银行等四部门联合印发了《关于规范金融机构资产管理业务的指导意见》（以下简称资管新规）。资管新规对非标资产的投资、资金池管理、多重嵌套以及刚性兑付等多个方面都进行了严格的规定。

而对于票据业务来讲，影响最大的莫过于对非标资产投资的限制。资管新规进一步规范了标准化债权资产的定义[③]。标准化债权类资产应当同时符合以下条件：（1）等分化，可交易；（2）信息披露充分；（3）集中登记，独立托管；（4）公允定价，流动性机制完善；（5）在银行间市场、证券交易所市场等经国务院同意设立的交易市场交易。显然基于此界定，票

---

① 指《信托公司管理办法》和《集合资金信托计划管理办法》。

② 随着资管新规的发布，资管规模在2018年有所下降。截至2018年第三季度末，信托公司资产管理规模为23.14万亿元，基金公司（及其子公司）、证券公司、期货公司以及私募基金公司管理的资产余额达52.23万亿元。此数据没有考虑银行理财（截至2018年6月底为30.6万亿元），这是因为银行理财是资方，一般会对接信托计划或者券商（基金）等的资管计划，若加入会导致重复计算。数据来源于Wind。

③ 最早的非标概念源于银监会在2013年3月27日下发的《关于规范商业银行理财业务投资运作有关问题的通知》（银监发〔2013〕8号），该通知第一次界定了非标的概念，并对非标资产投资进行了比例限制。非标，规范说法为非标准化债权资产，是指未在银行间市场及证券交易所市场交易的债权性资产，包括但不限于信贷资产、信托贷款、委托债权、承兑汇票、信用证、应收账款、各类受（收）益权、带回购条款的股权性融资等。

据资产不属于标准化债权资产，银监会在2013年3月27日下发的《关于规范商业银行理财业务投资运作有关问题的通知》（银监发〔2013〕8号）要求非标资产投资占理财产品余额的比例不能超过35%，且不能超过上一年总资产的4%。

尽管票据资产属于非标，但是票据资产，尤其是银票，几乎是所有非标资产中流动性最好的。得益于2015年开始爆发式增长的资产证券化业务，票据资产证券化成为一个有益的尝试。但如肖小和（2018b）所述，尽管2016年票据资产证券化开始了尝试，但由于诸多原因并没有得到普遍推广。而资管新规又进一步对票据资产的吸引力产生了负面冲击。加上新常态下票据对于便利企业，尤其是中小企业的结算和融资，进而降低社会融资成本，服务经济发展具有重要意义（肖小和，2018a），因此，如何寻求票据资产的标准化成为一个亟须分析和探讨的现实问题。

二、我国资产证券化现状

（一）资产证券化发展现状

所谓资产证券化，就是将缺乏流动性但具有可预期收入的资产，通过在资本市场上发行证券的方式予以出售，以获取融资，最大化提高资产的流动性的过程（林华和许余洁，2016；王红霞等，2018）。资产证券化通常涉及三个主要过程。

（1）基础资产的选择。合适的基础资产通常必须具备稳定的、可预期的现金流，以及同质性、分散化和相对独立性等特点。

（2）结构化重组。该步骤是资产证券化的关键所在，主要工作包括：通过设立特殊目的机构（SPV）实现破产隔离，设计各类信用增级结构等。

（3）资产支持证券的发行和流通。资产支持证券二级市场的流动性是支持一级市场发行的重要力量。

图1展示了典型的资产证券化的交易流程。流程可以简单概括为，依托资产服务机构从原始权益人（有时候可以是同一人）手中购买合格的基础资产，组成资产池，由管理人（也是推广机构或承销商）设立特殊目的机构（SPV）购买基础资产池，实现破产隔离，依托其他各类第三方服务机构，评估资产池现金流情况，设计各类信用增级结构，发行资产支持证券，流通转让，到期后按合同约定进行偿付。

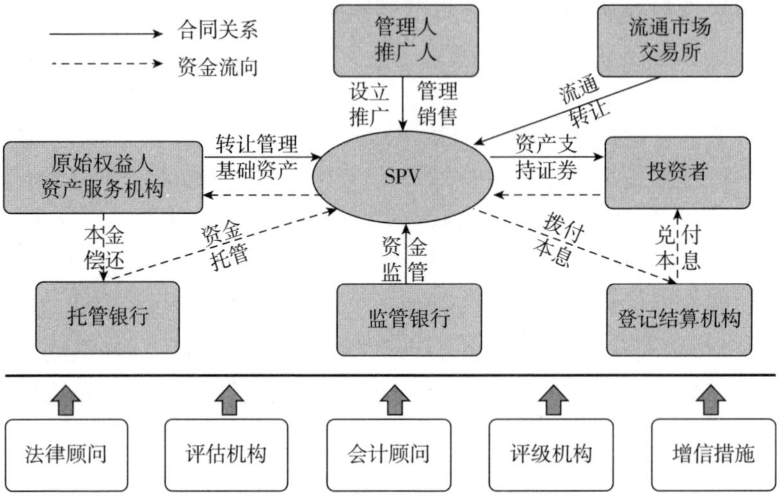

图 1　典型的资产证券化的交易流程

目前我国实践中有四类资产证券化产品，分别由不同的主管机构主导，分别是由中国人民银行和银保监会（原银监会）主管的信贷资产证券化、由证监会主管的企业资产证券化（资产支持专项计划）、由银行间市场交易商协会主管的资产支持票据、由银保监会（原保监会）主管的保险资产证券化（资产支持计划）（林华和许余洁，2016）。表 1 列示了四类资产证券化产品的主要差别。源于主管机构的差异，四类资产证券化的差异主要在于基础资产、SPV 形式以及发起人等方面。从表 1 可以看到我国的资产证券化的 SPV 形式几乎主要就是资管计划或信托计划。

表 1　我国四类资产证券化模式对比

项目	信贷资产证券化	资产支持专项计划	资产支持票据	资产支持计划
主管部门	中国人民银行、银保监会（原银监会）	证监会	银行间市场交易商协会	银保监会（原保监会）
审核方式	中国人民银行注册制+原银监会备案制	事后备案制	注册制	初次申报核准，同类产品事后报告

续表

项目	信贷资产证券化	资产支持专项计划	资产支持票据	资产支持计划
SPV	特殊目的信托	证券公司/基金子公司资产支持专项计划	不强制要求设立SPV，可以使用特殊目的账户隔离的资产支持形式，也可以引入其他形式的SPV	保险资管公司的资产支持计划
发起人	银行业金融机构（商业银行、政策性银行、邮政储蓄银行、财务公司、信用社、汽车金融公司、金融资产管理公司）	未明确规定	非金融企业	未明确规定
发行方式	公开发行或非公开发行	目前为非公开发行（未来可能引入公开发行方式）	目前为非公开发行（未来可能引入公开发行方式）	目前为非公开发行
投资者类型	银行间债券市场机构投资者（银行、财务公司、保险公司、基金、券商等）	合格投资者，且合计不超过200人	公开发行面向银行间债券市场所有机构投资者；非公开发行面向特定机构投资者	保险机构以及其他具有风险识别和承受能力的合格投资者
基础资产	信贷资产	实行负面清单制。要求符合法律法规规定，权属明确，可以产生独立、可预测的现金流且可特定化的财产或财产权利，可以是单项财产权利或者财产，也可以是多项财产权利或者财产构成的资产组合。可以是企业应收款、租赁债权、信贷资产、信托受益权、基础设施、商业物业等不动产财产或不动产收益权	符合法律法规规定，权属明确，能够产生可预测现金流的财产、财产权利或财产和财产权利的组合	实施动态负面清单管理。要求基础资产是符合法律法规规定，能够直接产生独立、可持续现金流的财产、财产权利或财产与财产权利构成的资产组合。基础资产依据穿透原则确定

续表

项目	信贷资产证券化	资产支持专项计划	资产支持票据	资产支持计划
受托机构	信托公司	证券公司/基金子公司	目前无受托机构（下一步可能引入信托公司）	保险资产管理公司
信用评级	需要双评级，并且鼓励探索采取多元化信用评级方式，支持对资产支持证券采用投资者付费模式进行信用评级；定向发行可免于信用评级	取得中国证监会核准的证券市场资信评级业务资格的资信评级机构，对专项计划资产支持证券进行初始评级和跟踪评级	公开发行需要双评级，并且鼓励投资者付费等多元化的信用评级方式；定向发行，则由发行人与定向投资人协商确定，并在《定向发行协议》中明确约定	受托人应当聘请符合监管要求的信用评级机构对受益凭证进行初始评级和跟踪评级
交易场所	银行间债券市场	证券交易所、全国中小企业股份转让系统、机构间私募产品报价与服务系统、证券公司柜台市场	银行间债券市场	保险资产登记交易平台
登记托管机构	中央国债登记结算有限责任公司	中国证券登记结算有限责任公司或中证机构间报价系统股份有限公司	银行间市场清算所股份有限公司	保险资产登记交易平台
规章及依据	《信贷资产证券化试点管理办法》《关于信贷资产证券化备案登记工作流程的通知》以及中国人民银行公告〔2015〕第7号	《证券公司及基金管理公司子公司资产证券化业务管理规定》、《资产支持专项计划备案管理办法》及配套规则	《银行间债券市场非金融企业资产支持票据指引》	《资产支持计划业务管理暂行办法》

资料来源：参考林华和许余洁（2016）并根据公开资料整理。

表2　我国资产证券化市场概况

项目	待发行	2018年		累计		未偿清	
	总数（只）	总数（只）	总额（亿元）	总数（只）	总额（亿元）	总数（只）	总额（亿元）
信贷资产证券化	2	57	3652	498	21427	294	7311
企业资产证券化	157	268	3956	1460	20643	1098	13087
资产支持票据	11	30	378	96	1349	80	1016
保险资产证券化	2	0	0	3	43	3	43
总计	173	355	7986	2057	43462	1475	21457

资料来源：www.cn-abs.com，数据截至2018年7月31日。

表 3　我国资产证券化产品历年发行情况

单位：亿元

年份	2013	2014	2015	2016	2017	2018
信贷资产证券化	158	2820	4056	3909	5972	3652
企业资产证券化	74	401	2045	5000	8857	3956
资产支持票据	48	89	35	167	575	378
保险资产证券化	0	0	0	33	10	0

资料来源：www. cn-abs. com，数据截至 2018 年 7 月 31 日。

表 4　我国资产证券化产品历年存量情况

单位：亿元

年份	2013	2014	2015	2016	2017	2018
信贷资产证券化	255	2502	4100	4668	6766	7311
企业资产证券化	119	465	2324	6321	11850	13087
资产支持票据	101	184	208	367	798	1016
保险资产证券化	0	0	0	33	43	43

资料来源：www. cn-abs. com，数据截至 2018 年 7 月 31 日。

表 2 至表 4 列示了近年来我国不同类别资产证券化产品的发行和存量情况。截至 2018 年 7 月末，我国资产证券化未偿清产品数为 1475 只，余额为 2. 1 万亿元，累计发行额超过 4 万亿元。以信贷资产证券化和企业资产证券化为主，余额占比分别为 34%和 61%。

（二）我国票据资产证券化发展现状

在开始介绍票据资产证券化之前，有两个概念需要界定清楚，一是票据资产证券化，二是资产支持票据。资产支持票据是资产证券化后发行的资产支持证券，代表的是对 SPV 的所有权，而票据资产证券化中的票据指的是资产证券化中形成资产池的基础资产。

截至 2018 年 7 月末，我国市场上共发行票据资产证券化产品 37 只，总额为 347. 85 亿元。其中，存续 17 只，已清算退出 19 只，1 只停售。除建信 ABN2017-1 外，其余 36 只票据资产证券化产品都是以证券或基金资管子公司成立资管计划的形式设立 SPV。尽管票据的期限一般都小于 1 年，但所有票据资产证券化过程都没有涉及循环购买。

相对于票据资产本身的规模而言，票据资产证券化规模还非常小。2017年，商业汇票未到期金额为8.2万亿元，金融机构累计贴现40.3万亿元，期末贴现余额为3.9万亿元。未来票据资产证券化还有巨大的发展空间。

比较有代表性的票据资产证券化产品有融银1号2016-1、橙鑫橙e1号2016-1、民生票据1号2016-1、融元1号2016-1。表5列示了上述四个产品的基本信息。

表5　典型票据资产证券化产品基本信息

产品简称	特色	管理人	产品成立日	原始权益人	总金额（亿元）	资产池票面金额（万元）	持票人个数（个）	票据笔数（笔）	发行利率（%）
融元1号2016-1	首只商业票据收益权资产证券化产品	华泰证券（上海）资产管理有限公司	2016-03-29	14家公司	6.44	6.56	14	14	3.6
橙鑫橙e1号2016-1	首只以储架模式发行的票据资产证券化产品	博时资本管理有限公司	2016-03-30	平安银行股份有限公司	5.33	5.50	3	3	3.6
融银1号2016-1	首只银票收益权资产证券化产品	华泰证券（上海）资产管理有限公司	2016-07-27	12家公司	4.96	5.82			2.8
民生票据1号2016-1	首只获批及发行的银行保贴类票据资产证券化产品	中信证券股份有限公司	2016-08-08	中国民生银行股份有限公司	4.7				2.6

资料来源：www.cn-abs.com，以及根据其他公开数据整理。

由于我国《票据法》规定“票据的签发、取得和转让，应当遵循诚实信用的原则，具有真实的交易关系和债权债务关系”，因此，实际上在票据资产证券化过程中票据不能作为基础资产，其本身是不能直接转让的。从现有案例来看，实际上其作为票据资产证券化的基础资产被包装成票据收益权，加以转让。因此，我们现在看到的票据资产证券化，严格来讲是票据收益权资产证券化。这种收益权资产证券化是否合理、合法、合规和可复制呢？本文后面将进行着重分析。

华泰资管—江苏银行融元1号资产支持专项计划是我国首只商业票据收益权资产证券化产品，其基础资产是14家公司持有的合计6.56亿元的商业票据的收益权。博时资本—平安银行橙鑫橙e1号资产支持专项计划是我国首只以储架模式发行的票据资产证券化产品，其基础资产也是商业票据。所谓储架模式就是一次核准，多次发行，平安银行此次获得的额度是10期共200亿元。尽管是商业票据，但该产品在增信上接入了银行信用，由平安银行通过票据保函为票据承兑人提供无条件的连带保证担保。而华泰资管—江苏银行融银1号资产支持专项计划则直接是基于银票收益权设计的资产支持计划，中信证券—民生银行票据收益权1号资产支持专项计划的基础资产依然是商票收益权，但通过民生银行的票据保贴接入了银行信用。

信用风险防范方面的措施有超额利差、票据质押担保、票据保贴等增信措施，并安排资产置换的风险防范措施，严格控制风险。

三、典型的票据资产证券化分析

（一）融元1号2016-1资产支持专项计划基本情况

限于公开资料获取的完整性，本部分主要以华泰资管—江苏银行融元1号（融元1号2016-1）资产支持专项计划为例，分析我国票据资产证券化产品的基本交易结构和条款，以期找到当中存在的问题和法律风险，进而分析票据资产证券化过程中的重难点和可能的解决思路。不同于之前文献更多关注票据资产证券化法律上的不足（王健，2018），本文重点考察了资管新规对现有票据资产证券化的影响。

表6　融元1号2016-1资产支持专项计划基本情况

计划信息					
产品全称	华泰资管—江苏银行融元1号资产支持专项计划				
产品类型	企业资产证券化	基础资产类型	票据收益权	资产池规模	6.56亿元
成立日期	2016-03-29	预计到期日	2016-09-30	法定到期日	2018-09-30
计划管理人	华泰证券（上海）资产管理有限公司				
资产服务机构	江苏银行股份有限公司				
托管机构	江苏银行股份有限公司（上海分行）				
原始权益人	泰州市诚林物资贸易有限公司、泰州市物资集团物资商城 江苏兴安贸易有限公司、江苏锦宸节能门窗有限公司 江苏星光特钢科技有限公司、江苏新源国际贸易有限公司 泰州市兴园科技发展有限公司、泰州市润马城镇建设有限公司 江苏博迁新材料有限公司、江苏洋河新城文化旅游投资发展有限公司 宿迁市星远贸易有限公司、江苏阳天贸易有限公司 泗阳先行贸易有限公司、泗洪绿锦苗木有限公司				

续表

出票人	泰州市东兴建设工程有限公司、泰州市工商经济服务公司 靖安市皓辰建设有限公司、江苏正兴建设工程有限公司 泰州市高鑫源建设发展有限公司、泰兴市源兴仓储有限公司 泰州市凯源投资发展有限公司、泰州市潘特内物资有限公司 宁波广博纳米新材料有限公司、宿迁市洋河新城城市建设开发有限公司 宿迁三台山实业发展有限公司、沭阳天成混凝土有限公司 泗阳国宇实业有限公司、泗洪永乐苗木有限公司				
会计师事务所	毕马威华振会计师事务所				
律师事务所	北京市金杜律师事务所				
评级机构	中诚信证券评估有限公司				
证券信息					
证券代码	131096. SH	证券简称	融元 1 号	信用级别	AAA
交易场所	上海证券交易所	每份面值（元）	100	总金额	6. 44 亿元
还本方式	到期还本	发行利率	3. 64%	付息频率	半年
发行加权年限	0. 51 年	证券分层等级	优先级		

融元 1 号 2016-1 资产支持专项计划的交易过程可以概括为以下几点。

（1）华泰资管（计划管理人）设立专项计划面向合格投资者发行资产支持证券，与投资者签署认购协议与风险揭示书并募集资金。

（2）泰州市诚林物资贸易有限公司等 14 家企业（原始权益人/持票人）与江苏银行（原始权益人代理人）签订《授权委托协议》，江苏银行作为代理人接受各原始权益人的委托，代理各原始权益人签署《资产买卖协议》，买卖的标的即基础资产（各原始权益人持有的泰州市东兴建设工程有限公司等 14 家企业作为出票人的商票的收益权），向资产支持专项计划转让基础资产。

（3）华泰资管（计划管理人）与江苏银行（原始权益人代理人）签订《资产买卖协议》，将发行资产支持证券募集资金用于购买基础票据收益权作为基础资产池。

（4）风控方面主要有两点：其一，原始权益人/持票人作为出质人、专项计划管理人作为质权人、江苏银行作为担保代理人签署《票据质押协议》，将票据质押给资产支持专项计划。江苏银行对质押、解除、托收、转付等事宜进行服务。可以防止善意第三者接受票据导致的基础资产灭失风险。其二，债务人（出票人）作为出质人、专项计划管理人作为质权人、江苏银行作为账户银行签署《保证金质押协议》，将与票据金额相等的全额保证金存入保证金账户，并将保证金质押给资产支持专项计划。

（5）其他第三方机构提供相应的各类服务。

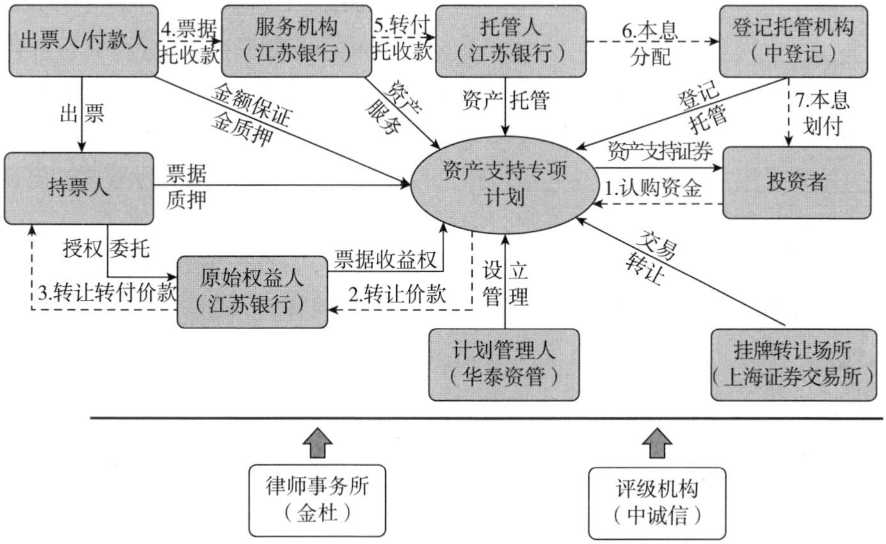

图 2　融元 1 号 2016-1 资产支持专项计划交易流程

（资料来源：《华泰资管—江苏银行融元 1 号资产支持专项计划说明书》）

（二）现有票据资产证券化产品可能存在的问题

1. 破产隔离的有效性存疑

由于我国《票据法》规定“票据的签发、取得和转让，应当遵循诚实信用的原则，具有真实的交易关系和债权债务关系”，因此，没有真实交易关系的双方是无法直接转让票据资产的，即票据资产无法直接入池作为基础资产。当前票据支持证券化都是把票据资产收益权作为基础资产入池。尽管基于此大多数票据资产证券化都设计了诸如票据质押担保、全额保证金等措施，但以票据收益权作为基础资产入池并不能完全实现破产隔离。正如涂晟（2017）所说，这种转让仅仅是从金融或会计的角度出发界定的，而非一个严格的法律概念，是存在瑕疵的。

假设持票人破产，则持票人持有的票据资产（含转让的收益权）可能会被作为破产财产进行清算，进而影响资产支持证券持有人的收益。这是因为，一方面，票据收益权转让本身是否有效并没有法律的确认，在本质上违背了《票据法》的规定；另一方面，持票人破产后，其票据质押很可能会被认定为质押融资，对应的收益会被纳入破产财产进行清算，即便质权人享有优先受偿权和保证金提前划转机制，但其面临的风险仍然非常大。

2. 含有实质刚性兑付条款

除了持票人的票据质押之外，融元 1 号 2016-1 还采用了出票人全额保证金质押作为增信手段，而博时资本—平安银行橙鑫橙 e1 号资产支持专项计划接入了银行信用，由平安银行通过票据保函为票据承兑人提供无条件的连带保证担保，华泰资管—江苏银行融银 1 号资产支持专项计划的基础资产直接就是银票，中信证券—民生银行票据收益权 1 号资产支持专项计划通过民生银行的票据保贴接入了银行信用。

这种增信或风险缓释手段都过于简单粗暴，而且可能构成实质上违反资管新规的刚性兑付要求。如果出票人都全额保证金质押，那和直接偿付有什么区别呢？直接偿付可能还更划算。而如果基础资产本身就是银票收益权，或银行通过商票保贴、商票保证或者商票保函的形式为资产支持证券增信，则构成了存款性金融机构的实质性兑付。而按资管新规的规定，“存款类金融机构发生刚性兑付的，认定为利用具有存款本质特征的资产管理产品进行监管套利，由国务院银行保险监督管理机构和中国人民银行按照存款业务予以规范，足额补缴存款准备金和存款保险保费，并予以行政处罚”。

3. 商业模式不具有可持续性

尽管票据资产不属于资管新规规定的标准化债权资产，但实际上票据资产几乎是银行非标资产中流动性最高的，就目前的国内情况而言，票据资产本身流动性远远高于资产支持证券本身。图 3 展示我国不同类别的固定收益证券的年换手率，这一结果非常符合我们实际的感觉，就是资产支持证券在我国目前阶段基本都是买入并持有到期的策略（“买持”策略），年换手率仅有可怜的 9.4%，而在美国资产支持证券的年换手率超过 500%，仅次于美国国债（900%）[①]。尽管我国票据市场的具体交易规模没有数据，但从实践经验看，票据的换手率肯定远远高于 10%。

① 美国资产证券化发行余额和交易量数据来源于 SIFMA，https：//www.sifma.org/resources/archive/research/statistics/。

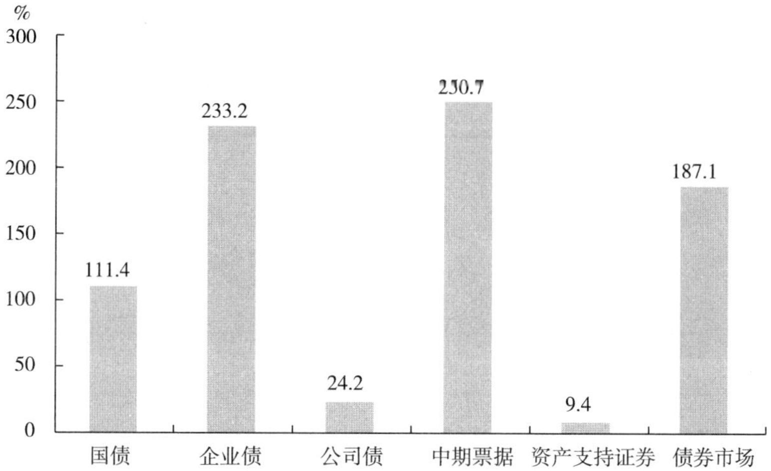

图 3　我国主要固定收益证券的年换手率

（资料来源：原始数据来源于 Wind，经计算得到）

如果资产证券化是为了将流动性差的资产转化为流动性强的证券，那么显然票据资产证券化实现了相反的目的。至少对于银票，或者银行通过商票保贴、商票保证或者商票保函的形式提供兜底的商票是没有必要进行资产证券化的。就目前中国资产证券化现状来看，为了所谓的将票据资产从非标转标而进行的票据资产证券化不仅损失了流动性，还降低了收益性。以融元 1 号为例，入池的资产转让利率不低于 4%，实际加权平均利率为 4.88%，而投资者获得的预期收益仅有 3.64%，收益率降低了 1.24 个百分点。

而且这一收益率的降低又与市场上对资产支持证券所要求的回报是矛盾的，源于现阶段资产支持证券的流动性较低，且作为新生事物，与同级别中期票据或公司债相比，被市场要求更高的回报。

图 4 和图 5 分别列示了银行间市场 AAA 级中期票据和交易所 AAA 级公司债与同级资产证券化产品的收益率比较，同样的信用评级，但相对于中期票据和公司债而言，资产支持证券普遍具有更高的收益率。

因此，从目前的实务角度来看，票据收益权资产证券化尽管经过了证券化的过程，但更像是“伪资产证券化”，从流动性的角度看，甚至是“反资产证券化”。

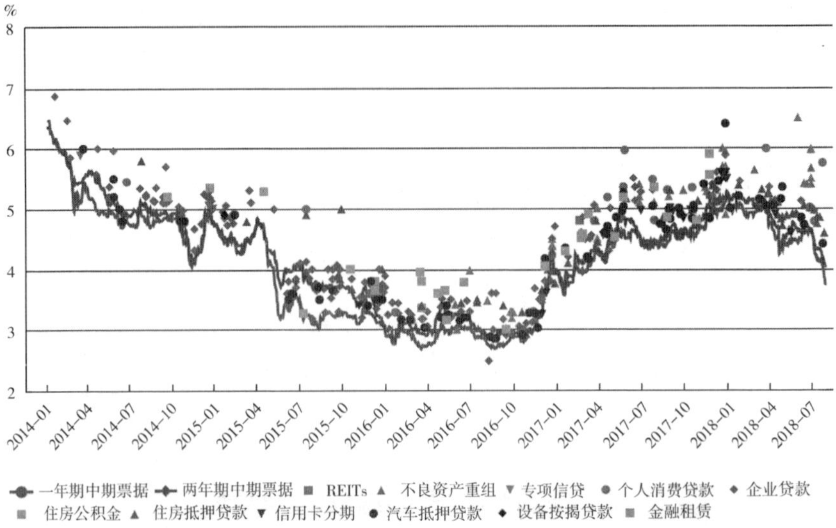

图 4　银行间市场 AAA 级中期票据与同级资产支持证券的收益率比较

（资料来源：www. cn-abs. com）

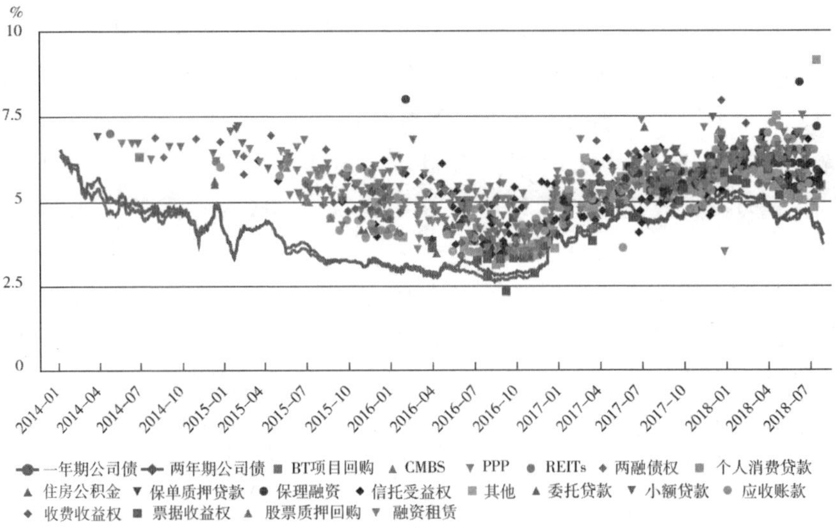

图 5　交易所 AAA 级公司债与同级资产支持证券的收益率比较

（资料来源：www. cn-abs. com）

4. 基础资产的分散程度不足

前文已经提到合适的基础资产通常必须具备稳定的、可预期的现金流，以及同质性、分散化和相对独立性等特点。同质性、分散化和相对独立性就是为了适用大数定律，从而使得估算的平均意义上的风险事件发生概率的准确性处于可接受范围内。

表 7 展示了可获得数据的 6 只票据资产证券化产品的基础资产所对应的票据数量。票据笔数最多的是苏银 1 号 2017-1，也仅有 20 只，最少的橙鑫橙 e1 号 2016-1 和尚通 1 号 2017-1 则仅有 3 只。

再深入看下分散程度，以融元 1 号 2016-1 的 14 笔为例，其票面金额最高的五名出票人集中度达到了 61.59%①，最高票面金额为 9800 万元。

表 7 票据资产证券化产品的基础资产所对应的票据数量

产品全称	产品简称	票据数量（只）
德邦证券浙商银行池融 1 号资产支持专项计划	池融 1 号 2017-1	4
博时资本—浦发银行尚通 1 号资产支持专项计划	尚通 1 号 2017-1	3
博时资本—平安银行橙鑫橙 e1 号资产支持专项计划	橙鑫橙 e1 号 2016-1	3
交银施罗德—苏州银行票据收益权资产支持专项计划	苏银 1 号 2017-1	20
华泰资管—江苏银行融元 3 号资产支持专项计划	融元 3 号 2016-1	15
华泰资管—江苏银行融元 1 号资产支持专项计划	融元 1 号 2016-1	14

图 6 展示了融元 1 号 2016-1（14 只，14 个出票人，14 个持票人）票据资产在不同省份、行业和金额的分布情况，从省份和金额来看，集中度都比较高，作为对比，图 7 展示了同样是以收益权作为基础资产进行资产证券化的融资租赁资产证券化——2016 远东三期资产支持专项计划的资产池分布情况（共 116 只，107 个承租人）。

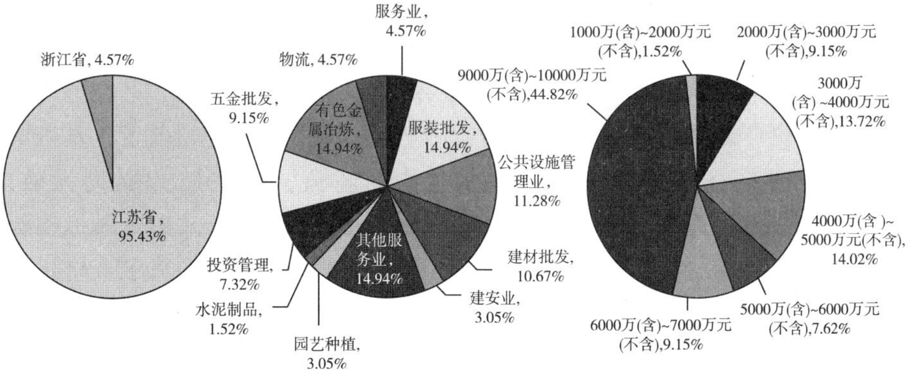

图 6 融元 1 号 2016-1 资产池分布情况（14 只，14 个出票人，14 个持票人）

① 前五名票面金额之和除以总金额。

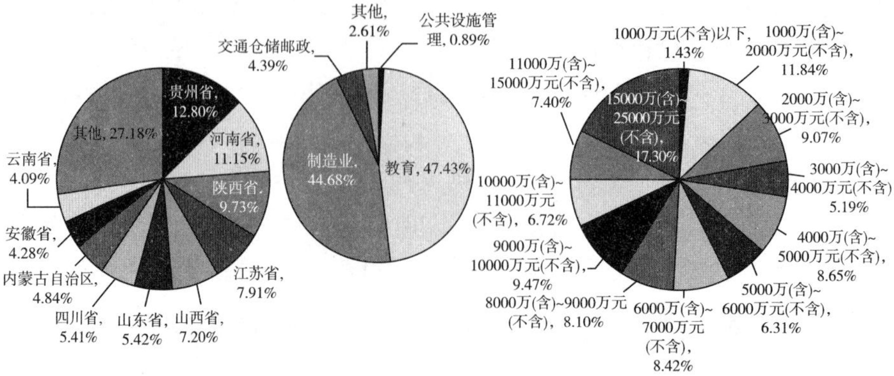

图7 2016远东三期资产支持专项计划的资产池分布情况（126只，107个承租人）

容易发现，融元1号2016-1的资产分布还是太集中了，此外，尽管从行业分布来看融元1号2016-1的基础资产分布比较分散，但仔细研究后可发现，这只是因为把行业分得太细了，很多票据出票人都是属于建安行业。而过度集中的资产池会导致大数定理的不适用，最终会导致对资产池现金流瀑布的估计存在巨大偏误，进而影响对产品的信用评估和风险定价。

四、结论和政策建议

通过前面的分析我们发现，不可否认票据资产证券化为企业资产证券化带来了新的思路，扩展和丰富了资产证券化的基础资产类型。但从我国现阶段资产证券化业务的现实环境和票据资产证券化的结果来看，如果是为了将票据资产从非标转标，那么票据资产证券化是一个失败的尝试，当前的票据资产证券化是一种“伪资产证券化”，从流动性来看，甚至可以认定为“反资产证券化”，主要表现为：（1）票据资产证券化所基于的基础资产——票据收益权，其破产隔离存在法律障碍，导致破产隔离无效；（2）以银票和通过商票保贴、商票保证或者商票保函的形式由金融机构提供增信的商票（的收益权）为基础资产的票据支持证券化构成了金融机构的实质性刚性兑付，违反了资管新规关于禁止刚性兑付的规定；（3）票据资产证券化不仅没能改善资产的流动性还降低了收益率；（4）票据资产证券化的入池资产分散程度还太低。

对此，本文的结论和建议是：（1）融资性票据的放开和资产支持证券市场的流动性是票据进行资产证券化的前提；（2）条件具备后，商票资产证券化应该是未来的一个重要品种，商票资产证券化的重要基础设施在于形成有效的定价中枢；（3）上海票据交易所的建立有利于票据信息的集中，从而形成市场化的定价中枢，提升票据资产及其衍生产品的流动性。本文的研究结论对于指导票据实务发展以及相关监管机构对票据资产证券化业务进行合理监管和规范具有重要的现实意义。

参考文献

［1］华泰资产管理有限公司．华泰资管—江苏银行融元1号资产支持专项计划说明书［EB/OL］．https：//www.docin.com/p-2125200218.html.

［2］林华，许余洁．中国资产证券化操作手册（第二版）［M］．北京：中信出版社，2016.

［3］全国人民代表大会常务委员会．中华人民共和国票据法［EB/OL］．http：//www.gov.cn/banshi/2005-07/11/content_13699.htm.

［4］涂晟．案例5：华泰资管—江苏银行融元1号资产支持专项计划案例述评［J］．金融法苑，2017（2）：173-179.

［5］王红霞，曾一村，付萱．票交所时代票据产品与业务的创新和发展设想［J］．上海金融，2018（10）：79-84.

［6］王健．JS银行融元系列票据资产证券化管理策略研究［D］．桂林：广西师范大学，2018.

［7］肖小和．发展高质量票据市场与服务实体经济研究［J］．金融与经济，2018a（6）：4-10.

［8］肖小和．中国票据市场四十周年回顾与展望［J］．金融与经济，2018b（11）：73-79.

［9］兴业证券资产管理有限公司．2016远东三期资产支持专项计划说明书［EB/OL］．http：//www.ix22cgl.com.

［10］中国人民银行，中国银行保险监督管理委员会，中国证券监督管理委员会，国家外汇管理局．关于规范金融机构资产管理业务的指导意见（银发〔2018〕106号）［EB/OL］．http：//www.pbc.gov.cn/goutongjiaoliu/113456/113469/3529600/index.html.

［11］中国银行业监督管理委员会．关于规范商业银行理财业务投资运作有关问题的通知（银监发〔2013〕8号）［EB/OL］．http：//www.cbrc.gov.cn/govView_2B22741AFBC446CF890636DACAB71166.html.

探析通证化权益票据[①]

邵　伟[②]

摘　要：本文通过加密数字市场调研、数字加密技术推动经济模式创新、通证经济学理分析、数字权益概念的形成、通证化权益票据模式分析、通证化收益票据的签发、通证化权益票据等数字资产的国际监管七部分内容的阐述，从通证化权益票据适应尾部经济发展、建立市场共识机制、个人数据保护与投资观念需调整、地方金融管理面临挑战、监管政策应包容性发展、提高数字资产监控能力、提高认知能力七个方面提出了对策建议。

关键词：通证经济　权益票据

传统中心化模式下，票据的功能主要体现在支付、结算、信用、融资、交易、投资和调控等方面。国际金融危机后，点对点加密数字支付模式兴起，票据功能渐渐融合，推动了票据从信用形态向通证权益形态的转变。票据的形式和性质已发生了根本性变化。票据隐含新型通证式权益关系，源于市场对公司内部凭证和权益分配的认可，加密数字算法融入票据行为之后，不可篡改的分布式结构使货币回归支付的本源，对传统票据知识、观念和操作等业态产生了颠覆性影响。本文通过实体业态变化所引发的股权、债权债务数字化变革等分析，重新认识新型的通证化权益票据的形成过程，这对发展数字经济具有重要意义。

一、加密数字市场调研

近期，Bitcoinist 针对 5000 名中国人，从主观认知、投资门槛、年龄和

---

① 本文写于 2019 年。

② 邵伟，中国银行国际金融研修院（上海）原教务长、高级经济师，上海金融学会会员，上海财经大学上海国际金融中心研究院客座研究员，江西财经大学票据研究院高级研究员。

偏好等维度进行了调查，结果显示，在主观认知的维度，98%的受访者至少听说过一个与加密货币或区块链相关的概念，50%的受访者表示听说过加密货币、数字货币或比特币，42%的受访者听说过区块链，其中20%对该技术有所了解。在加密货币投资的维度，14%的受访者投资过加密货币，其中，1/5的受访者只了解比特币，2/5的受访者知道以太坊和EOS等主流加密货币，剩余2/5的受访者仅知道其他山寨币。近40%的受访者是通过网络名人了解到加密货币的概念和投资方式，25%的受访者是通过朋友和亲戚了解加密货币，20%的受访者是通过媒体报道了解到相关内容。在年龄的维度，投资加密货币的受访者中有60%来自19~28岁的年龄段，大多数投资金额在1万元到10万元之间，尽管大部分受访者是在2017年的牛市投资，但40%的受访者表示将来仍会以备用资金投资加密货币。在投资门槛的维度，近60%的受访者表示在使用钱包和交易所时，复杂的程序曾令其望而却步。[①]

由此表明，千禧一代群体对加密货币关注度更高，其对数字支付的亲和度更加显著，国际金融危机后对银行的信任危机明显增加等诸多因素，为比特币的推广创造了基础。该调查预计8年内，18岁以下的人会生活在比特币世界，其将完美融合到千禧一代的生命中，对2009年及以后出生的人来说，加密货币就是生活环境的现状。该调查揭示了中国加密货币市场巨大的潜在需求。

另外，CoinATMRadar的信息显示，比特币ATM数量在2018年翻了一番，达到4000台，持续3年同比增长100%的趋势。2018年，用户数量超过了100万人，增长61%[②]。为寻求规则明确且监管机构支持创新的环境，比特币ATM制造商Lamassu欲从冰岛向瑞士楚格市的区块链开发中心“加密谷”迁移[③]。由此印证，比特币基础设施建设及对相关知识的学习，与市场低迷呈反向走势。美国麻省理工学院（MIT）认为，2019年，监管机构批准的加密货币基础设施将成为区块链行业发展的主要因素。而区块链行业常态化发展需要意识形态的重大改革，才能使加密货币和区块链成为颠覆中心化观念的第一推动力。

---

① EMILIO JANUS. 新调查表明40%中国人有意投资比特币［EB/OL］.［2019-01-02］. https：//blog. csdn. net/ijxrla64ji53l/article/details/85819213.

② Christina Comben. 2018年全球比特币ATM机数量翻番［EB/OL］.［2019-01-06］. https：//blog. csdn. net/IJXR/A64JI53L/article/details/85960764.

③ Ana Alexandre. 比特币ATM机制造商因监管问题转移到瑞士［EB/OL］.［2019-01-05］. https：//blog. csdn. net/IJXR/A64JI53L/article/details/85887973.

二、数字加密技术推动经济模式创新

信息技术的发展推动了数字技术的深度创新。源于数字加密算法的新技术不断涌现，进一步推动了关键生产要素、生产方式和国际经济格局的变化。数字技术的深度应用，又催生了海量数据资源的开发，与新材料和先进制造业等技术的融合与应用，使数据成为新的关键生产要素。新的生产要素及其新的组合应用，引发了生产方式的颠覆性变革，推动研发设计向开放合作化、国际化和专业化方向发展，推动制造业加速向数字化、智能化、个性化、细分市场发展。数字技术的“连接”“融合”功能引发了产业形态的平台化、网络化和服务深度化发展的趋势。数字技术的深度开发与应用，深刻地改变了国家的比较优势和竞争优势，对全球格局产生了深远的影响，为金融科技的快速发展奠定了基础。

其间，区块链技术得到了社会各界的高度重视。例如，印度塔塔通信公司（Tata Communications）在 2018 年 12 月 12 日发布调查报告时指出，近年来，在区块链、人工智能（AI）和物联网（IoT）等新技术落地时，日益增长的技术成本、安全和对隐私方面的担忧，是阻碍商业决策者采用新技术的关键因素，面对行业动荡以及加密货币法律地位尚待明确，仍有 44%的受调查公司采用了区块链技术①。从区块链技术的发展趋势来看，开发者开始聚焦技术易用性与用户体验，大规模的商业应用将在 2020 年实现。这将推动各国法律政策的迭代演进；监管框架逐渐清晰；主流机构渐渐进入区块链行业并开展技术实践；早期“玩家们”开始从技术极客转变为主流机构等态势，将直接冲击金融业传统结构。为此，主流基金公司开始关注并投资数字资产，形成分布式金融新产业，为通证权益票据的发展奠定了市场基础。

三、通证经济学理分析

区块链技术发展成为通证经济思想的重要标志。在行为经济学基础上，区块链技术结合加密算法与决策树、计算速度、经济学等理论，构建起运

---

① William Suberg. 企业区块链采用率达到 44% [EB/OL]. [2018-12-28] https://blog.csdn.net/IJXR/A64JI53L/article/details/85817335.

用密码学知识来证明历史信息的正确性，并采用激励方法以保证边际效用最大化与沉没成本最小化的分布式共识系统，其思想体系形成于19世纪70年代的奥地利经济学派。

从理论条线来看，博弈论、机制设计、新制度经济学、激励相容等理论，成为研究通证经济，包括生态社区的设计、治理及激励等理论的基础。与此同时，科斯定理、合约理论、产权理论、交易成本理论、智能合约等，又成为区块链技术扩展层和应用层创新与发展的理论依据。

从发展逻辑来看，通证经济理论是按照博弈论和科斯定理两条脉络进行理论研究的。博弈论从机制设计、公链和联盟链的连接节点之间的博弈和联盟问题、开发团队、矿工和持币者之间的博弈，以及机制设计等，由通证体系设计、激励理论等出发，分析通证生态的币值稳定和通证循环、通证体系开发团队和矿工的激励等。而科斯定理则围绕合约理论和产权理论开展分析。其中，合约理论又包括不完备合约与完备合约，前者讨论信用成本接近于零情况下的智能合约，而后者则重点围绕公链设计开展讨论。然而，科斯定理的产权理论，是对通证模式将资产乃至权益广义化、碎片化等开展分析的基础①。

随着股权分化，一种可流通的加密数字权益证明的通证经济模式渐渐形成。传统股票市场将股票权益分化为所有权和经营权，并将股权又分化为一级市场原始股股权和二级市场可流通股股权。在二级市场上，股民通过购买股票而享有股东的所有权和决策权，但没有经营权。随着计算技术的发展，公司所有权再经二级市场数字化技术包装，实现所有权演化为收益权，经普通股民之手便可自由买卖、流通和转让。

上市之前，公司股份难以流通转让，流动性下降限制了股权的发行和流通。而上市之后，普通股民无须经股东大会同意，可便利地进行出售和购买股份的自由操作，技术发展为公司收益权的细化和再分化提供了便利，赋予所有权的流动性明显提高，股权流动性得到了充分的释放。如今，数字化收益权票据与证券新金融产品已成为一种全球化的发展趋势。例如，香港交易所诞生了第一只“同股不同权”股票，正适应了互联网企业及创投领域发行的同股不同权股票的特征。与此同时，这也验证了奥地利经济学派对经济个性化、自由化的研究观点。传统公司“同股同权”的所有权

---

① 袁煜明，闫思．通证经济学的诺奖理论基础［EB/OL］．［2018-05-16］．http：//www. lianmenhu. com/blockchain-2496-1.

中包含投票权，经“同股不同权”设定之后，股权与投票权相分离，实现了股权与所有权和投票权相隔离，通过契约使更多的投票权让渡给创业者和职业经理人。由早期的老板拥有公司股权，对等享有所有权、投票权和经营权的契约模式，经细化后实现公司所有权和经营权分离，经同股不同权的契约改革，又将所有权和投票权分离，从而形成数字化形式的收益权，并将收益权让渡给职业经理人和普通股民。依靠数学和算法的设计，进一步细化并提升收益权流动性的过程，也是通证经济金融模式的孕育过程。经区块链技术的设计，通证融入了激励共识机制，促使权益分配更加合理，在链上获得收益凭证的同时，通证收益权自然享有决策权、参与权和监督权，也更加符合分布式激励和交易规则，为社区金融契约的创新提供了新思路。

从分化的角度来看，权益的分化实际上是产业分工和权利再分配的过程，让承担责任、做出贡献（业绩）、付出劳动（智慧）的人，匹配相应的权利和收益。产业分工推动公司经营越来越精细化专业化，让专业人士承担更加专一的责任和义务，让专业的人做专业的事，并匹配相应的报酬和权利。通过点对点的支付、结算、信用、融资、交易、投资和调控等功能融合，通证经济模式符合票据功能横截面式融合分布式智能合约的要求，通过人工智能实现票据行为的边缘计算与云端金融数据的交互。在多种法律背景下的智能合约技术的应用，同时满足代码即法律的监管标准，通证经济实现了资产与货币相互回购，且不以获利为目的。因此，通证信用货币发行机制使通证价值回归货币价值的初心，适应了数字经济发展的客观规律和要求。

四、数字权益概念的形成

国际金融危机后，数字货币渐渐盛行，新的权益货币概念开始形成。在网络空间，人们通过劳动来获得诚信是工作量证明机制的核心。通过为证明自己的诚信而设计的计算程序，经哈希反复运算所得的有效交易被添加到新区块链中，并获得系统奖励，我们称之为股权证明机制，即权益代币。

在工作量证明机制之前，比特币是通过开放的共识机制来验证网络的诚信问题，背后是基于网络共识协议的设计。目前，随着网络的发展，又引入了股权证明机制，以代替工作量证明，而股权证明则依赖于网络成员的简单验证并将证明添加到链上的一种交易的有效性问题。人们证明自己诚实性的前提，是他们须存入或投资最低为 32 个以太坊 Eth（约为 2800 美元），当被验证的节点任期结束，投资人即可收回资金，若投资人的行为不诚实则系统拒绝退回①。因此，在博弈论、经济学和计算机等科学语境下，网络股权证明算法新契约，旨在构建公平、可持续的契约验证机制，形成的新区块被添加到链中，由网络屏蔽和惩罚不良行为。

最近，美国的一位法案提交者认为，数字代币应被定义为响应拟议交易的验证或收集而创建的数字单元（挖矿行为），或作为以其他方式创建的数字单元的初始分配（行为奖励），这些代币必须受数字单位创建和供应的规则约束，不能由共同控制的单个人或一组人员改变。言外之意，在分布式数字账本中，有交易的历史记录须通过数学的可验证性以实现共识的过程，在达成共识后不能由通用的控制框架中单个人或一组人做出规则的重大改变，但允许在没有中间监护人的情况下在个人之间进行交易或转让。在数字代币的财产属性定义上，法案提交者认为，其不代表公司所有权或债务利益或收益分成等财务利益。由此分析，加密货币定义豁免了美国《证券法》的管辖，明确了商品和资产的节点交换的权属问题，与 2018 年 9 月纽约东区地方法院裁定美国《证券法》同样适用于 ICO 代币销售的判决形成了对照。从法案分析来看，节点化权益货币回归了实物货币交换的概念，脱离了传统证券的属性，其形态和内涵更接近于数字权益资产特征。

五、通证化权益票据模式分析

2017 年，基于区块链技术创新概念的融资方式 ICO，因监管缺失，致使多国政府禁止开展 ICO 融资活动。2018 年 11 月 14 日，法国金融市场监管机构 AMF 发布 ICO 报告认为，自 2014 年以来，全球 ICO 市场规模已经达到 194 亿欧元（约为 218 亿美元）。2016 年以来，ICO 经历了快速增长阶段，其中大部分市场份额主要集中在 2017 年和 2018 年前三季度，在此期间筹集的 134 亿欧元（约为 150 亿美元）中，有大部分 ICO 项目来源于美国，为监管法规许可范围内的权益票据通证化市场发展，提供了先行的竞争优势。

---

① Mike Orcutt. 麻省理工评论：以太坊自认为可以改变世界，但是留给她证明自己的时间不多了！[EB/OL].［2018-12-28］. https：//cloud. tencent. com/developer/article/1379697.

最近，美国“稳定币”的发展引起了市场关注，将代币通过抵押的形式与“稳定币”——美元、黄金等挂钩，货币锚或标的锚的比重越高，“稳定币”价格的稳定性就越高。“稳定币”是一种中心化加密货币。2019 年 1 月 2 日，美国监管备忘录显示，得克萨斯银行部考虑将“稳定币”视为货币，由此，“稳定币”与交易“稳定币”的相关交易所将受到得克萨斯州许多法律和许可要求的限制①。近期，俄罗斯议会金融市场委员会宣称，正在考虑发布由国家支持并与俄罗斯卢布挂钩的加密货币，这一代币将代表一个基于区块链的“稳定币”与俄罗斯卢布 1 : 1 挂钩。该金融市场委员会认为，由法定货币支持的代币将由俄罗斯中央银行发行。然而，瑞士、英国和马耳他等国家已明确放弃国家数字法币的开发。究其原因，中央银行数字法币将影响商业银行的信誉，数字法币替代 M_0，将降低货币乘数效应，货币政策调控的有效性也就降低了，为中央银行参与市场借贷提供了便利，由此挤压了商业银行的市场空间。而“稳定币”市场的出现又为权益票据市场的锚的建设提供了应用场景，投资者可将权益票据交换成“稳定币”，然后再与其他数字货币（其中包括具有权益票据属性的数字代币）自由交易，并充当数字货币和权益票据之间的交换中介。

在 ICO 被禁止不久后，安全代币发行（Security Token Offering，STO）正逐渐成为私人资产证券化及风险资本融资的新方式。从演变路径来看，通证经历了通证的证券化（Securitization of Token）与证券的通证化（Tokenization of Security）两个发展阶段。其产品的演变经历了代表债务或现金收益权的通证，即债权通证（Debt Tokens）；代表对基础资产的部分所有权的通证，即股权通证（Equity Tokens）；结合可转换债券和可转换优先股等股票和债务特征的混合/可转换通证（Hybrid/Convertible Tokens）；以及基于标的资产池当前 ST 价格的衍生产品，包括远期期权、期货、掉期工具，类 ETF 基金、共同基金等基金和衍生品通证（Derivative Tokens）。目前，ST 正朝着涵盖债权/债务（Debt/Liability）性质的方向发展。权益性产品的发展传承了纸质票据的性质、无条件支付委托、票据金额、付款人和收款人名称、出票日期和出票人签章等权利义务的约定，以及承兑、贴现和转让的基本要素和资金融通、相互信任的基本模式，智能合约使纸质票据的要式性得到了简化，让通证化收益票据从根本上重塑了票据市场的竞争和发展

---

① Ana Alexandre. 得克萨斯金融监管机构或将稳定币视为货币　受法律约束 [EB/OL]. [2019-01-07]. https: //blog. csdn. net/IJXR/A64JI53L/article/details/86066500.

方式。智能合约的个性化程序设计，体现了个体的契约特征，涉及的每种算法都依赖于组织内部访问的可靠性数据操作。重新定义票据业务流程和背书方式，使组织之间能够安全可靠地访问智能合约的共享数据，增强对数据的信任和信心，这就需要新一代人工智能与区块链相结合，让复杂的票据责任和义务链相割裂的垂直细分的业务领域，实现跨职能部门横向一体化智能化运作方式，形成超越当前业务边界限制的，释放实体经济内在通证化收益票据潜能的转变。为突出单个通证化收益票据能够全面满足整个产业链的需求，促进数据的全局化整体需求，由人工智能来响应背书、被背书等票据行为，直至延伸到产业链的全局，通过“端、网、云”予以实现。随着智能技术的发展，如5G布局中，上海侧重边缘计算，沈阳侧重工业控制，青岛聚焦智慧港口，杭州聚焦电子商务，深圳侧重智慧金融，广州主打智慧物流，北京和雄安则分别侧重智慧奥运和智慧城市等①，其中边缘智能计算与智能合约同步开发，使通证化权益票据等业务行为经数字编程，发挥背书节点和背书策略（智能节点）优势，提供逻辑节点的混业交叉服务的战略思维就显得格外重要。

六、通证化收益票据的签发

从属性来看，票据是反映企业之间经济往来中债权债务关系的信用形式，是信用的载体和工具，是购买货物、保存财富的媒介工具，是财产所有者与市场关于交换权的契约，是所有者相互之间的约定，也是人们付出劳动的支付对价。从结算的角度来看，法定货币作为本票的特例，是由中央银行作为出票人并签发的承诺在一定日期无条件向来人支付确定金额的票据。自记账票据出现之后，其为票据的数字化转账清算带来了便利，渐渐形成非现金类支付型电子化票据。票据结算记账方式的变化，推动了商品结算的便利化。在代替了纸质票据之际，电子记账方式又为票据数字化记账管理创造了条件。从表现形态看，以数字记账形式持有的权益外币，通过购买结算货币国的主权债券，来平衡贸易顺差国法定货币的流通量，以及与贸易顺差国之间的权益矛盾。在传统信用机制下，通过网络化数字记账形式，实现权益外币的票据支付转账。在国内，中国人民银行购买权

① 夏旭田，冯钰林.5G商用前夜：万亿级投资等待“杀手级”应用？[EB/OL].[2019-01-09].https://www.sohu.com/a/287867728_369777.

益外币并投放配套的主权货币，再以提高存款准备金、正回购、发行央票等方式收回流动性，平衡国内市场流动性过剩，其中无法避免的是货币政策对实体经济产生的时滞性冲击问题。

为此，点对点通证化收益票据的签发、交易与流通，避免了传统货币金融引发的乘数效应问题，抑制了伪造和违约等操作风险和信用风险。例如，众创空间服务模式呼唤金融社区创新，因为众创空间的金融服务需求与通证化收益票据的金融社区发展宗旨相吻合，众创空间的发展需要金融社区服务模式的深度介入，而金融社区的发展也依赖于技术信用的支撑，而技术信用的发展又依附于底层区块链技术。换言之，通证化收益票据模式绕开了中心化授信节点的均等发展理念，在分布式记账模式下搭建众创空间，实现了通证化收益票据等数字化资产的公平分配和充分流动。为此，建设以众创空间为实体，并以通证化收益票据为模式的金融社区，可确立收益与信誉度成正比的金融管理模式，让入列的众创空间金融社区节点平等享受和参与系统的生态服务。

要建设具备分布式和激励机制的，具有通证化收益票据特征的生态节点，可通过技术信用的赋能予以体现。如节点既具备传统金融的服务功能，又能满足计算与存储功能，也能实现成本递减与效率提升等经济效果。当传统金融的业务功能被赋予节点之后，物联网生态系统需要分布式技术的规划和重要合作伙伴及研发团队的激励。然而，众创空间的票据行为等数据的计算与存储功能是在开放环境下实现的，众创企业各类金融服务协议通过分布式网络平台进行转让和运作，而成本递减与效率提升是通过大数据运作模型，在数以万计的社区节点数据库中寻找出诚信的节点，方可成为有效和经济的节点，即可分享荣誉节点的基础奖励，通证化收益票据的签发由此形成。而票据荣誉节点的准入，首先应当满足经济节点的基本条件，在计算与存储的数量上应具有稳定的票据交易标准，如票据额度和时长、配置基础的软硬件与网络条件等，由此才能申请成为票据荣誉节点。

在机制设计方面，节点共识是普通票据节点通过动态的声誉检验考核之后，即可成为社区的票据荣誉节点。通过选举算法，系统再从票据荣誉节点中选举部分节点作为票据动态委员会，负责维护区块链的正常运作。社区委员会是为了解决委员会内部对票据区块的添加、验证、广播和上链等网络共识问题而设置的。票据社区系统应当能对票据节点信誉度评估指标、票据节点选举、票据委员会内部拜占庭容错（Byzantine Fault Tolerance，BFT）等开展票据共识的三维度考核。首先，票据节点信誉度评估指标是指从区块链中提取票据行为数据，构建票据节点信誉度评估模型，计算和评估票据系统节点的信誉度值。而二级评估指标又分为票据账户余额、票据交易、票据代理人信誉奖励、票据数据贡献、票据区块链维护等。票据账户余额与票据节点信誉度评估呈正相关关系。票据交易是指在系统中的通证化收益票据节点，利用通证换取的票据交易的频数。票据代理人信誉奖励是指在网络中作为票据代理（proxy）并协助其他节点完成票据交易行为而获得的信誉度奖励，即通证化收益票据的数量。而通证化收益票据的数据贡献是指在上传网络数据的行为中，票据节点得到了系统的信誉度奖励，而票据奖励又分为基础票据信誉度奖励和附加票据信誉度奖励等。区块链维护是指在每轮票据区块添加成功之后，委员会每位成员即委员会的票据节点可得到相应的票据信誉度奖励。由此，众创空间通证化收益票据社区形成了票据节点信誉度评估指标体系。

从评估方法来看，票据节点信誉度评估指标可分为票据节点对系统生态的票据价值投资、票据流量贡献以及票据链的维护管理三个层面。这样的设计布局拉近了通证与区块链技术的距离，避免了传统的仅限于通证持有量与运算能力的瓶颈制约、票据中心化处理的操作成本和风险，以及因权益过度集中而产生的受贿风险等问题。票据节点对系统生态的票据价值投资贡献，主要是通过综合收益票据评价指标进行考核，以增强通证化收益票据系统生态的多元化和公平竞争，以此构建可持续的去中心化的收益票据网络环境。

从委员会选举来看，通证化收益票据社区每次可选出 30 个左右的票据荣誉节点组成委员会。而委员会需要维护既有的票据区块，同时对添加、广播及验证的新票据区块进行相应的通证奖励，形成第二次通证化收益票据的签发。通证化收益票据委员会选举依据的是票据荣誉节点的信誉度值，以及票据系统自动生成用于选举的随机数种子，且选举算法公开透明，为任何票据节点就地自动执行选举算法提供了便利，使选举结果可验证，保证了整个选举过程的程序正义和可靠①。

七、通证化权益票据等数字资产的国际监管

数字加密货币金融风险主要来源于国际监管的不协调性。政府、机构和个人投资者、市场参与者等，依然没有达成监管、运作和税收等方面的

① 邵伟．众创空间呼唤数字金融服务新模式［N］．上海金融报，2018-10-11.

政策性共识，给数字资产带来了不平衡发展的风险，为套利投机提供了便利，投资者容易遭受损失。数字代币市场发展的不均衡性，抑制了通证经济的环境和市场培育，影响了分布式权益票据的发展，亟待国际组织协调。而区块链项目在地理上越来越去中心化，匿名性越强，会提升其反制度性审查能力，国内监管机构必须通过促进全球协调予以应对。2018 年，在国际证监会组织（International Organization of Securities Commissions，IOSCO）、支付与市场基础设施委员会（Committee on Payments and Market Infrastructures，CPMI）、国际经济合作论坛 20 国集团（Group 20，G20）和金融稳定委员会（Financial Stability Board，FSB）、经济合作与发展组织（Organization for Economic Co-operation and Development，OECD），以及由欧盟委员会发起的欧洲区块链合作伙伴关系（European Blockchain Partnership，EBP）等国际组织的努力下，法律层面的沟通机制逐渐建立。然而，由于各国监管机构和政府的观点、方法和态度等不尽相同，达成共识仍需要数年时间。面对货币投资者、区块链公司和比特币 ATM 制造商 Lamassu 等，纷纷向马耳他区块链岛和瑞士楚格加密谷迁移的现状，加密货币监管框架应体现更为既定的且有限性的制度，以适应各国法律框架和既定的判例法，国际组织应当面对不同国家的监管做出适当反应①。

欧盟：欧洲将正式采取措施以推进区块链技术。对于代表权益货币的底层分布式账本技术（DLT）的前景和挑战问题，欧盟在进行了数月的监测和观察之后，最终决定进入区块链行业。2018 年，欧盟对该领域发起了多个倡议和决议，并成立相关组织，旨在支持该技术的欧洲跨境参与者及多个利益相关者，并将区块链周围的经济体联合起来，重新思考其信息系统，促进用户信任和个人数据保护，帮助创造新的商业机会和领导领域，使其公民、公共服务和公司受益。而在 DLT 技术应用的多个重点部门，包括财务、医疗保健、运输、教育、版权、公共治理等领域，都推出了相应计划，最终将促进国家层面的技术法规发展。

2018 年 2 月，欧盟委员会（EC）启动了欧盟区块链观察站和论坛，旨在支持该技术的欧洲跨境参与者及多个利益相关者，并将区块链周围的经济体联合起来。自正式启动以来，这个由欧洲议会支持的新兴组织发布了三份主题报告：7 月的《欧洲区块链创新》、10 月的《区块链和 GDPR》、

---

① Jenny Leung. 2019 年定义区块链领域的 7 个法律问题［EB/OL］.［2019-01-05］. https://blog.csdn.net/IJXR/A64JI53L/article/details/85888048.

12月的《政府和公共服务区块链》。此外在2018年4月，22个国家（21个欧盟成员国和挪威等）共同签署了一项欧洲区块链合作伙伴关系（European Blockchain Partnership，EBP）创建宣言。2018年期间，又有5个欧洲国家加入了EBP。该合作伙伴关系的主要重点是网络安全、隐私、能源效率和互操作性，所有这些都完全符合欧盟法律。

由此可以看出，欧洲及其成员国将通过区块链技术重新思考其信息系统，促进用户信任和个人数据保护，帮助创造新的商业机会和领导领域，使其公民、公共服务和公司受益。而ResearchAndMarkets. com发布的《EU5区块链技术市场（2018—2023年）》报告认为，欧盟预计将增加对区块链和DLT相关项目的投资，从2018年的9400万美元到2020年的3. 86亿美元，并放开行业监管，创建宣传区块链专业知识工作组等。2018年10月，欧洲议会通过的《分布式账本技术和区块链：建立信任与去中介化》决议认为，DLT会影响所有经济部门，但应重点关注财务、医疗保健、运输、教育、版权、公共治理、数据保护等领域，并制订相关计划，以确保其拟议的政策得以实现，同时考虑到DLT实施的好处及风险，阐明该技术的以下几个主要特征。

在医疗保健行业，DLT实施的潜力巨大，“我的健康我的数据”（My Health My Data，MHMD）是欧盟资助项目，旨在利用区块链技术使医疗数据得以安全有效地存储和传输，提高数据效率并报告卫生部门的临床试验，允许公立和私立机构，在公民/患者的控制下进行数据交换。

在保护个人数据方面，根据《通用数据保护案例》（General Data Protection Regulation，GDPR）的规定，由欧盟资助的DECODE区块链项目认为，为了使得人们能够更好地控制在线存储、管理和使用个人数据，区块链应保护敏感的健康数据等隐私，并允许公民控制其健康数据，提高透明度，允许公民具有选择性分享数据的权利，保险公司可使用这些数据来建立更为广泛的医疗生态系统，并强调DLT技术具有电子健康数据的互操作性、身份验证和更好的药物分配等优势，以此改善医疗保健部门的系统管理。

在金融服务行业，DLT的实施对欧洲金融部门的优势在于区块链技术在金融中介中的重要性，通过更好地管理数据和简化流程，来提高透明度、降低交易成本及隐藏成本。为此，欧洲共同体和地方监管机构将跟踪监测金融业DLT实施的趋势，并鼓励主要金融机构在探索DLT的能力方面进行研究和试验。

在国际贸易方面，2018 年 12 月 13 日，欧洲议会通过的《区块链：前瞻性贸易政策》决议认为，针对仅有 67%的出口商和 90%的进口商利用欧盟及其伙伴国家的优惠关税政策的现状，倡议使用区块链技术来改善欧盟的贸易政策，其中包括自由贸易和互认协议，交易商可将合规文件等进行上传，以便从关税优惠中受益，帮助当局自动获取信息，改进验证和交易流程，中小型企业可通过智能合约在各方之间实现更好的沟通，并实现安全支付与简化流程等，以此提高欧洲供应链透明度，简化整体贸易流程，降低成本和减少腐败现象，监测逃税情况并提高数据安全性。为此，欧洲需要制定《全球互操作性标准》，以促进区块链之间的交易，从而实现更顺畅的供应链流程。欧洲议会要求欧盟委员会跟踪正在进行的全球供应链试点项目和适用于国际贸易的区块链规则草案，在贸易总局内设立区块链咨询委员会。

与此同时，欧洲议会也对加密货币的波动性和不确定性表示担忧，并要求欧洲共同体和欧洲中央银行（ECB）就加密货币的波动性的来源提供反馈信息，以更好地识别公众风险，并探讨将加密货币纳入欧洲支付系统的可能性。《区块链：前瞻性贸易政策》决议认为，首次代币发行（ICO）存在一定风险，适用于 ICO 的法律框架缺乏明确性，而这会对 ICO 的投资和融资潜力产生负面影响，要求欧盟委员会和国家监管机构加强投资者保护标准的管理，明确 ICO 发起人的披露要求和义务，并认为加密货币领域众筹提高了确定性和清晰度，可增加对投资者和消费者的保护，并减少信息不对称、欺诈行为、洗钱和逃税等非法活动所带来的风险。

从欧洲区块链领域的发展趋势来看，分布式账本技术和区块链解决方案更具政治意义，欧盟更侧重制度建设。不久前，欧洲成立了区块链协会，会员包括四家主要的区块链公司：Ripple、NEM 基金会、Emurgo（基于 Cardano 区块链）和“智能账本”开发公司 Fetch. AI，旨在通过提供有关技术教育课程以及区块链开发行业的智能监管，协助欧盟制定区块链全球议程。然而，欧盟并未参与区块链和加密货币生态系统全球监管框架的制定，而是把重点放在了促进国家层面的技术法规建设。2018 年 12 月 4 日，马耳他区块链岛发起由法国、意大利、塞浦路斯、葡萄牙、西班牙和希腊等国参与的七国联合声明，呼吁欧盟提供相关帮助，以促进与加密货币关联的 DLT 技术发展，使政府越来越多地使用 DLT 技术为公民提供服务。瑞士也对区块链和加密货币行业采取了友好的监管政策。

综合来看，欧洲有志成为 DLT 领域的全球领导者。在法律制定和建设，以及提高对 DLT 的认识和意识培养方面，欧洲将走在世界的前列。

英国：2018 年 5 月 21 日，英国政府成立“加密资产工作组”，成员来自英格兰银行、FCA 和英国财政部等，旨在落实发展区块链与加密货币相关思想与方针，包括评估加密货币的影响以及区块链技术在金融领域的“潜在利益和挑战”，制定规则以回应人们的关切，这也成为英国政府制定的金融科技战略的一部分，促使英国成为发展金融科技业务的最佳地点。为了使其对金融体系和英国经济发挥巨大的利益潜能，该工作组与英国财政部和金融行为监管局（FCA）密切合作，探讨如何抓住这些技术所带来的机遇，同时解决加密资产的风险，审查政府和监管机构现有的研究，并征求贸易机构、学术界和消费者及投资者团体的意见。英国政府认为，加密资产应被视为财产，而非金钱形式的货币或资产。近期，英国税务及海关总署（HMRC）对加密货币持有人发布的详细指南认为，加密货币应分类为交易代币、功能代币或证券代币，代币如何纳税应取决于代币的用例，而非定义，向拥有加密资产的个人征税的依据是交易代币（如比特币），如投机性出售代币时需要缴纳资本利得税；根据所得税优先于资本收益税原则，从公司获得代币作为支付形式的，如采矿、交易费或空投等，加密货币持有人需要支付所得税和国家保险费；个人经营的企业进行加密资产金融交易，以及获得交易利润等的应当纳税。根据起始原则，功能代币或证券代币采用不同的纳税政策。该指南认为加密货币产品的购买和销售不属于赌博，并向居民例举了什么情况下代币会被归类为证券代币。为简化计算，个人可将不同资产汇集在一起，简单查看资产池的总价值，并将其与纳税后的期终值进行比较，无须单独计算每笔资产的收益或损失。针对区块链分叉影响税收的可能性，该指南特别提及导致链条分裂和形成新代币的硬分叉的纳税方法，当分叉发生、链条分裂，以及后续代币的价值将重新确定时，只有在交易所识别出新的加密资产时才能处理新的加密资产，若交易所无法识别新的加密资产，则不会改变区块链的位置，并会显示个人作为拥有新加密资产的单位，若出现更复杂的情况，该指南将重新评估。若代币被盗或被投资者欺骗，或失去私钥，则由其他条款对失去价值的资产负责。当私钥丢失时，个人需要声明其加密资产的价值不高，若获批则允许个人索赔。

2018 年 7 月，英国金融行为监管局（FCA）公布了第四批 29 家成功申请监管机构沙盘的企业，其中 40%使用分布式账本技术（DLT）。监管沙盘是一项旨在帮助组织在实时市场环境中测试各种产品和服务的计划，具有适当的消费者保护，但没有限制性监管。2014 年，FCA 推出沙盘计划，旨在促进竞争“Innovate”计划的一部分。至今，Innovate 已收到 1200 多份申请，并为 500 多家公司提供支持。FCA 共收到 69 份参与第四轮沙盘的公司申请，其中的 29 份已开始测试。超过 40%的公司正应用 DLT 技术，其中有 6 家公司正使用 DLT 自动发行债务或股权，2 家正应用 DLT 支持保险条款，还有的公司则在应用程序编程接口（API）和人工智能（AI）等领域采用 DLT 技术，只有少数批准进行测试的公司与加密资产有关，分析解决方案是否适合客户，以及是否具备有效的管理以应对相关风险。2018 年 3 月以来，随着英国的沙盘获得成功，FCA 推出了全球金融科技监管沙盘，并在全球范围内建立一个沙盘，以便公司实现规模扩大战略，包括很多区块链公司和创业公司都参与了英国沙盘的第一轮申请。

美国：2018 年 7 月，美国政府问责局（GAO）发布的金融科技报告认为，区块链和加密货币是局限与风险并存的新技术。目前，由于新技术方面的监管不够明确，一些分布式账本技术（DLT）创业公司在开展活动时束手束脚，在一定程度上阻碍了创新与发展。美国国会发布的《2018 年联合经济报告》认为，美国政府应对区块链技术予以关注，并强调了分布式账本技术的潜力，希望有关部门能够展开合作，学习相关知识，更快更好地部署该技术。同时，美国国务院、金融稳定监督委员会（Financial Stability Oversight Council，FSOC）和联邦贸易委员会（Federal Trade Commission，FTC）相继成立了加密货币工作组。2018 年 3 月，继亚利桑那州、伊利诺伊州、佐治亚州、怀俄明州和田纳西州之后，加利福尼亚州也积极开展了区块链相关立法工作，旨在允许公司使用区块链记录并存储数据。这似乎意味着越来越多的美国地方政府开始考虑通过进行明确规定和指导来认可并推动区块链在当地的使用。佛罗里达州首席财务官认为，州政府应设立“加密货币主管”职位，以加强对佛罗里达州新兴数字货币部门的监管，ICO 和加密货币公司在加密货币主管的监督下向金融监管办公室（OFR）进行注册，新职位将协调 OFR 和保险监管办公室（OIR）在制定政策、立法和监管方面的工作。各州政府签署的法案，均承认使用区块链技术和智能合约进行电子交易的法定权力，实现与市场之间形成必要的投资链接，保护通过区块链技术获得某些信息的所有权，承认智能合约具有法定权力，不得仅因合同中含有智能合约条款而拒绝与一笔交易相关合同的法律效力、有效性或可执行性，从法律上认可了区块链数据与智能合约的作用及有效性，但禁止公共退休基金投资加密货币。美联储前主席格林斯潘认为，华尔街正准备向比特币市场注入新的活力，提高市场流动性，而这正是比特币市场目前所需要的。美国银行希望使用区块链创造安全的单一数据共享系统，使用户不用在多个平台存储数据，同时可以按照需要向服务供应商提供特定的访问权限，从而提高存储效率并保障数据安全。同时，美国总统又签署了一份超万亿美元的《联邦支出法案》，其中包括《明确境外合法应用数据法案》（CLOUD 法案）。CLOUD 法案消除了执法部门与科技领域之间的分歧，为执法部门提供了获取全球数据所需的法律保障，并创建了鼓励政府通过国际合作解决法律冲突的常识性框架，授予政府更多的权力来监控线上的隐私。对此，CLOUD 法案将给加密技术的发展带来分布式监视技术的竞争空间。

然而，美国联邦当局对数字资产的界定仍处于观望状态。联邦监管机构在监督数字资产发行等方面，对其性质有不同的解释：商品期货交易委员会（CFTC）将加密货币视为商品，美国证券交易委员会（SEC）则认为其是证券，美国财政部下属的金融犯罪执法网络（FinCEN）则认为加密货币适用货币规则，美国国家税务局将数字货币视为一种资产。由于第三方加密资产托管和市场操纵致使 SEC 审批不通过比特币 ETF 产品的主因，现有的加密货币交易所在防止价格操纵方面未有防范措施，因此加密货币交易所应被监管的观点较为一致。近期，美国一位法案提交者的数字代币定义划清了证券与商品、资产，以及权属货币的界限，社区和点对点的商品交易属性更加明确。目前，加密货币市场存在机构资金，若对这些资金进行监管并加强市场监督，那么散户投资者的利益会有怎样的变化？未来，加密货币市场将向企业化代币发展，若过于企业化又会产生怎样的后果？这些都需要加密货币社区来解决，为加密货币交易制定反洗钱保护措施，应对企业化代币（CorpoCoin）的崛起。

2018 年 9 月，美国纽约东区地方法院裁定美国《证券法》同样适用于 ICO 代币销售。由此，美国证券交易委员会开始对 ICO 市场开展更严格的监管措施，如通过 ICO 筹资的初创公司应尽快到 SEC 进行登记，对在 2017 年和 2018 年初筹集资金的创业公司来说，主动进行登记的企业与被 SEC 找到的那些企业会得到不同的监管政策处置。SEC 设置了以金融科技为重点的部门，促进与 ICO 创业公司的沟通，但不会因其商业模式的变化等对其采取行动从而发放“豁免函”。因为监管机构已注意 ICO，但还需另一个前沿来确定区块链初创公司新融资机制的有效性，法院可能以不同方式看待 ICO，也就是当公司开始通过代币销售进行筹资时，法院该关注哪些环节。其实，

SEC 试图帮助美国创业公司找到一种合规运行的方法。

2018 年 12 月 6 日，美国议员 Darren Soto 和 Ted Budd 介绍了《2018 年虚拟货币消费者保护法案》和《2018 年美国虚拟货币市场和监管竞争法案》两项法案，前者概述了加密货币市场可能出现的价格操纵和先行补救措施，而后者要求对他国的加密货币监管措施进行比较研究，以期改善目前美国国内可能抑制创新的烦琐法规。两项法案均旨在防止加密货币价格被操纵，同时优化监管框架，向美国商品期货委员会 CFTC 提出建议时，议员们要求做出一系列监管变化。

日本：2018 年 12 月，日本金融服务厅（FSA）发布的报告认为，技术创新在不断变化，因此需要提升与其他授权监管机构的合作，敦促各贡献者尽快组建合格的自我监管联盟。同年 10 月，日本数字外汇货币贸易联盟获得 FSA 的认可，旨在在法律框架内实施自律法，并制定日本国内加密货币交易指南，确保洗钱和内幕交易得到遏制，对隐私币上市、保证金交易和衍生品交易施加限制。在 ICO 监管方面，该报告概述了加密货币和首次代币发行（ICO）框架，并解释了哪些代币会受到监管取决于它们的结构，ICO 将属于“金融工具和交易法”的范畴。针对加密货币的经销商，经应用审查后，经销公司应具备运营加密货币交易所的资格，在监管上要求其在进行适当注册之前，不应扩展代币组合，也不应获得新客户或推广服务，现有用户必须进行专门注册。

八、对策分析

通证化权益票据适应尾部经济发展。从需求侧来看，统计数据显示，目前我国中小企业中有 6500 万户个体工商户，总体有效融资需求为 4 万亿美元，而缺口约为 1.9 万亿美元①，其中包括 2017 年进行海外投资的约 248 家民营企业，占中国企业海外投资总数的 73.8%②。

从形态和性质变化来看，中小企业有“五化”特征，即资本股权社会化、经营管理社会化、经营目的社会化、利润归属社会化、财产传承社会化，而大型民营企业正在向社会企业转变。与此同时，部分大型国有控股

---

① 欧阳晓红．金融数据的“脸色”给谁看［EB/OL］．［2018-11-18］．https：//www. sohu-com/a/276234967-118622.

② 王璐．近 30 年世界 500 强上榜数猛增百余倍　中国企业全球化面临升级扩容［EB/OL］．［2018-12-10］．https：//baijiahao. baidu. com/S? id=1619416194739765071&wfr=spider&for=pc.

公司也在向社会企业转变，形成了国有经济新模式，存在资本股权社会化特征，如员工持股、公共持股、社会机构持股等，同时也存在经营管理社会化（如高级管理人员职业化、市场化）与利润归属社会化等特征。民企和国企两种形态的融合变化趋势所形成的公司业态，或成为未来经济发展中最具有影响力的市场主体，以及重要行业领域的龙头和领军企业。

从供给侧来看，腾讯理财通、腾讯金融科技智库联合发布的《国人零钱报告》显示，国人零钱规模高达 1.7 万亿元，其中约 1.5 万亿元零钱没有发挥理财功能，年均收益损失高达 573.2 亿元，闲置零钱规模占比约为 87.4%。而目前的网贷机构融资模式，是以小微企业为信用主体的融资模式和以小微企业主个人为信用主体的融资模式，显然不能匹配和适应股权投资模式的发展需要。

货币政策方面，2018 年以来的 4 次降准均指向民营企业、小微企业融资难问题，第 5 次降准也是在将普惠金融定向降准小型和微型企业贷款考核标准提高之后再调降的。在货币政策的带动、刺激下，各地各行业纷纷出台政策，为民营企业、小微企业进行“精准滴灌”，民营企业融资环境有了一定改善，在融资难问题得到初步解决后，融资贵现象也有了松动迹象。除降准之外，2018 年，中国人民银行增加再贷款、再贴现额度 3000 亿元，引导金融机构加大对民营企业和小微企业的资金支持力度。2018 年 12 月 19 日，中国人民银行创设定向中期借贷便利（Targeted Medium-term Lending Facility，TMLF）工具，针对金融机构对小微企业、民营企业贷款增长的情况，向其提供长期稳定资金，期限一年，可叙做两次，利率为 3.15%，低于中期借贷便利（MLF）利率 15 个基点。2019 年 1 月 2 日，中国人民银行将普惠金融定向降准小型和微型企业贷款考核标准由“单户授信小于 500 万元”调整为“单户授信小于 1000 万元”。2019 年 1 月 4 日，中国人民银行决定下调金融机构存款准备金率 1 个百分点，综合各种因素后共计释放长期资金 8000 亿元。

财政政策方面，2018 年初至 12 月 16 日，国务院共召开 36 次常务会议，其中有 27 次会议提及减税降费内容，新三板和创投基金的减税降费获得明确的政策支持。同年 9 月 6 日，国务院常务会议明确对个人在二级市场买卖新三板股票比照上市公司股票处理，对差价收入免征个人所得税。11 月 30 日，财政部、国家税务总局、证监会发布《关于个人转让全国中小企业股份转让系统挂牌公司股票有关个人所得税政策的通知》，明确对个人投资者转让新三板非原始股所得暂免征收个人所得税。

顶层政策方面，2018年12月5日，国务院常务会议明确，允许转制院所和事业单位管理人员、科研人员以“技术股+现金股”形式持有股权，从制度层面保证科技创新过程中享有技术和现金等股份的权利。

国家政策为股权模式开绿灯，题中之义就是要消除所有制歧视，通过法治化市场环境的创建，形成公平竞争的市场环境，让创新激情得到充分释放。而数字货币为股权发展提供了良好的机制工具和环境，对监管形成新的挑战。社区化权益票据的发展为民营企业投融资提供了友好的环境，适应了尾部经济的需要，应当引起社会各界的高度重视。

建立市场共识是通证化权益票据发展的关键。公司自治、行业自律、行政监管、司法演进、互相递进等新型发展理念，是共识机制形成的路径依赖，也是共识平台搭建的初衷，需要市场主体、行业组织、行政监管和司法共同参与、共同维护和推进，形成自治、自律、行政、司法等完整的市场治理体系，政府应当统筹思考并予以落实。

个人数据保护与投资观念需要及时调整。投资者的权利应当得到市场机制的保护，而要对其进行保护应当从个人数据权属关系出发，形成政府、机构和市场三者统一的个人数据保护机制。欧美市场的个人数据保护制度已经建立，而我国尚处于概念形成阶段。对此，政府部门需要加大教育和引导力度，使投资者认识到个人的行为数据将决定自身未来的信誉画像，将作为本人信用的凭据。

与此同时，机构在采集与运用个人数据时，应当告知其运用的目的与时间，在运用结束时应当有终止使用的告知义务。另外，以传统投资回报概念来衡量区块链技术的投资价值存在观念偏差，需要政府部门加以正确引导与纠正。就区块链技术的本质来说，其解决了生产力和生产关系、上层建筑和经济基础之间新的两重关系问题，体现了技术带动生产关系的变革。

地方金融管理面临通证化权益票据监管的挑战。2002年，上海成立金融办。2009年3月30日，北京金融办升格为金融局，广东金融服务办公室改为直属省政府的金融工作办公室。设置垂直管理的金融办，旨在防范地方金融风险。地方政府要发展经济，就需要金融支持。金融业本身的触角也在不断向各地方延伸，地方金融风险管理的艰巨任务自然落在了金融办的肩上，各地因地制宜，成立了自己的金融办，名称和具体定位不一而足，完全根据各地区域特点，有的名为金融服务办公室，有些名为金融研究办公室，有些是地方金融安全办公室，挂靠在政府办公室。其间，上海金融办由成立之初以为当地企业提供各类融资服务，以及帮助当地企业进入资本市场等金融发展服务为宗旨，目前演变为具有金融监管和金融国资委双重职能的新业态，“服务协调”转向“服务协调+管理”的职能特征开始显现。针对地方金融监管的改革，明确了“7+4”的监管范围，即小额贷款公司、融资担保公司、区域性股权市场、典当行、融资租赁公司、商业保理公司、地方资产管理公司七类机构，由中央监管部门制定规则，授权地方金融监管部门实施监管，而对投资公司、开展信用互助的农民专业合作社、社会众筹机构、地方各类交易场所四类机构，强化了地方金融监管的职能，提高了被监管行业的准入门槛标准，严格了限定的经营范围。因为数字金融新业态的发展速度远超监管和立法的步伐，加密货币正成为一种筹集资金并在全球范围内进行价值转移的新方式，由此催生了数字金融监管的空白和风险事件频发。

在监管盲区下，数字金融的边缘化发展也为非法集资等诸多洗钱行为提供了便利条件，亟须地方金融监管及时跟进。而加强地方金融监管，就是充分发挥属地职能，有效应对金融创新所带来的特殊区域差异等监管盲区。与此同时，此次改革加强了地方金融对接属地化数字金融建设的监管，赋予了地方金融监管对属地金融发展进行管理的权力，如对社会众筹等的监管职能，使我们正确认识变迁中的金融业态，树立“富有创新”的包容性发展理念，探索经济结构变化的内因，以及合乎数字经济发展逻辑的节点式金融监管模式，为数字金融发展预留了想象空间，值得我们认真分析。

围绕金融创新能力不足、创新生态不完善、发展效率不高、区域金融发展不平衡等突出问题，需要我们倡导“富有创新”的精神，加快国家自主创新体系建设，加大对重点技术突破的支持力度，加快先导科技布局和掌握核心关键技术等，构建产学研用协同创新的新型金融服务平台，形成支持创新与推广核心技术的新金融服务体系。

然而，我国将 STO 明确定性为非法金融活动，这无疑给国内火热的 STO 概念市场来了次“大降温”。2018 年 12 月 1 日，北京市地方金融监督管理局明确将 STO 视同非法金融活动予以驱离。12 月 8 日，中国人民银行副行长、国家外汇管理局局长潘功胜指出，近期，随着全球对 ICO 活动的管控加强，一些机构又在忽悠 STO。在中国，其本质上仍是一种非法金融活动。从短期来看，强制性监管对通证市场的管理有一定效果。但从长远来看，培育尾部经济是我国的战略需要，需要社区化权益货币的支持，从长计议是发展的基本国策。

应制定包容而非对立的通证化收益票据监管政策。从国际监管标准来看，应以原则与审核相结合来规制市场参与者的资格。而机构交易与代币认购的监管应有本质的区别，其中，最为重要的是监管设置应当有具体的红线标准，即培育企业成长的股权认购应当归类于商品，而涉及增值交易内容的应当归类于证券。然而，智能合约条款的监管标准则体现了宜粗不宜细的原则，只要交易所有足够的反洗钱（AML）保障措施，并采用强有力的“了解你的客户”（KYC）检查，商业银行应当提供金融社区项目服务。因为，通证化收益票据解决了传统金融尤其是影子银行和P2P无法解决的金融普惠问题，而众创空间和中小微企业的股权众筹是数字金融服务的优势所在。

P2P是以中心化思维形成的互联网支付体系，也是区块链金融发展的基础，彼此不应对立起来。我们需要引入激励和奖励机制，为金融社区的发展提供政策环境。如传统影子银行、P2P借贷机构都围绕着普惠金融开展创新活动，其为什么不能可持续发展呢？问题的关键是中心化机制提高了服务成本，使中小企业与众创空间无法承受。通证化收益票据等区块链金融提供了低成本的社区服务模式，为了促进实体经济的发展，金融需要提供具有分布式激励机制的服务，为节点提供全方位的存贷结合服务新模式，这是社会形态发展的必然趋势。从监管和市场发展来看，我们需要引导P2P支付体系向分布式账本技术迈进。因为P2P为区块链金融形成了良好的客户节点基础，只要在P2P系统基础上增加一道分布式账本机制与密码学加解密机制，即可形成良好的分布式网络。

提高通证化收益票据等数字资产价格的监控能力。根据Diar的数据，在2019年的数字货币市场交易中，虽然中心化交易所交易量整体呈现下降趋势，但比特币场外交易（OTC）市场却越发火热，出现了供不应求的情况。此现象表明，机构投资者正在悄悄地囤积比特币，同时希望比特币价格暂时保持低位。在实现其价位操控的基础上，大型投资者可利用场外交易市场的优势，购买大量比特币而不会导致价格立即上涨，随后在交易所出售些许比特币以保持低价位，如此反复直至囤积到一定数量。从场外交易市场时段分析，Coinbase的比特币交易量增加了20%，而GBTC的交易量在2018年同比下降了35%。如何跟进监管成为技术难题，需要监管技术和能力与时俱进，从观念和方法上予以突破。

提高认知能力是通证化权益票据等数字货币发展的关键。知识匮乏是阻止在线投资者购买加密货币的最大障碍。近期，相关机构在调查了传统产品在线投资的1000人之后认为，有44%的人认为缺乏良好的教育资源是其不想投资加密货币的主要原因。虽然，社区内有各种各样的教育工具可供使用，但关键是要先从熟悉比特币基本知识开始，这样才能完全掌握数字货币该如何投资，同时有61%的人表明了对加密货币的投资兴趣。从性别来看，男性更注重价格波动并将其视为阻止其入场的因素，而女性则认为很难找到足够的教育资源和有关加密货币的信息，以使其可更加自信地入场①。2018年末的市场出现了大幅下滑，但这并未阻碍投资者的兴趣，而是十分关注加密货币的行情。随着资产代币化渐渐明朗，让投资者获得相应的教育资源，以及将加密资产作为长期投资计划的一部分显得尤为重要。加强政府对区块链技术的监管和教育引导，是降低网络诈骗风险，提高投资回报的关键因素。

---

① Ana Alexandre. 调查结果显示：高收入的千禧一代男性对加密货币投资最感兴趣［EB/OL］.［2018-10-08］. https：//www. kuangjiwan. com/news/news-792. html.

金融供给侧结构性改革下的票据创新研究[①]

秦书卷[②] 熊芸婷 廖阳彬 陈龙和[③]

一、金融供给侧结构性改革为票据创新提供环境

（一）金融供给侧存在的问题

当前，我国经济增长已由高速步入相对中低速的阶段，发展形态由粗放式发展转向高质量发展。经济能否成功向高质量发展转型取决于各方面因素能否合力有效作用，当前金融发展中亟待解决的问题就是金融供给侧结构性改革。

从货币政策传导的角度来看，我国金融供给中存在的突出问题主要体现在大量的货币发行提供了充足的货币供给，但是实体经济中仍然存在着融资难融资贵问题。自2008年12月末至2018年12月末，M_2从47.52万亿元快速增长至198.64万亿元。通常用M_2与GDP的比值来定义货币化的程度，表示一个单位的GDP的产生需要提供的M_2的量，2019年，M_2占GDP的比重已经达到2.00倍，其中2016年时达到峰值，为2.09倍。比较分析2008—2019年M_1与M_2的增速可以发现，M_2的增速高于M_1的增速，这说明货币供应总量在不断攀升，但是参与实体经济流通的货币量的增速低于总量的增速，所以即使货币总量充足，但是实际流向实体经济的货币是有限的，反映出我国货币化程度较高，但是实体经济依然短缺资金的供需矛盾，同时反映出我国的金融传导机制不畅通。

从金融机构发展的角度来看，存在着不协调的情况。2008—2019年我国金融业的增加值占全国GDP的比重均在7.78%以上，从金融业资产规模

---

① 本文写于2020年。

② 秦书卷，九江银行票据中心总经理。

③ 熊芸婷、廖阳彬、陈龙和，江西财经大学金融学院票据经营与管理方向硕士研究生。

增长情况来看，我国金融业一直以银行为主体，尤其是商业银行的快速扩张带来我国信贷规模快速扩张，而其他金融机构的信贷规模变化不大，这导致了金融业结构上的不平衡，同时商业银行加速扩张的信贷规模带来了金融供给与需求不匹配的矛盾。

从信贷投向来看，商业银行“嫌贫爱富”的天然属性，使得商业银行的资金更容易流向国有企业、大型企业。一方面，大型企业尤其是国有企业更容易获得信贷资金，如煤炭、钢铁等基建产业占用了较多的信贷资金，但同时，这些传统产业是收益比较低的产业。另一方面，中小微企业、新型企业等高收益企业的融资难融资贵问题依然存在。这些行业和企业往往面临比较高的风险，而银行业设置了相对较高的融资门槛，这类企业的有效资金需求难以得到满足。

（二）票据在金融供给侧结构性改革中的作用

金融供给侧结构性改革较为重要的环节是要解决信贷有效投放的问题，也就是资金如何更好地流向企业的问题，而票据作为一种支付结算工具，在服务企业融资方面有着天然的优势。目前票据作为金融市场中较为重要的一种工具，为各个经济主体提供了便捷的融资渠道和低成本的融资方式。从开出票据到流转再到最终的到期，这其中的一系列交易都与实体经济融资服务相关，分别影响着不同的经济主体和经济金融的各个方面。尤其是票据的两大交易功能：承兑、贴现，对于服务实体经济最具有代表性。票据承兑为实体经济之间的支付结算提供了便利，缓解了企业短期支付的压力，并可使其获取延期支付的相关收益。从票据的贴现业务来看，票据贴现相比于企业的其他融资渠道而言，具有易获取、低成本两大优势。票据的双重属性也是其服务实体经济的优势之一。从资金的角度来看，票据可以作为一种“准资金”，通过贴现的方式由企业主动向商业银行申请。从信用的角度来看，票据可以认为是一种贷款，由商业银行通过票据的方式来填充一定的信贷规模。相应地，从融资的角度来看，票据既是一种直接融资，又是一种间接融资。当企业需要融资时，可以将手上具有真实贸易背景的票据贴现给银行来获得融资，并且银行承兑汇票的利率低于短期贷款利率，不仅方便了企业融资，还降低了企业融资成本。

二、近年来票据业务创新情况

（一）基础设施方推动票据业务创新

1. 票据资产证券化（票据 ABS）

票据资产证券化（票据 ABS）是指以票据基础资产未来所产生的现金流为偿付支持，通过结构化设计进行信用增级，在此基础上发行资产支持证券的过程。近年来，票据市场发展迅速，票据的融资功能受到越来越多的重视，然而单纯依靠票据贴现进行融资存在着诸如中小银行票据以及商业承兑汇票市场接受程度低、流动性不足等问题，阻碍了票据融资功能的发挥。而随着资产证券化业务在我国的发展，以票据作为基础资产的资产证券化产品受到越来越多投资者的关注。

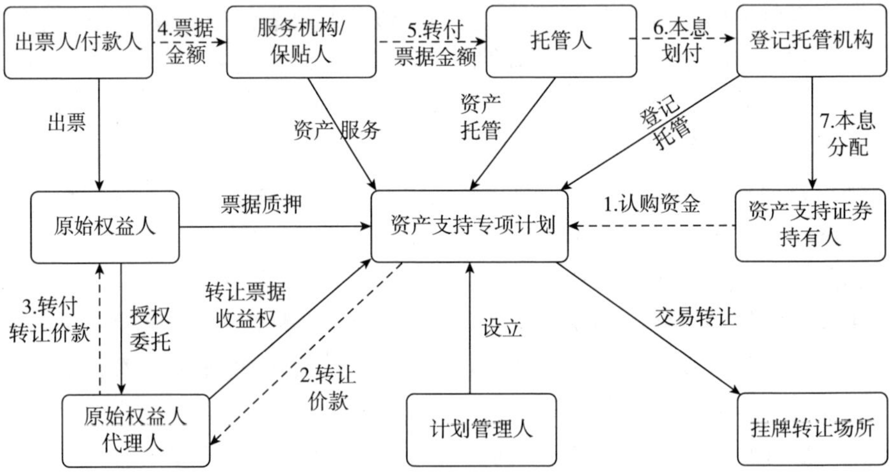

图 1　票据资产证券化交易流程

票据资产证券化的交易流程如图 1 所示，持票人将持有的票据质押给由计划管理人设立的资产支持专项计划进行破产隔离、信用增级等服务，然后再由管理人进行证券的发行与销售并对发起人进行偿付，而服务机构负责收集资产池的现金流支付投资者的本息。

作为以票据为基础资产的资产证券化产品，票据资产证券化的出现有利于盘活商业银行和企业的大量存量票据，吸收市场上的资金进入实体经济，增强票据产品对经济的支持能力。同时，商业银行通过资产证券化所进行的票据资产的市场化交易是一种资产出售，可以“倒逼”商业银行进行票据资产的市场化定价，从而推动票据利率市场化进程。

对于投资者而言，票据资产证券化产品的出现给了投资者新的投资选择，拓宽了投资者的投资渠道；对于企业，特别是有较好信用的中小企业而言，票据资产证券化能够让其持有的票据获得更好的流动性，缓解大部分中小企业面临的融资问题；而对于参与其中的商业银行而言，作为典型的变“存量”为“流量”、变“信贷交易”为“资金交易”的低资本消耗、创新型业务，票据资产证券化有助于商业银行改善收入结构，拓宽利润来源。

自 2016 年我国首只资产证券化产品华泰资管—江苏银行融元 1 号成功发行以来，我国的票据资产证券化产品经历了一个较快的发展时期，截至 2019 年末，票据收益权资产证券化产品累计发行 40 只，总额达到 324.01 亿元。但基础资产的合格票据资源不足、信用增级体系不够完善、投资主体范围窄等问题依旧阻碍着票据资产证券化的发展，随着我国票据市场的不断发展，票据资产证券化还存在着巨大的发展空间等待挖掘。

2. 贴现通

贴现通业务是指票据经纪机构受贴现申请人委托，在中国票据交易系统（以下简称交易系统）进行贴现信息登记、询价发布、交易撮合后，由贴现申请人与贴现行通过电子商业汇票系统办理完成票据贴现的服务机制安排。

2019 年 2 月 14 日，为了缓解中小微企业面临的融资难融资贵问题，中共中央办公厅、国务院办公厅印发了《关于加强金融服务民营企业的若干意见》，提出要加大对民营企业融资支持力度，简化贴现业务流程，提高贴现融资效率。同时贴现具有准入门槛低、手续简单、融资成本低等优势，是民营、小微企业的重要融资工具。然而在传统的贴现业务中，持票企业贴现询价往往受制于地域、信息、授信额度等，企业难以找到满意的贴现银行。上海票据交易所于 2019 年 5 月 27 日投产上线贴现通业务，对于满足中小企业的票据融资需求和进一步提升票据贴现服务实体经济的能力而言，贴现通修筑起了票据贴现市场的“快车道”。

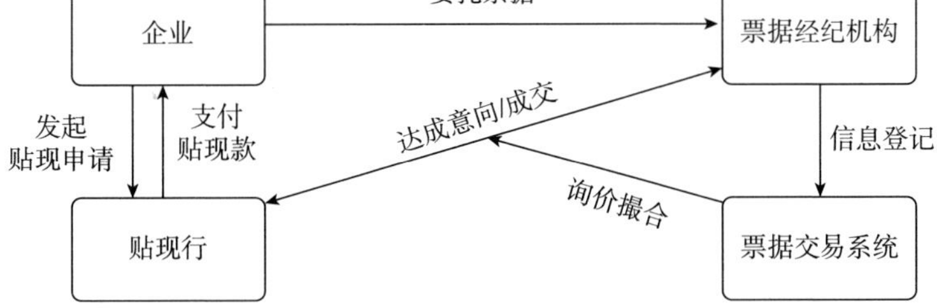

图 2　贴现通交易流程

交易系统将新增贴现通子系统，包括信息登记、询价交易、清算结算、参数管理四个功能模块。贴现通信息登记、询价发布、交易撮合等业务操作通过贴现通子系统办理。

贴现通的意义在于，一是缓解票据直贴的信息不对称问题，在票据贴现市场的以往发展阶段，由于信息不对称的存在及其严峻性，不少民营企业和小微企业很难便捷地获取哪些银行愿意提供票据直贴服务的相关信息，同时也很难找到拥有承兑行授信额度的银行机构办理贴现。二是规范票据经纪业务行为，银行机构本身作为票据的交易主体，难以独立开展票据经纪业务，因此票据经纪业务一般是由票据中介机构来开展的。此次中国工商银行、招商银行、浦发银行、浙商银行、江苏银行5家银行，试点为持票企业和贴现机构提供贴现信息咨询和撮合服务，这代表着票据市场依托银行正式进军票据经纪领域来使票据经纪业务行为进一步规范化，降低票据贴现业务风险。

截至2019年末，共有2720家贴现申请企业参与贴现通业务，其中民营企业和小微企业占比高达90.63%，同时在业务规模方面，企业共计委托票据6653张，实际撮合成功5130张，撮合成功率达77.11%，撮合成功率整体处于较高的水平，票据贴现效率较高。这5130张票据的票面金额合计74.92亿元，平均单张票面金额为146万元，低于2019年全市场贴现票据的贴现平均面额（183万元），票面金额小额化趋势明显。同时在贴现利率方面，贴现票据的平均贴现利率为3.07%，较同期电票市场平均贴现利率低23个基点，企业通过票据贴现融资成本的下降将会进一步激发票据贴现市场的活力。在今后的发展过程中，如果作为票据经纪机构的合作银行数量增多，或者同各大平台的票据贴现创新产品实现互联互通，票据贴现市场将在以贴现通为核心业务的平台上进一步实现集中化、高效化。

3. 票付通

票付通业务是交易双方在B2B平台约定以电子商业汇票作为支付方式，买方通过合作金融机构发起线上票据支付指令，随后由合作金融机构、买（卖）方的开户机构使用上海票据交易所接口服务进行票据的线上签发、提交、锁定、解锁和签收等行为的线上票据支付业务。随着票据市场的不断发展，我国的票据业务量也出现了巨大增长，2019年全市场累计签发承兑商业汇票20.38万亿元，而2019年的累计贴现发生额为12.46万亿元，这意味着在市场上还存在着7.92万亿元的存量票据未贴现，在票据融资主要依靠向银行贴现的现阶段，大量的存量票据使得票据服务实体经济的功能没有得到完全的发挥。为了服务小微企业和民营企业，盘活存量票据，提高票据支付效率，上海票据交易所推出了票付通，将互联网加入票据支付中，填补了线上票据支付的空白。

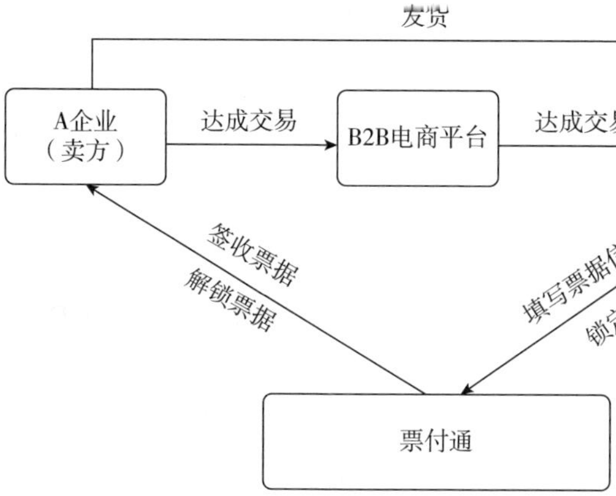

图 3　票付通交易流程

如图 3 所示，票付通产品的运作模式简单来说就是交易双方通过 B2B 平台或是供应链平台在线上达成交易后，买方通过嵌入 B2B 平台的票据支付控件选择票付通作为支付方式，随后跳转至合作金融机构的收银台完成票据作为支付方式的交易行为，在买方发起支付后上海票据交易所会锁定相应的票据，待买方确认收货后进行交易确认，锁定的票据被解锁，卖方收到票据，交易完成。

票付通业务的推出为企业的支付结算提供了一种全新的方式，通过线上处理的模式，将票据流、信息流、物流“三流合一”，实现票据签发与背书转让的一站式服务，极大地提高了票据支付的便捷性，降低了企业的交易成本；同时，票付通采用的全线上支付方式为交易提供了交易见证功能，有效地防止了票据“打飞”问题，为企业交易提供了良好的信用环境。票付通业务的目的就是通过提供快捷的票据支付方式来刺激票据的背书交易量，从而盘活市场中存在的大量的存量票据，更大程度地利用票据的支付功能，以票据支付代替融资满足企业经营性支付需求，在一定程度上缓解了中小微企业和民营企业融资难融资贵问题。

截至 2019 年末，已有招商银行、兴业银行、中信银行、平安银行、江苏银行、宁波银行、中国石化 7 家合作金融机构和 23 家平台接入票付通业务，累计签约企业 802 家，完成票据支付 7462 笔，支付金额达 68.66 亿元。票付通产品的推出填补了线上票据支付的空白，通过将票据支付嵌入 B2B

电商平台，赋能票据业务互联网基因，为企业提供一站式的线上票据业务服务。随着我国票据市场的不断发展，票据在经济活动中应用的场景越来越丰富，票付通产品势必会在市场上大放异彩。

4. 供应链票据

2020 年上海票据交易所推出了供应链票据平台，在该平台签发的电子商业汇票被称为供应链票据，并明确企业可以通过贴现和标准化票据进行融资，这将有效发挥票据的支付结算功能和融资功能，同时也宣告了供应链票据走上历史舞台。

供应链票据是指以供应链中的某个企业为发行人和偿债主体，通过供应链平台签发的一种等分化票据。它依托于供应链票据平台，与各类供应链金融平台对接，并在企业间转让，或由企业通过贴现或标准化票据实现融资。2019 年企业的应收账款占流动资产的比重约为 14.47%，较往年虽有所缓和，但仍维持在过高水平，企业间的债务链条脆弱性愈加明显，同时中小微企业签发的商业承兑汇票认可度低，融资难融资贵问题积聚已久，给资金周转和经济效率带来了巨大的压力。近年来，票据的高度电子化为供应链票据注入了强劲的发展动力。

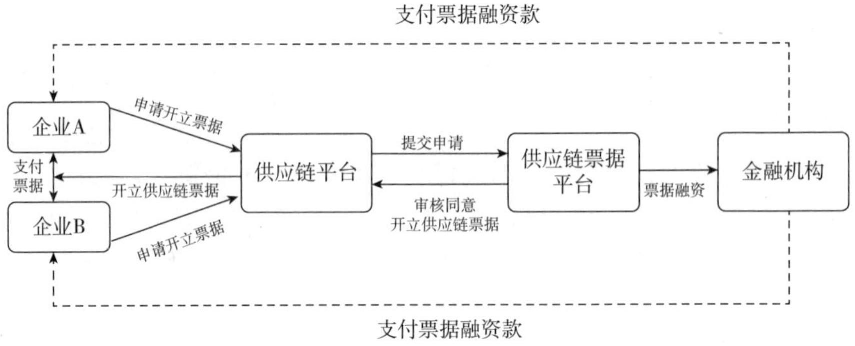

图 4　供应链票据业务操作流程

供应链票据业务操作流程如图 4 所示。供应链票据嵌入供应链体系中，一方面，实现等分化签发与流转技术化处理，可有效解决金额错配问题；另一方面，起到从源头上推动应收账款票据化的作用，与标准化票据强强联合，成为缓解中小微企业融资问题的有力工具。但是基于上下游企业形成的扎实的真实贸易背景是由各供应链平台控制的，由于行业特点及各供应链平台间的差异，供应链票据目前无法进行跨供应链平台流转。因此，实现供应链票据质押、保证和贴现功能，并且开放跨供应链平台的流转将会成为供应链票据未来发展的广阔空间。

5. 标准化票据

根据中国人民银行发布的《标准化票据管理办法》，标准化票据是指存托机构归集商业汇票组建基础资产池，以基础资产产生的现金流为偿付支持而创设的受益证券。中小企业在开展上下游贸易、工程、服务等各类日常经营业务的过程中经常会使用票据作为结算工具，而在现阶段，由于中小企业自身偿债能力受限且普遍缺乏在公开市场发行产品的经验和能力，以票据进行直接融资通常仅能以银行票据贴现来实现。为了更好地实现票据的融资功能，盘活供应链上下游的存量票据，由上海票据交易所牵头推出了标准化票据产品。

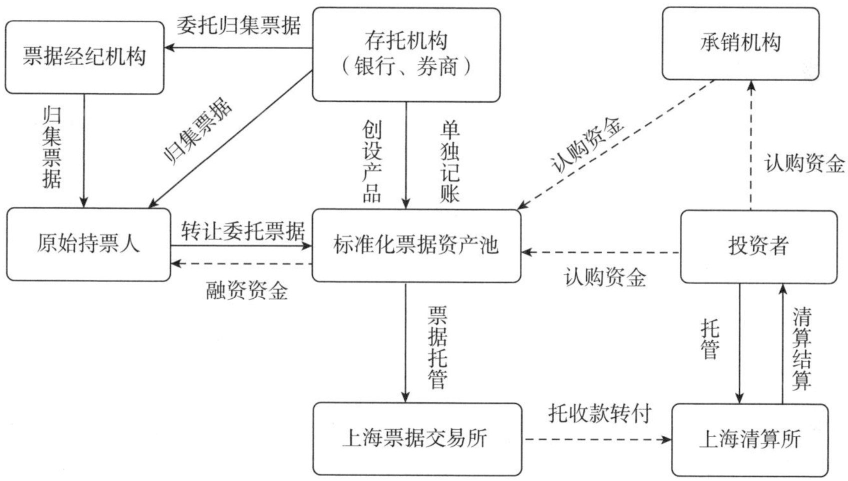

图 5 标准化票据交易流程

如图 5 所示，标准化票据的运行模式大致为存托机构直接向原始持票人或间接委托票据经纪机构归集票据，原始持票人提交申报材料后将票据转让给存托机构，并由上海票据交易所对清单内的票据进行锁定，标准化票据创设成功后，投资者直接认购或通过承销机构认购份额，此时原始持票人获得融资资金；标准化票据到期后，上海票据交易所负责将相应资金划拨到投资人在上海清算所的账户中。

标准化票据的推出丰富了市场上的投资工具品种，增加了投资者的投资选择；对于持票企业而言，将持有的票据作为基础资产设立标准化票据获得融资，增加了企业获得融资的途径，并且商业承兑汇票的贴现相较于大银行承兑的银票而言更为困难，持有商业承兑汇票的企业通过标准化票据进行融资将会是企业非常好的融资渠道。而对于商业银行来说，参与标准化票据的创设能够为银行带来收益，同时银行能参与标准化票据的投资，丰富商业银行的流动性管理工具和信贷规模调整工具。

2020 年 7 月 30 日，《标准化票据管理办法》正式生效后的第一批标准化票据成功创设，规模达到 12.13 亿元。标准化票据是票据资产“非标转标”的重要探索，票据产品因其不可等分化的特点一直以来都被看作“非标”资产，在资管新规出台之后，原本发展势头良好的票据资管业务因票据的“非标”属性而受到限制，发展陷入停滞。标准化票据的出现或将成为票据“非标转标”的最佳路径，将票据市场的潜力进一步发掘出来，打开票据市场这一万亿级别的巨大市场。

（二）商业银行推动票据业务创新

1. 票据池

传统票据池业务是指客户将票据外包给银行，银行接受客户委托，针对客户合法持有的商业汇票设立票据池，为其提供票据托管、票据托收、票据贴现、票据质押融资等金融服务。现代票据池业务是传统票据池业务的衍生更新产品，现代的票据池更多是建立在企业内部，如财务部、财务公司等，对票据实物进行集中保管并对票据行为进行集中管理，而票据实物不仅包括商业汇票，还可以包括企业集团创设的内部票据。

票据池的出现主要是为了解决票据市场发展不均衡，企业票据资源利用率不高等问题，促进企业积极运用票据进行短期资金融通。在票据市场不断发展的环境下，票据业务作为融资渠道的功能不断被开发，票据在企业间的流转越来越频繁，其优势也慢慢显露出来，票据池的开发有利于帮助企业集中管理、统一筹划使用票据，提高票据使用效率，降低企业成本。

票据池操作流程如图 6 所示。

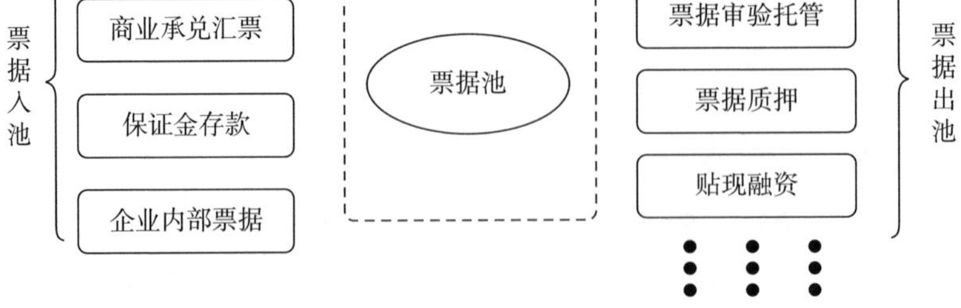

图 6　票据池操作流程

票据池对各方的意义：（1）对企业的影响。建立票据池可以给企业使用票据提供便利，通过对票据的集中管理，可以监督跟踪票据的全流程使用情况，及时了解票据信息，提高对票据的监管，防控风险。与银行合作，可以降低由于企业财务人员不熟悉票据业务而造成的操作风险。可充分发挥大企业的信用优势，由集团内各分子公司共享票据池总担保额度，充分满足企业融资需求。（2）对商业银行的影响。票据业务是商业银行增加其他利息收入、优化资产负债表结构、提升资产质量的重要手段之一。商业银行开展票据池的任务是扩大商业银行盈利空间的途径。按照政策指引，可以将资金流向中小微、绿色企业，将企业票据打包集中管理，可减低企业的成本，扩宽盈利空间，有利于贯彻落实国家政策。

2. 票据资管业务

票据资管业务顾名思义就是投资于票据的资产管理业务，是商业银行通过投资资产管理计划，受让并持有票据资产或票据受（收）益权资产的业务。在传统票据业务利差显著收窄、盈利空间萎缩的背景下，商业银行面临着资金与信贷规模双重约束的压力，为了拓宽融资渠道、促进资金流转、增加经营利润，商业银行借助券商通道，使票据资管成为一项创新票据业务迅速发展起来。

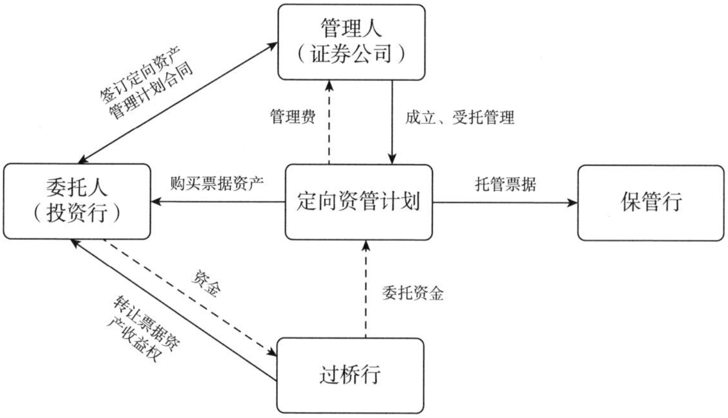

图 7　票据资管交易结构

如图 7 所示，票据资管业务大致包括四个相关方：投资行（委托人）、过桥行、保管行和管理人（证券公司）。票据资管的主要流程为，委托人与管理人（证券公司/资管部门）签署定向资产管理计划合同，管理人接受商业银行的委托，成立资产管理计划，并将委托资金划入定向资产管理计划托管账户，证券公司运用委托资金购买票据转出行的票据资产，并委托票据保管行对票据进行验票、保管和托收；票据到期后，票据保管行将收到的现金划入定向资产管理计划托管账户，证券公司再将委托资金的本金及收益在扣除相关管理费用后，从定向资产管理计划账户划入委托人账户，自此，定向资产管理计划终止。

票据资管业务是一种银证合作模式，实质上是银信合作持有票据模式中的信托计划用资产管理计划替换后的简单复制，对于商业银行而言，进行票据资管业务能够将其持有的票据资产进行出表，在减少信贷规模和资金占用的前提下，维护现有客户，保障商业银行的票据贴现收益。

在金融去杠杆、防止金融空转的大背景下，监管趋严，在资管新规出台后，票据资管业务发展进一步受限。票据资管作为“非标”业务存在较大的流动性风险，随着票据市场电子化进程的不断加快，票据资产“非标转标”的呼声越来越高，商业银行的票据资管“非标转标”或将成为未来票据业务创新发展的突破口。

（三）民间金融推动（类）票据业务创新

1. 中企云链

在我国金融供给侧结构性改革的背景下，需要不断提升金融产品的内涵和产品的效益，使金融产品能够更好地适应并促进实体经济发展，与时俱进地充分发挥其服务性职能。目前，经济下行已成为当前我国乃至全球经济发展的现状，在这样的经济背景下，实体经济盈利能力受限，使得实体经济的生存空间更为窄小，也正是基于此，供应链金融被赋予了更多的期许。目前供应链金融平台并不完善，依旧存在着一些问题，例如，供应链上的优质企业的信用并未被充分利用；部分中小微企业难以得到担保。为了缓解供应链金融存在的问题，中企云链创新性地推出了部分类票据业务，在市场上得到了很好的反响。

中企云链（北京）金融信息服务股份有限公司（简称中企云链）于2015年成立，其定位是互联网供应链金融服务平台，依托于互联网金融，旨在发挥大型国企在供应链中的核心作用。以“银行+核心企业+供应商”的云链平台模式，全方位降低产业链资金成本，创造互利共赢的产业链竞争模式，帮助企业缓解融资难融资贵问题。

中企云链的运行机制是以云信作为介质，进行流转融资。云信作为中企云链的核心创新产品，是连接供应链上下游的通道，但云信并不属于票据，本文将中企云链作为一个类票据的模式进行讲解，其云信产品虽然不属于票据，但是却结合了票据等交易工具的优点且克服了其部分缺点，更有利于供应链上的企业资金流转和融通。目前，中企云链的票据业务包括云商贴、云秒贴、供应链票据、标准化票据、财票服务。这些业务都是利用云链平台为客户提供更为便捷的票据服务，云链平台的操作流程如图8所示。

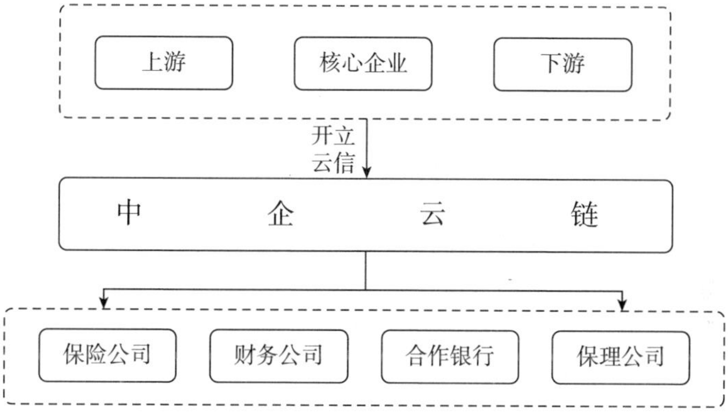

图8 中企云链操作流程

云链平台业务操作模式主要按照以下方式进行。

中企云链通过云信实现核心企业信用流转和中小企业快速融资。平台要求云信的接收方必须为云链用户。企业需要凭借自身的贸易记录，将真实凭证上交给平台，审核通过后，依据付款明细开立云信。

首先需要客户确认想要使用的标的票据、付款计划、展期期限等；使用票转信业务的主要为电子银行承兑汇票和电子财票。企业与云链签署票据转让协议，约定使用的票据与云信付款计划。基于票据转让协议，核心企业转让标的票据至云链物流。供应商通过拆分流转所持有的云信，使其快速流转到更多供应链上的广大中小企业，降低供应链交易成本。票据到期时，清分未占用的票据金额；云信到期时，全额变现。在流转过程中，除持有人有融资需求时，云信会收取一定比例的服务费外，其他情况下平台不收取任何费用。

对各方的意义：（1）从上下游供应商的角度来看，云链平台弱化了核心企业和商业银行在供应链中的主导地位。中企云链创造了一种N家银行+N家核心企业+N家上下游企业的全线上“N+N+N”供应链金融平台模式，更大程度地提高了产业链上各企业在流转和融资方面的参与度。（2）从核心企业的角度来看，凭借信用支付，可以降低成本，使交易更为便捷。(3) 从商业银行的角度来说，闭环操作真正将资金引入实体经济，落实国家政策导向。(4) 从使用的便捷度的角度来看，云信作为一个类票据的创新产品，不同于市场上的其他交易工具，是一种可拆分、可流转、可融资的应收账款债权凭证，在融资时，与平台合作的金融机构可实现两小时内快速放款，极大地提高了平台链上企业的融资效率和付款效率。在流转过程中，供应商可根据实际需求任意拆分云信进行继续流转付款和融资，提高了使用灵活度。

中企云链定位于第三方服务平台，有利于弱化银行主导，充分活跃链上各方主体的参与度，实现多方共赢。目前市场上对于供应链金融的第三方服务平台需求十分旺盛，拥有巨大的市场潜力，基于中企云链自身的优势和发展动力，中企云链的未来发展将会越来越好。

2. 临沂区域商票模式

在当前宏观经济部分领域产能过剩的环境下，企业应收账款的高速增长减缓了货币周转速度，加大了社会杠杆率。为推动银行业机构加快改革转型，解决民营企业融资难融资贵问题，应该大力发展商票，但是商票的发展却受到了一些阻碍，例如，商票知识普及率低，且企业内部缺少专业票据人员，使得商票在使用上协调难度较大；金融机构主要是将商票当作信贷工具，并没有加以重视，且企业更多地依赖金融机构的信用，对商票的信用认可度较低。在此基础上，为推动临沂区域商票发展，临沂区域商票模式由此诞生。

临沂区域商票模式，是由临沂市地方金融监督管理局、中国人民银行临沂市中心支行、中国银行保险监督管理委员会临沂监管分局联合设计、共同打造的优秀企业商业承兑汇票区域管理模式。临沂区域商票模式实行链条化管理，从而形成一个具有地域特色的融资品牌——临沂区域商票，并成立专业的管理、服务机构——临沂市供应链金融协会，专门负责临沂区域商票模式的维护、改进和提升，两者相辅相成，建立了一个优质的区域企业信用生态圈，帮助企业更便捷地得到融资，为企业降低融资成本提供了可行性方案。

临沂区域商票模式的主要经济主体为企业、商业银行、评级机构，这三大主体在深度票据网的链条上发挥着协同作用。

(1) 商业银行。在临沂区域商票模式中，由中国人民银行临沂市中心支行牵头，商业银行作为资金方的主体，在整个交易链条上是必不可少的一环。其中，商业银行的主要责任分为以下四点：业务监督、数据统计、保兑保贴产品创新服务和信贷优惠服务。业务监督是指商业银行要审核企业签发票据的贸易背景，检查票据从开立到到期所有环节的合规性，防止票据风险；数据统计是指商业银行要按照月度统计规则，定时统计出票企业商票签发量、余额、到期兑付、逾期、违约等数据，还要预估风险，将可能带有风险的票据重点标注；保兑保贴产品创新服务是指商业银行在风险可控范围内，要积极创新商票产品和服务，通过商票保贴与保兑服务，提高商票使用量；信贷优惠服务是为了鼓励企业培育商业信用，为信用较高的企业提供一定的信贷优惠和无本续贷服务。

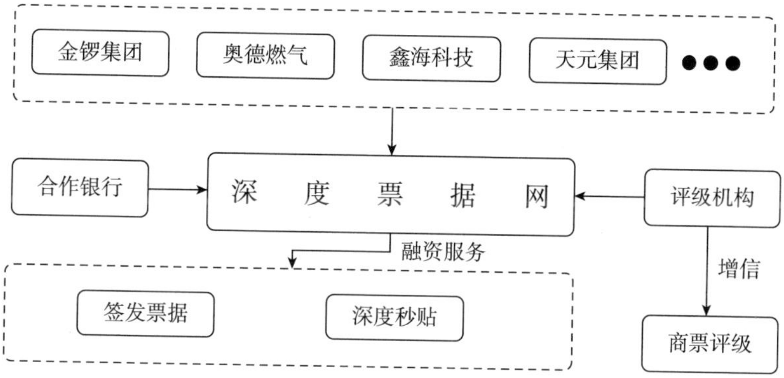

图9　临沂区域商票模式流程

（2）评级系统。在临沂区域商票模式中，创新性地引入外部信用评级系统为商票企业增信，由评级公司对临沂区域商票试点企业提供低成本的商票评级试点服务，深度票据网为白名单企业提供评级费用补贴，降低出票企业使用商票的成本。

（3）企业。企业为资金的需求方，凭借着真实贸易合同在深度票据网上申报开立票据，上报企业产业状况、经营状况、财务数据、征信数据等基本信息，由深度票据网审核后为其开立票据。引入评级公司为其商票增信，促进流转。各种创新服务降低了企业开出商票的成本，可促进商品推广。

对各方的意义：（1）对供应链企业的影响。在临沂区域商票模式下，票据具有法律保障和融资保障。对供应链上游企业来说，票据法律约束保障了票据到期必须支付，这确保了供应链上游企业可以按时收回款项，减少企业坏账；票据的融资保障是指小微、民营企业使用商票融资不再需要传统的保证、抵质押等条件，而是可以依托核心企业更为安全、便利、廉价地获得融资，真正意义上做到缓解中小微企业融资贵融资难的困扰。

（2）对商业银行的影响。临沂区域商票模式可大力推广商业承兑汇票在供应链中的使用，而商业承兑汇票的使用可以使银行信用与企业信用联系起来。通过票据的基本操作，如贴现、转贴现等，可在货币市场和信贷市场中建立一个资金调剂渠道，实现区域间资金的流动；企业使用商业承兑汇票可以降低企业融资成本，减少企业的资金需求量，从而减少对银行信贷的需求，这将迫使商业银行不断地发现和培育新的信贷投放点，有利于将资金引入中小微企业。

临沂区域商票模式依托着互联网科技发展起来，是适合当下时代环境的主流方向，又在平台上进行智能化建模，形成商票智能评分系统，扩大了市场影响力，总的来说，科技的推动加上自身的优势可以让临沂区域商票发展得更快，走得更远。

3. 京东秒贴

京票秒贴采用“票据+互联网”的服务模式，是一种票据融资技术服务平台，目前已汇集包括招商银行、广发银行和中信银行等在内的十多家金融机构，为超过5万家中小微企业提供了票据贴现信息服务，其中95%以上的客户都是从业人员不超过300人的小微企业，形成了“多、快、好、省”的票据交易生态，其中银票秒贴业务笔均交易金额约为45万元。商票秒融业务自2019年5月上线以来，帮助多家中小微企业完成商票融资，覆盖建筑工程、金属、材料等行业，缓解了企业现金流压力，笔均交易金额约为58万元。截至2020年6月，承兑名单上的企业达到297家。

2019年票据市场贴现余额达12.46万亿元，同比增长25.33%。其中，中小微企业申请的贴现余额占到全部贴现余额的八成以上，票据贴现需求大。然而在传统贴现业务中，持票企业需要到银行线下网点开立账户，再加上尽调、授信审核等流程，第一次申请贴现时间较久。同时，企业在申请中经常会遇到银行缺乏授信额度的情况，手上的大量票据无法及时从银行渠道获得贴现融资，只能选择民间交易。这样既提高了融资成本，又可能会有交易风险，还会因为没有交易回单而导致企业财务账目存在合规风险。解决上述企业融资中存在的诸多难题，正是京票秒贴推出的初衷。

在京票秒贴的整个流程中，具有线上交易、流程便捷化、全面覆盖商票银票和多行报价等特点，随着合作的银行和承兑人名单规模的不断扩大，其将较好地迎合中小微企业的票据贴现融资需求。同时，在票据电子化的大趋势下，融合互联网的线上交易模式将会有巨大的发展潜力。

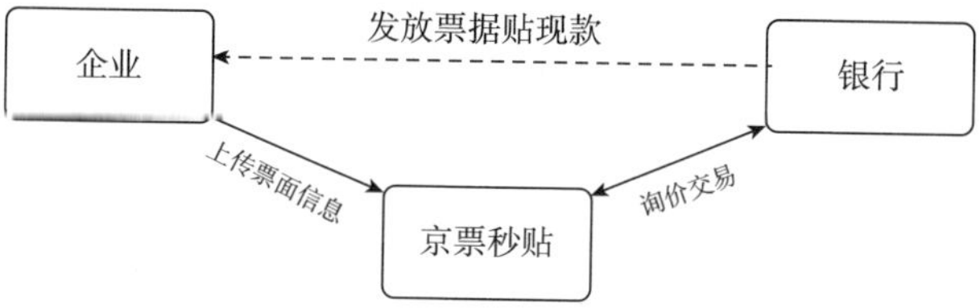

图 10　京票秒贴的业务模式

对各方的意义：（1）线上交易，流程便捷化，多行报价，减低融资成本。对于具有贴现需求的企业而言，在京票秒贴的整个操作流程中，账号注册、实名认证、银行签约和询价贴现等环节皆可在京票秒贴官网上完成，特别是在录入票据信息时，采用 OCR 识别、智能匹配等手段，实现企业全流程在线办理，凭借“一键试算”功能，查看多家金融机构的报价，而不用前往银行网点，票据贴现到银行后立即就可以收到贴现款，实现票据贴现的“快”。同时业务办理完成后可以下载凭证，整个流程大为缩短，票据贴现更加合规、便捷。

京票秒贴与多家银行合作，而且银行都支持其他行客户的贴现申请，贴现企业可以很直观地看到银行报出的最低价格，相对于民间贴现和传统银行贴现而言，可以最低的融资成本获取贴现融资额。

（2）商票银票全面覆盖。对于票据贴现市场而言，京票秒贴包含银票秒贴业务和商票秒融业务，其中银票秒贴业务的笔均交易金额约为 45 万元。商票秒融业务的笔均交易金额约为 58 万元，截至 2020 年 6 月，承兑名单上的企业达到 297 家。京票秒贴的两项业务全面覆盖商票银票，银行和承兑企业名单也持续扩充，提供高效、便捷、合规的票据融资服务，将更能迎合中小微企业票据贴现融资需求，繁荣票据贴现市场，从而更好地服务实体经济发展。

三、进一步推动票据业务创新的建议

（一）趋势和存在的问题

1. 上海票据交易所产品

近年来，上海票据交易所对于票据产品创新的投入不断加大，相继推出了票付通、贴现通、供应链票据、标准化票据等票据创新产品，为票据市场发展提供了新的动力。综观上海票据交易所近些年来的票据创新产品不难看出，目前上海票据交易所的政策着力点在于促进中小企业融资，盘活市场上的存量票据，增强市场上的票据的流动性，从而更大程度地开发票据市场的潜力，促进我国票据市场进一步发展。随着上海票据交易所业务系统的不断完善和创新产品的持续推出，票据的支付功能和交易功能将持续强化。

虽然各类票据创新产品推出后在市场上都受到了企业和机构投资者的欢迎，但是这些票据创新产品毕竟都是新生事物，都还存在着许多问题。首先，上海票据交易所推出的各类票据创新产品的市场规模相较于票据市场的巨大体量而言都比较小，例如，票付通平台截止到2019年底的业务规模为68.66亿元，贴现通平台截止到2019年底的业务规模为74.92亿元，首批标准化票据的创设总规模为12.13亿元，而2019年全年票据市场业务总量达到131.45万亿元。可见上海票据交易所推出的各类创新产品的业务规模都比较小，其对于票据市场的促进作用并没有想象中的大。其次，票据创新产品的功能都较为单一，例如，票付通支持已持有票据支付、新签发票据支付、票据和资金组合支付，满足了企业客户多样化的票据支付需求。但是，票付通作为互联网票据支付产品，其功能仅限于票据支付，相较于票据，企业更愿意接受现金结账款项。相对于企业的多样化资金使用需求，这些平台的功能都比较单一。最后，目前我国票据市场的信用环境还存在不足。票据从本质来说就是一个信用产品，信用环境的缺失会对票据发挥本身的支付和融资功能造成阻碍，这也是目前我国银行承兑汇票与商业承兑汇票发展失衡的重要原因，首批标准化票据对于基础资产是商业承兑汇票的产品要求其应为缴纳全额保证金的商业承兑汇票，这对于票据发挥其融资功能是非常不利的。

2. 民间票据平台

如今民间票据平台发展得十分迅猛，并逐步成为票据交易市场的重要补充。民间票据平台依托自身的科技信息实力，为票据能够更好地服务实体经济做出了重要贡献。作为一个新兴的票据机构，其在缓解企业融资问题上有着得天独厚的优势，不仅能降低企业的融资成本，还可以利用线上网络平台提供更为便捷的操作和服务。未来民间票据平台的创新和发展主要还是依靠互联网等信息系统，将所有拥有票据权利的相关方共同集中在一个大平台上，再根据每个人的不同需求，进行不同的业务操作。在平台上，不仅企业可以进行日常业务往来，个人投资者也可以在平台上使用票据进行理财，并且随着利率市场化的推进，民间票据平台能够客观地反映市场供求双方的价格偏好，有利于寻找票据市场的均衡利率，维护市场稳定，这作为一种新型票据业务模式，对实体经济和票据市场都有着积极作用。

但作为一个生命力旺盛的“新物种”，无法避免的是法律在这一方面的欠缺，市场上对民间票据平台的需求和渴望与较为空白的法律将会使风险有机可乘。在管理不规范的民间市场中，常常会出现不真实的贸易背景、骗取银行贴现资金等风险事件，并且民间市场为了降低贴现时间，可能会减少票据审核时间，导致不规范的票据在市场上流通，造成市场动荡。所以当下规范管理民间票据平台成为票据市场的关注焦点，应完善相关法律法规，严格规范民间票据平台。

3. 银行票据产品

随着票据市场的不断发展与完善，传统票据贴现、转贴现业务的利差空间逐渐缩小，票据业务多元化经营和跨界创新成为商业银行新的青睐点。银行票据经营机构突破传统票据业务的局限，向多元化、综合化经营转型的过程中，将票据业务与其他业务进行组合创新，或自身与其他机构开展合作创新，探索发展自营、经纪、投行和资管等不同属性的票据业务，提高自身票据业务竞争力。跨界创新主要有两种途径：一是业务跨界创新，即商业银行突破票据业务的信贷属性，与资管、投行和经纪等不同属性的业务进行组合创新，为企业和同业机构提供综合性票据金融服务；二是渠道跨界创新，即商业银行与其他非银行金融机构、互联网企业等市场参与主体合作，为票据业务运作提供资金、票据、服务等要素，达到提升收益、降低成本、改善服务、突破瓶颈等目的，进而实现价值增值。

其存在的问题体现在以下两个方面。

（1）票据创新产品同质化明显。虽然近年来我国银行票据产品的品种日益丰富，但这些创新产品多以吸纳性、移植性为主，即通过模仿国外或同业的创新产品进行产品研发，一家银行自主研发出来的产品很快会被别的银行仿效，产品同质化现象严重。

（2）积聚票据业务链条风险。票据业务跨界创新不断加强机构间的联系，票据业务链条逐渐延长，这将对监督与维护好票据链条的坚韧性提出更高的要求。首先，票据业务跨界创新过程中多方合作增加了风险管理难度，参与各方的票据业务标准、风控要求以及操作细节都不尽相同，在衔接中容易形成风险盲点。其次，票据业务跨界创新可能引发监管风险，某些新业务可能会存在规避监管、转移风险等行为，随着新业务的发展，监管也会随之跟进并趋严，合规隐患将会暴露。再次，各机构在跨界合作过程中可能会因定位偏差，对所辖业务风控管理认识不到位、不擅长，也会导致风险增加。最后，商业银行与电商/互联网金融的跨界融合可能带来信息安全问题。

（二）进一步推动创新的建议

1. 上海票据交易所产品

（1）继续加大对各类票据创新产品的推广力度。针对目前各类创新产品业务规模与票据市场体量相比较低的问题，上海票据交易所应继续推进产品的推广，吸引新的企业、金融机构加入创新产品的使用中来。

（2）建立统一的平台，将各类新产品的功能囊括进新的平台中，满足客户的各种支付或融资需求。上海票据交易所应该更大程度地发挥其票据交易中心的优势，建立起统一的平台为客户提供更优质的服务，以此吸引更多客户使用或者投资票据创新产品，推动票据市场发展。

（3）推进对信用环境的建设，为票据业务建立良好的交易环境。上海票据交易所应当发挥其票据市场基础设施的功能，利用自身信息优势，整合票据市场信息，打造更加完善的商业汇票信息披露系统，提高票据市场信息透明度，为企业客户交易创造更加良好的票据交易环境。同时应加强票据信用评级体系建设，组建权威的票据信用评价机构，提高票据的市场接受度。

（4）加速票据产品创新，丰富票据支付工具及票据市场投资产品，吸引更多投资者参与票据市场。目前票据市场中的各类产品数量还比较少，而市面上的新型支付、投资工具层出不穷，票据在非现金支付结算业务中所占的比例持续下降。上海票据交易所应持续推动票据产品创新，丰富市场上的产品种类，增强票据市场的吸引力。

2. 民间票据平台

（1）依法接受准入管理。《国务院办公厅关于促进平台经济规范健康发展的指导意见》要求“设立金融机构、从事金融活动、提供金融信息中介和交易撮合服务，必须依法接受准入管理”，由此可见国务院对于平台经济还是大力支持的，这同时也反映了民间票据平台的活力和生命力，一旦民间票据平台接受准入管理，必然会走上阳光化发展道路，前途不可限量。

（2）将优质核心企业商票聚集到平台。优质核心企业的商票是票据市场稳定的重要保证，如果平台能与核心企业达成合作，把核心企业的供应商引导到平台上来并且产生黏性，那么各种金融机构必然会主动寻求与平台合作，这将给民间票据平台带来生生不息的活力。

3. 银行票据产品

（1）推动票据业务差异化经营。商业银行票据业务的竞争日益激烈，“红海”时代的竞争对票据业务创新的差异化要求更高。这就要求商业银行票据业务的创新发展要立足于市场需求，同时考虑自身票据业务主要受众——企业群体，在加强对同业票据业务的研究的基础上，要重视品牌管理。商业银行创建自己的票据业务品牌是差异化经营最有效的手段之一，能有效形成票据创新产品的高溢价和引发客户的品牌忠诚度。另外，还要推动差异化服务配套差异化票据创新产品。商业银行通过了解客户需求、设计价值定位、制订详细的客户群产品方案和制订沟通计划等步骤促成差异化服务，整合银行内部资源，使理念、产品、服务及可感知的形象实现统一化和规范化，使之成为能够被认知、辨别和评价最终服务质量的依据，促成潜在客户购买票据创新产品，培育和稳固新老客户，从而助力票据创新产品差异化发展。

（2）加强票据业务跨界创新风险管理。商业银行作为票据业务跨界创新的核心主导者，需要加强各环节的沟通协调，做好衔接，落实风险责任，识别控制关键风险点。商业银行开展跨界合作创新应立足于监管政策，坚持合法合规，准确把握业务界限，这也是跨界创新成果得以应用推广和发展的重要前提。各参与方要立足自身的专业领域，发挥各自的业务特长，管控自己擅长管理的风险，实现优势互补。商业银行应对票据业务处理及相关信息系统不断升级，严防客户信息泄露、被盗、丢失、篡改等信息安全隐患。

供应链票据支付创新研究[①]

——以上海票据交易所“票付通”为例

李紫薇[②]

一、前言

票据是集支付、结算、融资、投资、交易、调控于一体的信用工具，是金融供给侧结构性改革的有力抓手，对于实体经济的发展具有重要意义。近年来，中国票据市场发展迅猛，规模不断扩大。2019年，商业汇票累计签发承兑量为20.38万亿元，较2001年增长了15.92倍，年均增速达到了106.11%；累计贴现额为12.46万亿元，较2001年增长了6.81倍，年均增速达到了59.06%。随着票据市场的快速发展，票据电子化程度逐步提升。中国人民银行《关于规范和促进电子商业汇票业务发展的通知》进一步扩大了电子商业汇票的参与主体范围，并且规定自2018年1月1日起，单张票面金额超过100万元的商业汇票原则上需要通过电票办理。截至2019年末，电子商业汇票出票量占比达到了95.59%，电子商业汇票已然成为票据市场的绝对主力。

电子商业汇票的发展推动了票据在供应链场景中的应用。供应链金融是集资金流、信息流、商流、物流于一体的创新性金融服务，其实质是围绕供应链核心企业，通过管理其上下游的资金流、物流来为整个产业链条上的企业进行授信。供应链金融将单个企业不可控的风险转变为供应链企业整体可控的风险，实现了从宽货币到宽信用的转化。近年来，《关于积极推进供应链创新与应用的指导意见》等文件相继出台，大力推动了供应链金融的发展。票据作为供应链金融的常用工具，具有服务于供应链的天然优势。一是供应链金融基于真实贸易背景的交易为票据的真实交易和债权

---

① 本文写于2020年。

② 李紫薇，所在单位为九江银行、江西财经大学九银票据研究院。

债务关系提供了保障，这一点与《票据法》第十条的规定高度吻合；二是票据的背书流转可以串联供应链中的多个企业，带动优质企业信用迁移，具有高效便捷、灵活度高的特点；三是票据具有支付结算功能，其货币化支付可以加速企业资金周转，调节资产负债结构，优化企业财务报表；四是票据是货币市场的重要金融工具，票据利率市场化程度高，票据业务办理门槛低，操作简便，企业接受意愿强。中国人民银行《关于规范和促进电子商业汇票业务发展的通知》（银发〔2016〕224号）要求，金融机构应该以供应链上下游关系密切的龙头企业或集团企业为重点，带动上下游企业使用电子商业汇票，这一规定进一步促进了供应链票据的发展，为供应链票据支付的发展提供了制度上的保障。本文中的供应链票据指的是将商业汇票应用于供应链场景，以满足企业支付结算和融资需求。供应链上下游企业使用票据进行支付，通过应收账款票据化，可以加速资金周转，盘活存量票据，降低企业融资成本。上海票据交易所数据显示，截至2018年末，单笔票据平均面额下降到100万元以内，单笔票据背书次数达到4.2次。2018年企业电子商业汇票支付总金额为56.56万亿元，较2017年增加21.77万亿元，同比增长62.59%，票据的支付功能日益凸显。

但是，在供应链票据快速发展的同时，我们必须清醒地认识到在传统供应链金融中，企业之间的票据支付流转全部都是线下开展，这给企业带来了诸多不便。此外，货款交付的不同步可能造成票据“打飞”① 风险的发生。如何创新供应链票据支付业务、盘活企业沉淀票据、降低企业融资成本值得探究，上海票据交易所票付通产品的推出为供应链票据支付创新性发展提供了新的思路。

二、票据支付对实体经济的影响

票据的支付功能是指票据可以通过法定程序流通转让，代替现金进行支付。企业间的债权债务可以通过票据背书转让来结算，此时发挥的是票据的结算功能。票据的支付功能主要体现在承兑和背书两个方面。一方面，出票人可以将银行承兑汇票或是经自身承兑后的商业承兑汇票支付给收款人，商业汇票具有延期支付和背书转让等优势，满足了企业间的短期资金支付需求。另一方面，企业可以将其持有的票据背书转让，以满足货物或

① 打飞是指交易中的一方已经支付了票据，但另一方未履行发货义务或者未提供服务。

服务款项的支付需求。票据承兑和背书业务的发展能为实体经济提供支付结算便利，降低财务成本，加快资金周转，促进贸易往来。根据中国人民银行历年《支付体系运行总体情况》可以看出，近年来实际结算商业汇票笔数与全国票据业务总量之比逐年攀升，表明中国商业汇票的支付与结算功能得到了快速发展（见图1）。

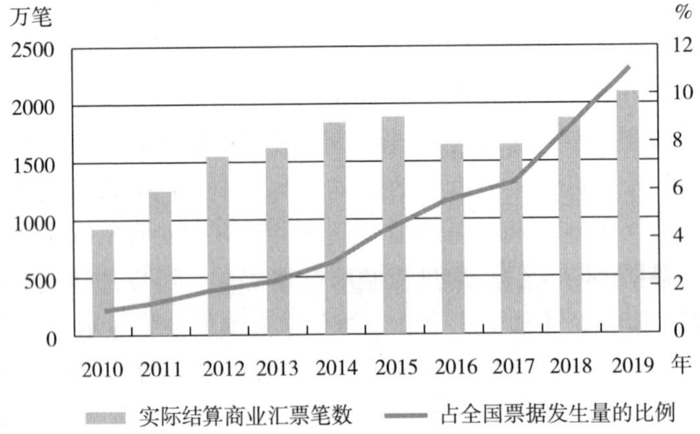

图1　2010—2019年实际结算商业汇票笔数及其占全国票据发生量的比例

（资料来源：中国人民银行各年度《支付体系运行总体情况》）

为研究票据支付与实体经济的关系，本文选取全社会固定资产投资总额和社会消费品零售总额代表实体经济发展水平，以体现企业层面的投资及消费品销售情况。中国法律不允许融资性票据的存在，企业签发票据可以用于支付需求，因此本文选取商业汇票签发额来衡量票据支付水平。由于票据背书数据自上海票据交易所成立后才开始公布，受限于样本容量，本文实证分析对票据支付的研究仅限于对企业签发票据进行研究。本文使用动态向量自回归（VAR）模型来研究票据支付与实体经济的关系。数据主要来源于国家统计局及中国人民银行《货币政策执行报告》。中国人民银行自2001年开始公布票据签发量数据，因此本文选取2001—2019年年度数据进行研究。

（一）描述性统计

本文首先使用相关系数测算票据支付与实体经济之间的关系，结果显示票据签发量与全社会固定资产投资总额之间的相关系数达到了0.9323，与社会消费品零售总额之间的相关系数为0.9021，表明票据签发量与实体经济同步发展。为消除异方差影响，本文对全社会固定资产投资总额

（INV）、社会消费品零售总额（RT）和票据签发量（IQ）进行对数化处理，相关变量的描述性统计结果如表 1 所示。

表 1 描述性统计结果

变量	样本容量	均值	标准差	最小值	最大值
LNINV	19	12. 2696	0. 9793	10. 5244	13. 3781
LNRT	19	11. 8863	0. 7706	10. 6702	12. 9279
LNIQ	19	11. 3777	0. 9217	9. 4572	12. 3194

（二）ADF 检验

平稳的时间序列是 VAR 模型建立的前提条件，因此本文在建立模型之前先使用 ADF 检验来检验时间序列数据是否具有单位根。检验结果如表 2 所示，在 5%的显著性水平下，LNINV、LNRT、LNIQ 均为平稳时间序列。

表 2 ADF 检验结果

变量	检验类型	ADF 统计量	1% level	5% level	10% level	p 值	结论
LNINV	（0，0，1）	-3. 929	-3. 750	-3. 000	-2. 630	0. 0018	平稳
LNRT	（1，0，1）	-1. 940	-2. 583	-1. 746	-1. 337	0. 0351	平稳
LNIQ	（0，0，1）	-3. 936	-3. 750	-3. 000	-2. 630	0. 0018	平稳

（三）最优滞后阶数的选择

本文使用信息准则来确定 VAR 模型的最优滞后阶数。全社会固定资产投资总额与票据签发量构成的 VAR 模型的检验结果如表 3 所示，LR、FPE、SBIC 指标显示最优滞后阶数是 2，AIC、HQIC 指标显示最优滞后阶数是 3，因此本文选择建立滞后 2 期的 VAR 模型。

表 3 LNINV 与 LNIQ 二元 VAR 系统滞后阶数检验结果

Lag	LL	LR	Df	P	FPE	AIC	HQIC	SBIC
0	-7. 8890	—	—	—	0. 128190	1. 31853	1. 31753	1. 41294
1	36. 2319	88. 242	4	0. 000	0. 000062	-4. 03092	-4. 03394	-3. 74770
2	47. 4493	22. 435*	4	0. 000	0. 000025*	-4. 99324	-4. 99827	-4. 52121*
3	51. 5037	8. 109	4	0. 088	0. 000027	-5. 00049*	-5. 00753*	-4. 33964
4	52. 8548	2. 702	4	0. 609	0. 000048	-4. 64731	-4. 65636	-3. 79765

注：* 表示在 10%的显著性水平上显著。

同理，本文对社会消费品零售总额与票据签发量建立滞后 3 期的 VAR 模型。

（四）VAR 模型估计

本文对全社会固定资产投资总额与票据签发量构建 VAR（2）模型，对社会消费品零售总额与票据签发量构建 VAR（3）模型，模型估计结果如表 4 所示。同时，VAR 模型均通过平稳性检验，表明两个 VAR 模型都是稳定的。

表 4　VAR 模型估计结果

LNINV 与 LNIQ 之间的 VAR 模型			LNRT 与 LNIQ 之间的 VAR 模型		
变量	LNINV	LNIQ	变量	LNRT	LNIQ
LNINV 一阶滞后项	1.112*** (3.36)	0.535 (0.62)	LNRT 一阶滞后项	0.735** (3.20)	3.951*** (4.15)
LNINV 二阶滞后项	-0.442 (-1.68)	-0.316 (-0.46)	LNRT 二阶滞后项	1.250** (2.82)	-3.132 (-1.70)
			LNRT 三阶滞后项	-1.033*** (-3.87)	-0.0109 (-0.01)
LNIQ 一阶滞后项	-0.0383 (-0.36)	0.891** (3.17)	LNIQ 一阶滞后项	0.153** (-2.76)	1.006*** (4.37)
LNIQ 二阶滞后项	0.296** (3.02)	-0.234 (-0.91)	LNIQ 二阶滞后项	0.232*** (3.64)	-0.252 (-0.95)
			LNIQ 三阶滞后项	-0.084 (-1.91)	-0.409* (-2.25)
_cons	1.241*** (4.66)	1.298 (1.86)	_cons	0.665** (3.00)	-2.550** (-2.77)

注：*、**、*** 分别表示在 10%、5%、1%的显著性水平上显著。

（五）格兰杰因果检验

为研究票据支付与实体经济发展之间是否具有解释关系，本文分别对全社会固定资产投资总额和票据签发量、社会消费品零售总额与票据签发量进行格兰杰因果检验。由表 5 可知，票据签发量与社会消费品零售总额互为格兰杰原因，票据签发量为全社会固定资产投资总额的格兰杰原因，但是，全社会固定资产投资总额不是票据签发量的格兰杰原因。

表 5　格兰杰因果检验统计情况

原假设	统计量	p 值	结论
LNIQ 不是 LNINV 的格兰杰原因	13.73	0.001	拒绝原假设
LNINV 不是 LNIQ 的格兰杰原因	0.89	0.641	接受原假设
LNIQ 不是 LNRT 的格兰杰原因	10.44	0.002	拒绝原假设
LNRT 不是 LNIQ 的格兰杰原因	20.80	0.000	拒绝原假设

（六）脉冲响应分析

图 2 展示了全社会固定资产投资总额和票据签发量之间的脉冲响应结果，可分析企业投资活动与票据支付情况之间的动态效应。脉冲响应结果表明，在短期内给票据签发量一个标准差的正向冲击后会立即对实体经济投资产生负向影响，但这种影响在 95%的置信区间内并不显著。从第 1 期开始，受冲击的影响，票据签发量开始对实体经济投资产生正向促进作用，这种促进作用在第 4 期之前逐渐增强，在第 4 期达到顶峰后开始逐渐减弱。全社会固定资产投资总额在受到一个标准差的正向冲击后会对票据签发量产生正向促进作用，然而，这种影响在第 1 期之后逐渐减弱。

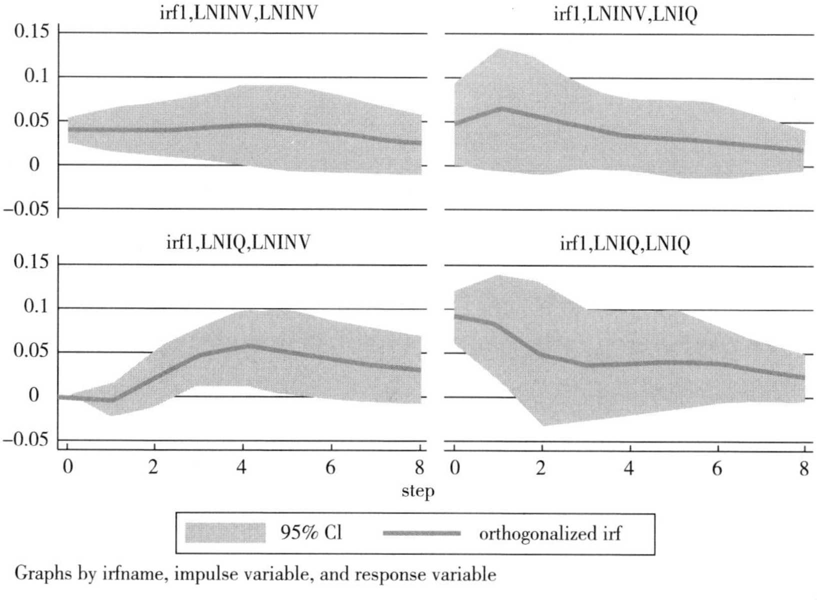

图 2　LNINV 与 LNIQ 之间的脉冲响应结果

图 3 展示了社会消费品零售总额和票据签发量之间的脉冲响应结果，可分析企业消费品销售情况与票据支付情况之间的动态效应。脉冲响应结果表明，票据签发量在受到一个标准差的正向冲击后会对实体经济消费品销售产生负向影响，但是这种影响十分微弱，在第 2 期基本消失。实体经济消费品销售在受到一个标准差的正向冲击后会立即对票据支付产生正向促进作用，该种作用从当期开始逐渐增强，在第 3 期达到顶峰后逐渐减弱。

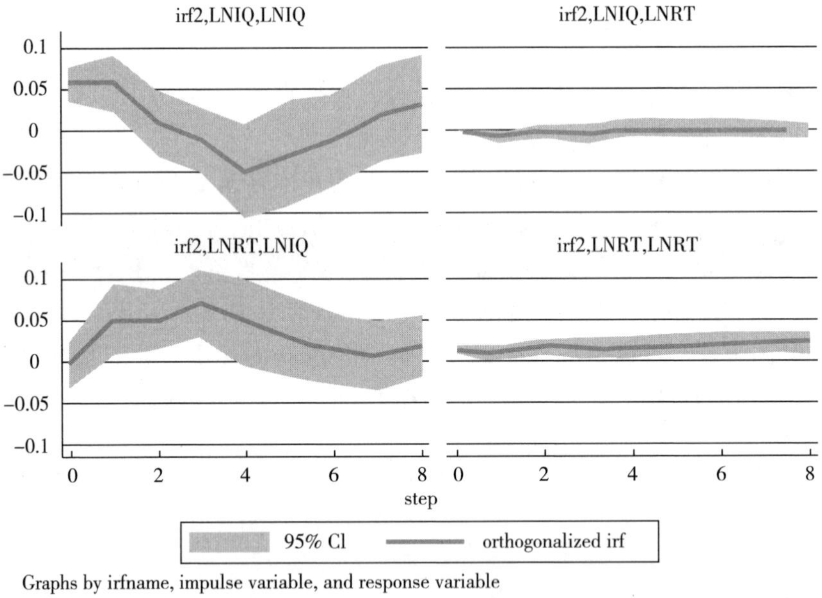

图 3　LNRT 与 LNIQ 之间的脉冲响应结果

（七）结论

实证结果表明，票据签发量是全社会固定资产投资总额的格兰杰原因，票据支付功能的发挥对实体经济固定资产投资的发展具有促进作用。票据签发量与社会消费品零售总额之间互为格兰杰原因，票据签发量对社会消费品零售总额会产生负向影响，但是，这种影响十分微弱，在 95% 的置信区间内并不显著。造成这一现象的主要原因是社会消费品零售企业一般为供应链下游的小微企业或民营企业，受限于企业规模和信用状况，此类企业很难开出高流动性的优质票据。此外，企业签发银行承兑汇票需缴纳一定金额的承兑保证金和签发手续费，增加了企业资金周转困难，不利于企业发展，这一点与实际情况相符。

三、上海票据交易所票付通产品案例分析

（一）票付通产品介绍

小微企业和民营企业是实体经济的重要组成部分，在促进经济发展、改善民生、扩大就业等方面发挥着重要的作用。然而，资金问题已经成为制约此类企业发展的瓶颈所在，供应链金融的发展为缓解小微企业和民营企业资金困境提供了一条重要渠道。近年来，国家利好政策不断，大力推动供应链金融创新发展。2018 年 4 月，中国人民银行、商务部等八部门发布《关于开展供应链创新与应用试点的通知》，在全国范围内开展供应链创新与应用试点工作。该通知鼓励商业银行和供应链企业合作，创新金融服务模式，发挥上海票据交易所等基础设施的作用，在防范风险的基础上，积极推动供应链金融业务的开展。为践行通知精神，缓解小微企业和民营企业资金困境，上海票据交易所在经过充分调研后，发布了供应链票据创新产品——票付通。

票付通产品的发布是上海票据交易所支持实体经济发展的又一次探索和实践。票付通产品主要面向供应链企业和 B2B 平台企业，由上海票据交易所及相关金融机构提供服务支持，由 B2B 平台提供平台支撑。票付通产品的服务对象主要包括供应链核心企业、B2B 电子商务平台、小微企业和民营企业三类。作为一款基于 B2B 平台和供应链平台的线上票据支付系统，票付通在设计之时充分考虑了小微企业和民营企业的需求，为其提供了票据支付的见证机制和线上处理两项功能，对于支持小微企业和民营企业发展、推动供应链、B2B 平台发展、支持金融机构发展、推动票据货币化发展、推动商业承兑汇票发展具有重要意义。

（二）票付通产品的需求分析

1. 小微企业和民营企业需求分析

小微企业和民营企业是实体经济的重要组成部分，是促进国民经济和社会发展的主力军。然而，近年来，小微企业和民营企业应收账款高企，资金固化现象严重，融资难融资贵已成为制约此类企业发展的瓶颈所在。国家统计局数据显示，近年来工业企业应收账款金额逐年攀升，应收账款在流动资产中的占比也越来越高，企业资金固化现象严重。如何盘活资金，提高资金运作效率，缓解实体经济融资难融资贵问题是一个值得深思的

问题。

表6 2011—2018年工业企业应收账款及流动资产统计情况

年份	工业企业应收账款（万亿元）	工业企业流动资产（万亿元）	应收账款占比（%）
2011	7.05	32.78	21.51
2012	8.40	36.82	22.81
2013	9.74	41.35	23.56
2014	10.74	44.57	24.10
2015	11.72	46.92	24.98
2016	12.68	50.09	25.31
2017	13.56	53.41	25.39
2018	14.34	55.42	25.88

资料来源：国家统计局。

一直以来，中国实体经济面临着巨大的资金缺口。如图4所示，2015—2019年，小型企业贷款需求指数维持在60%~75%的范围内，近年来有所提升；中型企业和大型企业的平均贷款需求指数分别为58%和55%，然而，银行平均贷款审批指数仅有48%，银行贷款审批程度远不能满足实体经济贷款需求，对于规模较小的小微企业和民营企业而言，资金紧缺程度更加严重。

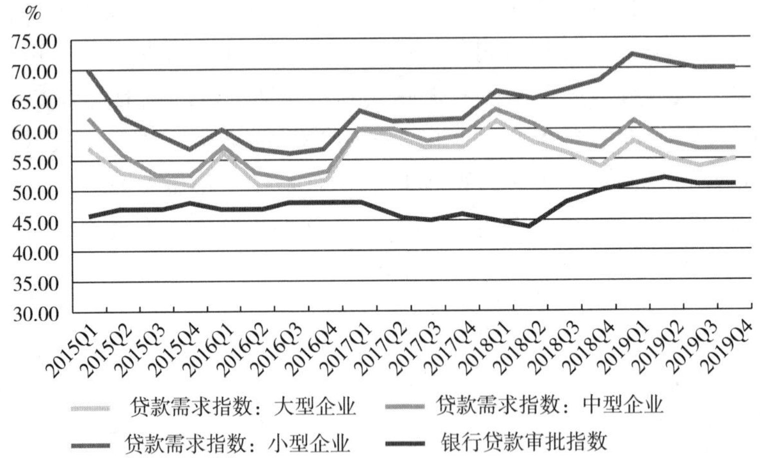

图4 2015—2019年各季度企业贷款需求指数及银行贷款审批指数

（资料来源：Wind数据库）

造成小微企业和民营企业资金困境的原因可以从宏观和微观两个维度进行分析。

在宏观方面，小微企业和民营企业规模较小，信用程度较低，财务信息不透明，资产负债率往往较高，可用于担保的抵押物少，银行难以对其经营状况及信用状况做出准确判断，银行惜贷现象严重。由于中国现行征信体系不完善，银行难以设置差异化的信贷价格；同时，小微企业和民营企业经营前景不明朗，很难找到合适的主体为其提供贷款担保。此外，小微企业和民营企业借款具有频率高、金额小等特点，银行对于此类企业的单笔贷款审核成本高、流程复杂，高昂的单位交易费用造成银行规模不经济，出于风险控制及资金成本的考虑，银行对于此类企业的贷款需求往往较为保守。

在微观方面，核心企业规模较大，竞争力较强，在与上下游小微企业和民营企业的谈判议价过程中经常处于强势地位。为减少营运成本，增加企业利润空间，核心企业在价格、支付账期等方面的要求往往较为苛刻，这给上下游小微企业和民营企业造成了巨大的负担，小微企业和民营企业回款周期长、流动资金严重缺乏的问题普遍存在，企业资金周转速度受到限制。

尽管近年来民间借贷、互联网金融的发展为这类企业提供了新的融资途径，但是由于民间借贷的高成本和高风险性，许多小微企业和民营企业望而却步，企业资金问题依然没有得到很好的解决。

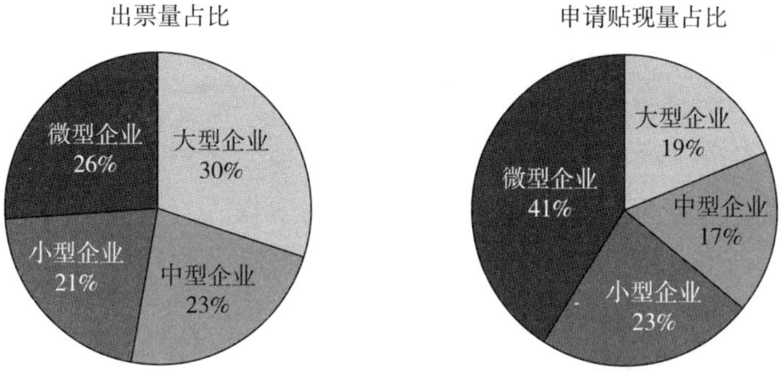

图 5 2019 年各规模企业出票量及申请贴现量占比

（资料来源：上海票据交易所《2019 年票据市场运行情况》）

票据在支持实体经济发展中发挥着重要的作用，商业汇票尤其是电子商业汇票作为一种重要的延期支付工具，具有跨地域使用、接受度强、效率高等优势，能够有效缓解企业融资难融资贵问题，是小微企业和民营企业可获得性最强的金融产品。根据上海票据交易所的报告，2019 年中小微企业出票量占比达到了 70%，其中，小微企业占比为 47%；中小微企业贴现业务申请量为6.66万亿元，占比达到81%；2019年全国使用票据的企业达到245.11万家，同比增长24.89%，票据已然成为小微企业和民营企业发展的有力推手。

供应链金融能够有效解决银企之间的信息不对称问题，是缓解小微企业和民营企业资金问题的有效途径。票据具有服务供应链的天然优势，供应链票据不仅满足了《票据法》关于真实贸易背景的要求，解决了小微企业和民营企业信用不足的问题，还有效缓解了供应链中可能出现的企业之间因应收账款高企而造成的资金固化现象，提高资金使用效率。供应链票据的发展真正做到了二者优势的互补，为小微企业和民营企业资金周转提供了一条有效途径，可谓是解决中小企业资金问题的一剂良药。然而，上海票据交易所数据显示，2019年商业汇票累计签发承兑量为20.38万亿元，累计贴现额为12.46万亿元，未贴现票据金额达到8.18万亿元，企业票据贴现/开票为0.6，在企业开出的票据中，有将近四成还沉淀在企业手中。小微企业和民营企业往往处于供应链末端，手中握有大量核心企业开出的高信用等级的票据，但是，由于此类企业持有的票据票面金额往往较小，银行贴现意愿往往不够强烈。即使银行愿意贴现，由于贴现会产生贴现成本，对于原本资金周转就有困难的小微企业和民营企业而言无疑是雪上加霜。考虑到已贴现票据大部分都用于企业间商品或服务款项的支付，一款专门的票据支付产品的开发就显得尤为必要。

票付通产品是上海票据交易所为支持实体经济发展而开发出的基于B2B电子商务平台的供应链票据支付产品。票付通产品业务的开展能够帮助小微企业和民营企业进行票据背书流转，更好地发挥票据的支付功能。小微企业和民营企业在生产经营过程中可以使用票据进行支付，以票据支付替代部分票据融资，有助于盘活企业手中的票据存量，帮助企业以近乎零成本实现资金周转。

2. 供应链核心企业需求分析

中国供应链金融起步较晚，但发展良好。在供应链金融互联网化发展的大背景下，作为供应链金融组织者和协调者的核心企业更加注重供应链的价值创造，并着手打造环境优良的供应链金融生态环境。在供应链金融生态环境下，企业与企业之间的竞争演变成了供应链与供应链之间的竞争，核心企业必须协调供应链上下游企业的资金流、物流和信息流，提升供应链整体生态环境，以实现企业的可持续发展。然而，由于资金流带来的短板往往抵消了供应链金融带来的成本优势和效率优势，如何改善资金流成为提升供应链整体竞争力的关键。

票据服务供应链金融优势明显，借助供应链核心企业推动商业汇票的使用，可以利用票据的灵活性与便捷性，串联供应链企业，将核心企业的授信向供应链上下游传递。在中国人民银行《关于规范和促进电子商业汇票业务发展的通知》（银发〔2016〕224 号）精神的推动下，票据在供应链中的运用正在普及，供应链票据得到了良好的发展。一般而言，核心企业是规模较大的大中型企业，围绕其经营的上下游企业客户数量较多，支付结算业务量相对较大，使用票据支付可以使得结算更加便捷。上海票据交易所数据显示，2018 年企业电子商业汇票支付总金额为 56.56 万亿元，较 2017 年增加 21.77 万亿元，支付金额大幅提高，增幅达到了 62.58%。票据承兑小额化趋势明显，2018 年第三季度，票据承兑平均面额突破 100 万元，2019 年第三季度达到 82.86 万元。票据背书活跃度上升，2018 年第四季度单张票据平均背书次数为 4.20 次，单家企业的背书次数也呈现出逐季度上升的趋势，2018 年第四季度达到了 20.19 次，表明票据的支付结算功能逐渐增强（见表 7）。

表 7　2018 年各季度票据背书次数统计情况　　单位：次

时间	2018Q1	2018Q2	2018Q3	2018Q4
单张票据平均背书次数	3.76	3.97	4.21	4.20
单家企业平均背书次数	15.94	18.13	19.37	20.19

资料来源：上海票据交易所《中国票据市场发展报告（2018）》。

如图 6 所示，从背书票据的票面金额来看，票据张数、单张票据背书次数随着票面金额增加而减少，其中，最高票面金额小于或等于 10 万元的票据张数最多，单张票据背书次数最高，达到了 6.14 次，远高于 2018 年单张票据的平均背书次数，票面金额小额化趋势明显，这与供应链上下游小微企业和民营企业票面金额小的用票特征相符，表明供应链中的核心企业可以带动上下游企业使用票据进行资金支付、结算，票据的低门槛性、低成本性和高流通性可以进一步降低上下游企业资金成本，减少对现金的依赖，加速资金流转，促进贸易往来。

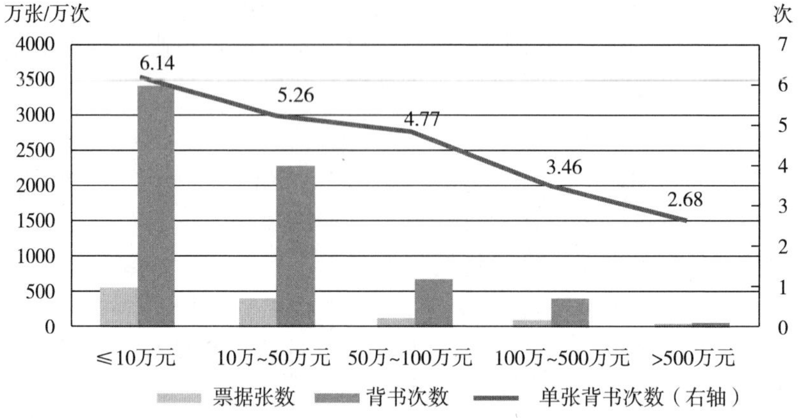

图 6　2018 年参与背书票面金额结构情况

（资料来源：上海票据交易所《中国票据市场发展报告（2018）》）

票据是一种重要的信用工具，具有延期支付功能，通过核心企业带动供应链票据流转，可以进一步实现企业应收账款票据化、降低企业资产负债率、改善企业资本结构，进而优化企业财务报表、优化供应链结构、提高供应链上下游企业间的资金流转效率，最终达到提升供应链整体生态环境的效果。此外，核心企业通过自身信用传导，为供应链上下游企业提供授信支持，进而将企业信用传递到供应链二级、三级，甚至是供应链末端。

然而，在传统的供应链金融中，由于缺乏线上票据支付工具，票据流转一般通过线下开展，手续烦琐、成本较高，容易滋生道德风险和票据“打飞”等操作风险，不利于供应链票据的发展。票付通产品可以帮助核心企业再造供应链流程，将传统的线下票据支付业务转移到线上，能够有效防范供应链票据风险，推动供应链金融发展。开展票付通产品业务有利于推动核心企业转型升级，营造良好的供应链生态环境，增强核心企业与上下游企业之间的分工协作，进一步增强客户黏性，进而实现供应链多方共赢。

3. B2B 电子商务平台需求分析

当前，中国供应链金融的发展处于供应链金融 3.0 阶段，即互联网供应链金融阶段。在数字经济时代，无论是个人还是企业，交易越来越多地基于线上开展，交易线上化、互联网化趋势明显。近年来，电子商务不断发展壮大，不断寻求与金融业的契合点，众多大型企业纷纷成立电子商务平台，索取互联网流量红利，转向线上发展。B2B 电子商务模式有助于增强贸易的可视度、降低交易成本，供应链企业之间的采购活动可以通过 B2B

电子商务平台来完成，众多供应链核心企业也转而成立电子商务平台进行线上化发展。在大数据背景下，基于 B2B 平台的供应链金融将成为供应链金融发展的趋势所在。

但是，现阶段 B2B 电子商务平台普遍使用现金进行支付，支付方式单一。随着线上交易规模的不断扩大，依靠单一现金支付结算所导致的问题不断暴露：（1）供应商先供货后付款的采购方式容易导致平台供应商交易账龄长、回款周期长；（2）对于供应链上的小微企业和民营企业而言，现金支付会加剧其资金周转困境，不利于实体经济的发展；（3）平台采购方持有的商业汇票需要通过贴现的方式获取资金后才能进行支付，增加了企业的资金成本。

电子商业汇票是集支付功能和融资功能于一体的电子化金融工具，在一定程度上等同于电子货币，是解决 B2B 电子商务平台资金流问题的重要途径。以电子商业汇票作为载体的支付结算方式具有低门槛性、低成本性和安全高效性，逐渐为各行业所接受，B2B 电子商务平台使用票据作为支付工具将是大势所趋。然而，在以往的交易过程中，由于线上票据支付工具的缺失，供应商和采购方在平台上达成交易并协商使用票据进行支付后，需要通过线下方式进行票据的支付结算，资金流和物流、信息流相分离，无法实现“票—货”对付。B2B 电子商务平台采用的是“陌生人”交易模式，买卖双方企业可能彼此之间并不熟悉，容易造成线上交易“票货两飞”，双方权益得不到保障。在供应链票据快速发展的前提下，B2B 等互联网平台票据支付属性的缺失不利于企业的发展。

要实现 B2B 电子商务平台票据支付“三流合一”、消除 B2B 电子商务平台“陌生人”交易机制存在的道德风险、保障票据平台化支付的公允性，就需要一个专门的机构对票据支付的安全性进行保障，票付通的出现为以上三个问题提供了解决方案。采购方与供应商在平台上选择票付通产品进行支付，采购方可通过平台将自身企业网上银行中符合商品或服务金额的电子商业汇票冻结，并锁定供应商为票据背书人。已冻结的票据只能背书给指定的收款人，供应商可以第一时间看见票据支付信息，并安排发货。货物送到，采购方完成验货后即可向平台发出交易完成的指令，完成已冻结票据的背书操作。

票付通的推出丰富了 B2B 电子商务平台支付结算工具，完善了电子商务平台票据支付场景，保障了平台支付的安全性，能够给平台用户以更好的票据支付体验，实现了 B2B 电子商务平台票据支付线上化的迈进。

（三）票付通产品的运行机制分析

票付通主要通过供应链应收账款票据化，并借助 B2B 平台进行票据货币化支付来为供应链票据支付提供解决方案。

1. 供应链应收账款票据化

商业汇票是一种重要的信用工具，具有支付功能和融资功能，最长信用期限为一年。商业汇票是一种传统的支付结算工具，票据承兑可以减少企业运营资金占用，实现延期支付的目的；票据背书转让，可以满足企业间的短期资金支付需求。相比纸质票据，电子商业汇票具有独特的优势，它既是信用工具，又是支付工具，同时具有互联网属性，可以实现货币化支付，操作更加便捷，安全性更高。

在供应链场景使用商业汇票进行支付，可以串联供应链企业，带动优质企业信用传递，更好地推动应收账款票据化，降低企业资金成本。中国人民银行《关于规范和促进电子商业汇票业务发展的通知》（银发〔2016〕224 号）指出，金融机构应该以与供应链上下游关系密切的龙头企业或集团企业为重点，带动上下游企业使用电子商业汇票，并进一步鼓励发展电子商业承兑汇票，要求金融机构鼓励信用状况良好、产供销关系稳定的企业签发、收受和转让电子商业承兑汇票。根据《关于规范和促进电子商业汇票业务发展的通知》精神，供应链龙头企业或集团企业可以转变融资方式，使用电子商业汇票作为应收应付工具，以点带面带动供应链中电子商业汇票，尤其是电子商业承兑汇票的使用。核心企业通过签发电子商业汇票的方式将款项支付给供应链上下游收款企业，收款企业接收该张电子商业汇票后，又可将其作为支付工具背书转让给后手企业用于款项的支付，如此一来，该收款企业的应收应付账款即可予以结清。后手企业收到电子商业汇票后，又可以继续向其后手企业背书转让。凭借承兑人的信用，电子商业汇票可以在供应链上逐级流转，通过票据支付，企业可以轧平应收应付账款，实现零成本资金周转。经过逐级背书流转，供应链末端的小微企业和民营企业手中持有大量的高质量电子商业承兑汇票，在票付通出现之前，这些企业只能通过贴现融入资金，凭借出票人的信用，此类企业可享受低利率贴现成本，实现低成本融资的目的；票付通的出现为此类企业提供了另一个低成本选择，供应链末端的小微企业和民营企业可以使用票付通产品盘活手中的高质量票据，实现零成本融资。由此可见，在核心企业等高资质企业的带动下，供应链企业可以使用电子商业汇票进行支付，通过应收账款票据化盘活沉淀资金，提升货币周转速度，降低供应链企业资金成本，缓解小微企业和民营企业资金周转困难。

对于核心企业等高资质企业而言，除了签发银行承兑汇票以外，还可以凭借自身较高的资质签发商业承兑汇票，并依靠自身信用带动供应链上下游企业使用商业承兑汇票，促进供应链票据流转，实现商业信用票据化。当电子商业汇票账户普及后，供应链中的小微企业和民营企业等资质不是特别高的企业也可以在自身承兑范围内签发电子商业承兑汇票。由于签发电子商业承兑汇票无须缴纳保证金和承兑手续费，出票企业能够有效节约财务支出，实现零成本资金周转。此外，大型商业银行的保兑业务可以帮助商业承兑汇票增信，促进票据流通，进而达到应收账款票据化的目的。

2. B2B 平台票据货币化支付

票据的全生命周期包括承兑、签发、背书、贴现、转贴现、再贴现、托收等环节，其中，涉及票据支付范畴的业务主要包括承兑和背书。与传统票据支付不同，票付通创新性地将票据支付应用于互联网场景，包括供应链平台和 B2B 电子商务平台，但是，现阶段上海票据交易所主要通过将票付通产品嵌入 B2B 电子商务平台的方式来实现企业间票据货币化支付的目的。

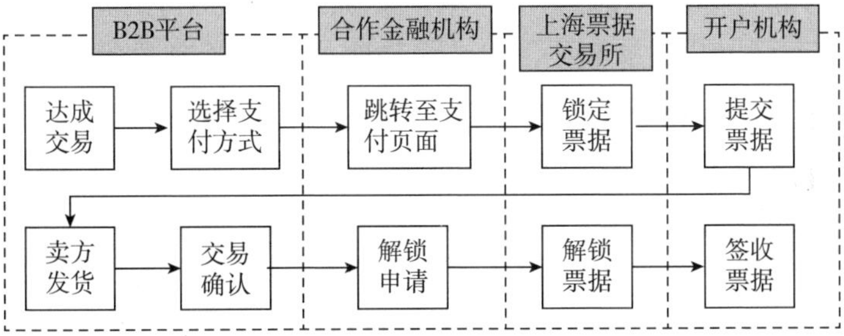

图 7　票付通产品业务流程示意图

（资料来源：上海票据交易所）

票付通产品的具体业务流程如下。

（1）买卖双方在互联网平台上达成交易。

（2）买方选择支付方式，通过嵌入 B2B 电子商务平台的票据支付控件，选择使用票付通产品进行商品或服务款项的支付。

（3）买方界面跳转至合作金融机构收银台，待买方填写好票据信息后，合作金融机构将票据信息提交至上海票据交易所，相关机构申请锁定票据。

（4）上海票据交易所锁定买方提交的票据，并通过合作金融机构将锁定信息通知 B2B 平台，B2B 平台根据锁定结果更新交易状态。

（5）买方登录开户机构网上银行提交票据，提交完成的票据信息经开户机构网银、上海票据交易所、合作金融机构跳转回 B2B 平台。

（6）B2B 平台收到票据提交信息后，通知卖方发货，若卖方认为票据信息无误，则发出货物。

（7）买方收到货物后在 B2B 平台确认交易完成信息。

（8）合作金融机构向上海票据交易所提交票据解锁申请。

（9）上海票据交易所解锁票据。

（10）卖方签收或卖方开户机构代签票据。

票付通共提供了已持有票据支付、新签发票据支付、票据和资金组合支付以及票据支付冲正四种业务方案。在整个票付通产品业务流程中，B2B 平台作为前台，为供应链企业提供可视化的交易平台。合作金融机构作为中台，是连接 B2B 平台和上海票据交易所系统的枢纽，一方面为客户跳转票据支付信息填写界面，另一方面将上海票据交易所的信息传递至 B2B 平台；待买方收到货物，确认交易完成后，合作金融机构向上海票据交易所提交票据解锁申请。买方开户机构作为中台，帮助买方完成票据背书操作；卖方开户机构作为中台，可以帮助卖方签收票据。上海票据交易所作为后台，对买方提交的票据进行锁定、解锁，保证票据支付的安全性，有效预防“打飞”风险。五方相互合作，联动作用，共同推动票据支付业务的开展。

（四）票付通产品的创新性分析

票付通产品的创新性体现在应用场景、支付模式和风险防控三个方面。

1. 应用场景的创新性

随着商业汇票，尤其是电子商业汇票的发展，票据的应用场景越来越多元化。从传统的纸质票据线下交易到线上化发展，从票据传统交易到标准化票据、票据 ABS 等创新性产品的共同发展，票据的应用场景不断丰富。尽管部分民间机构也曾搭建了一些便利企业票据支付流转的平台，盘活了部分沉淀票据。但是，长期以来官方线上票据支付平台的缺失不利于商业汇票的发展。

上海票据交易所创造性地将票据应用于 B2B 电子商务平台，并发布供应链票据支付产品票付通。票付通的推出是上海票据交易所赋能票据支付以互联网属性的一次全新探索，弥补了互联网领域票据支付的空白，拓宽了商业汇票的服务领域。票付通产品业务的开展有助于盘活小微企业和民营企业手中的高质量票据，促进实体经济发展。

2. 支付模式的创新性

相较于B2C、C2C等平台，B2B电子商务平台的在线支付占比较低，支付结算环节往往通过线下或银行等渠道实现，呈现出“线上撮合，线下交易”的模式。基于B2B平台的供应链企业支付结算方式较为单一，多为传统的现金支付。由于线上票据支付工具的缺失，企业多通过线下背书流转等方式进行票据支付，操作烦琐，效率低下，安全性低。

票付通创新了B2B平台支付方式，使得平台企业可以使用票据进行款项支付。票付通创新了票据支付模式，实现了票据互联网化支付。票付通提供已持有票据支付、新签发票据支付、票据和资金组合支付三种票据支付方式，以及票据支付冲正异常处理方式，丰富了平台企业票据支付选择，提升了平台企业票据支付体验感，给予了平台企业现金支付以外的另一种支付选择，有利于盘活企业票据资产，缓解资金固化问题，提高企业资金运转效率。票付通的运作原理与第三方支付类似，被誉为“电票支付宝”。

3. 风险防控的创新性

风险防控历来都是金融市场发展的重点关注环节，票据市场作为金融市场的重要组成部分近年来发展迅猛，但随着2016年票据风险案件相继爆出，票据市场增速回落。面对纸质票据时期频发的风险案件，人们将目光投向电子商业汇票，呼吁纸质票据电子化，上海票据交易所的成立标志着票据电子化时代的到来。然而，电子商业汇票的出现并没有完全遏制票据风险事件的发生，票据风险仍需关注。

票付通的出现创新了票据风险防控方式。在票付通出现之前，由于线上票据支付工具的缺失，企业通过B2B平台、供应链平台等互联网平台达成交易后，买卖双方需要通过各自的网上银行或者是商业银行网上银行进行操作，票据流和物流、信息流相分离，无法实现“票—货”对付，操作风险和道德风险时有发生。票付通的推出使得票据支付结算回归平台，实现了票据流、信息流和物流“三流合一”。票付通采用票据支付见证机制，以合作金融机构作为支付见证，通过上海票据交易所对票据进行锁定，能够有效防范票据“打飞”风险，了却供应商的回款之忧，为互联网平台“陌生”企业的交易创造了信用环境。

（五）票据支付优势分析

根据中国人民银行《支付结算办法》，中国的支付结算方式主要包括票据、信用卡、汇兑、托收承付、委托收款等，其中，票据包括银行本票、支票、银行汇票和商业汇票。随着网络技术的发展，电子支付逐渐兴起。

由于托收承付方式的适用范围具有很强的局限性，适用条件较为严苛，本文不予讨论。

表 8　支付结算方式的比较分析

方式	优点	缺点
现金	（1）使用便捷灵活，流通性强 （2）适用范围广，可接受性强	（1）运输、清点、查验成本高 （2）不记名货币，可追踪性差 （3）携带不便，遗失风险大
银行本票	（1）受众面广，方便灵活 （2）信用高，兑付性好	适用地域具有局限性，仅适用于同城结算
支票	（1）流动性强，仅次于现金 （2）灵活简便，付款人可直接签发 （3）结算速度快，结算资金到账快 （4）兑付性强，足额存款保障支付 （5）适用范围广，可用于异地结算	（1）提示付款期短，提示付款期为自签发之日起 10 日内 （2）出票人签发的支票金额不得超过其付款时在付款人处实有的存款金额
银行汇票	（1）安全性和信用度高 （2）适用范围广，同城、异地均可 （3）钱票两清，结算效率高	（1）签发和解付只能由参加“全国联行往来”的银行办理 （2）需预先存入相应金额的款项
商业汇票	（1）可以实现延期支付 （2）具有支付功能和融资功能，到期前可申请贴现 （3）可以背书转让，流通性强 （4）适用范围广，同城、异地均可 （5）银行承兑汇票信用度高	（1）使用前必须经过承兑 （2）签发、取得和转让应该具有真实的交易关系和债权债务关系 （3）适用对象具有局限性，仅适用于企业之间
委托收款	适用范围广，同城、异地均可	提示付款期短
汇兑	（1）使用方便，手续简单 （2）受众面广，适用于单位、个人 （3）电汇速度快，安全性高	（1）电汇成本高 （2）信汇速度慢，银行可占用资金 （3）仅适用于异地结算
信用卡	（1）支持提前消费 （2）使用方便，安全性高	（1）只能消费，不能支取现金 （2）具有使用限额，单位卡不得用于 10 万元以上的商品交易、劳务供应款项的结算 （3）逾期利率高，且记入征信系统

续表

方式	优点	缺点
电子支付	（1）使用方便，高效快捷 （2）通过数字流传输，转账速度快	（1）存在网络安全风险 （2）法律制度不完善 （3）第三方支付平台资质良莠不齐，存在信息泄露风险

不同的支付结算方式有其独特的优缺点。委托收款作为一种重要的结算方式，并不属于支付方式的范畴；信用卡由于使用额度的限制，不适用于企业之间货物及服务款项的支付；银行本票的地域限制约束了其适用范围；现金、汇兑、银行汇票、支票等支付结算方式尽管使用起来非常便利，但使用时有相应的资金要求，与小微企业和民营企业融资难融资贵、资金周转困难的现状相悖。相比较而言，最适用于供应链上下游小微企业和民营企业款项支付的方式即为商业汇票，商业汇票最大的优势在于可以实现延期支付，供应链上下游使用商业汇票支付能够有效结清企业应收应付账款，满足企业流动性需求；票据是重要的信用工具，其融资功能的实现可以帮助企业及时获取资金融通，而且，商业汇票可获得性强、成本低，能够有效缓解供应链上下游小微企业和民营企业资金周转难题。

电子支付方式的发展为企业和个人的支付带来了便利，支票、商业汇票等传统支付工具也转战线上发展，相比网上支付、第三方支付等电子支付方式而言，电子支票、电子商业汇票的支付以中央银行系统作为保障，使用起来更加安全、可追踪性更强。电子商业汇票的签发、流转等都要经过中国人民银行 ECDS，ECDS 能够有效记录票据流转信息，约束违约行为的产生。

综上所述，电子商业汇票是供应链中小微企业和民营企业款项支付的最优方式。票付通以电子商业汇票作为支付载体，在服务供应链上下游小微企业和民营企业支付方面具有独特优势。

四、票据支付发展建议

（一）推动商票信用发展，加速信用体系建设

票据业务的本质在于经营信用，良好的信用环境是票据市场发展的重要保障。然而，一直以来中国票据市场信用环境的发展极度不平衡，无论

是承兑信用业务还是贴现信用业务，商业承兑汇票的发展都远不及银行承兑汇票。这种不平衡现象在贴现业务中尤为突出，由表 9 可知，2017—2019 年银行承兑汇票贴现发生额约为商业承兑汇票的 10 倍。

表 9　2017—2019 年商业汇票信用统计情况　　单位：亿元

时间	银行承兑汇票		商业承兑汇票	
	承兑发生额	贴现发生额	承兑发生额	贴现发生额
2017 年第一季度	25223.16	15427.20	3973.23	1687.63
2017 年第二季度	25614.24	14571.51	4150.38	1519.61
2017 年第三季度	29177.85	16265.40	4668.59	1456.19
2017 年第四季度	31179.83	16805.29	6238.43	1798.47
2018 年第一季度	35010.57	18813.55	5661.59	2081.57
2018 年第二季度	36304.26	19701.37	5719.09	1954.27
2018 年第三季度	41141.09	25166.81	5636.09	1766.37
2018 年第四季度	43072.45	27240.47	8457.58	2369.89
2019 年第一季度	46562.16	32789.39	7307.49	2844.62
2019 年第二季度	39506.27	25451.88	6808.51	2154.83
2019 年第三季度	42820.92	28133.69	7052.92	2007.02
2019 年第四季度	44663.96	28813.63	9071.35	2393.69

资料来源：上海票据交易所官网。

造成这一现象的主要原因是中国商业信用体系尚不健全，信息披露体系不够完善。票据信用评级体系的缺失进一步限制了商业承兑汇票信用的发展，商票市场认可度不高。金融机构对于商票融资的积极性较低，银行出于自身利益和风险控制的考虑，往往缺乏办理商业承兑汇票贴现业务的主动性，受准入门槛、审批流程、授信额度等因素的限制，商业承兑汇票流转较为困难，商业信用发展受到限制。此外，票据中介的存在一定程度上制约了票据信用的发展。票据的支付功能产生于信用功能，现阶段票据信用环境不足限制了票据支付功能的发挥。

为改善现阶段票据信用环境不足的问题，推动商业承兑汇票信用发展，上海票据交易所应该充分发挥票据市场基础设施功能，利用自身票据信息优势，整合多方信息，进一步加强商业汇票信息披露平台建设，提升票据市场信息透明度。完善的信用评级体系能够提高商业承兑汇票的市场接受度，票据市场应该加快信用体系建设，组建票据信用评级机构，为承兑与贴现主体提供全方位、动态化的票据信用评级与追踪服务。银行等金融机构可以与信用等级高、产销关系稳定的供应链企业开展合作，为其提供票据保兑、保贴等服务，协助提升商票市场认可度；商业银行应该加速研究商业承兑汇票授信及贴现办法，推动商业票据信用发展。此外，票据市场还应该尽快落实票据经纪机构准入机制，规范票据经纪机构经营范围，加强票据市场法制建设，营造良好的票据市场运行环境，推动票据信用生态环境建设。

（二）整合资源强化风控，科技助力供应链发展

票据是供应链金融场景下常见的支付工具，尽管近年来国家大力鼓励发展供应链金融，但是从实践来看，中国供应链金融的发展速度并不快。究其原因主要有以下四点：第一，信息不对称。由于各市场主体之间缺乏必要的联系，核心企业信用难以多层次穿透，供应链金融信息不对称现象依旧存在。第二，供应链金融具有复杂性。随着供应链业务的复杂化，过往依靠单一金融机构或企业推动的发展模式不利于供应链金融业务的开展。第三，供应链管理不成熟。目前中国供应链金融管理意识不强，链条企业界限不明确，核心企业对于上下游企业的要求往往较为严苛，进一步加深了供应链管理难度。第四，风险控制体系不完善。供应链金融参与主体多、涉及面广、业务流程复杂，任何一个环节出现差错都有可能导致风险事件的发生，现阶段中国供应链金融风险控制体系尚不完善，进一步阻碍了供应链金融的发展。票付通是一款供应链票据支付产品，供应链金融的缓慢发展不利于票付通的推广。

对于供应链金融中存在的信息不对称问题，金融机构应该优化信息获取渠道，简化获取流程，运用区块链技术提高信息透明度，综合利用大数据等手段提升信息处理能力。各参与方应该积极开展合作，整合多方资源，搭建信息平台，构建信息系统，提升供应链金融信息化程度。对于业务复杂性问题，供应链企业之间应该强化主体分工，注重专业人才培养，建立多主体协同发展的供应链金融发展模式。对于供应链管理问题，核心企业应该提升管理意识，提高供应链管理能力，强化供应链战略管理。对于风险控制问题，相关主体应该加强供应链风控体系建设，建立有效的失信惩戒机制。风险控制体系是供应链金融发展的核心，良好的风险控制能力是供应链金融稳健发展的关键。相关主体可以借助大数据和云计算等技术手段，建立动态风险预警系统，实现供应链金融风险的实时监控，充分发挥金融科技的优势，提升供应链金融风险管理水平。

（三）加速企业需求分析，拓展业务适用范围

区块链、大数据、人工智能等科学技术的发展加速了产业和互联网的结合，产业互联是未来产业发展的趋势，供应链金融未来也必将全面线上化发展。基于B2B平台的供应链金融是供应链金融发展的一种重要模式，主要适用于供应链企业与其上游企业之间的货物采购；基于B2C平台的供应链金融也是供应链金融的重要模式，主要适用于供应链下游企业之间的商品销售；P2P平台作为供应链中小微企业和民营企业资金来源的一条重要渠道，与供应链金融的结合是其重要的发展方向；基于核心企业、物流公司的供应链平台等供应链金融发展模式也得到了快速的发展，上海票据交易所应加速企业需求分析，探索各平台票付通产品的适用性，找准业务契合点，试点先行，拓展业务适用范围。

参考文献

[1] 江西财经大学九银票据研究院．票据基础理论与业务创新［M］．北京：中国金融出版社，2018：18-31.

[2] 彭惠新．招商银行：通过票据业务助力小微企业发展［J］．中国信用卡，2019（7）：55-56.

[3] 赵慈拉．应用电票信用工具　创新应收账款票据化［J］．金融电子化，2016（3）：39-41.

[4] 赵慈拉．用票据破解融资难题［J］．中国金融，2016（23）：74-75.

[5] 肖小和．发展高质量票据市场与服务实体经济研究［J］．金融与经济，2018（6）：4-10.

[6] 肖小和，金睿．发展票据信用　服务实体经济［J］．现代商业银行，2018（17）：24-31.

第四部分

票据利率

2017 年票据价格指数逐渐回升至一千二百点以上[①]

江西财经大学九银票据研究院课题组

摘　要： 票据价格指数主要用于衡量票据利率的波动情况，对于市场参与者、监管部门以及研究机构都有重要意义。目前的票据价格指数存在一定局限性，本文通过选取“中国票据网”报价作为样本，运用计量方法确定加权系数，旨在建立一个票据价格指数体系，包括票据资金价格指数、票据信贷价格指数、票据综合价格指数，分别反映了票据市场的资金、规模以及总体状况和变化趋势。本文还通过历年的数据和市场信息对票据价格指数体系进行了验证。最后，根据实际和现有的研究成果提出需要尽快完善票据市场的相关建议。

关键词： 票据价格指数　指数体系　票据利率

一、指数及票据价格指数的概念、意义与现状

在统计学上，指数是反映由不能直接相加的多种要素所构成的总体数量变动状况的统计分析指标。比如人们所熟知的股票价格指数或债券价格指数就是用来衡量股票市场或债券市场的价格波动情形。票据价格指数就是对票据利率进行采样并计算出来的用于衡量票据市场价格波动的指数。

构建票据价格指数的意义主要有：一是可以综合反映票据市场价格总体的变动方向和变动幅度。目前我国还没有形成统一的票据市场，任何单一机构的票据利率都无法综合代表整个票据市场的价格变动情况，因此构建票据价格指数来反映整个市场票据利率的变化情况和发展趋势，可方便

① 本文写于 2017 年。

票据市场参与者及时准确地了解市场价格变化。二是分析和测定各个因素对票据价格变动的影响方向和程度。票据业务兼具资金和信贷双重属性，影响票据利率的因素主要是资金面和信贷状况，因此可以根据二者的内在联系建立票据价格指数体系，从而测定各构成因素的变动对市场价格的影响情况。三是分析研究票据市场价格在长时间内的发展变化趋势。票据价格指数的综合性和代表性较强，能够反映票据市场价格的总体变化，通过对指数的长期跟踪和分析从中找出规律，并结合自身经验对未来票据价格的走势做出预判，从而减少买卖票据的盲目性，可以获得更多的收益。四是对市场进行综合评价和测定。票据利率作为市场化时间最早、程度较高的利率品种，部分发挥了基准利率的作用，因此反映票据利率变化的票据价格指数既可以代表票据市场的供需情况以及市场资金和信贷状况，在一定程度上也能成为货币市场乃至金融市场的“晴雨表”。

目前市场中已经存在的票据价格指数主要有长三角票据贴现价格指数和工银票据价格指数，但都有各自的局限性。长三角票据贴现价格指数是根据长三角样本金融机构最近两周买入全部贴现票据的加权平均利率计算而来，并接受当地人民银行和监管机构的监督，因此其代表性和公信性比较高，缺陷是只能代表区域性的票据市场情况。工银票据价格指数是由工商银行票据营业部收集全国重点金融机构样本报送的交易价格统计计算得出，其全国性和代表性是不言而喻的，但由于没有监管部门的监督，样本机构的报价未必是本机构的加权平均利率，其公信性要略打折扣。同时，虽然这两种价格指数包含了贴现、转贴现以及回购价格指数，能够反映出相应票据业务种类价格的波动情况，但没有反映出票据市场的综合情况以及影响票据价格的各个因素的情况。本文力求建立一个票据因素价格指数体系，既能体现票据价格的总体走势，又能反映票据市场资金松紧程度和信贷状况。

二、票据价格指数的编制及其应用

影响票据利率的因素主要是资金和信贷规模，而不同业务种类的票据价格反映的信息侧重也不尽相同。直贴业务与一般贷款业务非常相似，都将直接导致信贷规模的增加，因此直贴利率更能反映信贷的宽松状况；回购业务不会导致规模的变化，因此是一种资金业务，回购利率也更能反映资金面的情况；转贴现业务介于二者之间，既与信贷有关，也涉及资金。根据不同业务的特点，本文建立了票据资金价格指数、票据信贷价格指数和票据综合价格指数，票据资金价格指数是由回购利率和转贴现利率构成，票据信贷价格指数是由直贴利率和转贴现利率构成，而票据综合价格指数不仅包含了票据利率，还考虑了报价金额。

价格指数必须具有全国性、代表性和公信性三大特点，因此票据价格的样本选取了“中国票据网”以及其他网站的报价。“中国票据网”是经中国人民银行批准由中国外汇交易中心暨全国银行间同业拆借中心承办的为票据市场提供交易报价、信息查询和监管服务的专业网站，于2003年6月30日正式启用，截至2016年末，“中国票据网”成员涵盖了5家国有银行、17家股份制商业银行、3家政策性银行、多家城商行、农商行、农信社等2855家机构。因此，“中国票据网”涵盖了全国各个区域及绝大多数的银行业机构，具有较强的市场代表性和公信性。但自2017年6月30日开始“中国票据网”下线，所以相关数据也截至2017年上半年末。本文建立的指数是通过对票据利率进行计量建模确定一个比较稳定的系数比例关系，从而形成票据因素价格指数，因此需要一个能够准确反映市场资金面和信贷规模状况的核心指标，本文选取了银行间同业拆借加权平均利率（月）和金融机构贷款加权平均利率（季度）。

（一）票据资金价格指数

票据资金价格指数是指通过对“中国票据网”的回购利率报价和转贴现利率报价进行系数确定而计算得出的指数，旨在反映票据市场的资金状况和变化趋势。样本数据为2005年1月至2017年6月的“中国票据网”报价及银行间同业拆借加权平均利率，变量之间的相关系数和模型见表1。可以看出回购利率的系数要远远大于转贴现利率，这符合票据资金价格指数更注重资金价格的变化，回购是纯资金业务，而转贴现还包含信贷的因素。

表1　票据资金价格指数的相关系数

项目	正回购利率（ZHG）	逆回购利率（NHG）	买入利率（MR）	卖出利率（MC）	银行间同业拆借利率（TY）
与TY的相关系数	0.8023	0.8178	0.7924	0.8045	1
系数确定模型	TY＝0.0062+0.4943ZHG（R^2＝0.6665）	TY＝0.0058+0.4560NHG（R^2＝0.6857）	TY＝0.0092+0.3233MR（R^2＝0.5870）	TY＝0.0092+0.3574MC（R^2＝0.5887）	—
系数	0.4943	0.456	0.3233	0.3574	—

续表

项目	正回购利率（ZHG）	逆回购利率（NHG）	买入利率（MR）	卖出利率（MC）	银行间同业拆借利率（TY）
票据资金价格指数的公式	即期票据资金价格指数 $=\frac{0.4943\times 正回购利率+0.456\times 逆回购利率+0.3233\times 买入利率+0.3574\times 卖出利率(即期数)}{0.4943\times 正回购利率+0.456\times 逆回购利率+0.3233\times 买入利率+0.3574\times 卖出利率(基期数)}\times 1000$				
与票据资金价格指数的相关系数	0.9823	0.991	0.988	0.9864	0.8150

对历年各月银行间同业拆借利率进行简单平均，发现2013年3月比较接近于平均值，即可将该时点定义为常态，因此本文也将该时间点选为票据资金价格指数的基期，并将基值定为1000点，基期前后的指数则根据利率变化情况发生相应变动。通过统计可知，票据资金价格指数与票据平均报价的相关性都超过0.98，说明该指数能够反映票据市场价格的走势，同时银行间同业拆借加权平均利率与该指数的相关性也在较高区域，表明该指数能反映票据市场的资金价格走势。通过历史数据可以发现，当票据资金价格指数超过1400点的时候表示市场资金面较为紧张，当超过1800点的时候代表非常紧张；而当该指数低于700点的时候表示市场资金面较为宽裕，低于350点则代表非常宽松（见图1）。

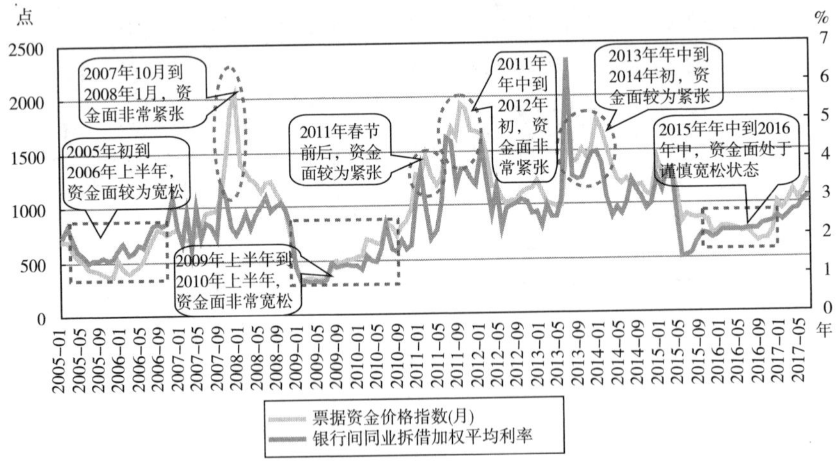

图1　2005—2017年票据资金价格指数走势（月）

自2005年至2017年票据市场大致经历了4次资金紧张和3次资金宽松，具体如下。

从 2005 年初到 2006 年上半年，资金面较为宽松。票据资金价格指数逐渐回落至低点（366 点），随后缓慢回升；1 天期银行间同业拆借加权平均利率基本维持在 1.1%~1.9%的范围内震荡，平均值仅有 1.4%。主要原因为：（1）受宏观调控和货币政策影响，市场整体呈现“宽货币、紧信贷”特征；（2）中国人民银行下调超额准备金存款利率，大量挤出资金进入市场；（3）外汇储备达到 8189 亿美元高位，“热钱”加速流入迹象明显，导致市场资金面非常宽裕。

2007 年 10 月到 2008 年 1 月，资金面非常紧张。票据资金价格指数剧烈波动，从 1000 点飙升至 2034 点后迅速回落，Shibor 隔夜利率一度高达 8.52%，2 周期限的 Shibor 最高达到 13.58%。这一时期经济运行呈现出由偏快转向过热的迹象，央行加大了货币政策的从紧力度，无论是货币政策工具、种类还是出台频率都是前所未有的。2007 年央行连续 10 次上调法定存款准备金率，最后一次直接提高 1 个百分点，同时 6 次上调存贷款基准利率，这对市场资金面和信贷规模都产生重大影响，同年票据利率也已完成了以 Shibor 为基准的市场化进程，因此伴随资金价格一路走高。

2009 年上半年到 2010 年上半年，资金非常宽松。票据资金价格指数在 350 点以下震荡，Shibor 隔夜利率处于底部（0.8%左右）。由于 2008 年国际金融危机爆发，全球经济衰退，我国政府为应对危机于 2008 年末推出“四万亿经济刺激计划”，信贷规模和资金大量投放，2009 年上半年开始显现，整个市场呈现出了资金、规模双宽裕的景象，资金价格创下了历史最低点。

2011 年春节前后，资金面较为紧张。票据资金价格指数攀升至 1400 点左右，Shibor 隔夜利率最高达到 8%。原因主要有：（1）2010 年末存款环比大幅增加 1.55 万亿元，因此，2011 年 1 月 5 日商业银行需补交存款准备金 2000 多亿元；（2）季后 15 日前所得税预交，当月纳税入库 2182 亿元；虽然当月中国人民银行为缓解春节资金压力投放基础货币 8773 亿元，但存款准备金净冻结资金 6370 亿元，超额准备金更是减少 8370 亿元，市场资金面出现紧张。

2011 年年中到 2012 年初，资金面非常紧张。票据资金价格指数在 1464 点与 1940 点之间震荡，其实资金紧张主要是在 2011 年 6 月末和 2012 年初，Shibor 隔夜利率最高达到 8.1667%。主要原因是 2011 年 5 月企业所得税汇算清缴入国库 2687 亿元，6 月末临近半年考核时点，中国人民银行再次上调法定存款准备金率 0.5 个百分点，约冻结 3700 亿元资金，市场预期相应发生剧烈变化，惜金情绪蔓延，导致资金价格上涨。2012 年春节前后的资金面骤紧情况与2011年非常相似，都是上年末存款大幅增加需补交法定准备金、企业纳税入库、春节备付金等因素导致市场流动性短期稀缺。然而除了这两个时点，2011年下半年市场资金面整体较为平稳，资金价格也趋于正常水平，但票据利率在9月突然高歌猛进、一路飙升，这主要是受中国人民银行新规所致。中国人民银行要求从2011年9月开始将信用证、保函和银行承兑汇票保证金存款纳入存款准备金的缴纳范围，分批补缴，当月大约冻结资金9000亿元，加上9月信贷规模紧张，票据资金价格指数飙升至1940点。

2013年年中到2014年初，资金面较为紧张。票据资金价格指数在1379点与1786点之间震荡，资金紧张主要集中在2013年年中的“钱荒”时期，（1）资金方面：2013年5月企业上缴所得税入库4691亿元，当月新增存款1.09万亿元，6月需补交存款准备金1000亿元。（2）监管政策方面：中国人民银行加强了外汇资金流入管理，原虚假贸易导致的还汇需求增加，国内流动性减少；《关于规范商业银行理财业务投资运作有关问题的通知》（银监发〔2013〕8号）对商业银行非标准化债权理财产品要求压缩达标，增加了流动性需求。（3）商业银行操作方面：部分商业银行通过期限错配和杠杆交易进行业务盈利，当资金趋紧时加剧了流动性压力。随着中国人民银行出手救市资金面有所缓解，但金融机构预期已经发生了较大变化，市场惜金情绪浓厚，票据资金价格指数在较高位置延续震荡，年末受规模紧张影响再度冲高，详见票据信贷价格指数部分。

2015年年中到2016年末，资金面处于谨慎宽松状态，银行间同业拆借加权平均利率最低至1.42%，相当于2005年外汇占款大幅增加的宽松时期，但票据资金价格指数维持在650点与1000点之间震荡，基本相当于正常水平。一方面，我国经济处于“增长速度换挡期、结构调整阵痛期、前期刺激政策消化期”三期叠加新常态，货币政策总体保持稳健偏松总基调，共6次下调存款准备金率，引导市场利率适当下行，降低社会融资成本。另一方面，票据市场加强监管，表外票据业务回归表内，票据融资余额大幅增加，但规模制约了票据利率下行速度和空间。随着金融去杠杆，资金面总体处于紧平衡状态，利率中枢从底部不断上升，票据资金价格指数也回至1000点附近。

（二）票据信贷价格指数

票据信贷价格指数是指通过对转贴报价和直贴报价进行系数的及时调整而建立的指数，旨在反映票据市场的规模状况和变化趋势。

由于中国人民银行公布的金融机构贷款加权平均利率是从 2008 年第三季度开始的，因此样本数据选取了 2008 年第三季度到 2017 年的数据，变量之间的相关系数以及系数确定模型见表 2。票据信贷价格指数以 2013 年第一季度为基期，基值也定为 1000 点，基期前后的指数根据利率变化情况相应发生变动。通过统计可知，票据信贷价格指数与票据平均报价的相关性都在 0.99 以上，说明该指数能够反映票据利率的走势，同时金融机构贷款加权平均利率与该指数的相关性也在较高区域，并高于单个票据业务品种报价与贷款利率的相关性，表明票据信贷价格指数更能反映票据市场的规模稀缺程度。通过图 2 可以看出，当票据信贷价格指数超过 1400 点的时候表示信贷规模较为紧张，而当该指数低于 700 点的时候表示信贷规模较为宽裕。

表 2　票据信贷价格指数的相关系数

项目	直贴利率（ZHT）	转贴现利率（ZT）	金融机构贷款加权平均利率（DK）
与 DK 相关的系数	0.9468	0.9772	1
系数确定模型	DK＝0.0412+0.4633ZHT（R^2 ＝0.8965）	DK＝0.04+0.5564ZT（R^2 ＝0.9549）	—
系数	0.4633	0.5564	—
票据信贷价格指数的公式	$\text{即期票据信贷价格指数} = \frac{0.4633 \times \text{直贴利率} + 0.5564 \times \text{买断式利率(即期数)}}{0.4633 \times \text{直贴利率} + 0.5564 \times \text{买断式利率(基期数)}} \times 1000$		
与票据信贷价格指数的相关系数	0.9984	0.9969	0.9353

从图 2 可以看出票据信贷价格指数要比金融机构贷款加权平均利率波动得更为剧烈，这比较容易理解，票据作为银行的信贷调节工具，蓄水池作用显著，当规模紧张时银行首选卖断流动性较好的票据资产，同理，当存在闲置资源时银行也会通过大量增持票据“撑规模”，因此，票据利率的波动往往比贷款利率大。从 2008 年到 2017 年，票据信贷价格指数大致经历了四个非常态阶段，具体如下。

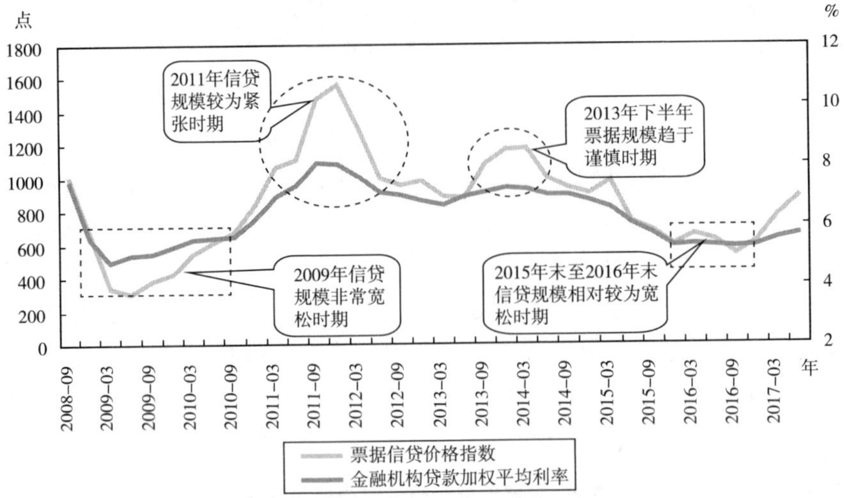

图 2　2008—2017 年票据信贷价格指数走势

2009 年信贷规模非常宽松时期，票据信贷价格指数在 310 点与 490 点之间震荡。我国为应对国际金融危机推出“四万亿经济刺激计划”，2009 年上半年新增贷款达到 7.37 亿元，全年新增了 9.59 亿元，而 2011 年全年新增贷款不到 7.5 亿元，贷款利率回落至年利率 5%以下。规模的宽松迅速传导到票据市场，2009 年上半年票据融资增加了 1.7 万亿元，新增贷款占比为 23%，票据利率也创下了历史最低点，2009 年第二季度票据信贷价格指数仅为 308 点，相当于年利率 1.52%，随后新增贷款下降明显，票据融资进入减持阶段，票据信贷价格指数逐渐升高。

2011 年信贷规模较为紧张时期，票据信贷价格指数攀升至 1400 点以上。为调控“四万亿经济刺激计划”所产生的通货膨胀，中国人民银行先后 7 次上调法定存款准备金率，3 次上调存贷款基准利率，并严格控制新增贷款的数量和投放节奏，全年新增贷款仅有 7.47 万亿元，比 2009 年的 9.59 万亿元和 2011 年的 7.95 万亿元都少，票据信贷价格指数随之逐渐走高。而 2011 年 9 月新增贷款只有 4700 亿元，是当年新增贷款最少的一个月，同时监管机构加大了票据市场监管力度，对部分金融机构办理票据“绕规模”等不合规行为进行了检查，并要求金融机构开展票据业务自查，这些都促使票据规模紧张，当月票据融资余额减少了 200 亿元，而上月却增加了近 1000 亿元，票据信贷价格指数飙升至 2161 点，相当于年利率 10.65%。随后新增贷款有所增加，票据融资回归至正增长阶段，票据信贷价格指数开始慢慢回落。

2013 年下半年票据规模趋于谨慎时期，票据信贷价格指数在 1200 点附近震荡。由于 2013 年 6 月部分银行资金期限错配引起的“钱荒”以及上半年信贷投放力度过大，此后银行倾向于减持票据回笼资金，票据融资大幅减少了 5235 亿元，票据信贷价格指数维持在 1200 点附近。

2015 年末至 2016 年末信贷规模较为宽松时期，票据信贷价格指数在 600 点与 700 点之间震荡。为应对经济下行压力以及经济结构调整，中央采取稳中求进的政策总基调，适时五次下调贷款及存款基准利率，2015 年和 2016 年新增贷款分别达到 11.7 万亿元、12.6 万亿元，2015 年票据融资新增 1.5 万亿元，票据信贷价格指数不断下行，2016 年受风险事件频发以及中央银行窗口指导控制票据规模等影响，当年票据融资新增量降至 0.6 万亿元，票据信贷价格指数有所回升。

（三）票据综合价格指数

票据综合价格指数是指以“中国票据网”报价金额为系数权重对加权平均利率建立的综合指数，旨在反映票据市场的总体状况和变化趋势。实际上票据综合价格指数应该包含直贴报价情况，但由于目前“中国票据网”仅有转贴现和回购报价，因此暂不考虑直贴业务。票据综合价格指数的公式为

$$\text{即期票据综合价格指数}=\frac{\text{买断式报价金额}\times\text{利率}+\text{回购报价金额}\times\text{利率(即期数)}}{\text{买断式报价金额}\times\text{利率}+\text{回购报价金额}\times\text{利率(基期数)}}\times 1000$$

样本数据选择为 2005 年 1 月至 2017 年 6 月的“中国票据网”报价，票据综合价格指数以 2013 年 3 月为基期，基值设定为 1000 点，基期前后的指数则根据市场变化情况发生相应变动。通过统计可知，票据综合价格指数与票据平均报价的相关性都超过 0.982，说明该指数能够反映票据市场的总体趋势。通过历史数据可以发现，当票据综合价格指数超过 1400 点的时候表示市场总体较为紧张，而当该指数低于 700 点的时候表示市场较为宽裕，当其超过 2000 点或低于 350 点时说明市场处于异常情况（见图 3）。

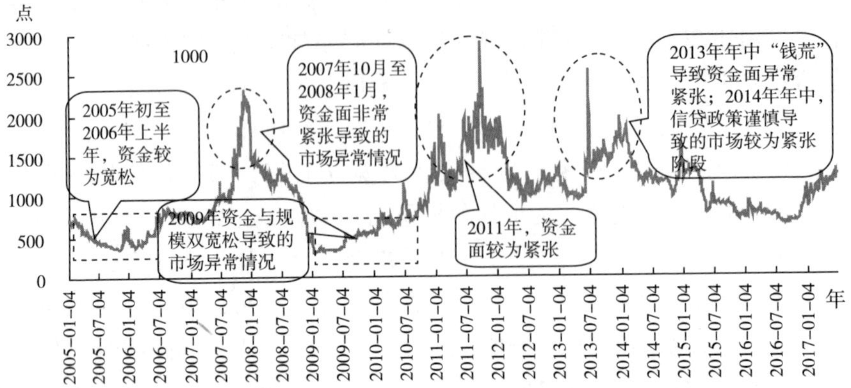

图 3　2005—2017 年票据综合价格指数走势

从图 3 可以看出票据综合价格指数基本涵盖了票据资金价格指数和票据信贷价格指数的波动情况，自 2005 年至 2017 年，票据市场大致经历了 5 次紧张和 2 次宽松，按照导致原因不同可以分四种情况，具体如下。

情况一：资金起主导作用

从 2005 年初到 2006 年上半年，资金较为宽松，票据综合价格指数在 500 点与 700 点之间震荡。

2007 年 10 月至 2008 年 1 月，资金面非常紧张导致的市场异常情况，票据综合价格指数最高达到 2332 点，相当于年利率 9.67%。

2011 年春节前后，资金面较为紧张时期，票据价格不断走高，票据综合价格指数也一路冲高至春节前的 2016 点后迅速回落。

2013 年年中，“钱荒”导致资金面异常紧张，6 月末票据综合价格指数迅速飙升至 2553 点，相当于年利率 10.58%，创历史次高水平。

情况二：信贷起主导作用

2013 年下半年至 2014 年春节，信贷政策谨慎导致的市场较为紧张阶段，票据综合价格指数在 1400 点与 2000 点之间震荡。

情况三：二者共同起主导作用

2009 年上半年，资金与规模双宽松导致的市场异常情况，票据价格不断回落，票据综合价格指数在 350 点以下震荡，最低达到 297 点，相当于年利率 1.23%，创历史最低。

情况四：监管政策等其他因素起主导作用

中国人民银行将保证金存款纳入存款准备金范围以及银监会加强票据“逃规模”检查导致市场预期发生剧烈变化，2011 年年中至 2012 年初，票据综合价格指数不断升高，并创出历史最高水平 2906 点或年利率 12.04%，随后保持高位震荡。

2015 年以来，货币政策总体稳健偏宽松，票据综合价格指数在常态范围内逐渐下行；至 2016 年末，政府采取去杠杆抑泡沫措施，票据交易回归理性，票据综合价格指数逐步回升至 1000 点左右；2017 年金融去杠杆与监管强化叠加，票据综合价格指数进一步走高至 1200 点以上。

三、发挥票据价格指数作用，完善市场价格体系建设

票据价格指数体系能够反映票据市场价格总体走势，同时也可以清晰地展现各主要因素对票据利率的影响方向及程度。既可以让市场主体及时准确地了解市场现状并进行分析和预判，也可以被监管机构用于观测市场，或作为货币政策的中介指标，同时也可以成为专家学者研究讨论的重要市场指标。但由于目前市场不统一、票据标准化程度低、票据制度落后等制约因素，票据价格指数的代表性和权威性都受到一定程度的影响，其作用也难以发挥到最大，因此，本文根据实际和现有的研究成果提出需要尽快完善票据市场的相关建议，以进一步释放票据价格指数的真正作用。

（一）加快推进统一票据市场建设进程，完善票据交易所功能

票据价格指数的有效性取决于样本的全面性和准确性。目前我国还没有形成统一的票据市场，各地区、各机构的票据报价分散割裂，票据价格的有效性大大降低，已经严重阻碍了票据市场的健康可持续发展。虽然全国统一的上海票据交易所已上线，但由于时间短、任务重，仅实现了纸质商业汇票交易功能以及会员交易客户端。应完善上海票所交易所平台功能，尽快实现电票线上交易功能以及会员全覆盖，建立鼓励金融机构统一报价、评价的机制，进一步增强信息共享功能，促进票据市场的透明和公平竞争，提高票据市场有效性和规范性。

（二）加快票据市场的开放式发展，提高票据市场活跃程度

活跃的票据交易对于价格发现至关重要。2016 年，受票据风险事件频发、监管趋严以及中央银行窗口指导控制规模等因素影响，全国金融机构商业汇票累计承兑量和累计买入量分别为 18.1 万亿元和 84.5 万亿元，同比分别回落 19.2%和 17.2%，在货币市场的占比也从 2015 年的 16%回落至 10.8%；2017 年，票据交易进一步萎缩，累计承兑量和累计贴现量分别为

17 万亿元和 40. 3 万亿元，同比分别回落 6. 07%和 52. 31%。同时，由于票据市场存在真实贸易背景、参与主体、产品合规等诸多要求和监管的部分不协调，制约了市场的发展。随着我国金融改革的不断推进和金融开放程度的不断提高，票据市场具有产品简单、交易活跃、易放易收等特点，适合成为金融改革的试点，因此可以从以下几个方面进行尝试：一是尝试融资性票据，目前《票据法》规定票据必须具有真实贸易背景，这与票据已经逐渐演变成一种融投资工具的趋势不相适应，应该面对票据市场发展的现实，对融资性票据进行试点，在试点成熟后进一步修改《票据法》相关规定。二是增加票据市场参与主体，认可并规范票据经纪机构的发展。票据经纪机构能够提高市场活跃程度和票据融资效率，弥补了部分信息不对称情况。实际上，市场上有一些票据经纪公司总体上是规范和有影响力的，并建立了经纪平台。但由于法律的缺位，票据经纪机构一直游走在灰色地带，建议尝试对票据经纪机构加快明确法律身份和行业标准，以及扩大银企合作试点，同时加快非银行金融机构的实际参与度，丰富票据市场参与主体。三是尝试票据衍生产品，随着票据市场体量的扩大，常规票据产品将无法满足市场的需求，因此可以尝试对票据业务证券化、票据远期、票据期权、票据期货等衍生产品进行尝试和试验。

（三）票据价格指数的编制和发布建议

1. 编制时间

如果票据价格指数模型被相关部门采纳，在编制使用时，可以分为三个阶段进行：第一阶段为指数核证阶段；第二阶段为指数试运行阶段；第三阶段为正式发布运行阶段，即通过官方网站、媒体等途径正式对外发布。

2. 发布时间和渠道

对外发布时应按照编制时间进行安排，即票据综合价格指数为每日编制，每周发布；票据资金价格指数为每月编制和发布；票据信贷价格指数为每季度编制和发布。发布渠道包括《金融时报》《国际金融时报》等新闻媒体及上海票据交易所网站等。

我国票据市场利率的动态作用机制研究[①]

——基于误差修正模型的实证分析

邹玉莹　杨　晟[②]

摘　要：随着票据市场的快速发展，票据作为一种短期融资工具，在支持中小企业发展方面发挥着越来越重要的作用。相应地，票据贴现作为一种信贷投放方式，其利率的高低影响着企业的融资成本和银行的利润。因此，有必要厘清我国票据市场利率与相关利率的动态关系。本文通过选取票据直贴利率、转贴现利率、Shibor和央票到期收益率，在理论分析的基础上，对其进行协整分析，并构建向量误差修正模型，得出的结论是：（1）直贴利率、转贴现利率和央票到期收益率三者之间以及Shibor、转贴现利率和央票到期收益率三者之间存在长期均衡关系。（2）短期内，转贴现利率对直贴利率有较强的正向影响，对Shibor也会有正向影响，但直贴利率向长期均衡调整的速度快于Shibor。（3）就短期而言，Shibor、央票到期收益率和转贴现利率对直贴利率有正向影响，Shibor和央票到期收益率对转贴现利率有正向影响；就长期而言，直贴利率受转贴现利率的影响最大，受Shibor的影响次之，受央票到期收益率的影响趋于零，转贴现利率只受Shibor的影响，受央票到期收益率的影响趋于零。本文的研究结论对企业和银行把握票据利率走势、降低票据贴现融资成本和提高银行经营利润具有重要的现实意义。

关键词：票据利率　协整关系　向量误差修正模型

① 本文写于2019年。

② 邹玉莹、杨晟，江西财经大学金融学院研究生。

一、研究背景及意义

（一）研究背景

1. 票据市场发展迅速，成为货币市场中的重要子市场

改革开放初期，中国人民银行批准部分企业签发商业承兑汇票，于是我国出现了现代意义上的票据。1995 年中国人民银行颁布的《票据法》实施之后，我国票据市场正式步入规范建设阶段。经过几十年的持续快速发展，我国票据市场的交易规模日益壮大，监管体系及基础设施不断完善，交易主体也更加多元化。2018 年，我国商业票据承兑发生额为 18.27 万亿元，贴现发生额为 9.94 万亿元，分别是 1996 年的 46.87 倍和 43.9 倍，年均增长率均超过 18%。中国人民银行、银保监会和上海票据交易所在近三年中相继出台了 20 余部有关票据交易行为的规范性文件，逐步加强对票据市场的监管。2016 年，上海票据交易所正式成立运行，引入了证券、基金、保险、信托、期货等非银行金融机构，极大地丰富了市场交易主体。随着票据池和区块链票据等票据相关创新产品的相继推出，我国票据市场迈入了新时代。

2. 商业票据是解决中小微企业融资难融资贵问题的重要工具

由于中小微企业本身具有信用风险更高、信息不对称程度更大等属性，其相对于大型企业更难从银行获得贷款，中小微企业融资难和融资贵也就一直成为世界性难题。2018 年，在经济下行压力加大、流动性趋于短缺的情形下，该问题更加突出。监管层为了解决该问题，提升中小微企业的活力，针对民营企业的贷款提出了“一二五”目标，即在新增的公司类贷款中，大型银行对民企的贷款不低于 1/3，中小型银行不低于 2/3，并争取 3 年以后，银行业对民企的贷款占新增公司类贷款的比例不低于 50%。同时，根据易纲行长在“第十届陆家嘴论坛（2018）”上的演讲，我国中小微企业有“五六七八九”贡献，即中小微企业（含个体工商户）占全部市场主体的比重超过 90%，贡献了全国 80%以上的就业，70%以上的发明专利，60%以上的 GDP 和 50%以上的税收。可以看出，对国民经济有重要支撑作用的民营经济却面临着更难的融资问题。对中小微企业来说，股票的发行门槛高，债券的融资成本高，银行贷款难，而商业票据具有融资成本相对较低、签发成本较低、流动性较高的特点，可以有效地解决中小企业资金周转问题。票据作为一种短期融资工具在服务实体经济、支持中小微企业

的发展方面发挥了重要作用。

3. 票据业务成为银行盈利的重要来源

近年来，票据不仅作为一种短期融资工具受到企业的青睐，而且作为一种投资工具在银行间交易活跃。电子商业汇票系统和上海票据交易所的建立，不仅有效地推动了电票的流通，而且极大地加快了银行之间以及银行与非银行金融机构之间票据信息的传导，便利了银行为追求票据利差进行票据交易，使票据价格市场化程度更高。

（二）研究意义

1. 理论意义

近年来，国内学者针对票据市场的研究成果十分丰富，但对于票据利率定价的研究大多为理论分析，侧重于逻辑分析宏微观因素对票据市场利率的影响，较少从微观角度构建票据利率定价模型进行实证分析。因此，本文的研究可以丰富国内在这方面的研究。为了分析票据利率与其他有代表性的货币市场利率之间的动态作用机制，本文首先介绍了票据直贴利率、票据转贴现利率、票据再贴现利率、Shibor、央票到期收益率等有代表性的货币市场利率，分别从理论上和实证上分析各种利率之间的动态作用机制，接着构建了误差修正模型，提出了票据利率的定价方程，并对该模型进行了检验。

2. 现实意义

票据市场交易规模日益扩大，已经成为货币市场不可或缺的子市场。票据作为一种流动性好、融资成本低的短期融资工具，能有效解决当下中小微企业融资难融资贵的难题，也给以利润最大化为目标的商业银行带来了良好的收益。同时，票据市场作为中央银行货币政策实施和传导的重要平台，能够通过票据再贴现子市场有力地支持国家宏观调控和推进利率市场化改革。而票据利率的定价及相互之间的动态作用机制研究，可以为企业和银行交易投资票据提供利率预测，也为中央银行厘清货币市场利率传导、更加精准地实施货币政策提供参考。

二、票据利率及相关利率介绍

（一）票据利率

我国票据市场的发展起步于改革开放初期，在《票据法》颁布实施后进入快速发展阶段，是货币市场中起步较早的子市场。根据票据业务的分类，票据市场可以分为贴现市场、转贴现市场和再贴现市场，对应的价格分别为直贴利率、转贴现利率和再贴现利率。其中，票据直贴利率是指在票据到期之前，企业为获取现金向商业银行转让商业汇票的债权而贴付的利息成本；票据转贴现利率是指商业银行之间为满足资金需求或投资将已经贴现的票据进行债权转让而贴付的利息，其又分为买断式交易利率和质押式回购利率，一般比贴现利率低，两者的利差即为贴现行的利润。1998年，中国人民银行规定商业汇票的贴现利率在再贴现利率的基础上加点生成。但是，随着利率市场化进程的加快，该种票据利率生成机制已不能适应市场的发展，甚至出现了贴现利率与再贴现利率倒挂的现象。2007 年，中国人民银行改革了该机制，鼓励商业银行以 Shibor 为基准加点生成票据贴现利率。2013 年，中国人民银行实施完全由商业银行自主确定的市场化贴现利率和再贴现利率定价机制，这更加真实全面地反映了市场资金供求关系。

（二）银行间同业拆借利率

银行间同业拆借市场是指银行之间进行短期资金借贷的金融市场，其于 1984 年开始发展，于 1996 年中国人民银行建立全国银行间拆借市场网络后步入规范发展阶段。银行间同业拆借业务可分为同业拆放、买入返售和卖出回购，其中，后两者涉及票据和债券的回购交易，本文将其分别归入票据市场和债券回购市场。1996 年，在银行间同业拆借市场开始规范发展的同时，中国人民银行发布了全国统一同业拆借市场加权平均利率（Chibor)，并取消了同业拆借利率上限。这虽然标志着我国利率市场化的开始，但是 Chibor 是由银行间融资交易的实际交易利率计算得出的，无法代表整个市场的流动性情况。2007 年，中国人民银行又推出上海银行间同业拆借利率（Shibor)，该利率是由 18 家商业银行组成报价团自主报出人民币同业拆出利率的算术平均值，期限包括隔夜、1 周、2 周、1 个月、3 个月、6 个月、9 个月及 1 年，如今在货币市场中发挥着基准利率的重要作用。

（三）央票到期收益率

站在中央银行的角度，短期货币政策工具有央行票据、常备借贷便利（SLF)、中期借贷便利（MLF）和定向中期借贷便利（TMLF)，对应的利率分别为央行票据一级市场发行利率、央行票据二级市场到期收益利率和各种借贷便利利率。央行票据是指中央银行发行的短期的用于调节市场流动性的票据，央票到期收益率由央行票据在二级市场中交易形成。

三、票据利率与相关利率动态关系的理论分析

（一）票据直贴利率与转贴现利率

作为中央银行货币政策的三大法宝之一，票据再贴现利率自 2010 年 10 月 26 日起一直保持在 2.25%，弹性很小，不反映市场资金供求情况，主要是中央银行用于调节货币供应量。而票据直贴利率和转贴现利率的定价都是在上海同业拆借利率的基础上加点生成，因此其运行走势与再贴现利率的契合度几乎为零。

在利率运行走势方面，由于转贴现市场为银行间的交易，相对于银行与企业之间的贴现市场，前者的信息不对称程度较低，信息的传播速度更快，交易更加集中和迅速，因此转贴现利率对市场的敏感性更高，能更快地对市场信息做出反应。当中央银行调高法定存款准备金率，金融市场的流动性趋紧时，为了满足法定存款准备金的要求，银行之间对资金的需求将提高，转贴现利率将会上升，导致银行信贷规模缩小，进而导致直贴利率上升。因此，短期内，转贴现利率的变动应该会导致直贴利率的变动。

在利率水平方面，直贴市场中银行与企业之间的交易金额小、交易次数多，类似于零售市场，而转贴现市场中银行与银行之间的交易金额大，类似于批发市场，因此直贴利率应该会高于转贴现利率。同时，转贴现利率的市场化程度较高，当两者的利差偏离一定的基点水平时，转贴现市场便会发生套利，从而使两者达到均衡。因此，长期内，两者应该会处于均衡状态。

（二）票据利率与同业拆借利率

直贴利率、转贴现利率和同业拆借利率均为市场化程度较高的利率，影响其波动的主要因素大致相同，因此，三者的走势应该大致相同。由于转贴现利率包含企业信用和银行承兑等因素，同业拆借利率仅反映银行同业之间的信用风险，而银行信用通常好于企业信用，所以，票据转贴现利率的风险溢价应该会更高（肖小和，2015）。同时，经济周期或货币政策对企业和银行的影响程度不一致，实体经济与金融经济对资金的需求可能会有所差异，进而可能造成在不同的时间票据利率与同业拆借利率之间的利差差别较大，甚至可能会出现同业拆借利率大于票据利率的情况。

（三）票据利率与央票到期收益率

央票到期收益率是根据央行票据在二级市场上的交易价格计算得出的，

也是一种市场化的利率，因此其运行走势与票据利率应该一致。央行票据的发行人为中国人民银行，信用高，因此，其发行利率较低，到期收益率也应该比票据利率更低。由于与实体经济联系得更加紧密，票据利率比央票到期收益率更容易受到市场因素的影响。比如，经济下行期，企业的资金周转将会产生更多的困难，企业有更高的融资需求，票据贴现利率即融资成本将上升，而央行票据的发行及买卖受市场因素的影响较小，波动较小。

四、票据利率与相关利率动态关系的实证分析

（一）描述性统计

为进一步验证上述票据利率与同业拆借利率、央票到期收益率的相互作用关系，深入探究票据利率的定价关系式，本文采用 2010 年 2 月至 2018 年 9 月的期限均为 6 个月的票据直贴利率、票据转贴现利率、Shibor 和央票到期收益率的月度数据进行实证分析，分别以 r_{z1}、r_{z2}、r_s 和r_d 表示。其中，票据直贴利率为珠三角、长三角、中西部和环渤海四个地区直贴利率的算术平均值，月度数据为每个月内所有交易日数据的算术平均值。由于票据再贴现利率市场化程度不高，变化不大，因此本文未将其纳入实证分析。数据均来源于 Wind 资讯数据库。各变量的描述性统计结果如表 1 所示。

表 1　各变量的描述性统计结果

变量名称	均值（%）	标准差	最小值（%）	最大值（%）
r_{z1}	4. 3652	1. 5140	1. 9770	10. 5625
r_{z2}	4. 0243	1. 2387	1. 9152	9. 0250
r_s	3. 9776	0. 9348	1. 9035	5. 4781
r_d	3. 0166	0. 6386	1. 6050	4. 3510

如图 1 所示，6 个月的票据直贴利率、转贴现利率、Shibor 和央票到期收益率的运行走势大体一致，利率水平依次降低。具体地，直贴利率与转贴现利率运行契合度很高，但转贴现利率的变化先于直贴利率，在上升趋势中，转贴现利率大多呈现出略高于直贴利率的情况，但在下降趋势中，直贴利率明显高于转贴现利率，且直贴利率的峰值也明显高于转贴现利率。在不同时间段，变量之间的利差相差较大。2010 年 2 月至 2015 年上半年，各利率波动较大。之后，利率波动相对较小，利差也明显缩小。

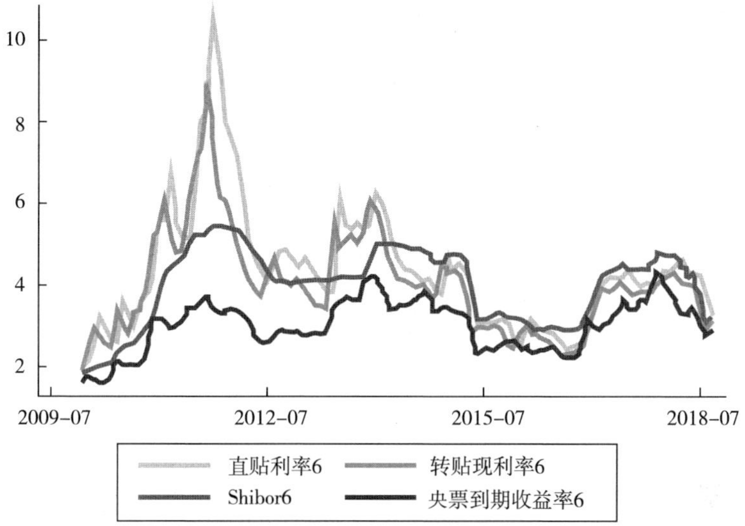

图 1　2010 年 2 月至 2018 年 9 月各变量运行走势

表 2　变量之间的相关系数

变量名称	r_{z1}	r_{z2}	r_s	r_d
r_{z1}	1.0000	0.8886	0.7657	0.5922
r_{z2}	0.8886	1.0000	0.7382	0.6701
r_s	0.7657	0.7382	1.0000	0.8555
r_d	0.5922	0.6701	0.8555	1.0000

如表 2 所示，直贴利率与转贴现利率的相关系数最高，Shibor 与央票到期收益率次之，票据利率与央票到期收益率的相关性最弱。

（二）模型构建

1. 平稳性检验

由于非平稳的时间序列数据进行回归容易造成“伪回归”的结果，因此在进行协整分析之前，要先判断期限为 6 个月的直贴利率、转贴现利率、Shibor 和央票到期收益率数据的平稳性，即进行 ADF 单位根检验，以判断变量本身的时间序列数据是否平稳，若非平稳则再进行一阶差分以获得平稳的时间序列数据。

表 3　各变量原序列的 ADF 检验结果

变量名称	r_{z1}	r_{z2}	r_s	r_d
ADF 统计量	-2. 292	-2. 510	-2. 136	-2. 603
p 值	0. 1745	0. 1130	0. 2030	0. 0923

如表 3 所示，各变量的原序列均在 1%的显著性水平上接受存在单位根的原假设，即各变量的原序列均存在随机性趋势，是非平稳的。

表 4　各变量一阶差分的 ADF 检验结果

变量名称	Δr_{z1}	Δr_{z2}	Δr_s	Δr_d
ADF 统计量	-8. 987	-9. 455	-5. 241	-8. 519
p 值	0. 0000	0. 0000	0. 0000	0. 0000

如表 4 所示，各变量的一阶差分序列均在 1%的显著性水平上拒绝存在单位根的原假设，即各变量的一阶差分序列是平稳的。

各变量的原序列是非平稳的，而一阶差分是平稳的，即各变量均为一阶单整。因此，各变量间具有存在协整关系的可能，即可能存在长期均衡关系。

2. 模型滞后阶数的确定

在进行协整分析和构建误差修正模型之前，都需要确定变量的滞后阶数。如表 5 所示，根据 LR、AIC、BIC 和 HQIC 准则，使用滞后两阶变量进行分析比较适宜。

表 5　模型滞后阶数的判定依据

滞后阶数	LR	AIC	BIC	HQIC
0		7. 5228	7. 6257	7. 5645
1	826. 00	-0. 2615	0. 2532	-0. 0531
2	104. 36*	-0. 9710*	-0. 0445*	-0. 5958*
3	19. 64	-0. 8497	0. 4885	-0. 3078
4	22. 28	-0. 7544	0. 9955	-0. 0458

注：*代表显著。

3. 建立协整关系与误差修正模型

如表 6 所示，协整秩迹检验结果表明应接受“协整方程个数为 2”的原假设，表明四变量之间存在两个协整关系，即直贴利率、转贴现利率、Shibor 和央票到期收益率之间存在两个长期均衡关系。

表 6　协整秩迹检验

协整方程个数	0	1	2	3
迹统计量	59.80	36.87	15.15	6.84
5%的临界值	47.21	29.68	15.41	3.76

进一步建立协整方程及向量误差修正模型，以探究四变量的短期动态关系和长期均衡关系。

本文使用 Stata 的 VEC 命令，得到协整方程如式（1）和式（2）所示，括号内的数值为对应系数的 t 值。协整关系中各项系数均在 1%的显著性水平下拒绝“系数为 0”的原假设，说明协整系数显著异于 0。该协整方程即四种利率的长期稳定均衡关系。从长期来看，转贴现利率增加 1 个百分点，会带来直贴利率增加 1.3899 个百分点，Shibor 增加 0.4546 个百分点；央票到期收益率增加 1 个百分点，会导致直贴利率下降 0.4135 个百分点，Shibor 增加 0.7604 个百分点。即直贴利率对转贴现利率和央票到期收益率的长期弹性分别为 1.3899 和-0.4135，Shibor 对转贴现利率和央票到期收益率的长期弹性分别为 0.4546 和 0.7604，说明转贴现利率对直贴利率的长期影响更大，协整关系较强，央票到期收益率对直贴利率和 Shibor 的长期影响相反，且协整关系较弱。

$$r_{z1t} = 0.0388 + 1.3899r_{z2t} - 0.4135r_{dt} \quad (1)$$

$$(-25.02) \qquad (3.99)$$

$$r_{st} = -0.1271 + 0.4546r_{z2t} + 0.7604r_{dt} \quad (2)$$

$$(-5.03) \qquad (-4.52)$$

对上述协整方程的残差进行平稳性检验，以确定协整关系是否成立。结果如表 7 所示，两个协整方程的残差均在 1%的显著性水平下拒绝“残差存在单位根”的原假设，说明协整方程是稳定的。

表 7　协整方程残差的 ADF 检验结果

协整方程	ADF 统计量	p 值
(1)	-7.587	0.000
(2)	-3.603	0.006

向量误差修正模型的回归方程如式（3）所示，括号内的数值为对应系数的 t 值。结合协整系数和误差修正模型中各项系数的显著性进行分析，从短期来看，滞后一期的票据转贴现利率增加 1 个百分点，当期票据直贴利率

增加 0.7138 个百分点；当滞后一期的 Shibor 增加 1 个百分点时，当期 Shibor 增加 0.4233 个百分点。当转贴现利率偏高时，即偏离了长期均衡状态，误差修正项 1（ECM_1）变为负，导致当期直贴利率以 0.2757 个百分点的速度向上调整，因此转贴现利率的升高会导致直贴利率的升高。当转贴现利率偏高时，误差修正项 2（ECM_2）也变为负，导致当期 Shibor 以 0.1321 个百分点的速度向上调整，因此转贴现利率的升高也会导致 Shibor 的升高。

$$\begin{bmatrix}\Delta r_{z1t}\\ \Delta r_{z2t}\\ \Delta r_{st}\\ \Delta r_{dt}\end{bmatrix}=\begin{bmatrix}0.0367 & 0.7138 & -0.0362 & 0.0511\\ 0.0723 & 0.0011 & -0.0728 & 0.3477\\ -0.0267 & 0.0438 & 0.4233 & 0.0583\\ 0.0090 & -0.0462 & -0.0339 & 0.2139\end{bmatrix}\begin{bmatrix}\Delta r_{z1t-1}\\ \Delta r_{z2t-1}\\ \Delta r_{st-1}\\ \Delta r_{dt-1}\end{bmatrix}$$

$$t=\begin{pmatrix}1.32 & 8.13 & -0.45 & 0.65\\ 0.64 & 0.00 & -0.22 & 1.10\\ -0.78 & 0.41 & 4.26 & 0.60\\ 0.18 & -0.29 & -0.23 & 1.50\end{pmatrix}+\begin{bmatrix}-0.2757\\ -0.0580\\ 0.0222\\ -0.0561\end{bmatrix}ECM_{1t-1}$$

$$+\begin{bmatrix}0.0032\\ 0.1969\\ -0.1321\\ 0.0607\end{bmatrix}ECM_{2t-1}+\begin{bmatrix}-0.0016\\ 0.0030\\ 0.0080\\ 0.0077\end{bmatrix} \qquad (3)$$

$$t=\begin{pmatrix}-4.51\\ -0.24\\ 0.30\\ -0.51\end{pmatrix} \qquad \begin{pmatrix}0.08\\ 1.27\\ -2.79\\ 0.87\end{pmatrix} \qquad \begin{pmatrix}-0.12\\ 0.06\\ 0.49\\ 0.32\end{pmatrix}$$

其中，

$$ECM_{1t}=r_{z1t}-1.3899r_{z2t}+0.4135r_{dt}-0.0388$$

$$ECM_{2t}=r_{st}-0.4546r_{z2t}-0.7604r_{dt}+0.1271$$

对上述误差修正模型的残差进行自相关检验，以确定误差修正模型的稳定性。结果如表 8 所示，表明，在不同的滞后阶数下，该模型的残差在 1%的显著性水平下接受“残差不存在自相关”的原假设，模型是稳定的。同时，如图 2 所示，除模型本身所假设的单位根外，模型伴随矩阵的所有特征值均落在单位圆内，能够保证各变量的扰动项是白噪声，同样可以推出模型是稳定的结论。

表 8　误差修正模型残差的自相关检验结果

滞后阶数	1	2	3	4	5
卡方统计量	21.5434	23.8308	17.1831	12.8448	20.6970
p 值	0.1586	0.0933	0.3738	0.6841	0.1905

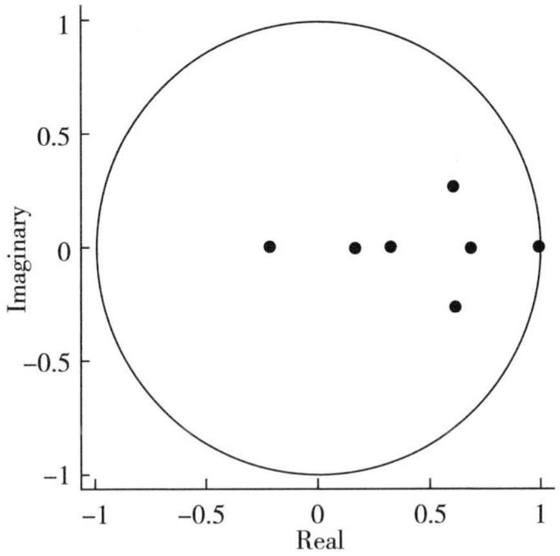

图 2　VECM 模型稳定性的判别图

4. 脉冲响应分析

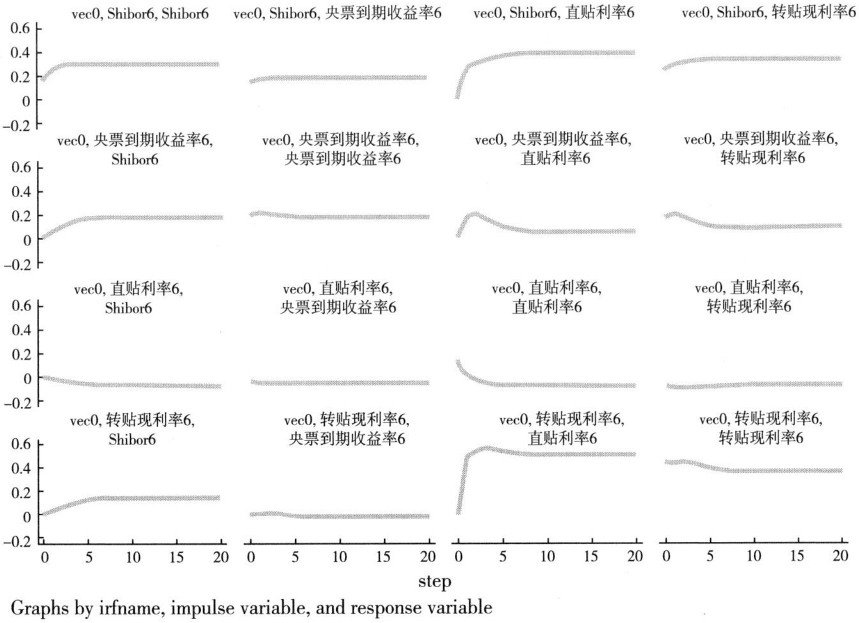

图 3　各变量之间的脉冲响应函数

图 3 展示了四变量间的脉冲响应，用于分析四变量之间的动态效应。下面重点阐述各变量对 Shibor 和直贴利率的冲击。

第三列的四个小图分别以 Shibor 本身、央票到期收益率、直贴利率和转贴现利率为脉冲变量，以直贴利率为响应变量。具体地，Shibor 对直贴利率造成正向冲击，影响程度随着时间的推移而加强，约 t+3 时期上涨幅度保持在约 0.4%的水平；央票到期收益率对直贴利率造成正向冲击，影响程度随着时间的推移而加强，约 t+2 时期上涨幅度保持在约 0.2%的水平，随后该冲击影响减小，逐渐趋于零；转贴现利率对直贴利率造成正向冲击，影响程度随着时间的推移而加强，约 t+5 时期上涨幅度保持在约 0.5%的水平。因此，短期内，Shibor、央票到期收益率和转贴现利率对直贴现利率都有正向冲击；长期内，转贴现利率对其的影响最大，Shibor 次之，央票到期收益率对其几乎没有影响。

同理对第四列的四个小图进行分析，此时，转贴现利率作为响应变量。短期内，Shibor 和央票到期收益率对转贴现利率都有正向冲击；长期内，Shibor 对其的影响最大，央票到期收益率对其几乎没有影响；直贴利率不论在短期还是长期内对转贴现利率的影响都几乎为零。

同理对第一列的四个小图进行分析，此时，Shibor 作为响应变量。短期内，央票到期收益率和转贴现利率对 Shibor 都有正向冲击；长期内，央票到期收益率和转贴现利率对其的影响程度相当；直贴利率不论在短期还是长期内对 Shibor 的影响都几乎为零。

同理对第二列的四个小图进行分析，此时，央票到期收益率作为响应变量。央票到期收益率仅受 Shibor 的影响，直贴利率和转贴现利率对央票到期收益率几乎没有影响。

5. 预测分析

如图 4 所示，该误差修正模型对直贴利率的预测最为准确，对转贴现利率的预测次之，而 Shibor 和央票到期收益率最难预测，但预测值都落在 95%的置信区间内。由于本文研究票据利率与 Shibor 和央票到期收益率之间的动态作用机制，主要是用于预测分析票据利率，进而给企业和银行提供参考，因此主要考虑该模型对直贴利率和转贴现利率的预测准确程度。通过以上分析可知，该误差修正模型可以较好地用于票据利率的预测分析。

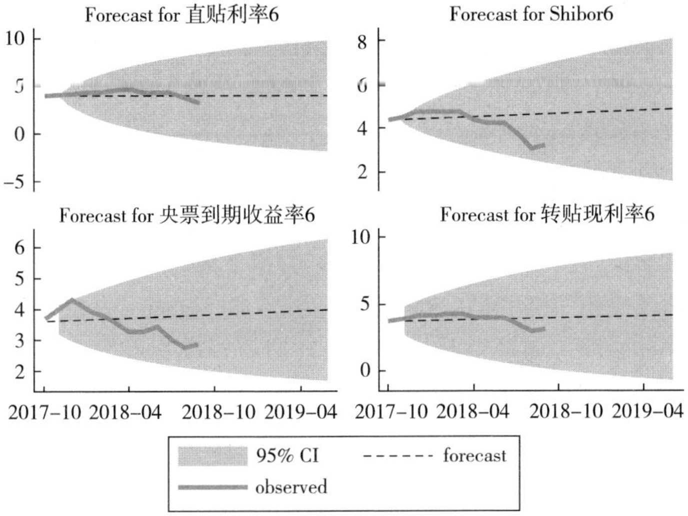

图 4　对未来 20 期的预测

五、研究结论

研究票据直贴利率、转贴现利率、Shibor 和央票到期收益率的动态作用机制，有利于企业和银行把握票据利率的走势和水平，选择适当的时机进行交易。

本文在理论分析的基础上，指出票据利率与同业拆借利率和央票到期收益率之间在运行走势和利率水平上存在一定规律。由于票据利率、同业拆借利率和央票到期收益率同为市场化利率，因此四者的走势大体一致。但是，各利率的市场化程度不一致，对市场因素的敏感性也不同，所以各利率之间的利差随着时间的推移会有较大的差异。票据转贴现利率的变动会带来直贴利率的变动，直贴利率在一般情况下会高于转贴现利率，两者均在同业拆借利率的基础上加点生成。

结合向量误差修正模型的回归分析结果，可以得出票据直贴利率、转贴现利率、同业拆借利率和央票到期收益率之间的动态作用机制如下：（1）直贴利率、转贴现利率和央票到期收益率三者以及 Shibor、转贴现利率和央票到期收益率三者存在长期均衡关系，表现为转贴现利率增加 1 个百分点，会带来直贴利率增加 1.3899 个百分点，Shibor 增加 0.4546 个百分点；央票到期收益率增加 1 个百分点，会导致直贴利率下降 0.4135 个百分点，

Shibor 增加 0.7604 个百分点。(2) 短期内，转贴现利率对直贴利率有较强的正向影响，对 Shibor 也会有正向影响，且直贴利率向长期均衡调整的速度快于 Shibor。(3) 就正交化的脉冲响应图分析可知，在短期内，Shibor、央票到期收益率和转贴现利率对直贴利率有正向影响，Shibor 和央票到期收益率对转贴现利率有正向影响；长期而言，直贴利率受转贴现利率的影响最大，受 Shibor 的影响次之，受央票到期收益率的影响趋于零，转贴现利率只受 Shibor 的影响，受央票到期收益率的影响趋于零。因此，如果企业或银行在短期内需要进行票据交易，则应更多考虑当期 Shibor、央票到期收益率和转贴现利率的影响；如果企业或银行在远期需要进行票据交易，则应更多考虑当期 Shibor 和转贴现利率的影响。

票据转贴现利率与大宗商品价格指数[①]

——来自我国票据市场的证据

赵承翔[②]

2018 年，票据市场累计承兑发生额为 18.27 万亿元，较上年增长 3.63 万亿元，增长 24.84%；贴现发生额为 9.94 万亿元，较上年增长 2.78 万亿元，增长 38.83%；票据交易发生额为 41.75 万亿元，受监管强化影响，比上年减少 10.43 万亿元，下降 19.98%。票据市场已经成为中国货币市场的重要组成部分，是传导中央银行货币政策的重要金融市场。

但是，近年来政策三令五申强调严防金融资本空转、脱实向虚，且要求坚决打击票据空转套利。所以对于蓬勃发展的票据市场，若将过多的目光集中在资本运作、资金错配上必是舍本逐末。追溯票据本源功能，从供需价格理论发现二级市场票据价格的波动从而改变商业银行机构的经营策略与思路，不仅能够增强实体资金与资本市场间的联系，同时也能够让货币政策传导的渠道更加畅通，有利于宏观政策的落实。

正常经营企业的融资需求可能由企业的原材料成本上涨的推动因素造成。而大宗商品是中国经济生产活动的重要生产资料，位于经济产业链的前端上游，能够及时而准确地反映大宗商品价格波动的数据，对于企业的生产经营，投资者的策略制定，政府的政策调控都具有相当的指导意义。中国的大宗商品价格指数是以 2006 年 6 月为基期利用加权平均算法计算的定基指数。大宗商品价格指数涉及第一、第二产业的消费、生产上游共计 9 大类别 26 种商品，基本覆盖了我国生产商采购的原料产品。国内目前也形成了大宗商品的现货、期货交易市场，有着完善的交易成交机制，利用日

---

① 本文写于 2019 年。

② 赵承翔，所在单位为广州银行金融同业部。

常交易数据作为基础，形成中国大宗商品价格指数，能够较为准确地反映出我国生产体系中原材料价格波动情况，也正因为如此，中国大宗商品价格指数（CCPI）不仅可以为宏观经济活动研究提供数据支撑，并且也能为同实体经济相关的有价证券的价格波动提供预测的可能性。

本文以票据二级市场转贴现利率和大宗商品价格指数作为研究对象，从商品生产活动的生命周期和企业融资性需求入手，看上游原材料市场的商品价格波动是否会随着商品贸易关系由票据传导至票据二级市场价格，进而影响到票据二级市场价格即机构间交易的票据转贴现利率。这对于进一步发展票据货币政策传导价值具有一定的理论指导意义，同时也对各家经营机构制定票据转贴现业务经营策略具有一定的参考意义。

一、理论分析与研究假设

（一）理论背景

我们所研究的转贴现利率的实质是票据在二级市场上的交易价格，价格是微观经济学中的一个基本概念，价格机制与生产资源私有是当代市场经济的两大特征，通过对价格理论的研究与再发掘，有利于发现票据价格形成的一般规律，进而定向降低企业融资成本，对于充分发挥票据支持实体经济的功能具有重要的意义。

1. 新古典经济学均衡价格理论的观点

新古典经济学派在传统的古典经济学的庸俗供求论基础上通过数学手段量化供求关系，将古典经济学的庸俗供求论发展成“均衡价值论”。西方经济学认为决定需求的因素主要是购买者收入水平、商品的价格、市场的规模及市场上商品替代品，但在做分析时通常假设除商品价格外的其他因素在一定时期内保持不变或者维持在一个稳定水平上，这样商品的需求就被简化为数轴上一条关于商品数量与价格的曲线，这条曲线表示商品的需求随着商品的价格而发生线性变化，对于正常的普通商品，商品的价格与供给量成正比例变化，价格越低需求量越大，价格越高需求量越小。同样，西方经济学认为影响商品供给的主要因素为商品的价格，商品的生产成本，商品的生产要素成本，其他商品的价格等，在做供给分析时，也是假设一定时期内除商品的价格因素外的其他影响因子维持稳定的状态，商品的供给简化成一条数轴上关于价格和商品数量的曲线，对于正常的普通商品，商品的价格与供给量成正比例变化，价格越高供给量越大，价格越低供给量越小。对于价格的分析就是找同一商品的供需均衡状态，将同一商品的供给曲线和需求曲线引入同一坐标轴中，两条曲线的交点所对应的价格就是商品的市场均衡价格。

均衡价格理论展示了商品的供求关系，需求的增加或减少都会引起均衡价格的同方向变化，供给的增加或者减少则会导致均衡价格的反方向变化。所以商品市场价格发生波动时，主要是因为商品的供给与需求产生了失衡，但是随着市场机制的自发修复，在市场无形之手的作用之下，商品的供给与需求又逐渐恢复到均衡状态，商品价格回到均衡价格。

在经济理论中，均衡价格理论较马克思劳动价值论更能驾驶现代经济发展的内在逻辑，劳动分工的复杂化、商品的多形式化、劳动工具的科技化，使得马克思理论的社会必要劳动时间换算价格几无可行性，基于公平的原则去交换商品、衡量价值已难以实现。强调物以稀为贵、以效率优先的均衡价格理论，能够很好地解释完全竞争市场和垄断竞争市场，更加接近现实。但是其依然有着内部的缺陷：第一，无法解释寡头市场的商品价格，寡头市场商品的定价是以寡头间利润最大化为目的而设定的，是通过价格领先制做出定价。第二，只能研究特定情形下的商品价格均衡状态，也无法说明均衡状态下商品交换的比例关系。第三，无法解释均衡价格理论中的价格调整滞后现象，即企业调整价格往往在供求变化很久以后。对此滞后性的解释，新凯恩斯主义学派提出了诸如信息不对称模型、错开定价模型等一系列模型加以解释，但都难以服众，直至布林德提出价格刚性理论，说明了资源流动的障碍对价格受供求影响而变动的阻碍作用。

2. 新价格均衡理论

在新古典经济学中，价格均衡理论的平衡中，价格起着决定性作用，价格可以决定供给也可以决定需求，这样的认知是建立在边际效用递减和边际成本递增的基础上。实际上，特别是在票据交易中，票据价格没有决定票据实际的供求，反而从票据交易的角度出发，票据供求决定了票据价格，票据供求是原因，票据价格是结果。从交易的角度来说，票据价格的形成是交易两端通过询价议价的方式撮合而成，本质上是供求关系通过自由市场以价格的形式取得平衡。在票据交易中，票据需求是指实际金融机构的投资量，票据供给是指实际生产中企业的开票量，于是乎我们可以得出票据需求=票据供给-票据库存。

同时，我们在票据市场中的实务经验中经常观察到监管力量对于票据自由市场交易的价格影响作用，这也是新价格均衡理论中关于管制价格的具体现象。市场价格是买卖双方自由交易而协商一致的结果，管制价格即外生价格则是由外部力量强制性的定价，违背了自由市场的交易规则。因此，外生价格对市场的供需两端都会造成影响。从外生价格不是由供求决定的，而是影响供求这点来看，新古典经济学家认为价格可以决定供求。

新价格均衡理论是建立在内生价格基础上形成的价格理论，强调供给对于价格的原因作用，价格对供求有着反馈的作用。新价格均衡理论也更为客观，是供求双方经过市场自由交易形成的，供给量和需求量都是实际的生产量和购买量，真实可测，相对于新古典经济学中的边际效用这些心理维度的变量来说，更加客观，易于验证。正因为对于价格的内生性判断，新价格均衡理论否定在供需失衡的状态下，通过价格的灵活调整重新达到供需均衡的这一做法，并认为供求的调整是有周期的，供求的不确定使得供求经常性处于不平衡状态，均衡只是特殊时点，为使供求均衡，可以调控价格，也可以调整供给和需求，因此解决了传统价格理论过于强调价格管控而忽视政府的行政调控供需作用的问题。

（二）理论分析及影响因素

通过上述理论分析，我们了解到，根据均衡价格理论供求关系是商品价格的决定因素。由此延伸到票据二级市场转贴现利率的影响因素，票据转贴现利率实际上受着企业（生产者）票源的供给和银行（购买者）的需求影响。具体来看，一级市场票源供给增加，贴现需求增加而其他条件一定时，机构就会提高票据贴现利率，从实务的角度看，票据贴现利率与票据转贴现利率保持高度的同步性，因此会影响到票据转贴现利率，即当其他条件一定时，票源供给增加，票据价格下跌，会使得票据的转贴现利率上升，反之，票源供给减少，票据价格下跌，会使得票据的转贴现利率下降。那么，票据的供给是转贴现利率波动的重要影响因素，票据的供给本源还是实体企业融资支付的需求，而生产要素成本的提高是企业融资需求的重要原因。所以，票据供求关系为我们奠定了研究并验证大宗商品价格指数与票据转贴现利率的实证关系的理论基础。

但是除了大宗商品价格指数会引起生产要素成本提高，从而提高企业生产成本，进而导致企业票源供给减少之外，其他影响票据转贴现利率的供求关系的因素也应该放入我们的研究框架内进行综合考量。下面我们对影响票据转贴现利率供求关系的相关因素进行分析。

1. 宏观经济方面因素的影响

当宏观经济基本面较好时，经济发展趋势良好，居民收入水平高，企业商品销量好，盈利水平年年提高，企业必将扩大负债规模、加杠杆进而扩大生产活动，提高利润水平，票据作为企业重要的融资支付工具，必然也会加大规模使用，加大贴现的力度，反之，当宏观经济进入通缩状态时，市场消费者收入下降，商品销量减少，企业盈利水平降低，当企业资产收益水平一定时，利差水平收窄，新进负债成本可能覆盖了企业的旧有资产收益，企业必将收紧负债，减少融资负债端的操作，票据融资量必然下降。所以，宏观经济基本面会对票据开票量造成一定的影响，影响票据供给。

2. 监管规则因素的影响

票据业务相较于其他货币市场业务，有着自身明显的特点，即票据是具有信贷属性的金融资产，也是最接近标准化的信贷资产，它在可高频交易的同时，可使商业银行调整信贷规模，以达到监管规定的信贷规模考核指标要求。但是监管下达的信贷规模考核指标并不是一成不变的，具有随着时间的推移而变化的特点。

3. 货币市场资金因素的影响

目前多数商业银行经营票据业务的思路均是错配经营，即在票据市场买入长期票据资产，同时将票据质押给资金方换取短期负债，利用长期限资产利率与短期限负债利率的价差来赚取利润。所以当货币市场资金供应趋紧时，商业银行经营票据业务的成本增加，商业银行的需求降低，票据价格下降，票据转贴现利率上升，反之，货币市场供给量充裕，资金获取价格低，此时机构因成本降低而导致利润增加，有扩大再投资的冲动，对于票据的投资性需求增加，票据价格上升，票据转贴现利率下降。

综上所述，转贴现利率由票据供求关系决定其价格水平。大宗商品价格指数主要通过影响商品生产要素（原材料）的成本而影响企业的生产成本，决定企业生产利润水平，从而影响企业的生产供给。除生产要素成本之外，宏观经济发展水平、监管规则、货币市场资金状况都会对票据市场供求关系产生影响，进而影响到票据市场转贴现利率。本文以大宗商品价格指数作为研究票据市场转贴现利率的主变量，其余影响因素经过量化，作为控制变量。

（三）变量的选取与研究假设

根据国内外实证研究得出的研究结论以及本人的工作实践，结合票据市场的相关特征，同时剔除数据收集难度很高的变量，我们对于上文提到的影响因素做进一步的量化分解，并提出本文研究的相关变量。

1. 宏观经济方面因素的指标选取与研究假设

宏观经济方面因素变量主要包括以下 5 个指标。

（1）M_1，即狭义货币供应量。

（2）M_2，即广义货币供应量。

（3）IVA，即工业增加值同比增长率。工业增加值是反映一个国家工业发展水平的重要指标，是在企业生产活动中用生产总额扣减消耗成本后新增的价值统计。

（4）ER，即人民币名义有效汇率指数，表示人民币的汇率波动水平。

（5）CPI，即居民消费价格指数（consumer price index），是反映宏观经济的重要指标，通常用于衡量通货膨胀。

2. 监管方面因素的指标选取与研究假设

监管方面因素变量主要包括以下 3 个指标。

（1）DT，即新增票据融资在新增社会融资规模中的占比。社会融资规模是度量宏观经济的重要指标。社会融资规模不仅反映了金融与经济的关系，更能反映资本市场对于实体经济的资金供给状况。社会融资规模是指在统计日期区间内，实体经济从资本市场获取的资金总量。票据融资规模是社会融资规模的子科目，表示一定时期内（每月、每季度或每年）实体经济通过银行承兑汇票或者商业承兑汇票的方式从金融体系获得的资金总额。

（2）NDT，即新增未贴现票据在新增社会融资规模中的占比。未贴现票据同样也是包含在社会融资规模中的子指标，但是属于商业银行表外资产。统计上体现为企业签发的全部银行承兑汇票扣减已在银行表内贴现的部分，其目的是保证在社会融资规模中不重复计算。

（3）DR，即票据贴现利率。票据贴现是票据由企业转让给金融机构的一个关键步骤。通过票据贴现利率可以观测出监管政策的导向。

3. 货币市场资金因素的指标选取与研究假设

货币市场资金因素变量主要包括 2 个指标：7 天银行间质押式回购加权利率和 1 个月银行间质押式回购加权利率，分别用 7D-RATE 和 1M-RATE 表示。票据二级市场的运营模式，多为长期资产配置短期负债的套利模式，票据短期回购利率已经成为商业银行经营票据业务的重要影响因素。

4. 票据转贴现利率指标与大宗商品价格指数指标

本文研究的因变量为 CR，即票据转贴现利率，主变量为 CCPI，即大宗商品价格指数。这二者的概念前文已有解释说明，在此不做赘述。大宗商品价格指数通过生产要素市场价格的变化影响企业的生产成本从而增加企业融资需求，企业开票量增加，票据供给增加，票据价格下降，票据转贴现利率上升，基于以上分析，我们提出以下假设：

H0：大宗商品价格指数 CCPI 的变化与票据转贴现利率 CR 的变化正相关。

（四）实验模型

在票据市场中，票据转贴现利率是由多个变量综合影响的结果，除了大宗商品价格指数的影响外，还受到其他多个经济指标的影响，如 M_1、M_2、IVA、ER、居民消费价格指数 CPI、DT、NDT、DR、7D-RATE、1M-RATE。本文采用的是多元回归分析预测法，就是指通过对因变量票据转贴现利率 CR、主自变量大宗商品价格指数 CCPI 和其他变量做回归分析，建立预测模型进行预测的方法。

当多个自变量与因变量之间存在线性关系时，所进行的回归分析就是多元线性回归分析。设 CR 为因变量，x_1，x_2，…，x_k 为自变量，当自变量与因变量之间为线性关系时，则多元线性回归模型为

$$y=b_0+b_1x_1+b_2x_2+\cdots+b_kx_k+e,$$

其中，b_0 为常数项，b_1，b_2，…，b_k 为回归系数，b_1 为 x_2，x_3，…，x_k 固定时，x_1 每增加一个单位对 y 的效应，即 x_1 对 y 的偏回归系数；同理，b_2 为 x_1，x_3，…，x_k 固定时，x_2 每增加一个单位对 y 的效应，即 x_2 对 y 的偏回归系数，依次类推。

二、实证研究过程及分析

（一）样本数据描述性统计分析

本文所涉及的样本数据均为时间序列数据，分别为票据转贴现利率 CR、大宗商品价格指数 CCPI、狭义货币供应量 M_1、广义货币供应量 M_2、工业增加值同比增长率 IVA、ER、居民消费价格指数 CPI、DT、NDT、DR、7D-RATE、1M-RATE；各变量样本数据 N 值为 129。其中，CCPI 和 ER 的数据均值较大，分别为 127.6613 和 110.8226，这二者分别表示大宗商品价格指数和人民币名义有效汇率指数，均为指数类数据。从样本数据的波动性来看，大宗商品价格指数 CCPI 和新增票据融资在新增社会融资规模中的占比 DT 样本数据波动较大，这可能是因为 2008 年以后国际形势错综复杂，

国际金融危机期间大宗商品及原材料价格也因国际局势而波动剧烈。至于DT样本数据的波动，则是因为新增票据融资在新增社会融资规模中的占比代表监管的压力变化，具体原因是在2008年之后票据市场逐步朝着电子化的方向发展，各种新产品、新模式、新业务不断出现，同时票据市场的繁荣发展以及法规制度的陈旧，令市场出现了部分非理性繁荣，恶性事件频发，监管不断升级，所以DT样本值波动剧烈。广义货币供应量 M_2 的偏度较大，ER的偏度较小。从峰度来看，各变量的统计峰值中最高的是IVA，为2.378，其余变量样本数据的峰值均不为零，这也表明这些变量样本数据的时间序列均不是标准的正态分布（见表1）。

表 1　样本描述性统计表

描述统计量													
变量	N	全距	极小值	极大值	和	均值		标准差	方差	偏度		峰度	
	统计量	统计量	统计量	统计量	统计量	统计量	标准误	统计量	统计量	统计量	标准误	统计量	标准误
CR	129	7.85	1.18	9.03	484.8	3.7581	0.11981	1.36079	1.852	0.634	0.213	1.425	0.423
CCPI	129	78.31	81.48	159.79	16468.31	127.6613	1.77902	20.20584	408.276	−0.438	0.213	−0.85	0.423
M_1	129	37.76	1.2	38.96	1722.07	13.3494	0.75446	8.56904	73.428	0.803	0.213	−0.067	0.423
M_2	129	21.74	8	29.74	1891.25	14.6609	0.46006	5.22525	27.303	1.276	0.213	1.362	0.423
IVA	129	32.13	−2.93	29.2	1229.32	9.5296	0.39658	4.50432	20.289	0.812	0.213	2.378	0.423
ER	129	36.23	91.22	127.45	14296.11	110.8226	0.84578	9.60622	92.28	−0.038	0.213	−1.2	0.423
CPI	129	10.3	−1.8	8.5	316.04	2.4499	0.16103	1.82892	3.345	0.559	0.213	1.453	0.423
DT	129	123.32	−78.51	44.81	321.64	2.4933	1.98357	22.529	507.556	−0.863	0.213	1.648	0.423
NDT	129	40.27	−17.48	22.79	535.19	4.1488	0.77267	8.77581	77.015	−0.257	0.213	−0.122	0.423
DR	129	9.92	0.64	10.56	499.49	3.872	0.15507	1.76121	3.102	0.73	0.213	1.771	0.423
7D-RATE	129	5.98	0.94	6.92	392.69	3.0441	0.09091	1.03251	1.066	0.353	0.213	1.191	0.423
1M-RATE	129	6.53	0.97	7.5	482.37	3.7393	0.11807	1.341	1.798	0.036	0.213	−0.106	0.423
有效的 N	129												

（二）样本数据相关系数

从表2所反映的样本相关系数来看，主变量票据转贴现利率CR与大宗商品价格指数CCPI、狭义货币供应量M_1、广义货币供应量M_2、居民消费价格指数CPI、新增未贴现票据在新增社会融资规模中的占比NDT、票据贴现利率DR、7天银行间质押式回购加权利率7D-RATE、1个月银行间质押式回购加权利率1M-RATE具有较为显著的相关性。其中，票据转贴现利率与大宗商品价格指数CCPI、居民消费价格指数CPI、新增未贴现票据在新增社会融资规模中的占比NDT、票据贴现利率DR、7天银行间质押式回购加权利率7D-RATE、1个月银行间质押式回购加权利率1M-RATE具有较为显著的正相关关系，而与狭义货币供应量M_1、广义货币供应量M_2则是负相关的。大宗商品价格指数CCPI、居民消费价格指数CPI的上升可能由于影响企业的生产端的成本而导致票据供给增加，而当票据贴现利率DR、7天银行间质押式回购加权利率7D-RATE、1个月银行间质押式回购加权利率1M-RATE上升时，则可能导致银行经营成本上升从而造成银行需求降低，进而使得票据转贴现利率发生同向变化。新增未贴现票据在新增社会融资规模中的占比NDT则是监管的表象，反映了监管成本即管制价格的影响。商业银行作为市场的资金方主体，本身集聚了大量流动性，当M_1、M_2过高时，代表货币投放过多，市场处于“大水漫灌”的状态，银行间市场更是如此，银行极具规模扩张需求，资金投放量巨大，投资热情高昂，此时银行投资需求旺盛，票源需求增加，票据价格上升，转贴现利率下降。所以，M_1、M_2与票据转贴现利率CR是负相关的。ER、IVA则可能因为所取的宏观经济值对于票据转贴现利率的影响较为间接，作用时间周期可能较长，加上选取的数据大多为月度数据，这就更导致了公布时间存在一定的滞后性。因此在长周期的效用传导时间下，加上数据本身的时间误差，导致本身这些指标就间接影响票据市场转贴现利率的作用就更加不明显了，因此与我们的理论假设出现了不一致的情况。

上述从相关系数的角度，结合实务经验对于它们间的关系做出一个合理的推测，但是不能说明它们互相之间存在相互引起的因果关系，抑或上述变量之间因相关系数不显著而不具备相互关系，还需要进一步实验加以佐证。

表 2 变量组相关系数表

相关性													
变量		CR	CCPI	M_1	M_2	IVA	ER	CPI	DT	NDT	DR	@7D-RATE	@[illegible]M-RATE
CR	Pearson 相关性	1	0.716**	-0.456**	-0.390**	0.171	-0.136	0.665**	-0.026	0.446**	0.939**	0.829**	0.844**
	显著性（双侧）		0.000	0.000	0.000	0.052	0.125	0.000	0.766	0.000	0.000	0.000	0.000
	N	129	129	129	129	129	129	129	129	129	129	129	129
CCPI	Pearson 相关性	0.716**	1	-0.377**	-0.230**	0.326**	-0.410**	0.616**	-0.114	0.510**	0.665**	0.576**	0.556**
	显著性（双侧）	0.000		0.000	0.009	0.000	0.000	0.000	0.199	0.000	0.000	0.000	0.000
	N	129	129	129	129	129	129	129	129	129	129	129	129
M_1	Pearson 相关性	-0.456**	-0.377**	1	0.619**	0.450**	-0.343**	-0.134	-0.486**	0.077	-0.423**	-0.530**	-0.534**
	显著性（双侧）	0.000	0.000		0.000	0.000	0.000	0.130	0.000	0.387	0.000	0.000	0.000
	N	129	129	129	129	129	129	129	129	129	129	129	129
M_2	Pearson 相关性	-0.390**	-0.230**	0.619**	1	0.560**	-0.667**	-0.181*	-0.340**	0.244**	-0.430**	-0.520**	-0.586**
	显著性（双侧）	0.000	0.009	0.000		0.000	0.000	0.040	0.000	0.005	0.000	0.000	0.000
	N	129	129	129	129	129	129	129	129	129	129	129	129
IVA	Pearson 相关性	0.171	0.326**	0.450**	0.560**	1	-0.713**	0.332**	-0.420**	0.577**	0.112	-0.059	-0.108
	显著性（双侧）	0.052	0.000	0.000	0.000		0.000	0.000	0.000	0.000	0.207	0.504	0.222
	N	129	129	129	129	129	129	129	129	129	129	129	129
ER	Pearson 相关性	-0.136	-0.410**	-0.343**	-0.667**	-0.713**	1	-0.439**	0.286**	-0.558**	-0.010	0.118	0.206*
	显著性（双侧）	0.125	0.000	0.000	0.000	0.000		0.000	0.001	0.000	0.915	0.184	0.019
	N	129	129	129	129	129	129	129	129	129	129	129	129

续表

相关性													
变量		CR	CCPI	M_1	M_2	IVA	ER	CPI	DT	NDT	DR	@7D-RATE	@1M-RATE
CPI	Pearson 相关性	0.665**	0.616**	-0.134	-0.181*	0.332**	-0.439**	1	0.051	0.460**	0.533**	0.459**	0.409**
	显著性（双侧）	0.000	0.000	0.130	0.040	0.000	0.000		0.563	0.000	0.000	0.000	0.000
	N	129	129	129	129	129	129	129	129	129	129	129	129
DT	Pearson 相关性	-0.026	-0.114	-0.486**	-0.340**	-0.420**	0.286**	0.051	1	-0.394**	-0.058	0.051	0.008
	显著性（双侧）	0.766	0.199	0.000	0.000	0.000	0.001	0.563		0.000	0.514	0.563	0.927
	N	129	129	129	129	129	129	129	129	129	129	129	129
NDT	Pearson 相关性	0.446**	0.510**	0.077	0.244**	0.577**	-0.558**	0.460**	-0.394**	1	0.377**	0.239**	0.228**
	显著性（双侧）	0.000	0.000	0.387	0.005	0.000	0.000	0.000	0.000		0.000	0.006	0.009
	N	129	129	129	129	129	129	129	129	129	129	129	129
DR	Pearson 相关性	0.939**	0.665**	-0.423**	-0.430**	0.112	-0.010	0.533**	-0.058	0.377**	1	0.776**	0.822**
	显著性（双侧）	0.000	0.000	0.000	0.000	0.207	0.915	0.000	0.514	0.000		0.000	0.000
	N	129	129	129	129	129	129	129	129	129	129	129	129
@7D-RATE	Pearson 相关性	0.829**	0.576**	-0.530**	-0.520**	-0.059	0.118	0.459**	0.051	0.239**	0.776**	1	0.952**
	显著性（双侧）	0.000	0.000	0.000	0.000	0.504	0.184	0.000	0.563	0.006	0.000		0.000
	N	129	129	129	129	129	129	129	129	129	129	129	129
@1M-RATE	Pearson 相关性	0.844**	0.556**	-0.534**	-0.586**	-0.108	0.206*	0.409**	0.008	0.228**	0.822**	0.952**	1
	显著性（双侧）	0.000	0.000	0.000	0.000	0.222	0.019	0.000	0.927	0.009	0.000	0.000	
	N	129	129	129	129	129	129	129	129	129	129	129	129

资料来源：本文作者根据实验结果自行整理。

注：*、**、*** 分别表示检验结果在 10%、5%、1%的显著性水平下显著。

（三）样本数据平稳性分析——ADF 检验

因为本文研究的变量均为时间序列数据，为防止发生“伪回归”，我们先对数据平稳性进行检验，同时加入票据转贴现利率 CR 滞后一阶变量 Lag-1CR，防止因变量发生自回归而产生对实验结果的干扰，从而保证研究的严谨性。本文采用 ADF 检验方法对各个变量进行单位根检验，结果如表 3 所示。

表 3　变量组 ADF 检验结果

序列	ADF 检验	P-VALUE
CR	-2. 0573	0. 5527
Lag-1CR	-2. 1035	0. 5335
CCPI [	-2. 1147	0. 5289
M_1	-2. 7744	0. 2546
M_2	-3. 9365	0. 0146 **
IVA	-3. 3769	0. 06158
ER	-2. 4955	0. 3706
CPI	-3. 7243	0. 02493 **
DT	-3. 8416	0. 01922 **
NDT	-3. 1769	0. 09491 *
DR	-1. 9626	0. 5921
7D-RATE	-1. 8402	0. 6429
1M-RATE	-1. 7077	0. 698

资料来源：本文作者根据实验结果自行整理。

注：*、**、*** 分别表示检验结果在 10%、5%、1%的显著性水平下显著。

表 3 检验结果表明，广义货币供应量 M_2、居民消费价格指数 CPI、DT 在 5%的检验水平下拒绝了变量非平稳假设，为平稳的时间序列，其余变量 CR、Lag-1CR、CCPI [、M_1、ER、DR、7D-RATE、1M-RATE、NDT 为非平稳时间序列。由于 CR、Lag-1CR、CCPI [、M_1、ER、DR、7D-RATE、1M-RATE、NDT 为非平稳时间序列，变量存在非平稳性，直接用于线性回归方程的话易于发生“伪回归”，导致实验结果不准确。所以我们对 CR、Lag-1CR、CCPI [、M_1、ER、DR、7D-RATE、1M-RATE 做一阶差分，对上述变量的一阶差分做进一步平稳性处理。在模型中加入非平稳数列的一阶差分后，对 CR-DIF、Lag-1CR-DIF、CCPI [-DIF、M_1-DIF、IVA-DIF、ER-

DIF、NDT-DIF、DR-DIF、7D-RATE-DIF、1M-RATE-DIF 以及 M_2、CPI、DT 重新进行 ADF 检验，结果如表 4 所示。

表 4　变量组及变量组差分后的 ADF 检验结果

序列	ADF	P-VALUE
CR-DIF	-4.4595	0.01***
Lag-1CR-DIF	-4.3797	0.01***
CCPI［-DIF	-5.1867	0.01***
M_1-DIF	-3.7275	0.02478**
M_2	-4.0568	0.01***
IVA-DIF	-5.4326	0.01***
ER-DIF	-4.7801	0.01***
CPI	-3.3663	0.01***
DT	-3.9573	0.0136**
NDT-DIF	-5.7651	0.01***
DR-DIF	-4.7851	0.01***
7D-RATE-DIF	-5.3496	0.01***
1M-RATE-DIF	-4.5323	0.01***

资料来源：本文作者根据实验结果自行整理。

注：*、**、*** 分别表示检验结果在 10%、5%、1%的显著性水平下显著。

通过对变量 CR、Lag-1CR、CCPI［、M_1、ER、DR、7D-RATE、1M-RATE 做一阶差分，新的变量组 CR-DIF、Lag-1CR-DIF、CCPI［-DIF、M_1-DIF、IVA-DIF、ER-DIF、NDT-DIF、DR-DIF、7D-RATE-DIF、1M-RATE-DIF 以及 M_2、CPI、DT 在 ADF 检验下，至少在 5%的显著性水平上都可以接受序列平稳的假设，可以进一步利用多元线性回归模型对变量组进行回归分析。

（四）变量组多重共线性检验

对变量组 CR-DIF、Lag-1CR-DIF、CCPI［-DIF、M_1-DIF、IVA-DIF、ER-DIF、NDT-DIF、DR-DIF、7D-RATE-DIF、1M-RATE-DIF、M_2、CPI、DT 的平稳性检验已经完成，但为避免自变量间存在的共线性问题，影响研究结果，所以通过方差膨胀因子方法对变量组 CR-DIF、Lag-1CR-DIF、CCPI［-DIF、M_1-DIF、IVA-DIF、ER-DIF、NDT-DIF、DR-DIF、7D-RATE-DIF、1M-RATE-DIF、M_2、CPI、DT 进行多重共线性检验，结果如表 5 所示。

表 5　变量组多重共线性检验结果

变量	VIF 值
Lag-1CR-DIF	1.243438
CCPI [-DIF	1.305448
M_1-DIF	1.668661
M_2	1.277653
IVA-DIF	1.480736
ER-DIF	1.320940
CPI	1.292441
DT	1.373241
NDT-DIF	1.182013
DR-DIF	1.769294
7D-RATE-DIF	3.703494
1M-RATE-DIF	4.142800

资料来源：本文作者根据实验结果自行整理。

注：*、**、*** 分别表示检验结果在 10%、5%、1%的显著性水平下显著。

通过上述检验，所有变量的 VIF 值均小于 10，表明不存在严重的多重共线性问题，实验可进入下一步的多元线性回归。

（五）变量组多元线性回归

根据表 5 的检验结果，变量组 CR-DIF、Lag-1CR-DIF、CCPI [-DIF、M_1-DIF、IVA-DIF、ER-DIF、NDT-DIF、DR-DIF、7D-RATE-DIF、1M-RATE-DIF、M_2、CPI、DT 数据平稳且不存在严重的多重共线性问题，可通过多元线性回归模型做线性回归测量自变量组对因变量的影响，结果如表 6 所示。

表 6　变量组多元线性回归实验结果

变量	Estimate	Std. Error	t-value	Pr (>|t|)
Intercept	0.005937	0.0658031	0.009	0.9928
Lag-1CR-DIF	0.0224324	0.0373387	0.601	0.5492
CCPI [-DIF	0.0106201	0.0044326	2.396	0.0182**
M_1-DIF	0.0007819	0.0078233	0.100	0.9206
M_2	0.0011654	0.00361256	0.323	0.7476
IVA-DIF	0.0043240	0.0048512	0.891	0.3746

续表

变量	Estimate	Std. Error	t-value	Pr（>| t |）
ER-DIF	0.0130329	0.0143064	0.911	0.3642
CPI	0.0004293	0.0112469	0.038	0.9696
DT	-0.0010704	0.0008688	-1.232	0.2205
NDT-DIF	0.0034854	0.0036040	0.967	0.3356
DR-DIF	0.7393023	0.0401379	18.419	<2e-16 ***
7D-RATE-DIF	0.0856895	0.0495827	1.728	0.0867 *
1M-RATE-DIF	0.0340824	0.0438950	0.776	0.4391
Multiple R-squared　0.8723　Adjusted R-squared　0.8569 F-statistic：64.9 on 12 and 114 DF　p-value（F-statistic：）< 2.2e-16 Multiple R-squared　0.8723　Adjusted R-squared　0.8569				

资料来源：本文作者根据实验结果自行整理。

注：*、**、*** 分别表示检验结果在10%、5%、1%的显著性水平下显著。

根据上述实验结果，我们可以知道，此多元线性回归模型的拟合优度 R^2 值为0.8723，调整后的拟合优度 R^2 值为0.8569，表明该回归模型所能解释因变量的变异性达到85%以上，模型拟合效果很好。F检验的P值小于0.05，表明回归模型中的自变量对因变量具有显著的影响，在长期均衡关系中且5%的显著性水平上，只有自变量CCPI［、DR对因变量影响显著，此外，7D-RATE对因变量也有影响，但没有CCPI［、DR影响显著。而 M_2、CPI、DT、M_1、ER、1M-RATE、NDT、Lag-1CR对CR没有显著影响。

同时由于因变量票据转贴现利率CR-DIF与自变量组Lag-1CR-DIF、CCPI［-DIF、M_1-DIF、IVA-DIF、ER-DIF、NDT-DIF、DR-DIF、7D-RATE-DIF、1M-RATE-DIF、M_2、CPI、DT这些指标均为经济指标，为确定上述经济指标间是否存在长期协整关系，需要对回归差做协整检验。

表7　变量组协整性检验结果

序列	ADF检验	P-VALUE
RES	-0.45986 **	0.01

资料来源：本文作者根据实验结果自行整理。

注：** 表示检验结果在5%的显著性水平下显著。

结果如表7所示，回归差的ADF检验P值小于0.05，说明残差在5%的检验水平下拒绝了变量非平稳假设，是平稳序列，即残差不存在单位根过程，是平稳的时间序列。所以因变量票据转贴现利率 CR-DIF 与自变量组 Lag-1CR-DIF、CCPI [-DIF、M_1-DIF、IVA-DIF、ER-DIF、NDT-DIF、DR-DIF、7D-RATE-DIF、1M-RATE-DIF、M_2、CPI、DT 之间存在长期协整关系，该回归有效。

（六）模型稳健性检验

根据表 6 的实验结果，我们可以知道，只有自变量 CCPI [、DR 对因变量影响显著，此外，7D-RATE 对因变量也有影响，但没有 CCPI [、DR 影响显著。而 M_2、CPI、DT、M_1、ER、7D-RATE、1M-RATE、NDT、Lag-1CR 对 CR 没有显著影响。

但是为了保障实验结果的准确性和实验逻辑的严谨性，我们对变量组 CR-DIF、Lag-1CR-DIF、CCPI [-DIF、M_1-DIF、IVA-DIF、ER-DIF、NDT-DIF、DR-DIF、7D-RATE-DIF、1M-RATE-DIF、M_2、CPI、DT 通过鲁棒线性回归测试模型稳健性，结果如表 8 所示。

表 8　变量组鲁棒回归结果

变量	Estimate	Std. Error	t-value	Pr (>|t|)
Intercept	0.0025	0.0296	0.0854	0.9320932
Lag-1CR-DIF	0.0319	0.0168	1.9039	0.05944421*
CCPI [-DIF	0.0037	0.0020	1.8430	0.06792692*
M_1-DIF	0.0025	0.0035	0.7199	0.4730599
M_2	0.0002	0.0016	0.1014	0.9194111
IVA-DIF	0.0030	0.0022	1.3575	0.1773036
ER-DIF	0.0022	0.0064	0.3486	0.7280326
CPI	0.0013	0.0051	0.2586	0.7964102
DT	-0.0002	0.0004	0.4334	0.6655432
NDT-DIF	0.0004	0.0016	0.2592	0.7959484
DR-DIF	0.8003	0.0180	44.3646	0.00***
7D-RATE-DIF	0.0408	0.0223	1.8306	0.06977234*
1M-RATE-DIF	0.0458	0.0197	2.3240	0.02189722**

资料来源：本文作者根据实验结果自行整理。

注：*、**、*** 分别表示检验结果在 10%、5%、1%的显著性水平下显著。

结果如表 8 所示，鲁棒回归模型下，CCPI [-DIF 及 DR-DIF 值依然显著，分别在 1%及 10%的检验水平下对 CR 影响显著，基本与多元线性回归模型的实验结果保持一致，因此原实验结果稳健可行。

（七）研究结果分析

下面对研究结果进行分析并得出结论。

（1）大宗商品价格指数对于票据转贴现利率影响显著，并且是正相关关系，与之前的理论分析假设一致。大宗商品价格指数是通过企业生产供应链上游生产要素市场中的原材料市场的价格波动来影响下游制造企业的生产成本波动，从而导致企业融资需求的增或减，进而影响到企业开票量，传导到票据二级市场就是，票源供给的波动影响票据价格，从而转贴现利率也会跟随其上下浮动，当大宗商品价格指数上涨时，原材料成本上涨，企业生产成本上涨，产生融资性需求，票据供给增加，票据价格下降，票据转贴现利率上升，所以票据转贴现利率与大宗商品价格指数基于价格理论的推导是正确的。

（2）票据直贴利率对于票据转贴现利率的影响更加显著，直转联动仍然是票据市场鲜明的特色，票据直贴作为票据进入金融机构的第一道程序，继续发挥着支持实体经济、联动实体的作用。

（3）票据转贴现利率不存在自回归问题，票据转贴现利率的滞后 1 阶数据变化对其自身没有明显的影响。

（4）实证分析中，宏观经济方面因素影响票据转贴现利率的指标（如 ER、CPI、IVA、M_1、M_2）都对票据转贴现利率无明显的影响，这与我们的理论分析并不一致。这可能是因为所选取的宏观经济值对于票据转贴现利率的影响较为间接，作用时间周期可能较长，加上所选取的数据大多为月度数据，这就更导致了公布时间存在一定的滞后性。因此在长周期的效用传导时间下，加上数据本身的时间误差，导致本身这些指标就间接影响票据转贴现利率的作用就更加不明显了，因此与我们的理论假设出现了不一致的情况。然而作为本文主变量的大宗商品价格指数也属于宏观经济指标的范畴，但是它之所以会对因变量影响显著，是因为它直接反映的是生产要素市场的价格波动，对于票据供给方面的影响更为直接，链条短，效果显著，大宗商品价格指数直接反映企业生产成本的变化，因此对票据转贴现利率的影响更为显著。

（5）监管方面的指标（如 DT、NDT），均未对票据转贴现利率产生影响，这可能是因为将票据市场的整体增长水平剥离开来，分为票据融资—商业银行贴现与未贴现票据—企业流转两个方面，从而忽略了整体性，在同一时间段易出现此消彼长的对冲作用，无法综合反映票据市场状况，而票据转贴现利率基于前文的理论分析是受全市场的供求关系影响的，所以指标数据的割裂性导致了实验结果不如预期。

（6）货币市场资金因素的指标 7 天银行间质押式回购加权利率对于票据转贴现利率有较强的影响，1 个月银行间质押式回购加权利率对于票据转贴现利率没有显著影响。这是由于商业银行经营模式迫于同质化操作，导致利差变薄，倒逼商业银行进行经营改革。票据市场依市场环境波动而产生的波段交易以及票据资产的信用投资也成为商业银行经营的新方向，而不仅仅依赖期限错配作为经营的主要手段。同时监管也出台政策限制商业银行资产错配比例，防止流动性风险在银行内部积累过多，防止出现系统性风险。这些都导致了货币市场短期资金利率对于票据转贴现利率影响减弱但是影响依然存在。

（八）小结

宏观经济方面因素影响票据转贴现利率的指标（如 ER、CPI、IVA、M_1、M_2）都对票据转贴现利率无明显影响；监管方面的指标（如 DT、NDT）同样未对票据转贴现利率有显著影响；货币市场资金因素的指标 7 天银行间质押式回购加权利率对于票据转贴现利率有较强的影响但是已不再显著；具有强烈显著影响的只有两个指标，分别为大宗商品价格指数与票据直贴利率。其中，大宗商品价格指数对于票据转贴现利率影响显著，并且是正相关关系，与我们之前的理论分析假设一致。大宗商品价格指数是通过企业生产供应链上游生产要素市场中的原材料市场的价格波动来影响下游制造企业的生产成本波动，从而导致企业融资需求的增或减，进而影响到企业开票量，传导到票据二级市场就是，票源供给的波动，影响票据价格，从而转贴现利率也会跟随其上下浮动。票据直贴利率作为企业融资成本与银行资产收益的直接反映，对于票据转贴现利率的影响更加显著，直转联动仍然是票据市场鲜明的特色，继续发挥着支持实体经济、联动实体的作用。

最重要的是，本次实验充分说明了大宗商品价格指数的意义，它是在同类型指标中最后得出的唯一具有显著关系的宏观经济指标，具有较强的实践和指导意义。

三、结束语

下面是对本次研究进行意义上的小结，由于笔者的局限性研究也存在不足之处，同时也有后续研究的期望。

（一）研究意义

本文研究的是票据转贴现利率与大宗商品价格指数的相关性。在做此次研究的同时也结合其他相关文献和自己在票据市场的日常工作经验，添加了一些控制变量，并通过控制变量的引入丰富了本文的研究体系，使本次实证研究结果更加全面。

此次针对票据转贴现利率与大宗商品价格指数相关性的研究，从结果来看，具有一定的现实实践意义和部分理论参考作用，具体如下。

（1）本次研究通过对票据转贴现市场的转贴现利率和商品原材料市场的大宗商品价格指数做实证研究，不仅丰富了票据利率研究，为票据市场标准化起步初期的理论研究贡献了一份微薄之力，也佐证了票据工具对于实体经济的支持作用。票据绝不是脱实向虚、资本空转的工具，票据市场的发展是与企业与实体经济分不开的，票据市场是建立在票据支付、结算、汇兑与融资等服务实体经济的功能基础上，但曾经因为管理制度缺失、线下交易不透明，导致发生了票据恶性诈骗、违规套取银行资金、机构套利等行为，在上海票据交易所成立的背景下，票据转为线上经营交易，可全流程追踪，明确了各主体的清偿顺序，简化了票据追索流程，这对于控制票据风险是极大的利好。票据将更好地发挥支持实体经济的作用。

（2）本次研究有利于商业银行对于自身经营模式进行思考与转变。票据二级市场中票据转贴现的交易双方虽然含有非银行金融机构，但是实质上的主体依然是以商业银行为主体的金融交易机构。在票据交易模式下，当出现单边行情时，全市场易出现同质化交易，如期限错配。同质化交易导致很多不利的因素，例如当票据利率上涨时，会起到点火作用，形成助涨效应，不利于票据市场的稳定，也不利于票据发挥支持实体经济的服务作用。本文研究为商业银行经营提供了新的视角，从企业端入手，而不是将眼光仅仅放在资本市场与货币资金上，这样既可以为商业银行提供交易策略的新思路，更重要的是，将银行的精力放在了企业融资需求的角度上，这样各家商业银行的票据部门才能发挥连接企业与金融市场的桥梁作用。

（3）本文研究有利于企业拓宽融资渠道，降低融资成本。由上文分析可知，本文研究若带来银行经营策略、经营方式的多元化，助涨效应不在，票据二级市场的利率反馈到一级市场，企业融资成本不会因助涨效应而上升。本文对大宗商品价格指数与票据转贴现利率做相关性研究，同时从理论推导大宗商品价格指数如何影响票据转贴现利率，此类主动研究思维也是票据市场发展的趋势。随着票据利率研究的丰富，同质化交易减少，小机构利差可能因为简单业务的生存空间变大，而给予企业票据融资成本更多的溢价空间，企业融资成本降低。同时，随着票据市场逐步发展，参与主体逐渐增加，票据融资规模蓄水量不断上升，企业融资渠道也会宽阔不少。

（4）本文研究有利于中央银行精准实施传导再贴现政策。再贴现是中央银行对商业银行持有的未到期已贴现商业汇票予以贴现的行为，是重要的基础货币投放方式，中央银行可以通过调整再贴现的总量、利率及明确再贴现的票据选择来达到调整基础货币规模、引导资金流向的宏观调控目的，发挥中央银行最后贷款人的作用。本文的研究对于再贴现政策具有一定的参考意义：依据大宗商品价格指数的波动，定向投放再贴现资金，这样可以提前把握时点，企业的成本上涨传导到票据供给需要时间，再贴现政策通过中国人民银行传导到票据需求也需要时间，中国人民银行以大宗商品价格指数作为参考指标，可以提前做出研判，保证资金落到真正有融资需求的企业手里。此外，未来通过对大宗商品价格指数的细类衍生研究可以帮助中国人民银行了解到具体哪些企业的融资需求较大，通过限定再贴现政策的投放行业，设立行业准入，从而可以保证在有限的资源里实现资金的最大化效用。

综上所述，本文的研究有助于进一步促进票据市场繁荣发展，佐证了票据市场是支持实体企业发展的重要金融市场，票据市场有助于中小企业缓解融资难融资贵问题，有利于商业银行交易策略的多元化，可提高商业银行波段交易收入，发挥好商业银行服务实体经济的作用，有利于企业降低融资成本，拓宽融资渠道，有利于中央银行精准投放再贴现资金，提高资金利用效率。

（二）研究局限性

由于时间有限及笔者能力、学识不足，本文研究尚存在不足之处。

（1）本文实证分析中样本数据的全面性不足，部分数据因为没有交易所公开数据而无法获得，无法做到全面分析，如票据期限的数据等。

（2）监管指标的选取需要进一步思考，如监管维度的度量、指标的选取以及地区差异化的因素等，尚未能很好地反映出来。

（3）本文研究只是针对国内市场做出了一定分析，相关发达地区的经验和票据市场研究成果相对较少，分析得也较少。

票据市场利率分层及波动特性①

谢康康②　黄家驹③　刘博文④

摘　要：本文以票据一级、二级市场21个利率品种的数据为基础，汇总分析各信用等级、各期限票据利率差异，发现直贴利率分层较转贴现业务更为明显，且自“包商事件”后，信用价差明显走阔；然后运用Python建立趋势消解波动分析模型（DFA）研究不同承兑、不同直贴、不同期限票据业务中的利率分层及波动特征。结果表明，6M国股直贴利率时间序列与1/f噪声相似，即具有持久性的长程相关性特征，但其运动规律不再服从幂律形式；1D、7D这两个期限的国股银票转贴现利率时间序列不具有持久性特征，其他品种利率时间序列具有行为强度随票据期限增加而增强的长程相关性特征，其演化规律可用幂律形式描述，即目前的金融事件和将来事件之间存在持久的正向关联性。这一研究可为当前疫情影响下中国人民银行降低中小企业融资成本相关政策的制定提供数据支撑，并能为现实交易中的策略设计提供借鉴。

关键词：利率分层　波动特征　标度指数　DFA　Python

引言

自2016年上海票据交易所成立以来，票据市场在经历了去杠杆和脱虚向实后，其交易逐步电子化、规范化、标准化，特别是票据收益率曲线的推出，为我们分析票据利率分层及波动特性提供了样本素材。

---

① 本文写于2020年。

② 谢康康，中国邮政储蓄银行湖南省分行高级客户经理。

③ 黄家驹，工商银行票据营业部广州分部风险经理。

④ 刘博文，上海普兰金融科技有限公司数据分析工程师。

本文第一部分通过对商业银行票据业务中的21个利率品种的335个交易日利率数据进行对比分析，发现直贴市场票据品种间的利率分层最为明显。特别是自2019年“包商事件”后，转贴现市场中小银行承兑银票与国股或大商承兑银票之间的信用利差更为显著，究其原因主要是市场上的资金出于避险情绪不断逃离部分所谓的“网红银行”，涌向国股大行，部分城商、农商银票利率在高位徘徊却没有市场，后者则异常下行仍供不应求，甚至造成国股银票在大部分时点远低于同期限的国有大行发的存单价格。

在第二部分，本文运用Python语言建立趋势消解波动分析模型（DFA）研究不同承兑、不同直贴、不同期限票据业务中的利率波动特征，以期在量化分析的基础上，通过对标度指数的量化分析并结合过往利率走势研究我国票据业务的动力学结构变化情况，从而进一步探索出票据业务下不同品种、不同期限利率时间序列的波动性特征。

这一研究可为降低中小企业融资成本相关政策的制定提供数据支撑，并能为现实交易中的策略制定提供借鉴。

一、票据利率分层分析

（一）票据利率分层概览

票据利率作为我国率先实现市场化的标的，是实体经济金融需求与金融机构货币信贷供给的一面明镜。票据市场作为我国货币市场的重要子市场，在货币政策的传导过程中，扮演了不可或缺的重要角色。尤其是在中小企业的融资过程中，兼具信贷属性和资金属性的票据融资，起到了难以抹去的纽带作用。梳理过往的历史数据可以发现，票据利率对货币政策的反应极为敏感，且其走势往往随着货币政策的走向变化呈现出一种长期性的趋势，是金融机构与实体经济资金输导的有力保障，也是货币政策传导执行的有效桥梁。

票据市场利率的分层，大致分为直贴市场与转贴现市场上信用价差与期限价差两个维度。信用价差是指不同贴现人、承兑人信用主体带来的信用利差，主要体现为承兑行为国股行、城商行、“三农”行或直贴行有无“三农”贴现等几个类别票据直贴、转贴现利率水平的划分。期限价差则为不同票据期限产生的期限结构利差，并可以通过票据收益率曲线呈现的向右倾斜程度进行判断。需要注意的是，考虑到直转贴市场的分隔性以及再贴现业务的特性，我们并未将直转贴价差和直贴—再贴现价差纳入分析的框架中。

因此，在不考虑票据质押回购和再贴现利率的情况下，票据利率的分层体现在以下四个方面。

（1）直贴信用价差，即同期限或相近期限的信用等级不同的票据直贴利率之间的差值。

（2）直贴期限价差，即信用等级相同或相近但期限不同的票据直贴利率之间的差值。

（3）转贴信用价差，即同期限或相近期限的信用等级不同的票据转贴现利率之间的差值。

（4）转贴期限价差，即信用等级相同或相近但期限不同的票据转贴现利率之间的差值。

（二）票据利率分层情况分析

2019 年，国有银行和股份制银行承兑的票据贴现量在全市场贴现量中占比达到 57. 35%，同比上升 2. 8 个百分点；转贴现占比达到 60. 95%，同比上升 2. 7 个百分点。全年国股银票的贴现加权利率为 3. 13%，比其他类型银行承兑票据的贴现利率低 48 个基点，利差同比扩大 19 个基点。

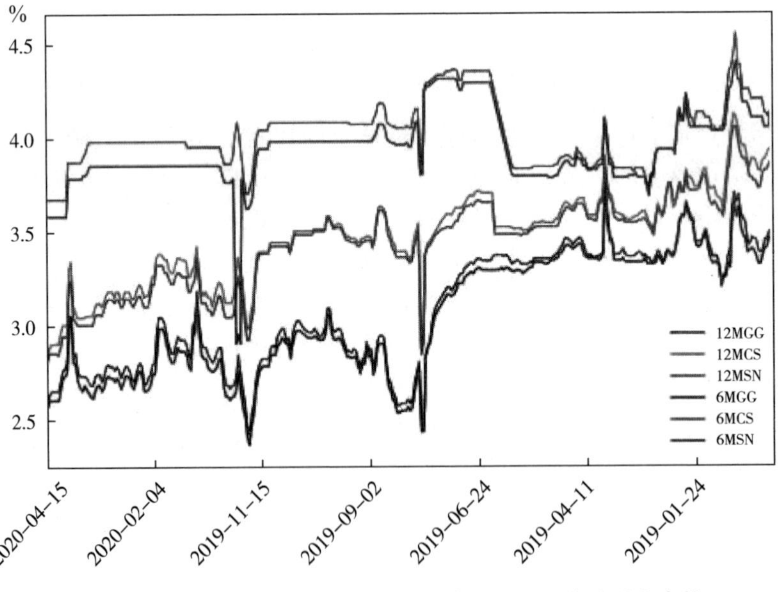

图 1　国股（GG）、城商（CS）、“三农”（SN）直贴利率走势

（资料来源：普兰数据中心）

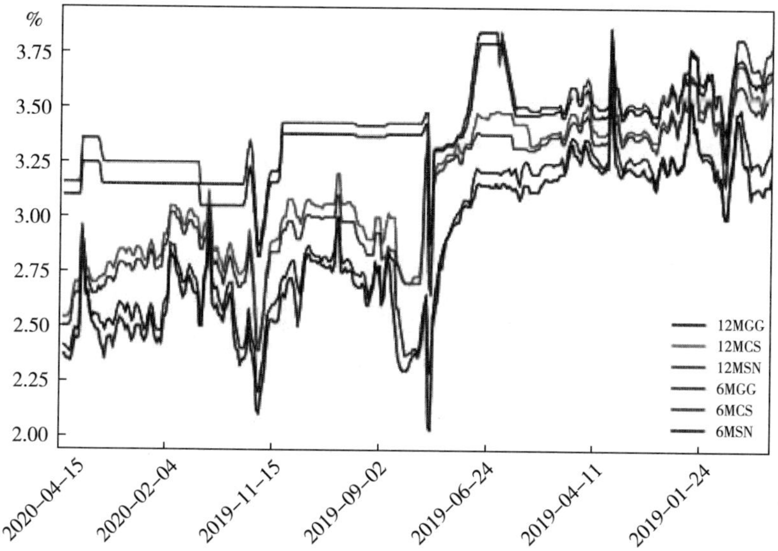

图 2　无“三农”直贴转贴国股（GG）、城商（CS）、“三农”（SN）利率走势

（资料来源：普兰数据中心）

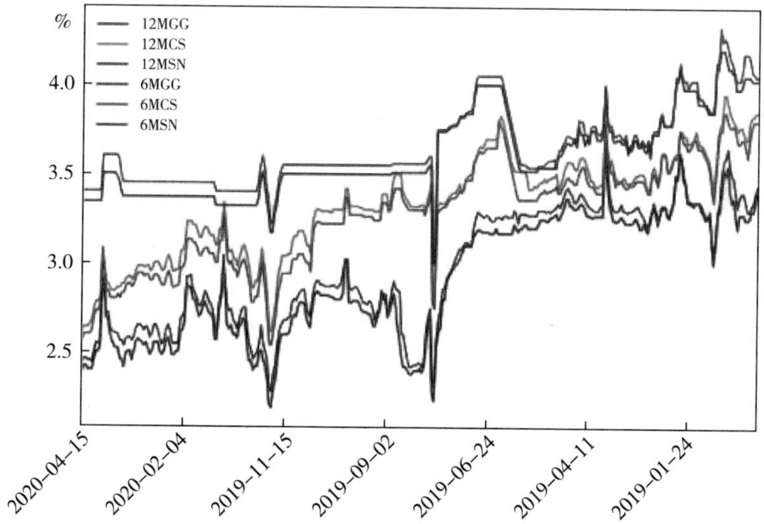

图 3　有“三农”直贴转贴国股（GG）、城商（CS）、“三农”（SN）利率走势

（资料来源：普兰数据中心）

表 1　票据直贴业务与转贴现业务价差

单位：BP

价差类型	子类别	均值	最大值	最小值	价差类型	子类别	均值	最大值	最小值
信用价差	国股与城商	39	82（2019 年 5 月末至 6 月初达到峰值）	10（2019 年 3 月底达到谷底）	期限价差	国股 12M−6M	4	13	−6
	城商与“三农”	55	100（2019 年 5 月末至 6 月初达到峰值）	17（2019 年 3 月底达到谷底）		城商 12M−6M	4	12	−3
	国股与“三农”	94	148（2019 年 5 月末至 6 月初达到峰值）	30（2019 年 3 月底达到谷底）		“三农” 12M−6M	8	15	−3
信用价差	国股与城商（非“三农”直贴）	24	70（2019 年 7 月末 8 月初达到峰值）	5（2019 年 3 月底达到谷底）	期限价差	国股 12M−6M（非“三农”直贴）	6	26	−10
	城商与“三农”（非“三农”直贴）	28	73（2019 年 7 月末 8 月初达到峰值）	3（2019 年 3 月底达到谷底）		城商 12M−6M（非“三农”直贴）	5	15	−5
	国股与“三农”（非“三农”直贴）	52	106（2019 年 7 月末 8 月初达到峰值）	17（2019 年 3 月底达到谷底）		“三农” 12M−6M（非“三农”直贴）	6	12	−10
	国股与城商（“三农”直贴）	36	91（2019 年 8 月初达到峰值）	8（2019 年 3 月底达到谷底）		国股 12M−6M（“三农”直贴）	6	26	−6
	城商与“三农”（“三农”直贴）	33	78（2020 年 8 月初达到峰值）	3（2019 年 3 月底达到谷底）		城商 12M−6M（“三农”直贴）	6	16	−2
	国股与“三农”（“三农”直贴）	68	117（2019 年 7 月末 8 月初达到峰值）	22（2019 年 3 月底达到谷底）		“三农” 12M−6M（“三农”直贴）	5	13	−5

资料来源：普兰数据中心。

图 1 至图 3 分别展示了不同品种票据利率走势，我们可以发现直贴业务利率分层最为明显；同时，从表 1 中我们可以看出不管是直贴业务还是转贴现业务，其信用价差均为正值，即国股的信用强于城商信用，城商信用强于“三农”信用。此外，经过对比分析我们可以发现：在直贴市场上，以 2019 年 5 月末为分界线，三个品种之间的信用利差明显走阔，其增幅在 1 倍左右。其主要原因可以追溯到“包商事件”引发的金融机构风险偏好迅速反转，市场对国股票更加追捧，对相对低信用等级的票据需求减弱。在转贴现市场，信用价差在 2019 年 7 月末 8 月初到达峰值，主要是因为直贴业务只有承兑人一个承兑主体，而转贴现有直贴行做了增信，特别是部分国股大行、上市大城商、大农商行直贴的“三农”及城商票在市场中流转，因此转贴现市场存在一定的滞后性，峰值相对于直贴市场晚了近两个月。而在 2019 年 3 月末直转信用价差均陷入谷底，究其原因主要是 2018 年以来经济下行承压，市场进入规模与资金双宽松阶段，且第一季度为传统银行开门红，出于冲规模需求，需大于求，且市场上没有发生如“包商事件”等引发金融机构风险偏好反转的极端事件，同业信仰没有打破，打包收票为常态。

对于期限利差而言，我们发现相对来说其波峰波谷规律性没那么统一，更易受制于特殊时点市场情绪及宏观政策影响，在部分特殊时点长期票的利率会低于短期票，表现出一定的差异性。如 2020 年 3 月末，转贴现市场上足年国股利率低于半年国股利率，造成期限利差为负值，究其原因主要是在季末时点大部分金融机构受信贷规模考核影响，卖方市场远大于买方市场，同时整个经济又受疫情影响，长期利率看跌，在好不容易到来的高利率时点，大部分金融机构哄抢长期票，锁住长期收益，足年国股需求大于半年国股，从而造成足年国股利率低于半年国股利率。

二、票据利率波动特性分析

（一）票据利率波动分析理论

自 20 世纪 90 年代以来，非线性分析方法被提出，人们逐渐认识到金融市场业务呈现复杂的非线性规律。金融市场本身作为一个典型的复杂的非线性系统，加上受到外界一系列“有形之手”和“无形之手”的影响，具有高度非线性复杂系统的结构特点。为更好地研究金融市场的特质，经济学家纷纷开始将自然科学理论和方法运用于金融时间序列分析，以图从量化分析的角度来揭示其发展规律。其中，DFA 方法是一种测量时间序列波动长程相关性标度的计算方法，主要用于分析度量非平稳时间序列长程相关性，或称长程幂律相关性。该方法因可操作性强以及在相关量化分析方面的显著优势，现已成为估算标度指数的主流方法，并在金融市场的多个子市场研究中获得较为广泛的运用。例如，Liu 等（1999）就运用 DFA 模型分析了 1984—1996 年“标普 500”指数的波动特性。此后，国内相关应用也逐步发展，魏宇等（2004）以沪深两市高频交易数据采用 DFA 和 R/S 方法探讨了我国股市存在的持久性特征；庄新田（2003）、黄超（2009）与苑莹（2016）等分别运用 DFA 方法研究了我国股票市场长记忆性及分形特征；田川和陈泽明（2019）同样运用该方法分析研究了同业拆借市场 Shibor 利率特征。总结过往相似研究我们可以发现，DFA 方法在金融领域的研究中主要集中在资本市场和货币市场，缺乏对票据市场利率波动特性的相关探索。因此，本文试图采用该方法分析票据利率波动性特质。

本文以普兰数据中心直贴业务利率、转贴城商与“三农”利率和上海票据交易所国股转贴现利率这 21 个品种利率波动性作为研究对象，运用 Python 语言建立趋势消解波动分析模型（DFA）重点分析研究各品种利率波动特征的差异性，检验票据市场直转业务时间序列标度不变性是否存在，并测定出上述 21 个品种的利率标度指数。

（二）趋势消解波动分析模型（DFA）的基本原理

首先，针对非平稳的时间序列 $\{x(t),\ t=1,\ 2,\ \cdots,\ n\}$，有其累积离差 $\{y(i),\ i=1,\ 2,\ \cdots,\ n\}$，其中，

$$\left\{y(i)=\sum_{t=1}^{i}\left(x(t)-\frac{1}{n}\sum_{t=1}^{n}x(t)\right),\ i=1,\ 2,\ \cdots,\ n\right\}。$$

其次，将 $y(i)$ 按照间距 s 分隔为 m 个不重复的区间，其中 $m=[n/s]$（取整）。当序列间距不为 s 的整数倍时，序列尾部会有部分数据未被采用，为充分获取序列数据信息，则颠倒序列顺序再次进行同样的分隔操作，共获得 $2m$ 个等距离的子区间 v。

再次，对于每个区间 v，采用最小二乘法分别对区间所包含的 s 个数据进行线性拟合，得到该区间的局部趋势函数 $p_v(i)$。再计算原序列与拟合值之差，计为序列 $y_s(i)$，即

$$\{y_s(i)=y(i)-p_v(i),\ i=1,\ 2,\ \cdots,\ 2m\}$$

其中，拟合多项式 $p_v(i)$ 可采用一次、二次、三次至 k 次多项式，分别记为 DFA（DFA_1）、DFA_2、DFA_3，$\cdots$，DFA_k。

此后，再计算每个子区间过滤趋势后的方差 $F^2(v, s)$，即

$$F^2(v, s) = \frac{1}{s}\sum_{i=1}^{s} y_s^2[(v-1)s+i], \quad v = 1, 2, \cdots, m$$

$$F^2(v, s) = \frac{1}{s}\sum_{i=1}^{s} y_s^2[n-(v-m)s+i], \quad v = m+1, m+2, \cdots, 2m$$

对所有等距离区间求平均数并开方，计算出消除趋势的波动函数，即

$$F(s) = \sqrt{\frac{1}{2m}\sum_{v=1}^{2m} F^2(v, s)}$$

此时，若时间序列 $\{x(t)\}$ 长程幂律相关，则 $F(s)$ 与 s 满足

$$F(s) \sim s^a$$

上式两边同时取对数得

$$\lg F(s) \sim a\lg s$$

最后，绘制 $\lg F(s)$ 与 $\lg s$ 的散点图，用最小二乘法求得 $\lg F(s)$ 对 $\lg s$ 变化的斜率，即标度指数 a。

标度指数 a 取值的不同反映了时间序列不同的性质特征。

当 $a=0.5$ 时，说明时间序列波动是随机的，过去与将来不相关，为独立随机过程。

当 $a \in (0, 0.5)$ 时，表明该时间序列不具有持久正相关性，表现为假使过去的趋势呈现为减小，则未来可能呈现增加趋势，反之则相反。

当 $a \in (0.5, 1)$ 时，表明原时间序列具有持久相关性，即该时间序列过去表现为增加，则未来也会相应地增加，反之，当过去呈现为减小时，未来也会呈缩减趋势。

当 $a=1$ 时，表示该时间序列与 $1/f$ 噪声相似。

当 $a \in (1, +\infty)$ 时，表明该时间序列具有持久性的长程相关性特征，但其运动规律不再服从幂律形式。

当 $a=1.5$ 时，表明该时间序列的相关性与布朗噪声相似。

（三）DFA 模型实证研究

1. 数据来源及处理方法

为分析研究票据市场中各品种利率曲线的不同波动特性，我们采集了 355 个交易日中 21 个利率品种共计 7455 个样本（其中，直贴业务数据、转贴现业务中的城商、“三农”数据通过普兰数据中心获取；转贴国股数据从上海票据交易所网站获取）。再运用 Python 语言在 Anaconda 开发软件中，调用 Numpy、Pandas、Scipy 数据库及 Matplotlib 图库中的相关函数，构建

DFA 模型，对上述样本进行量化分析，从而计算出各品种的标度指数。

2. 检验结果与分析

综合相关文献和样本量限制，本文将样本间隔 s 取为［4，$n/6$］，我们认为这一取值能较好地平衡计算准确度与区间数量的关系，并最终得到相对可靠的测量结果。此后，我们基于 DFA（DFA_1）模型，测算了分期限标度指数情况，如表 2、表 3、表 4 所示。需要注意的是，由于无法获得城商票、“三农”票转贴现数据除 6M 和 12M 外更详尽期限的全部数据，在讨论分期限标度指数的部分，本文只对国股票据相关数据进行了测算。

表 2　直贴业务各品种收益率分期限票标度指数情况

直贴品种	12MGG	6MGG	12MCS	6MCS	12MSN	6MSN
标度指数	0.887	1.002	0.749	0.867	0.616	0.558

由表 2 的数据可知，直贴业务各品种利率标度指数均大于 0.5，其中 6M 国股利率品种大于 1，这表明直贴业务各品种利率并非随机波动序列，相互之间不独立，（12MGG、12MCS、6MCS、12MSN、6MSN）序列具有持久相关性，即该时间序列过去表现为增加，则未来也会相应地增加，反之，当过去呈现为减小时，未来也会呈缩减趋势。而 6MGG 这一品种的时间序列与 1/f 噪声相似，即具有持久性的长程相关性特征，但其运动规律不再服从幂律形式。

表 3　转贴现业务城商“三农”收益率分期限票标度指数情况

转贴品种	12MCS 无“三农”直贴	6MCS 无“三农”直贴	12MSN 无“三农”直贴	6MSN 无“三农”直贴	12MCS“三农”直贴	6MCS“三农”直贴	12MSN“三农”直贴	6MSN“三农”直贴
标度指数	0.823	0.856	0.679	0.758	0.812	0.841	0.646	0.710

从表 3 中我们可以发现：转贴城商、“三农”（6M、12M）票据利率品种的标度指数位于 0.5 到 1 之间，这表明该类利率变化是一个持续时间序列，表现为正程相关性服从长程幂律相关性。

表 4　转贴现业务国股银票收益率分期限标度指数情况

转贴品种	1D	7D	1M	3M	6M	9M	12M
标度指数	0.357	0.333	0.602	0.756	0.818	0.844	0.858

从表 4 可知，转贴国股短期限（1D、7D）票据利率品种的标度指数大于 0 且小于 0.5，其余各期限的标度指数位于 0.5 到 1 之间。这表明短期票

据利率品种与相对长期的品种时间序列呈现不同的波动特性，且不符合“有效市场假说”（Efficient Market Hypothesis，EMH）。其中，短期的票据利率品种（1D、7D）不具有持久止相关性，而相对长期的票据利率品种（1M、3M、6M、9M、12M）存在长程幂律相关性。换言之，短期票据利率品种在大部分时点存在快速走高后迅速回落的特性，与之相反的是，相对长期的票据利率品种变化则具有一定的延续性，过去的上涨趋势在后期很可能会继续延续。这为降低中小企业融资成本货币政策的制定提供了理论依据，同时对预判票据利率走势，辅助票据经营机构摆布仓位具有积极意义。

图4至图7分别展示了直贴国股6M、转贴国股7D、转贴无“三农”直贴6MCS、转贴有“三农”直贴6MSN四个品种利率时间序列的DFA波动函数。此外，从实践的结果可以发现，当 s 的取值位于［4，25］区间时，标度指数 a 的取值基本恒定，体现了标度的稳定性。票据利率具有的标度稳定的特征表明，各品种票据利率波动模式都存在“记忆性”，票据市场过去发生的金融事件既影响当前又作用于未来，且这种“记忆性”并不随着观测时间间隔的改变而发生变化。此外，当转贴国股银票期限增加时，我们发现其利率拟合直线的斜率（标度指数）也逐渐增加，这说明票据利率时间序列长程相关的趋势强度随之增强，而国股银票转贴现业务在市场中占有绝对的主导地位，上述分析将为货币政策制定提供数据支撑，并为同业机构的建仓摆位做大收益提供借鉴参考。

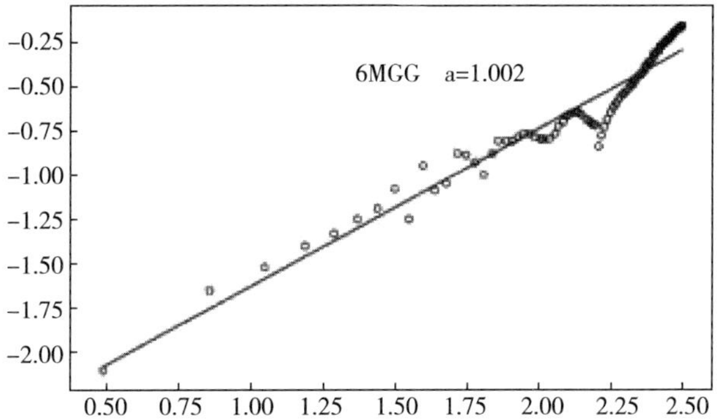

图4　直贴国股利率（6M）DFA波动函数

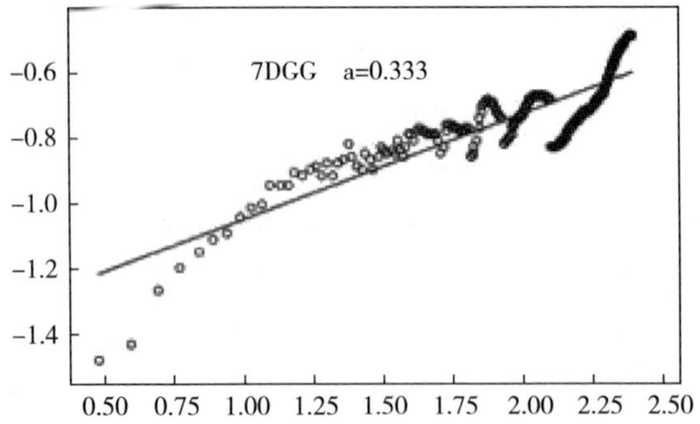

图 5 转贴国股利率（7D）DFA 波动函数

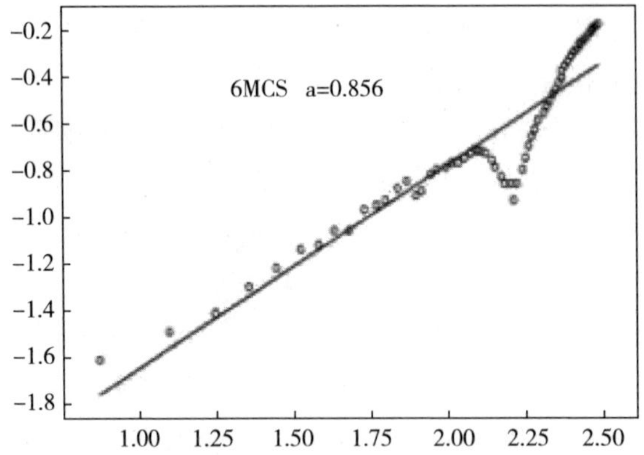

图 6 转贴无“三农”直贴（6MCS）DFA 波动函数

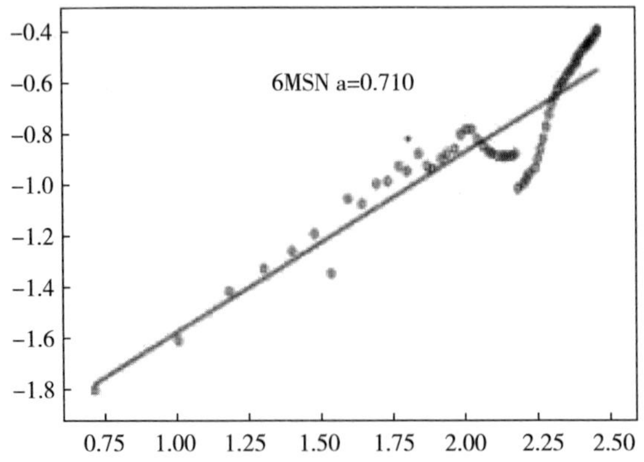

图 7 转贴有“三农”直贴（6MSN）DFA 波动函数

三、结论与建议

总体而言，通过前述分析我们可以发现在部分时点同期限高信用等级票据利率与低信用等级票据利率的差高达近百个基点，银行信用分层显化，直贴市场对接企业客户，只能基于承兑行信用，根据不同承兑行类别分别定价，因此，其利率分层相对于转贴现业务较为明显。而转贴现市场对接同业客户，既可以基于承兑行信用，又可以基于直贴行信用，其大部分交易动机是出于信贷规模调节需求，对政策影响更为敏感，在“包商事件”发生前，同业信仰是大家默认的规则，信用价差并不明显，打包价格收票视为常态，“包商事件”后，市场资金出于避险需求，重新制定策略，部分“网红银行”承兑票利率即使不断上调，也无人接盘，至此转贴现市场利率分层的大幕才全面拉开。同时票据利率波动性有所增强，特别是 2019 年 7 月末，票据利率波幅达到 102 个基点，同业存单利率出现倒挂；2020 年 3 月利率又持续走高，高于同等级同期存单利率过百基点，加重了企业融资成本，引起市场广泛关注。

现阶段来看，受票据一级、二级市场供求因素影响，国股转贴现利率处于整个票据市场利率结构中的核心枢纽，但其利率波动走势特性研究仍处于起步阶段。对于其复杂非线性波动特征的研究对揭示整个票据市场的利率波动有着极其重要的作用。自 2016 年上海票据交易所成立以来，票据交易逐步电子化、规范化、标准化，但受制于银行信贷规模和参与者限制，票据市场深度不足，特别是庞大的转贴现二级市场交易基本只在银行间作为信贷规模调节工具存在，并不直接对企业融资，当前经济正处于起复阶段，一旦规模紧张，又会重现 3 月末转贴现利率持续走高的现象，还会进一步传导至前端甚至开票环节，而开票企业又基本以中小企业为主，这不仅不利于降低企业端融资成本，甚至会将本已艰难的中小企业扼杀。

因此，本文根据实际和现有研究成果提出以下建议，以期进一步完善票据市场、降低企业融资成本。

（1）丰富市场参与主体，加速《标准化票据管理办法》落地，为票据标准化正名，以便放开资管计划等非法人集合性资金入市，扩大市场容量，促进市场需求多样性，加速票据流转，降低企业融资成本，纵向拓展市场深度。

（2）拥抱大数据时代，推动票据产品创新，丰富业务品种和应用场景。

用好票付通、贴现通、供应链票据平台等新兴产品，将核心企业的信用传导至末端长尾客户，实现核心企业信用的全链条共享，破除市场信息壁垒，实现资产与资金的精准匹配，降低实体经济特别是中小企业的融资成本，做到真正的普惠金融。

（3）引入做市商报价机制，熨平市场波动，提升市场流动性。做市商的每日报价，将形成市场利率的上下限，同时也为市场提供流动性托底，特别是在异常市场行情下可以有效满足市场最基本的需求，保证市场正常运行和利率的连续性，降低流动性风险，为防范系统性金融风险筑好篱笆。

（4）对广大转贴现市场参与者来说，应当在积极把握利率走势的情况下做大交易盘操作，从而获得更大的资本利得。此外，相对长期的票据转贴现利率品种（1M 以上票据期限品种）对金融事件具有长期记忆性，在当前因资金与规模双宽松造成资产利率整体下行时，应抓住利率较高时点，拉长资产组合久期，以避免后期利率持续性的进一步下挫。而在长期限票据利率的上行区间，机构可买入短期限票据减小久期等待时机，以免利率持续性上扬带来浮亏。

参考文献

[1] Liu Y, Gopikrishnan P, Cizeau, et al. Statistical Properties of the Volatility of Price Fluctuations [J]. Physical Review E, 1999, 60 (2): 1390-1400.

[2] 黄超，龚惠群，仲伟俊 . 逐段非趋势波动分析方法及我国证券市场的实证研究 [J]. 运筹与管理，2009 (6)：126-130.

[3] 田川，陈泽明 . 基于 DFA 模型的不同期限 Shibor 利率波动性特征研究 [J]. 征信，2019 (9)：70-73.

[4] 魏宇，黄登仕 . 中国股票市场波动持久性特征的 DFA 分析 [J]. 中国管理科学，2004 (4)：13-20.

[5] 苑莹，庄新田，金秀 . 中国股市的日内效应、长记忆性及多重分形性：基于价—量交叉相关性视角 [J]. 系统管理学报，2016 (1)：28-35.

[6] 庄新田，黄小原 . 证券市场的标度理论及实证研究 [J]. 系统工程理论与实践，2003 (3)：1-8.

第五部分

历年征文活动三等奖获奖名录

活动期数	投稿文章	作者
第一期征文活动	对后票交所时代的票据市场展望	赵慈拉
	票据出表模式演变研究	钟俊、王成涛
	对商业银行票据业务经营转型的思考	秦书卷
	票据价格指数的研究应用及其完善思考	王亮等
	流动资金贷款票据化是信贷业务新方向	张雯等
	票据业务如何服务实体经济	刘远兴
第二期征文活动	票据流通中的征信体系建设	耿广奇
	票据转贴现收益率曲线构建方法初探	周文婷
	票据资产证券化的理论探索	施天佑
	建设中小金融机构票据平台，推进票据市场快速发展	江西财经大学九银票据研究院课题组
	我国商业承兑汇票的发展困境和出路	秦书卷
	转贴现合同违约日与票据到期日的因果关系论	刘涛、王丹维
	票据融资助力中小企业走出发展困境	肖小伟、赵思彦
	关于推进票据业务回归本源助力实体经济的调查思考	谢荣杰
	2017 年与 2012 年上市银行票据业务对比分析	黄思成
	票据区域发展之间不平衡分析	范嘉梅
	中小商业银行票据业务发展路径选择	谈铭斐
	票据在供应链、产业链融资中的作用研究	李锴
第三期征文活动	票据市场收益率量化模型研究——基于利率债逻辑分析框架	方雄平
	金融供给侧结构性改革与票据服务实体经济	秦书卷
	票据业务信用风险及防范对策	余钟耕、肖淑华、肖小伟
	关于小微企业票据融资情况的调查与思考	谢荣杰
	浅谈对票据法司法解释第四十九条的正确理解	施天佑
	小微企业融资与区域性商票交易平台的搭建——兼论区块链技术在票据领域的应用	谈铭斐
	我国供应链票据融资风险分析	舒海棠、姜蓉
	我国票据市场发展方向探究	耿广奇
	利率并轨对票据业务的影响分析	林竹青
	刍议票据保理及其资产证券化的法律风险与防控路径	程平

续表

活动期数	投稿文章	作者
第四期征文活动	从票据史发展角度思考票据制度的建设	肖小和、蔡振祥
	标准化票据与票据标准化——标债资产认定规则的启示	肖小和、王成涛
	财务公司票据违约风险研究	余洁
	后疫情时代票据业务发展的思考	肖小伟、曹文峰、刘飞
	数字票据助力长三角生态发展的机制与对策研究	邵伟
	落实国家长三角一体化发展战略，在长三角建立商票平台的研究	肖小和、何力
	商业汇票支持绿色产业发展运用模式研究	秦书卷、黄晶
	票据资产证券化中的法律风险防范与制度供给研究——以标准化票据为研究对象	刘高明
	发展票据业务　助力小微企业	邓涛
	标准化票据与商业银行角色转变	广州银行票据研究小组
	我国融资性票据市场发展问题探究——基于《票据法》的视角	舒海棠、梁琼琼
	商业承兑汇票在家电行业供应链中的运用研究	赵思彦、刘政